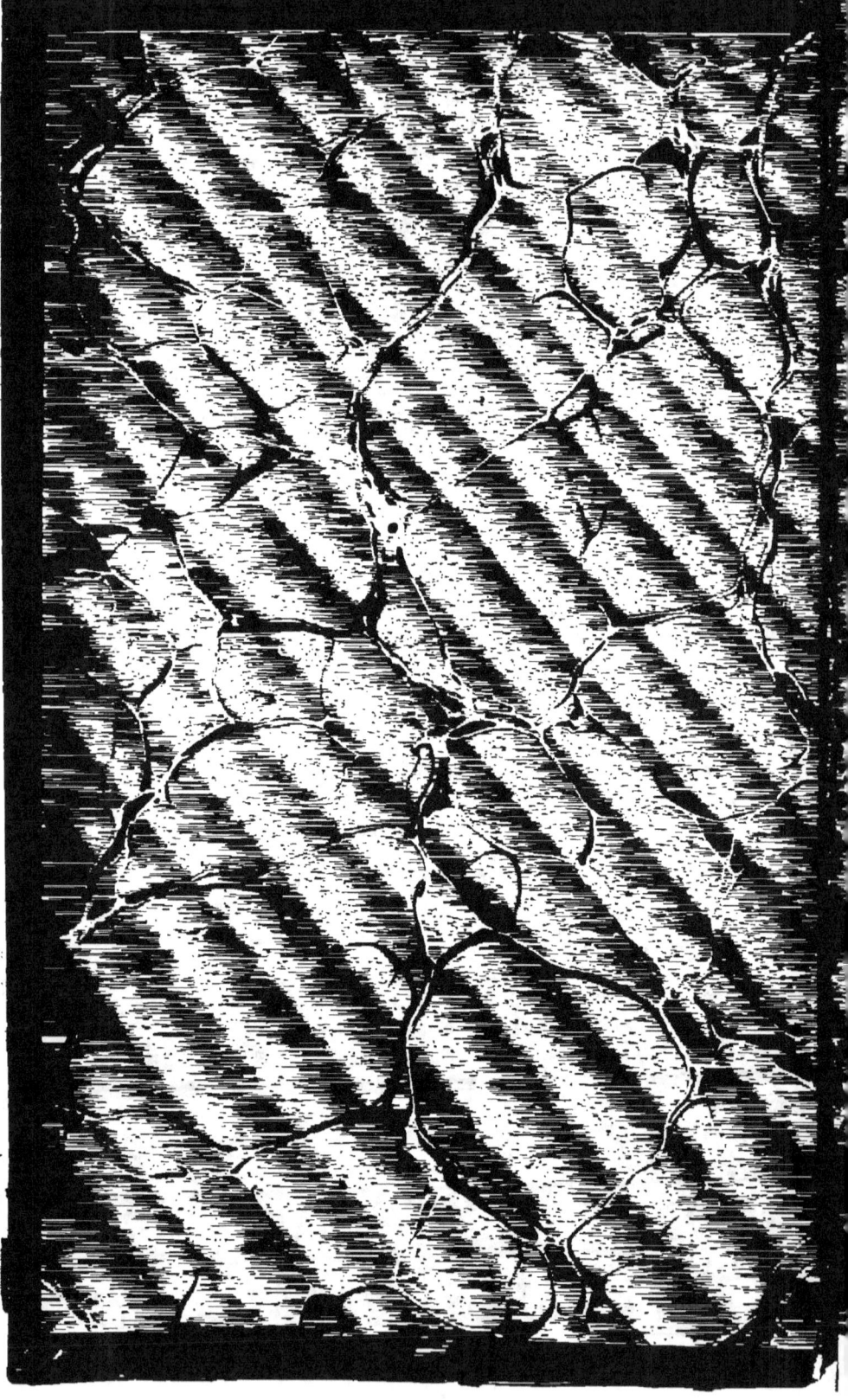

63
1900

1128

8° V
28381

COURS PRATIQUE

DE

RÉSISTANCE DES MATÉRIAUX

Tous les exemplaires devront être revêtus de la signature de l'auteur.

COURS PRATIQUE

DE

RÉSISTANCE DES MATÉRIAUX

PROFESSÉ

A LA SOCIÉTÉ D'ENSEIGNEMENT PROFESSIONNEL
DU RHONE

PAR

J. NOVAT

Ingénieur des Arts et Manufactures,
Chef du bureau des travaux au Service vicinal du Rhône.

PARIS

LIBRAIRIE POLYTECHNIQUE, CH. BÉRANGER, ÉDITEUR

SUCCESSEUR DE BAUDRY ET Cⁱᵉ

15, RUE DES SAINTS-PÈRES, 15

MAISON A LIÉGE, 24, RUE DE LA RÉGENCE

—

1900

Tous droits réservés.

AVERTISSEMENT

A NOS ÉLÈVES DE LA SOCIÉTÉ D'ENSEIGNEMENT PROFESSIONNEL

DU RHÔNE

La théorie de la résistance des matériaux n'est complètement accessible qu'à ceux qui connaissent l'analyse mathématique. Le but que nous nous proposons en ouvrant ce cours à la *Société d'enseignement professionnel du Rhône* n'est donc pas d'exposer cette théorie, mais d'en donner une idée, de manière à bien faire comprendre les lois et formules de la résistance.

Quelques-unes de ces formules se déduisent directement de l'analyse et présentent un caractère absolu de généralité et d'exactitude ; d'autres sont basées sur une méthode mixte, c'est-à-dire déduites du calcul en s'appuyant sur certaines hypothèses ; d'autres enfin sont purement empiriques.

En outre, la plupart des formules de la résistance ne sont applicables qu'entre certaines limites très restreintes.

Nous aurons soin de préciser les limites d'application de ces formules en en faisant connaître l'origine, le caractère et la nature, afin que vous puissiez les employer d'une façon judicieuse.

Les formules contenues dans les aide-mémoire ou les publications périodiques spéciales présentent souvent des erreurs de signe ou d'exposant, lesquelles erreurs peuvent entraîner à des résultats tout à fait dangereux pour la sécurité des constructions. Ordinairement ces erreurs sont faciles à reconnaître, lorsqu'on sait comment les formules ont été établies.

Pour répondre au but que nous nous proposons, notre aperçu de la théorie de la résistance des matériaux ne sera, ni une théorie pure demandant des connaissances spéciales, ni un simple exposé de lois et formules ; il sera un commentaire raisonné des lois et formules de la résistance. En résumé, nous effleurerons la théorie sans l'approfondir et nous développerons de nombreux exemples pour rendre notre cours réellement pratique.

Afin de faciliter et réduire votre travail, autant que possible, nous adopterons une division qui permette à chacun de vous d'effectuer sans difficulté la sélection des parties qui l'intéressent spécialement, en faisant remarquer que la connaissance des matières enseignées dans les quatre premiers chapitres, moins celles des deux derniers paragraphes du chapitre IV, sont absolument nécessaires à tous pour l'intelligence des autres parties de notre cours.

PREMIÈRE PARTIE

APERÇU DE LA THÉORIE DE LA RÉSISTANCE DES MATÉRIAUX
DONNÉES EXPÉRIMENTALES, PROBLÈMES SIMPLES ET FORMULES USUELLES

CHAPITRE PREMIER

INTRODUCTION

§ 1. — NOTIONS PRÉLIMINAIRES

1. Constitution des corps naturels. — On regarde les corps naturels comme composés de molécules infiniment petites, séparées par des distances comparables à leurs dimensions.

2. Actions moléculaires ou forces intérieures. — Si l'on laisse de côté les phénomènes de cristallisation, on admet que les actions exercées par une molécule A sur une molécule B se réduisent à une force unique F dirigée suivant la droite AB qui unit ces deux molécules et que les actions exercées par la molécule B sur la molécule A se réduisent également à une force unique F' dirigée suivant la droite AB.

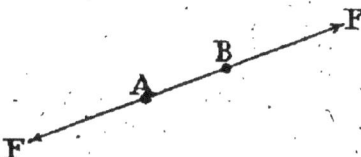

Fig. 1.

En vertu du *principe de Newton* (réaction égale et contraire à l'action) ces deux forces sont *mutuelles*, c'est-à-dire égales et contraires.

Par conséquent, outre les forces extérieures qui peuvent agir sur un corps, il y a lieu de considérer toutes les forces agissant de molécules à molécules, forces appelées *forces intérieures* ou *actions moléculaires*.

3. Solides naturels et solides invariables. — Jusqu'à présent, vous avez raisonné sur des solides de convention, les solides invariables composés de molécules maintenues à des distances constantes les unes des autres.

De pareils solides n'existent pas, et, en réalité, toute force, si faible qu'elle soit, qui agit sur un corps matériel, le déforme d'une manière plus ou moins sensible; les corps de la nature sont composés de molécules dont les distances varient : ces corps sont, en effet, plus ou moins dilatables, plus ou moins compressibles.

La mécanique qui suppose les solides indéformables, invariables, est ce qu'on nomme la *mécanique rationnelle*.

La mécanique qui considère les corps comme ils sont réellement dans la nature, c'est-à-dire comme déformables, est la *mécanique appliquée*; elle comprend la résistance des matériaux, la stabilité des constructions, l'hydraulique, etc.

4. Actions attractives et répulsives. — Quand un corps solide est au repos, chaque molécule occupe par rapport aux autres une position stable qu'elle ne peut abandonner que sous l'influence d'un effort. D'où cette définition : *un corps solide est un corps qui oppose une résistance appréciable aux déformations qu'on veut lui faire subir.*

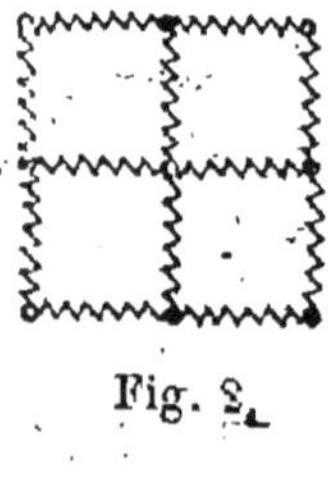

Il en résulte que, lorsqu'on veut éloigner les molécules d'un corps solide, on développe entre elles des *actions attractives*; lorsqu'on veut les rapprocher, on développe des *actions répulsives*. Les choses se passent comme si les molécules étaient réunies entre elles par des ressorts à boudin (fig. 2).

Fig. 2.

Les actions attractives ou répulsives diminuent de plus

en plus et deviennent insensibles, lorsque les molécules atteignent un éloignement appréciable.

Les actions répulsives augmentent indéfiniment, lorsque l'écartement des molécules tend à devenir nul ; c'est en cela que consiste réellement l'*impénétrabilité* de la matière.

5. Distinction des corps. — On admet qu'il y a toujours actions attractives et répulsives ; les forces F et F' (fig. 1) en sont les résultantes.

Dans les solides, c'est l'attraction ou gravitation qui l'emporte ; dans les corps gazeux, c'est la répulsion ; dans les liquides, il y a égalité entre l'attraction et la répulsion.

L'équilibre est stable dans les solides, instable dans les gaz, indifférent dans les liquides.

6. Elasticité de la matière. — Supposons, pour fixer les idées, le solide en repos, et appliquons-lui des forces extérieures. Les molécules sur lesquelles les forces extérieures agissent directement vont céder et leur distance avec les voisines va varier, ainsi que les forces mutuelles ; l'équilibre se trouve détruit. Mais, lorsque la déformation produite par le déplacement des molécules sera achevée, un nouvel équilibre s'établira entre les forces extérieures et les nouvelles forces intérieures développées.

Il peut arriver que, les forces extérieures n'étant pas trop considérables, si on supprime leur action, le corps reprenne la forme qu'il avait avant l'application des forces extérieures.

Cette propriété, par laquelle un corps déformé tend à reprendre sa première forme, lorsque les actions extérieures disparaissent, constitue l'*élasticité* de la matière.

Un corps est parfaitement élastique, lorsqu'il reprend absolument sa forme primitive.

Un corps parfaitement mou reste tel qu'on le met, quand on lui fait subir une déformation quelconque.

7. Limite d'élasticité. — La charge limite d'élasticité ou par abréviation la limite d'élasticité d'une substance est l'effort maximum qu'on peut faire agir sur elle sans lui imprimer une déformation permanente. Cette limite dépassée, la déformation subsiste en tout ou en partie. Si les efforts continuent à croître progressivement, la déformation augmente peu à peu, la désagrégation arrive et enfin la rupture.

Il est donc très important de connaître la limite d'élasticité des substances, afin de ne point leur faire supporter des efforts susceptibles de les déformer d'une façon permanente. Il est bien évident que, dans la pratique, on doit non seulement ne pas atteindre cette limite, mais encore rester bien en deçà.

8. But de la théorie de la résistance des matériaux. — La théorie de la résistance des matériaux apprend à procéder aux constructions avec sécurité et économie : elle permet de calculer d'avance les forces qui doivent se développer dans une construction projetée et de vérifier si ces forces ne dépassent pas les limites pratiques indiquées par l'expérience ; elle permet encore de donner aux diverses parties d'une construction les formes les plus favorables et de calculer les dimensions de chaque pièce de manière à joindre la plus grande économie à une entière sécurité.

9. Efforts étudiés dans le présent cours. — Nous examinerons seulement les principaux efforts auxquels les matériaux ont à résister dans les constructions, savoir :

1° Les efforts de *traction* ou *d'extension*, qui tendent à les allonger dans un sens déterminé ;

2° Les efforts de *pression* ou de *compression*, qui tendent à les raccourcir ;

3° Les efforts *tranchants* ou de *cisaillement*, qui tendent à couper, à trancher les pièces transversalement par rapport à leur plus grande dimension ;

4° Les efforts de *flexion plane*, qui tendent à courber les pièces, à les faire fléchir.

Nous verrons que dans certains cas ces efforts sont isolés et que dans d'autres ils sont combinés.

Nous laisserons de côté les efforts de *torsion* et ceux de *glissement* qui se développent plus particulièrement dans les pièces des machines.

§ 2. — Rappel des conditions générales d'équilibre

10. Conditions générales d'équilibre. — Comme nous aurons souvent à invoquer les conditions générales d'équilibre d'un corps solide, nous croyons utile de les rappeler.

Les six conditions nécessaires et suffisantes pour l'équilibre d'un corps solide sont les suivantes :

Les sommes algébriques des projections des forces extérieures appliquées à un corps solide et les sommes algébriques des moments des mêmes forces, par rapport à trois axes quelconques concourants et non situés dans un même plan, doivent être séparément nulles.

Nous allons donner quelques explications sur ces conditions d'équilibre et les mettre sous forme d'équations.

Prenons, ainsi qu'on le fait ordinairement, trois axes rectangulaires entre eux, dont deux OX et OY situés dans un plan horizontal et l'autre OZ vertical (fig. 3).

Soit P l'une quelconque des forces extérieures agissant sur le corps solide considéré ; nous supposerons cette force appliquée au point A du solide, dirigée suivant la droite

AB de l'espace dans le sens indiqué par la flèche et représentée en grandeur par la longueur AB.

En projetant les points A et B sur un plan passant par l'axe OX, par exemple sur le plan XOY, puis en abaissant des points a' et b' ainsi obtenus des perpendiculaires sur l'axe OX, nous déterminerons un segment ab qui n'est autre que la projection P_x de la force P sur cette axe. Nous

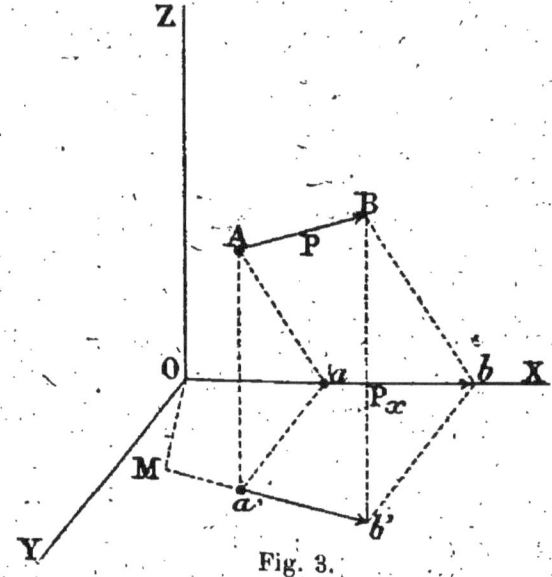

Fig. 3.

conviendrons d'attribuer à la projection P_x le signe + si le point b est à droite de a, et le signe − s'il est à gauche; dans le cas de la figure, P_x doit être précédé du signe +.

Des opérations analogues nous donneraient la projection P_y de la force P sur l'axe OY et sa projection P_z sur l'axe OZ, que nous affecterions du signe + ou du signe − suivant les conventions que nous aurions faites.

Le moment d'une force par rapport à un axe est le produit de la projection de la force sur un plan perpendiculaire à l'axe par la plus courte distance de la force à l'axe.

Abaissons du point O une perpendiculaire OM sur $a'b'$; la droite OM est la projection en vraie grandeur sur le plan XOY de la plus courte distance de la force P à l'axe OZ ; le produit $a'b' \times$ OM représente le moment de la force P par rapport à l'axe OZ, moment que nous écrirons M_zP.

On donne ordinairement au moment le signe $+$, lorsque sur le plan de projection la force tend à faire tourner la plus courte distance autour du point O dans le sens des aiguilles d'une montre, et le signe $-$ lorsqu'elle tend à la faire tourner en sens contraire ; dans le cas de la figure, M_zP doit être affecté du signe $-$.

Si, pour simplifier, on désigne par ΣP_x[1] la somme algébrique des projections sur l'axe OX de toutes les forces extérieures appliquées au solide, par ΣP_y celle de leur projections sur l'axe OY et par ΣP_z celle de leurs projections sur l'axe OZ ; si l'on désigne également par ΣM_xP la somme algébrique des moments par rapport à l'axe OX de toutes les forces extérieures, par ΣM_yP celle de leurs moments par rapport à OY et par ΣM_zP celle de leurs moments par rapport à OZ, les six conditions générales d'équilibre peuvent se traduire par les six équations suivantes :

$$\Sigma P_x = 0 \qquad \Sigma P_y = 0 \qquad \Sigma P_z = 0$$
$$\Sigma M_xP = 0 \qquad \Sigma M_yP = 0 \qquad \Sigma M_zP = 0$$

Les trois premières équations sont dites *équations de projections* et les trois dernières *équations de moments*.

Il est important de remarquer que les forces intérieures n'entrent point dans ces équations, parce que, ces forces étant mutuelles, leurs projections et leurs moments se détruisent deux à deux.

En choisissant convenablement les axes des coordonnées,

---

[1] Σ est une lettre grecque qui s'appelle *sigma* et qui représente ici une somme algébrique.

les six conditions générales d'équilibre peuvent se réduire à trois dans deux cas, très fréquents en pratique, que nous allons examiner en nous appuyant sur les deux remarques ci-dessous :

Première remarque. — La projection d'une force sur un axe est nulle, lorsque la force est située dans un plan perpendiculaire à l'axe : la projection se réduit à un point.

Deuxième remarque. — Le moment d'une force par rapport à un axe est nul, lorsque la force et l'axe sont dans le même plan : en effet, si la force n'est pas parallèle à l'axe, son prolongement coupe l'axe et sa plus courte distance à cet axe est nulle ; si la force est parallèle à l'axe, sa projection sur un plan perpendiculaire se réduit à un point.

11. Cas des forces dans un même plan. — Lorsque les forces extérieures agissant sur un solide sont toutes dans

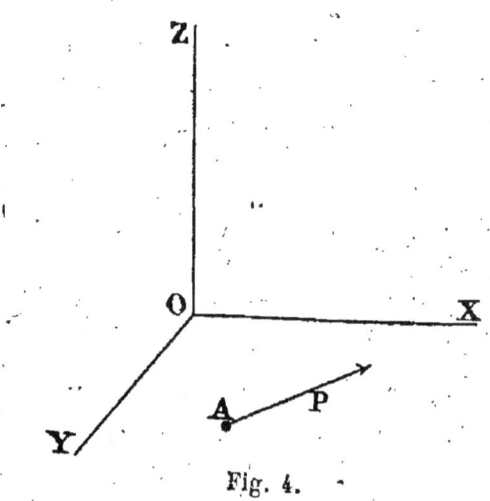

Fig. 4.

un même plan, les six équations d'équilibre se réduisent à trois.

Supposons, en effet, les forces P dans le plan XOY et l'axe OZ perpendiculaire à ce plan (fig. 4).

La troisième équation de projections est satisfaite d'elle-même, puisque la force P est située dans un plan perpendiculaire à OZ (1re remarque); il en est de même des deux premières équations de moments, puisque la force P est située dans le plan des axes OX et OY (2e remarque).

Les trois équations d'équilibre sont :

$$\Sigma P_x = 0 \qquad \Sigma P_y = 0 \qquad \Sigma M_z P = 0$$

On dit alors que les moments des forces sont pris par rapport au point O, où l'axe OZ perce le plan XOY.

Ce cas est applicable à celui dans lequel les forces sont symétriques deux à deux par rapport à un même plan, car on peut remplacer deux forces symétriques par leur résultante située dans le plan de symétrie.

12. Cas des forces parallèles. — Lorsque les forces

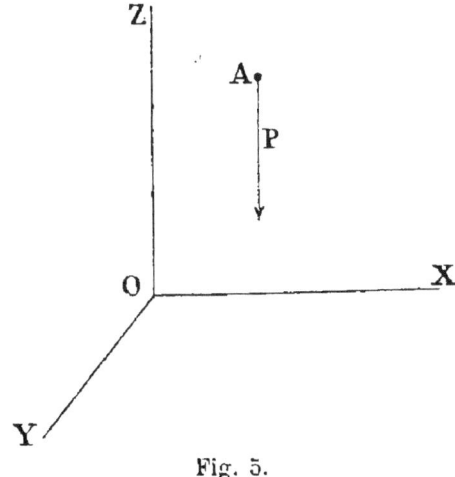

Fig. 5.

extérieures sont toutes parallèles, les six équations d'équilibre se réduisent également à trois.

Supposons l'axe OZ parallèles aux forces P et le plan XOY perpendiculaire (fig. 5).

Les deux premières équations de projections sont satisfaites d'elles-mêmes, puisque chacune des forces P est dans un plan perpendiculaire à OX et OY (1re remarque); il en est de même de la troisième équation de moments, puisque chacune des forces P est dans le même plan que OZ (2e remarque).

Les trois équations d'équilibre sont alors :

$$\Sigma P_z = 0 \qquad \Sigma M_x P = 0 \qquad \Sigma M_y P = 0$$

13. Dualisme du cas des forces dans un même plan et du cas des forces parallèles. — Nous appelons l'attention sur le dualisme des deux cas considérés : ils sont le complément l'un de l'autre ; en d'autres termes, si l'on ajoute les trois équations trouvées dans le cas des forces situées dans le même plan aux trois équations relatives à celui des forces parallèles, on obtient les six équations générales d'équilibre.

14. Observation importante sur le point d'application d'une force. — Dans la mécanique rationnelle, on regarde les corps solides comme absolument invariables et on a le droit de transporter le point d'application d'une force en un point quelconque de la direction de la force.

Il n'en est plus de même pour les corps naturels ; en effet, si on change le point d'application d'une force, elle n'est plus appliquée à la même molécule et les actions moléculaires développées ne sont plus les mêmes.

Dans la mécanique appliquée on n'a qu'un droit, c'est de remplacer plusieurs forces appliquées à une même molécule par leur résultante et réciproquement.

§ 3. — Hypothèses

15. Hypothèses sur la constitution et la forme des pièces. — Dans ce qui suit, nous admettrons en général que les corps sont *homogènes*, c'est-à-dire constitués de la même façon en chacun de leurs points, et que les pièces considérées sont *prismatiques*.

Le plus souvent, dans les constructions, les pièces ont rigoureusement la forme de prismes géométriques.

Dans la mécanique appliquée, on donne aussi le nom de pièces prismatiques à des pièces dont la section peut varier et qui peuvent même être légèrement courbes; mais, dans les pièces considérées, les dimensions transversales sont petites par rapport à la longueur.

Ordinairement, ces pièces ont un plan de symétrie, et toutes les forces qui les sollicitent peuvent être ramenées dans ce plan.

CHAPITRE II

EXTENSION ET COMPRESSION

§ 1. — Lois et formules fondamentales. Coefficient d'élasticité. Représentation graphique.

16. Loi fondamentale de la traction ou extension. — Considérons d'abord hypothétiquement une file de molécules ou fibre moléculaire maintenue à l'une de ses extrémités A et sollicitée à l'autre extrémité B par un poids P (fig. 6). L'action de ce poids se transmettant de molécules en molécules, mettra en jeu toutes les forces intérieures; puis un nouvel équilibre s'établira. L'allongement total de cette fibre sera la somme des accroissements de distance entre chaque molécule.

Considérons maintenant un solide prismatique ABCD, maintenu par la section AB

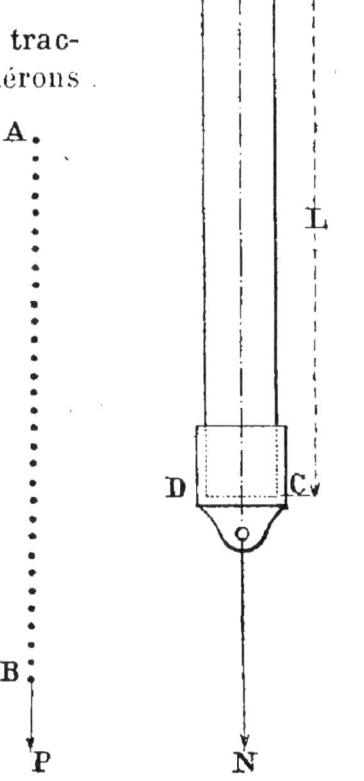

Fig. 6.   Fig. 7.

et soumis en CD à l'action d'un poids N par l'intermédiaire d'une armature (fig. 7). On peut regarder la tige prismatique en expérience, plus ou moins approximativement suivant sa nature, comme la réunion de files ou fibres moléculaires juxtaposées et reliées par des actions latérales. Si l'action du poids N est dirigée normalement à la section droite du prisme et suivant l'axe du prisme, lieu des centres de gravité des sections, on peut regarder la charge N comme uniformément répartie, et, par suite, on peut admettre que chaque fibre élémentaire supporte la même charge P, soit la charge totale divisée par le nombre de fibres n :

$$P = \frac{N}{n}.$$

On peut alors supposer que chaque fibre s'allonge de la même quantité, laquelle représente l'allongemnet total de la pièce.

Tant qu'on ne dépasse pas la limite d'élasticité, la charge enlevée, la tige reprend exactement la même longueur. Elle agit dans toute la période d'élasticité, au point de vue pratique, comme un ressort parfait.

Restons dans cette période d'élasticité et désignons par :
L la longueur primitive de la tige ;
ω[1] la section droite du prisme ;
N la charge totale normale à la section droite du prisme et dirigée suivant l'axe du prisme ;
l l'allongement total de la tige sous la charge N.

Le quotient $\frac{N}{\omega}$ est la charge par unité de surface de la section droite.

Le quotient $\frac{l}{L}$ est l'allongement de la tige par unité de longueur primitive.

[1] ω est une lettre grecque qui s'appelle *oméga* et qui représente ici l'aire d'une section.

L'expérience prouve que ces deux quotients présentent un rapport constant pendant la période d'élasticité parfaite.

Si l'on désigne par E une constante qu'on déterminera par expérience pour chaque substance, on pourra donc écrire :

$$\frac{N}{\omega} = E\frac{l}{L}$$

Telle est la loi fondamentale de l'extension.

La constante E est ce qu'on appelle le *coefficient* ou *module d'élasticité* de la substance considérée.

17. Formules fondamentales. — On remplace le plus souvent $\frac{l}{L}$ par i et $\frac{N}{\omega}$ par R.

La loi précédente peut se traduire indifféremment par les trois formules suivantes qui n'en font qu'une :

(1) $$\frac{N}{\omega} = E\frac{l}{L}$$
(2) $$N = E\omega i$$
(3) $$R = Ei$$

On applique l'une ou l'autre de ces formules suivant le cas.

18. Tension ou travail de la matière. — Nous avons représenté par R la charge ou action de la traction par unité de surface de la section droite.

Comme nous avons supposé l'équilibre établi, chaque fibre moléculaire, et par suite la tige entière, en vertu du principe de Newton (égalité entre l'action et la réaction), résiste autant qu'elle est sollicitée. R représente donc en valeur absolue, soit l'action de la traction, soit la résistance opposée par la matière à la traction ; cette résistance est ce qu'on appelle le *travail* [1] ou la *tension de la matière* par unité de surface.

19. Coefficient d'élasticité. — De la troisième formule fondamentale (17) on tire :

$$E = \frac{R}{i}$$

i est le rapport des deux longueurs, c'est un nombre; R est une force : par suite, E est une force divisée par un nombre, c'est-à-dire une force, laquelle est rapportée à l'unité de surface.

Faisons, en effet, dans la première formule

$$\omega = 1 \quad \text{et} \quad l = L$$

nous aurons

$$N = E$$

Le coefficient d'élasticité pour chaque substance est la force fictive qui, agissant sur une tige ayant pour section l'unité de surface, produirait un allongement égal à la longueur primitive.

C'est une force fictive en général, car la tige rompt ordinairement bien avant d'atteindre cette limite.

20. Phénomène de l'extension et rupture par arrachement. — Nous venons de voir que, tant que la charge agissant sur la tige est inférieure à la limite d'élasticité, les allongements observés sont proportionnels aux charges qui les déterminent.

Si l'on dépasse la limite d'élasticité, il n'y a plus proportionnalité entre les charges par unité de surface et les

---

[1] *Le mot travail* est entendu ici non dans son sens scientifique, mais dans le sens d'effort imposé au métal par unité de surface, qui lui est donné dans la pratique des constructions.

allongements par unité de longueur. Les allongements croissent plus rapidement que les charges ; ils n'aquièrent d'ailleurs leur valeur définitive qu'au bout d'un temps d'action plus ou moins long, pouvant varier depuis quelques minutes jusqu'à un certain nombre d'heures suivant la substance considérée.

D'autre part, pendant cette seconde période, lorsqu'on supprime la charge, la tige ne reprend plus sa longueur primitive : la déformation ne disparaît pas complètement ; elle subsiste en partie d'une façon permanente.

Si l'on continue à augmenter progressivement la charge, avec toutes les précautions nécessaires pour qu'il n'y ait jamais mouvement vibratoire, il arrive un instant, très variable d'après la nature de la substance, où, en une région peu étendue du solide, il se produit un allongement notablement plus grand que dans ses autres parties. Cet allongement qui, dans le cas de la figure 8, se produit dans la partie KH, est accompagné d'une diminution de

Fig. 8.   Fig. 9.

section qu'on appelle *striction;* la matière s'y étire, s'y désagrège ; il y a comme un écoulement de solide de haut en bas, une sorte de filage.

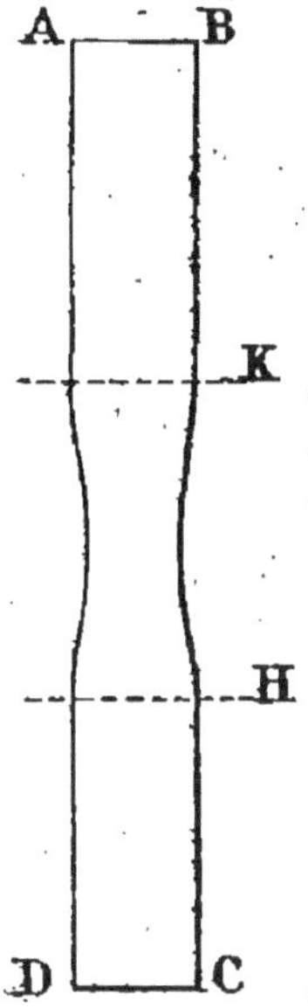

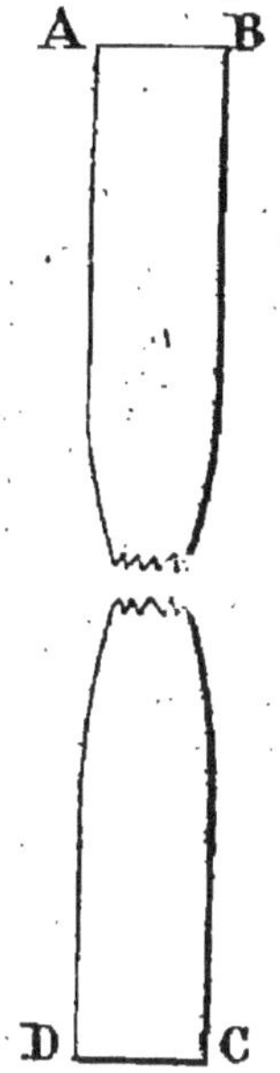

La charge continuant à agir, la rupture finit par se produire, *par arrachement*, dans cette région, avec dégagement de chaleur ordinairement.

On constate que, une fois la désagrégation commencée, elle continue d'elle-même, souvent très lentement, sans augmenter la charge et même en diminuant la charge qui a entraîné la désagrégation au début.

La striction s'observe surtout quand on opère sur les métaux mous et très ductiles : étain, plomb, zinc et fer très doux.

Elle est moins sensible pour les métaux durs qui se laissent travailler à froid : fer ordinaire et acier doux.

Elle est très peu accusée dans certains fers, l'acier dur, l'acier trempé et le bois.

—Ces dernières substances présentent une très faible contraction latérale jusqu'à la rupture, et elles peuvent supporter indéfiniment, en l'absence de toute vibration, des efforts peu inférieurs à l'effort minimum qui détermine la rupture ; mais leur rupture se produit brusquement, sans être annoncée par aucun signe précurseur.

Dans tous les cas, la prudence commande de se tenir bien en deçà de la limite d'élasticité.

21. Pression ou compression. — Puisque les corps prismatiques, que nous avons regardés comme composés de fibres moléculaires juxtaposées, s'allongent par traction, ils doivent au contraire se raccourcir par compression.

Les expériences de compression sont plus délicates à faire que celles d'extension. Voici pourquoi : si le corps a une faible hauteur, il est difficile de mesurer les raccourcissements ; s'il a une grande longueur, il tend à fléchir latéralement, à se courber en arc, à *flamber*. Il faut, en emboîtant le corps, l'empêcher de fléchir latéralement.

Lorsque les expériences sont bien faites et que la charge est uniformément répartie sur la section droite, on trouve que, pendant la période d'élasticité parfaite, la loi de l'extension s'applique absolument à la compression.

On a les mêmes formules à la condition de donner simultanément aux charges et aux allongements le signe +

s'il s'agit de l'extension, et le signe — s'il s'agit de compression.

R représente également à la fois, en valeur absolue, la compression par unité de surface de la section et la résistance de la matière opposée à cette compression par unité de surface de la section.

22. Rupture par écrasement. — Dans l'extension, la tige subit toujours une contraction latérale; il ne peut en

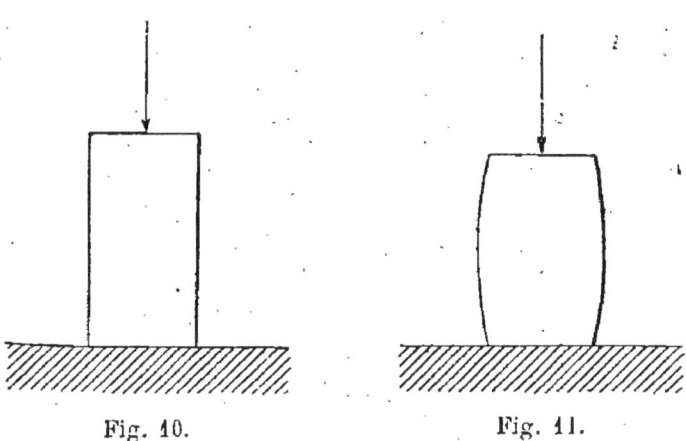

Fig. 10. Fig. 11.

être de même pour la compression, car les actions latérales sont alors nécessairement dirigées vers l'extérieur. Il y a une sorte de poussée au vide et la section augmente dans une certaine région; la striction qui s'observait sur les pièces étirées est remplacée par un *gonflement*, qui a tendance à devenir général et non à se localiser en un point.

La charge de compression croissant, la désagrégation moléculaire commence, augmente et entraîne la rupture, laquelle a lieu par *écrasement* et non plus par arrachement.

La rupture des blocs par écrasement se produit de manières différentes suivant la nature des matériaux.

Les pierres dures cèdent peu à la compression ; elles se brisent avec éclat en aiguilles qui se pulvérisent facilement. Les premières fissures se déclarent sous une charge approximativement égale au tiers de celle qui produirait la désagrégation.

Les pierres tendres se brisent en formant des pyramides à sommets opposés, situés à peu près au milieu du bloc ; l'écrasement suit de près les premiers éclats.

Dans les corps granuleux, comme la fonte, il se manifeste au moment de la rupture un plan de séparation ordinairement à 45°.

Le bois se rompt souvent par fentes verticales, après gonflement.

L'humidité diminue la résistance des bois et des pierres tendres.

Cette résistance varie aussi avec la direction des fibres pour le bois ou du lit de carrière pour les pierres : perpendiculairement aux fibres, le bois ne supporte que les 80 p. 100 de ce qu'il pourrait supporter dans le sens des fibres ; une pierre posée sur son lit de carrière a une résistance sensiblement plus grande que lorsqu'elle est posée en délit.

23. Représentation graphique des phénomènes de l'extension et de la compression. — Pour représenter graphiquement le phénomène de l'extension, on prend deux axes rectangulaires OX et OY ; sur OX on porte en abscisses les allongements par unité de longueur primitive de la tige (i) ; sur OY on porte en ordonnées les charges par unité de surface de la section droite (R). On obtient ainsi une ligne OAB qui représente la loi de la variation des allongements comparés aux charges, le point A correspondant à la limite d'élasticité et le point B à la rupture.

Puisque, pendant la période d'élasticité parfaite, il y a

proportionnalité entre les allongements et les charges, on a d'abord une ligne droite OA, dont l'équation est :

$$R = Ei$$

A partir de A, on a une courbe AB qui tourne sa conca-

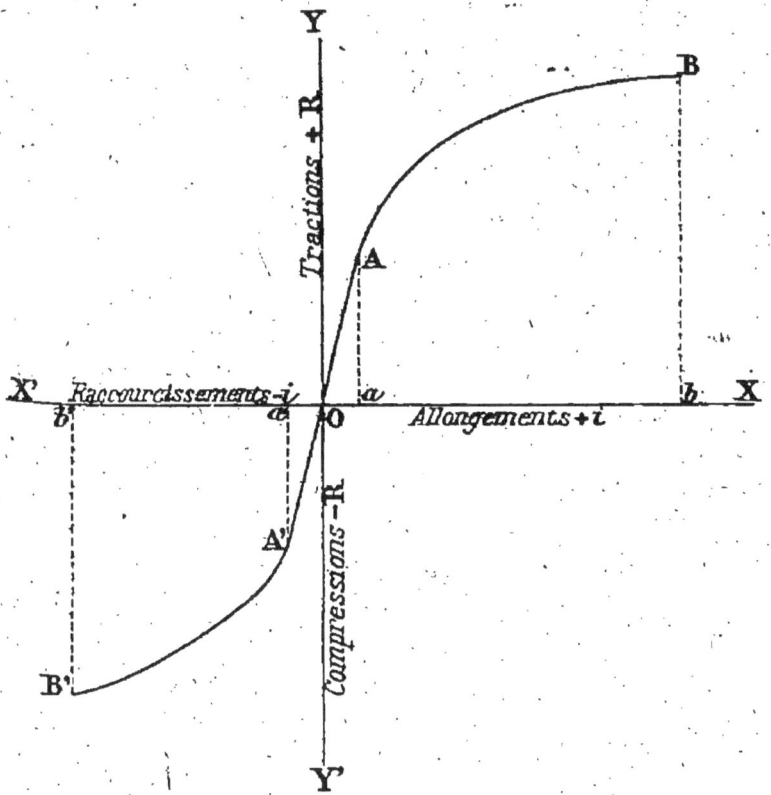

Fig. 12.

vité vers OX, parce que les allongements (abscisses) croissent plus rapidement que les charges (ordonnées).

Le coefficient angulaire de la droite OA, c'est-à-dire la tangente trigonométrique de l'angle formé par OA avec OX, est précisement le coefficient d'élasticité E.

Pour construire la représentative OA'B' de la loi de la

compression, il faut donner simultanément le signe — aux charges et aux raccourcissements.

Si l'élasticité de la matière est la même à l'extension ou à la compression, c'est-à-dire si le coefficient d'élasticité E conserve la même valeur pour les deux phénomènes, les deux droites OA et OA' ont le même coefficient angulaire et sont par suite le prolongement l'une de l'autre. S'il n'en est pas ainsi, les deux droites ne sont pas le prolongement l'une de l'autre ; c'est le cas désavantageux de la fonte.

§ 2. — Constantes utiles a connaitre : poids spécifique, coefficient d'élasticité, limite d'élasticité et charge de rupture. Choix des unités. Charge pratique et coefficient de sécurité.

24. Constantes utiles à connaître. — Les calculs relatifs à la résistance des matériaux exigent la connaissance de certaines constantes, qui dépendent de la nature du corps considéré.

Ces constantes sont les suivantes :

1° Le *poids spécifique du corps* ou le *poids de son unité de volume* ;
2° Le *coefficient d'élasticité* ;
3° La *limite d'élasticité* ;
4° La *charge de rupture*.

Le poids spécifique est nécessaire pour calculer le poids de l'ouvrage et de ses diverses parties ; le coefficient d'élasticité, pour étudier d'avance les déformations qui se produiront dans l'ouvrage.

La limite d'élasticité est la plus grande valeur de la traction ou de la pression qui n'entraîne encore dans la substance aucune déformation permanente.

La charge de rupture est la plus petite valeur de la

traction ou de la pression capable de rompre ou écraser la substance.

Dans la figure 12, la longueur de l'ordonnée aA représente la limite d'élasticité à la traction et celle de l'ordonnée bB représente la charge de rupture à la traction ; quant à la limite d'élasticité et à la charge de rupture à la compression, elles sont représentées respectivement par les ordonnées a'A' et b'B'.

25. Choix des unités. — On devrait toujours prendre le mètre pour unité de longueur, le mètre carré pour unité de surface, le mètre cube pour unité de volume et le kilogramme pour unité de force ; mais, à cause de la grandeur des nombres, on rapporte ordinairement la charge au *millimètre carré* pour les métaux et les bois, et au *centimètre carré* pour les maçonneries, tout en continuant à conserver le mètre pour unité de longueur.

L'unité de moment est le *kilogramomètre* ; c'est le produit de l'unité de force (le kilogramme) par l'unité de longueur (le mètre) ; autrement dit, c'est le moment d'un couple qui aurait pour chacune de ses forces un kilogramme et pour bras de levier un mètre. Nous désignerons l'unité de moment par les lettres km et l'unité de force par kg.

Nota. — On appelle quelquefois *kilogrammètre* l'unité de moment ; nous n'adopterons pas cette dénomination, qui s'applique à la mesure du travail d'une force ; nous la réserverons pour indiquer l'unité de travail.

26. Charge pratique et coefficient de sécurité. — Nous avons dit précédemment que, tant que la limite d'élasticité n'est pas dépassée, la charge enlevée, le corps reprend exactement ses dimensions primitives ; mais nous avons ajouté que la prudence commande de rester bien en deçà de la limite d'élasticité.

On désigne ordinairement par R l'effort que la prudence commande de ne pas dépasser par unité de surface ; c'est ce qu'on nomme la *charge pratique*.

R représente aussi en valeur absolue la résistance opposée par la matière qu'il convient de ne pas dépasser par unité de surface, c'est-à-dire la résistance de sécurité.

Pour déterminer la charge pratique à adopter, on peut prendre pour point de départ, soit la charge limite d'élasticité, soit la charge de rupture. En multipliant l'une ou l'autre de ces valeurs par un certain coefficient, désigné sous le nom de coefficient de sécurité, on obtient la charge pratique.

27. Charge pratique pour les métaux et les bois. — Il serait préférable, en ce qui concerne les métaux et les bois, de déduire la charge pratique de la limite d'élasticité, puisque la limite d'élasticité précise le point où commence la déformation permanente ; cependant, les praticiens opèrent généralement en prenant pour base la charge de rupture, parce que la détermination expérimentale de cette charge est plus commode que celle de la limite d'élasticité. Nous adopterons la méthode des praticiens.

Pour les métaux, lorsqu'on prend pour point de départ la charge de rupture, on fait varier le coefficient de sécurité.

1° De 1/4 à 1/6 dans les constructions stables, non sujettes à des chocs violents (sauf pour les pièces en fonte susceptibles de travailler à la flexion, pour lesquelles on n'admet comme charge pratique que le 1/8 de la charge de rupture) ;

2° De 1/8 à 1/10 dans les pièces soumises à de grandes

trépidations ou à des chocs violents (l'emploi de la fonte est à rejeter dans ce cas).

Pour les bois, ce coefficient est compris entre 1/7 et 1/10.

28. Charge pratique pour les pierres et mortiers. — En ce qui concerne les pierres et mortiers, la charge pratique à adopter ne peut se déduire que de la charge de rupture à l'écrasement, parce qu'il est presque impossible de connaître exactement la limite d'élasticité.

Comme charge pratique, on adopte :

1° Pour la pierre de taille, le 1/10 de la charge d'écrasement ;

2° Pour les moellons d'appareil, le 1/15 ou le 1/20 ;

3° Pour les moellons bruts, le 1/20 ;

4° Pour les mortiers, le 1/10.

§ 3. — Coefficients de résistance pour les métaux et les bois

29. Coefficients de résistance pour les métaux et les bois. — Nous résumons dans le tableau ci-après les coefficients usuels moyens qui peuvent être en général adoptés dans l'étude d'une construction projetée (voir p. 28).

30. Observations sur les coefficients de résistance précédents. — Pour le fer et l'acier, le coefficient d'élasticité est sensiblement le même à la traction et à la compression ; il en est de même de la limite d'élasticité.

Quant à la charge de rupture du fer, elle est plus élevée à la traction qu'à la compression ; c'est l'inverse pour l'acier.

La fonte résiste mieux à la compression qu'à l'extension Il y aurait lieu de considérer deux valeurs différentes pour

RÉSISTANCE DES MATÉRIAUX

Tableau des coefficients de résistance pour les métaux et les bois.

NATURE des MATÉRIAUX	POIDS du mètre cube.	COEFFICIENT d'élasticité E par mm. carré.	CHARGE limite d'élasticité à		CHARGE de rupture à		CHARGE pratique R à	
			l'extension par mm. carré.	la compression par mm. carré.	l'extension par mm. carré.	la compression par mm. carré.	l'extension par mm. carré.	la compression par mm. carré.
	kg.	kg.	kg.	kg.	kg.	kg.	kg.	kg.
Fonte	7 200	8 000	6	» 20	12	65	11 à 21	6 à 10
Fer { fil	—	—	20	» 15	66	30 =¹ ⊥² 27/35	16 à 17	6 à 8
Fer { forgé ou étiré en barres	7 800	20 000	15	» 15	36	»	»	»
Fer { laminé	fers spéciaux et tôle . .			12	12	32/28 ⊥²	»	»	»
Aciers³ { fil acier fondu			60	»	120	80	25 à 30	5 à 71/2
Aciers³ { fil acier doux			50	»	72	»	18 à 20	»
Aciers³ { dur	7 800	22 000	40	40	65	55	10 à 12	10 à 12
Aciers³ { doux, forgé ou étiré en barres			35/32	35/32	45/41	32	8 à 10	8 à 10
Aciers³ { doux laminé | aciers spéciaux et tôle			2	2	7	7	7	7 à 9
Chêne sec	900	1 100				4,5	0,7	0,7
Pin ou sapin sec	530	1 200				7	0,7	0,7

¹ Le signe = indique que l'effort agit parallèlement au sens du laminage.
² Le signe ⊥ indique que l'effort agit perpendiculairement au sens du laminage.
³ Les aciers présentent de grandes variations de résistance (voir 33).

Les coefficients et les charges mentionnés dans ce tableau étant rapportés au millimètre carré, pour les rapporter au mètre carré il faut les multiplier par 1 000 000 au 10^6.

Pour les pièces soumises à des vibrations ou des chocs violents, il est prudent d'adopter pour la charge pratique R une valeur inférieure à celles portées dans ce tableau.

son coefficient d'élasticité, suivant qu'elle travaille à l'extension ou à la compression ; mais les calculs seraient très complexes ; dans la pratique, on emploie le même coefficient moyen (8000 kg.) à l'extension et à la compression. On doit, autant que possible, éviter de faire travailler la fonte à l'extension.

Dans les calculs concernant les ponts métalliques rigides ou les ponts suspendus à établir sur une rivière, une voie ferrée, une route ou un chemin vicinal, il faut se conformer aux coefficients de résistance fixés par les circulaires du ministère des travaux publics ou de l'intérieur, suivant le cas, circulaires que nous donnerons plus loin (annexes).

31. Abaissement du coefficient d'élasticité dans les grands ouvrages. — On dit souvent que dans les grands ouvrages métalliques la valeur du coefficient d'élasticité est notablement plus faible que dans les pièces simples : par exemple, le coefficient d'élasticité des grands ponts en fer, formés de pièces qui ont chacune considérée isolément un coefficient égal à 20000 kg, se réduit à 16000 kg.

La raison de ce fait, c'est que dans les ouvrages formés d'un grand nombre de pièces les assemblages n'ont pas l'invariabilité que leur suppose le calcul ; il y a toujours un certain jeu qui augmente d'autant les déformations dues à l'action des causes extérieures. Il faut, dans le calcul de la déformation d'un pont, tenir compte de cette circonstance en réduisant la valeur de E.

Les ponts articulés américains présentent naturellement ce phénomène à un bien plus haut degré que les ponts rivés européens. Il en est de même des ponts en fonte composés de tronçons mis en contact par des surfaces rabotées, qui forcément se rapprochent plus ou moins suivant la pression mutuelle exercée entre elles.

Si l'on considère une série d'ouvrages établis suivant le

même type, les mieux construits sont en général ceux dont le coefficient d'élasticité se rapproche le plus du coefficient relatif aux pièces élémentaires considérées isolément.

§ 4. — Essai et classification des fers et aciers

32. Essai des fers et aciers. — Pour les constructions importantes, il est indispensable de déterminer par des essais directs la résistance de tous les matériaux à employer.

Fig. 13.

Dans la pratique, les fers et aciers sont essayés à la traction, de façon à connaître :

1° L'allongement correspondant à une charge convenue et rapportée au millimètre carré (on se dispense souvent de faire ce premier essai) ;

2° La charge de rupture, par millimètre carré de section ;

3° L'allongement correspondant à la charge de rupture.

A cet effet, on découpe dans la pièce à essayer un morceau d'une certaine longueur, une éprouvette ; le plus souvent la longueur découpée est de 0,400 environ. Si la pièce est un fer plat ou une tôle, on réduit dans la partie médiane la largeur de l'éprouvette à 0,020 ou 0,025 (suivant la puissance de la machine à essayer dont on dispose) sur une longueur légèrement supérieure à 0,200, en lui conservant son épaisseur ; si la pièce est une barre, on tourne l'éprouvette de manière à lui donner dans la partie médiane une forme cylindrique d'un diamètre égal à 0,020 ou 0,025 sur une longueur de 0,200 au moins. Naturellement, il est inutile de réduire la section de l'éprouvette, quand cette section est inférieure à celle d'une barre que la machine est capable de rompre. On marque ensuite au poinçon dans la partie médiane deux points de repère distants de 0,200 exactement.

Les deux extrémités de l'éprouvette sont saisies dans les mâchoires ou pinces de la machine à essayer. Sur l'une de ces mâchoires, on fait agir, par l'intermédiaire de leviers, un poids qui va en croissant, à mesure qu'on éloigne la seconde mâchoire de la première au moyen d'une vis actionnée par des engrenages.

Lorsque le poids correspond à la charge convenue, multipliée par la section exprimée en millimètres carrés, on mesure l'accroissement de distance entre les deux points de repère.

On continue ensuite à augmenter d'une façon lente et progressive le poids jusqu'à produire la rupture ; on note la charge totale qui a entraîné la rupture, et on mesure l'acroissement de distance entre les points de repère en rapprochant les deux tronçons de l'éprouvette.

En divisant successivement par deux les nombres de millimètres représentant les accroissements de distance mesurés, on obtient les allongements par 100 correspondant à la charge convenue et à la charge de rupture.

En divisant la charge totale de rupture par la section de l'éprouvette, exprimée en millimètres carrés, on a la charge de rupture par millimètre carré.

33. Classification des fers et aciers d'après leur résistance. — La classification des produits ferreux varie suivant qu'on considère leur composition, leur mode de production ou leurs propriétés mécaniques. Les praticiens ne s'étant pas encore mis d'accord sur la meilleure classification, nous adopterons celle qui convient le mieux au sujet que nous traitons, c'est-à-dire celle qui est basée sur la résistance et l'allongement à la rupture.

Classification des fers et aciers suivant leur résistance.

NATURE des matériaux.		CHARGE de rupture à l'extension par mm. carré.	ALLONGEMENT p. 100.	OBSERVATIONS
		kg.		
Fer.	ordinaire	30 à 34	8 à 12	Ne trempe pas.
	fort	34 à 36	12 à 20	
	fort supérieur.	36 à 37	20 à 24	
	fin au bois.	37 à 39	24 à 25	
Fer fondu. dit : acier doux		35 à 45	22 à 32	Ne trempe pas. Texture soyeuse.
Acier	doux	45 à 50	24 à 22	Trempe faible. Grain bien formé.
	mi-dur.	50 à 60	22 à 18	Trempe ferme. Grain bien formé.
	dur	60 à 70	18 à 12	Trempe énergique. Grain fin.
	très dur.	70 à 80	12 à 8	
	extra-dur	80 à 100	8 à 6	

34. Avantages et inconvénients des fers fondus, dits : aciers doux. — La composition des aciers doux ou fers fondus est identique à celle des fers proprement dits ou fers soudés ; le mode de production seul varie : les fers proprement dits sont obtenus en décarburant la fonte par puddlage et en soudant par martelage ou laminage des paquets chauffés au rouge, tandis que les aciers doux s'obtiennent en décarburant la fonte par affinage d'après les procédés Bessemer, Siemens-Martin ou Thomas.

Les aciers doux ont la propriété de filer longtemps avant de rompre ou, en d'autres termes, de s'allonger beaucoup pendant la période de striction.

Ainsi, bien que le fer ait un coefficient d'élasticité plus faible que celui de l'acier doux, c'est-à-dire bien que le fer s'allonge plus que l'acier doux pendant la période d'élasticité, l'allongement total de l'acier doux sous la charge de rupture est supérieur à celui du fer.

Grâce à cette qualité, les aciers doux sont très appréciés dans la construction ; au contraire, les aciers durs ou trempés, qui cassent sec, sans présenter de striction notable, sont dangereux à employer.

Malheureusement, les aciers doux présentent quelques inconvénients graves : dans une même coulée d'acier, il peut y avoir quelquefois une grande variation de résistance depuis le commencement de l'opération jusqu'à la fin, variation de résistance provenant, soit d'une trempe partielle produite par un courant d'air frais, soit de l'existence de soufflures ou autres défauts cachés ; de plus, le travail de l'acier modifie sa texture et sa résistance, ainsi que les chocs et trépidations. Il est par suite utile, pour la réception d'une fourniture d'aciers, de faire un grand nombre d'essais et d'éprouver les pièces terminées.

Aussi l'emploi du fer fin, qui présente sensiblement le même allongement à la rupture que l'acier doux, est-il à recommander dans certains cas, notamment pour les pièces soumises à des chocs ou à des trépidations.

35. Visite et entretien des pièces d'une construction. — Les coefficients que nous avons donnés pour servir dans les calculs de résistance, supposent que les matériaux sont et demeurent en bon état. Il importe donc de soustraire, autant que possible, les différentes pièces en bois ou en métal d'une construction aux agents de détérioration, tels que l'humidité, la vermoulure, la rouille, etc. ; il faut prévoir des dispositions permettant la visite fréquente des pièces sujettes à se détériorer, leur entretien facile, le renouvellement des peintures et le remplacement des pièces en mauvais état.

§ 5. — Coefficients de résistance pour les maçonneries

36. Résistance des pierres de taille à l'écrasement. — Michelot et Durand-Claye ont dressé en 1878 un catalogue [1], résumant leurs expériences sur les divers échantillons de matériaux de construction réunis à l'École nationale des ponts et chaussées.

Durand-Claye et Debray ont revisé ce catalogue en ce qui concerne les carrières de pierre de taille et ont publié le résumé de leurs essais dans l'ouvrage intitulé : *Répertoire des carrières de pierre de taille exploitées en 1889* [1].

Le tableau suivant est un extrait de ce répertoire :

Résistance à l'écrasement des pierres de taille employées dans la région lyonnaise.

DÉSIGNATION de la pierre de taille.	POIDS moyen du mètre cube.	RÉSISTANCE moyenne ou charge de rupture à l'écrasement par cm².	EMPLOIS REMARQUABLES de la pierre à Lyon et aux environs.
	kg.	kg.	
Pierre d'Hauteville (Ain)	2762	1167	Façade des maisons de la place des Jacobins.
— de St-Martin (Ain)	2727	937	Grand perron de la Préfecture.
— de Villebois (Ain)	2685	1096	Palais de Justice, Hôtel de Ville, Palais du Commerce, Grand-Théâtre, Préfecture, etc.
— de Crémieux ou de Trept (Isère)	2614	1007	Casernes et travaux du génie militaire.
— de Montalieu (Isère)	2675	1315	Palais de Justice, Palais de la Bourse, Grand-Théâtre, casernes et travaux de fortification, quais.
— de Bully (Rhône)	2576	741	Églises de l'Arbresle, de St-Germain, de Pontcharra.

[1] Le catalogue de Michelot et Durand-Claye a été édité par la librairie Baudry, ainsi que le répertoire de Durand-Claye et Debray.

DÉSIGNATION de la pierre de taille.	POIDS moyen du mètre cube.	RÉSISTANCE moyenne ou charge de rupture à l'écrasement par cm².	EMPLOIS REMARQUABLES de la pierre à Lyon et aux environs.
	kg.	kg.	
Pierre de Dardilly (Rhône).	2 581	857	Marches d'escalier et plafond de la maison des gardiens de la paix, rue Dunoir.
— de Glay (St-Germain-sur-l'Arbresle, Rhône).	2 295	295	Église de Savigny. Ouvrages d'art du chemin de fer de Tarare.
— de St-Fortunat (St-Didier-au-Mont-d'Or, Rhône).	2 587	723	Marches de l'Hôtel de Ville et de l'Hôtel-Dieu.
Granite d'Oullins (Rhône).	2 707	1 089	Pavés et bordures de trottoir.
Pierre de Lucenay (Rhône).	2 288	451	Cathédrale de St-Jean, église d'Ainay, collège de Villefranche, palais St-Pierre.
— de St-Martin-de-Sénozan (Saône-et-Loire).	2 591	660	Pont de Mâcon, barrage de Thoissey.
— de Chardonnay dite de Tournus (Saône-et-Loire).	2 357	578	Théâtre des Célestins, église de la Rédemption, Préfecture, monument de la République.
— de Farges ou de Tournus (Saône-et-Loire).	2 302	397	Préfecture de Lyon.
Lave de Volvic (Puy-de-Dôme).	2 072	413	
Pierre de Fontvieille ou l'Arlésienne (Bouches-du-Rhône).	1 692	60	
Pierre de Ste-Juste ou de St-Paul-Trois-Châteaux (Drôme).	1 161	81	Bourse de Lyon.
Pierre d'Oppèdes ou des Estaillades (Vaucluse).	2 046	154	École de Médecine.

(Société des Carrières du Midi.)

37. Résistance des mortiers et maçonneries. — Nous résumons dans le tableau ci-dessous les coefficients de résistance que nous croyons susceptibles d'être adoptés dans l'étude d'une construction.

Tableau des coefficients de résistance pour les mortiers et maçonneries.

NATURE DES MATÉRIAUX		POIDS MOYEN du mètre cube.	CHARGE de rupture à l'écrasement par cm^2.	CHARGE PRATIQUE R par cm^2.
		kg.	kg.	kg.
Mortier	de chaux grasse ordinaire	1800	20 à 40	2 à 4
	de chaux hydraulique ordinaire		60 à 80	6 à 8
	de chaux éminemment hydraulique		144	14,4
	de ciment ordinaire		60 à 80	6 à 8
	de ciment portland		100 à 200	10 à 20
Plâtre	gâché à l'eau	1500	52	5,2
	gâché au lait de chaux		73	7,3
Briques	pleines de Bourgogne	1550	»	10
	pleines de pays	1400 à 2000	»	6
	creuses	1000	»	1,5 à 6
Maçonnerie de pierre de taille		2400	»	1/10e de la charge de rupture de la pierre.
Maçonnerie de moellons d'appareil		2300	»	1/15e au 1/20e de la charge de rupture de la pierre.
Maçonnerie de moellons bruts		2200	»	Comparer le 1/20e de la résistance à l'écrasement de la pierre au 1/10e de celle du mortier employé, et prendre la plus petite des deux valeurs.

NATURE DES MATÉRIAUX	POIDS MOYEN du mètre cube.	CHARGE de rupture à l'écrasement par cm².	CHARGE PRATIQUE R par cm².
	kg.	kg.	kg.
Maçonnerie de briques pleines.	1600 à 2000	»	Comme pour la maçonnerie de moellons bruts.
Maçonnerie avec mortier de chaux grasse.	2300	»	4 à 5
Maçonnerie avec mortier de chaux éminemment hydraulique.			6 à 14

Les coefficients et les charges mentionnés dans ce tableau étant rapportés au centimètre carré, pour les rapporter au mètre carré, il faut les multiplier par 10 000 ou 10^4.

Dans les voûtes, les maçonneries travaillent souvent jusqu'à 18 kg.; il convient par suite, d'apporter le plus grand soin dans le choix des matériaux, pierres et mortier, ainsi que dans l'exécution de l'ouvrage.

Dans les maçonneries en pierre de taille et en moellons d'appareil, la qualité du mortier a une plus grande importance au point de vue de la résistance au glissement qu'au point de vue de la résistance à l'écrasement.

38. Considérations générales sur la résistance des pierres et des maçonneries. — Les coefficients que nous venons de donner ne doivent être admis que dans les avant-projets ou pour des ouvrages peu importants; il est indispensable, pour les constructions importantes ou soumises à de grandes charges, de déterminer directement la résistance des matériaux à employer.

Les diverses qualités de la pierre, telles que la couleur plus ou moins foncée, la dureté, la densité, l'homogénéité ne peuvent et ne doivent donner lieu qu'à des conjectures; il faut recourir à des essais, sans se hâter, car l'effet se produit lentement.

Il importe aussi de se rendre compte de l'action des agents atmosphériques, en visitant d'anciennes constructions faites avec la même pierre que celle à employer.

Il ne faut pas oublier que dans le même banc, dans le même morceau, avec les apparences d'une pierre homogène, la résistance peut, d'après Michelot, varier de 1 à 3; et dans le même morceau non homogène, de 1 à 6.

On a remarqué que dans les pierres de même espèce :

1° La résistance est sensiblement proportionnelle à la densité ;

2° La résistance est aussi sensiblement proportionnelle à la section transversale, lorsque les autres dimensions sont les mêmes ;

3° La résistance est plus grande pour une section circulaire que pour une section rectangulaire ;

4° La résistance de trois cubes égaux superposés est moins grande que celle d'un prisme monolithe ayant la même base que les cubes et une hauteur égale à la somme des hauteurs des trois cubes ;

5° En général, la résistance diminue d'autant plus que l'ensemble considéré est composé d'un plus grand nombre de morceaux ; cela tient à l'imperfection des joints.

§ 6. — Essai des pierres, chaux, ciments et platres

39. Essai des pierres. — Les essais de résistance des pierres se font à l'écrasement, ordinairement avec l'appareil Michelot ; c'est un appareil à leviers.

On découpe dans la pierre à essayer de petits cubes de 0,05 cm. dans toutes ses dimensions.

40. Essai des chaux, ciments et plâtres. — Les essais de résistance des chaux, ciments et plâtres se font à l'arrachement ; en multipliant le résultat par 6, on obtient la résistance à l'écrasement.

On confectionne, pour faire les essais, des briquettes en forme de 8, ayant une section de rupture de 5 cm².

41. Résultats d'expérience sur les ciments. — La dureté d'un ciment va en augmentant à mesure qu'il vieillit, jusqu'au bout du dizième mois environ ; son élasticité va au contraire en diminuant.

Voici les qualités de résistance d'un bon ciment :

1° La résistance à la traction des briquettes confectionnées avec le ciment pur doit atteindre :

20 kg. par centimètre carré au bout du 7ᵉ jour.
35 kg.   —   28ᵉ —
45 kg.   —   84ᵉ —

2° La résistance à la traction des briquettes confectionnées avec un mortier de ciment composé de 1 partie de ciment sec et 3 parties de sable normal (*le sable normal est celui qui provient d'un double tamisage à travers deux tamis ayant respectivement 64 et 144 mailles au centimètre carré*) et gâché avec 12 p. 100 de son poids d'eau, doit atteindre :

8 kg. par centimètre carré au bout du 7ᵉ jour.
15 kg.   —   28ᵉ —
18 kg.   —   84ᵉ —

42. Résultats d'expérience sur le plâtre. — La résistance du plâtre à la traction est de 12 à 16 kg. par centimètre carré ; si on lui ajoute du sable, sa résistance descend à 5 kg. et même à 2 kg. lorsque le sable est gros.

La cohésion maxima du plâtre est atteinte au bout d'un mois.

La résistance du plâtre diminue par l'humidité, mais

elle revient par dessiccation, à la condition que le fait ne soit pas renouvelé souvent.

43. Essai de prise des chaux et ciments. — Les chaux et ciments sont aussi soumis à des essais de prise, pour lesquels on procède ainsi qu'il est indiqué ci-dessous.

La chaux ou le ciment, gâché à consistance plastique, est placé dans un récipient cylindrique de 0,08 cm. de diamètre et 0,04 cm. de hauteur. On admet que la prise commence, lorsque la pâte n'est plus traversée par une *aiguille Vicat*, c'est-à-dire par une tige cylindrique dont la base, limitée carrément, a une surface d'un millimètre carré, et que l'on charge de plomb de manière à peser 300 grammes. La prise est complète, lorsque l'aiguille ne pénètre plus d'une manière appréciable.

La chaux éminemment hydraulique fait prise au bout du 2° ou 6° jour (suivant la saison).
La chaux moyennement hydraulique fait prise au bout du 6° ou 8° jour (suivant la saison).
La chaux faiblement hydraulique fait prise au bout du 9° ou 15° jour (suivant la saison).

Les ciments Portland font prise dans un temps qui varie de une heure jusqu'à six ou huit heures; la prise des ciments prompts a lieu au bout de trois à dix minutes.

§ 7. — Allongements ou raccourcissements sous les différentes charges. Comparaison du fer et de la fonte.

44. Allongements ou raccourcissements correspondant à la charge pratique et à la limite d'élasticité. — Pour trouver par le calcul les allongements ou raccourcissements par mètre correspondant à la charge pratique et à

EXTENSION ET COMPRESSION

la limite d'élasticité, il suffit d'appliquer la troisième formule fondamentale (17) :

$$R = Ei \quad \text{ou} \quad i = \frac{R}{E}$$

en attribuant à R et à E les valeurs résultant des expériences.

Ainsi, pour le fer forgé, l'allongement correspondant à la charge pratique R = 7 kg. est :

$$i = \frac{7}{20\,000} = 0^m,00035 \text{ par mètre, soit } 0,035 \text{ p. } 100$$

et l'allongement correspondant à la limite d'élasticité R = 15 est :

$$i = \frac{15}{20\,000} = 0^m,00075 \text{ par mètre, soit } 0,075 \text{ p. } 100$$

45. Allongement ou raccourcissement correspondant à la charge de rupture. — La formule $R = Ei$ n'étant vraie que pendant la période d'élasticité parfaite, on ne peut l'appliquer pour trouver l'allongement ou le raccourcissement correspondant à la charge de rupture ; il faut, pour le déterminer, recourir à un essai.

Si l'on employait pour la charge de rupture la formule ci-dessus, on commettrait une erreur très grave ; par exemple, pour le fer forgé, en faisant dans cette formule $R = 36$ kg., on aurait $i = \frac{36}{20000} = 0,0018$, soit 0,18 p. 100, tandis que l'allongement réel obtenu par l'expérience varie de 8 à 25 p. 100 ; la valeur donnée par la formule est plus faible que la valeur réelle, parce qu'au delà de la limite d'élasticité les allongements croissent plus vite que les charges.

46. Comparaison du fer et de la fonte au point de vue des déformations. — Désignons par E_t le coefficient d'élasticité d'une substance et par E_2 celui d'une autre substance. Sous la même charge R, l'allongement par mètre de la première substance

$$i_1 = \frac{R}{E_1}$$

et celui de la deuxième $\quad i_2 = \dfrac{R}{E_2}$

Il en résulte que : $\quad \dfrac{i_1}{i_2} = \dfrac{E_2}{E_1}$

c'est-à-dire que, sous la même charge, les allongements par mètre des deux substances comparées sont inversement proportionnels à leurs coefficients d'élasticité.

Nous avons vu (29 et 31) que le coefficient d'élasticité de la fonte est en moyenne de 8 000 kg. et que celui de fer, qui est en moyenne de 20 000 kg. s'abaisse jusqu'à 16 000 kg., dans les constructions importantes. Pour faire la comparaison de la fonte et du fer, prenons pour la fonte $E_1 =$ 8 000 kg. et pour le fer $E_2 = 16 000$ kg. Si i_1 représente l'allongement par mètre de la fonte et i_2 celui du fer sous la même charge R, on doit avoir :

$$\frac{i_1}{i_2} = \frac{E_2}{E_1} = \frac{16\,000}{8\,000} = 2$$

ou $\quad\quad\quad\quad\quad\quad i_1 = 2i_2$

Cette relation montre que les déformations subies par la fonte sont au moins deux fois plus grandes que celles subies par le fer sous les mêmes charges. Or, dans les constructions, comme dans les machines, on cherche ordinairement à réduire les déformations. La fonte est donc, à ce point de vue, d'un emploi moins avantageux que le fer.

§ 8. — Calcul d'une tige, abstraction faite de son poids

47. Premier problème : *Déterminer l'allongement total l d'une tige de longueur L et de section ω, soumise suivant son axe à une charge N.*

La première formule fondamentale de l'extension (17)

$$\frac{N}{\omega} = E \times \frac{l}{L}$$

donne pour l'allongement total de la tige

$$l = \left(\frac{1}{E} \times \frac{N}{\omega}\right) \times L$$

à la condition toutefois que $\frac{N}{\omega}$ soit inférieure à la limite d'élasticité.

En faisant les applications, il ne faut pas oublier que, dans notre tableau des coefficients de résistance pour les métaux et les bois (29), E est rapporté au millimètre carré ; par suite, si l'on adopte pour E la valeur indiquée dans ce tableau, la section ω devra être exprimée en millimètres carrés. Si cette section était exprimée en mètres carrés ou fractions de mètre carré, il y aurait lieu de multiplier par 10^6 la valeur de E donnée dans le tableau dont il s'agit. Quant à l'allongement, il est exprimé en mètres ou fractions de mètre.

Exemple numérique : soit une tige en fer forgé ayant une section de 600 mm² et une longueur de 10 m. et supportant une charge de 4 200 kg.

Le coefficient d'élasticité du fer forgé étant de 20 000 kg, l'allongement total de la tige

$$l = \left(\frac{1}{20\,000} \times \frac{4\,200}{600}\right) \times 10$$
$$= 0^m,00035 \times 10$$
$$= 0^m,0035$$

Nous avons pu faire usage de la formule trouvée plus haut parce que dans l'exemple considéré la charge par millimètre carré, qui est égale à $\dfrac{N}{\omega} = \dfrac{4200 \text{ kg.}}{600} = 7$ kg. est inférieure à la limite d'élasticité 15 kg. du fer forgé.

48. Deuxième problème : *Déterminer la section ω que l'on doit donner à une tige supportant un poids N, de façon à ne pas dépasser la charge pratique R par millimètre carré.*

En supposant la charge N uniformément répartie sur toute la section droite et la section ω exprimée en millimètres carrés, le quotient $\dfrac{N}{\omega}$ représente la charge par millimètre carré de section droite. Pour ne pas dépasser la charge pratique R, il faut que

$$\frac{N}{\omega} < R$$

et à la limite que $\quad \dfrac{N}{\omega} = R$

De la relation précédente on tire

$$\omega = \frac{N}{R}.$$

Si la tige est *cylindrique*, en désignant par d son diamètre exprimé en millimètres, la section

$$\omega = \frac{\pi d^2}{4}$$

par suite on doit avoir

$$d = 2\sqrt{\frac{1}{\pi} \times \omega}$$
$$= 2\sqrt{\frac{1}{\pi} \times \frac{N}{R}}$$
$$= 2\sqrt{0{,}3183 \frac{N}{R}} = 1{,}13\sqrt{\frac{N}{R}}$$

Lorsque la tige a une section *carrée*, en appelant a le côté du carré exprimé également en millimètres,

$$\omega = a^2$$

d'où
$$a = \sqrt{\omega} = \sqrt{\frac{N}{R}}$$

Enfin pour une section *rectangulaire*, dont les côtés sont a et b, on n'a, comme dans les deux autres cas, qu'une seule relation

$$ab = \omega = \frac{N}{R}$$

et le problème est indéterminé. Il y a lieu alors de recourir à des considérations pratiques pour arriver à la détermination de l'un des côtés ; la relation précédente sert ensuite pour le calcul de l'autre côté.

Exemple numérique : supposons une tige en acier doux forgé ayant à supporter une charge de 5 600 kg.

En adoptant pour charge pratique R = 8 kg., nous aurons pour la section de la tige

$$\omega = \frac{5\,600}{8} = 700 \text{ mm}^2$$

Si la tige doit être cylindrique, son diamètre sera

$$d = 2\sqrt{0{,}3183 \times 700} = 29^{\text{mm}},8 \text{ soit 30 mm. en forgeant.}$$

Dans le cas où la tige devrait être filetée sur une certaine longueur, la section calculée serait celle à donner au fond du filet.

49. Troisième problème : *Déterminer la charge* N *qu'une tige de section* ω *peut supporter, sans que la charge pratique* R *par millimètre carré ne soit dépassée.*

Comme dans le problème précédent, on doit avoir

$$\frac{N}{\omega} < R$$

et à la limite
$$\frac{N}{\omega} = R$$

D'où on tire
$$N = R \times \omega$$

Exemple numérique : Considérons une tige en acier doux forgé, dont la section est de 660 mm².

Si nous admettons que le métal puisse travailler à raison de 10 kg. par millimètre carré, en d'autres termes si la charge pratique R = 10 kg., la charge que la tige est susceptible de supporter en toute sécurité

$$N = 10 \text{ kg.} \times 660 = 6\,600 \text{ kg.}$$

50. Quatrième problème (très fréquent en pratique). *Vérifier si la section ω d'une tige est suffisante pour porter une charge N sans dépasser la charge pratique R par millimètre carré.*

Il faut que le quotient

$$\frac{N}{\omega} \leq R$$

Exemple numérique : On donne une tige en fer forgé de 800 mm² de section et on demande si elle est capable de porter un poids de 4 800 kg., la charge pratique admise étant de 7 kg.

On a
$$\frac{N}{\omega} = \frac{4\,800 \text{ kg.}}{800} = 6 \text{ kg.} < 7 \text{ kg.}$$

La section de la tige est donc suffisante.

§ 9. — Influence du poids de la tige
Tige d'égale résistance

51. Observations sur les tiges de grande longueur ou soumises à des vibrations. — Lorsque la tige a une longueur exceptionnelle, comme cela peut arriver dans les travaux de mine ou de sondage, il y a lieu de calculer la section d'attache, laquelle est la plus fatiguée, en tenant compte du poids de la tige.

Il est prudent aussi d'adopter pour charge pratique une valeur inférieure à celle que nous avons admise jusqu'à présent, en raison des mouvements vibratoires susceptibles de se produire.

Dans les sondages, la tige doit résister à des vibrations dangereuses provenant du choc de l'outil sur le sol et occasionnant fréquemment la rupture. Dès que les sondages atteignent une certaine profondeur, on prend des dispositions spéciales pour que le choc de l'outil sur le sol ne se transmette pas à la tige : on ne se sert de la tige que pour soulever l'outil et, lorsque celui-ci est à la hauteur convenable, on agit sur un déclic pour détacher l'outil qui tombe seul.

Les tiges verticales, qui suspendent les poutrelles aux câbles dans un pont suspendu, étant également sujettes à des vibrations très accentuées, nous verrons plus loin qu'une circulaire du ministre des Travaux publics prescrit de ne faire travailler le métal dont elles sont constituées qu'au $1/9^e$ de sa charge de rupture ; cela est d'ailleurs conforme à ce que nous avons dit précédemment à propos de la charge pratique pour les métaux (27).

52. Influence du poids de la tige sur son allongement. — Nous avons trouvé précédemment (47) pour l'allongement total l d'une tige soumise à une charge N, en faisant abstraction de son poids :

$$l = \frac{N \times L}{E \times \omega}$$

Pour obtenir l'allongement total l' d'une tige en tenant compte de son poids P, il est nécessaire de recourir à l'intégration ; par suite, nous ne développerons pas ici le calcul théorique et nous nous bornerons à en donner le résultat :

$$l' = \frac{N \times L}{E \times \omega} + \frac{P \times L}{2E \times \omega}.$$

La première partie du deuxième membre de cette formule représente l'allongement dû à la charge N, et la deuxième partie représente l'allongement dû au poids P de la tige.

Le rapport de la deuxième partie à la première

$$\frac{P \times L}{2E \times \omega} : \frac{N \times L}{E \times \omega} = \frac{1}{2} \times \frac{P}{N}$$

devient égal à 1/2, lorsque $P = N$; en d'autres termes, *le poids propre de la tige produit un allongement moitié moindre que celui qu'il produirait s'il était condensé à l'extrémité de la tige comme charge spéciale.*

53. Calcul d'une tige à section constante, en tenant compte de son poids. — Le problème à résoudre est le suivant : *déterminer la section ω que l'on doit donner à une tige de longueur L et de poids spécifique p, supportant une charge N, de façon à ne pas dépasser la charge pratique R par millimètre carré.*

La partie la plus fatiguée de la tige est la section d'attache, car elle a à supporter, en plus de la charge N, le poids total de la tige; puisque nous supposons que la tige a une section constante, le problème revient à calculer les dimensions à donner à la section d'attache pour que la tension par millimètre carré qui s'y développe ne dépasse pas la charge pratique R adoptée. Si, conformément aux conventions faites sur le choix des unités (25), la section ω est exprimée en millimètres carrés et la longueur L en mètres, la tension par millimètre carré due à la charge N est égal à $\dfrac{N}{\omega}$ et la tension par millimètre carré due au poids total de la tige est égale au poids du millimètre carré de la tige, soit à $\dfrac{p \times L}{10^6}$, p étant le poids du mètre cube.

Pour que la tension dans la section d'attache ne dépasse pas la charge pratique R par millimètre carré, on doit avoir

$$\frac{N}{\omega} + \frac{p \times L}{10^6} < R$$

et à la limite

$$\frac{N}{\omega} + \frac{p \times L}{10^6} = R$$

De cette relation on tire

$$\omega = \frac{N}{R - \dfrac{p \times L}{10^6}}$$

Dans le cas d'une tige cylindrique, le diamètre s'obtient par la formule suivante déduite de celle qui précède :

$$d = 2\sqrt{\frac{1}{\pi} \times \omega} = 2\sqrt{\frac{1}{\pi} \times \frac{N}{R - \dfrac{p \times L}{10^6}}}$$

Exemple numérique : supposons une tige en acier doux de 100 m. de longueur ayant à supporter une charge de 5 600 kg.

50   RÉSISTANCE DES MATÉRIAUX

Dans un exemple numérique donné plus haut (48), nous avons également considéré une tige en acier doux supportant une charge de 5 à 600 kg., mais nous n'avons pas tenu compte du poids propre de la tige, parce que nous avions supposé que sa longueur était faible.

Dans l'exemple actuel, nous ne pouvons plus négliger le poids de la tige ; de plus, nous devrions adopter pour charge pratique une valeur inférieure à 8 kg. d'après l'observation produite au commencement de ce paragraphe (51) : nous devrions prendre pour charge pratique 3 ou 4 kg. seulement. Cependant, pour mieux faire ressortir l'influence du poids propre de la tige, nous ferons les calculs en admettant la même charge pratique que dans l'exemple précité (48), soit R = 8 kg. Le poids du mètre cube de l'acier p étant 7 800 kg., nous aurons

$$\omega = \frac{5\,600}{8 - 0{,}0078 \times 100} = \frac{5\,600}{7{,}22} = 775^{mm^2}{,}62$$

au lieu de $\omega = 700$ mm² que nous avons trouvés en négligeant le poids propre de la tige.

Si la tige est cylindrique

$$d = 2\sqrt{0{,}3183 \times 775{,}62} = 31^{mm}{,}4.$$

au lieu de $d = 29^{mm}{,}8$ lorsqu'on ne tient pas compte du poids de la tige.

54. Tige d'égale résistance. — On appelle tige d'égale résistance une tige AA'B'B (fig. 14) telle que dans chaque section MM', en tenant compte de la charge extrême N (laquelle est constante) et du poids de la portion MM'B'B de tige inférieure à la section considérée (poids variable), la tension R de la matière par unité de surface demeure la même.

Désignons par ω_0 la section d'attache AA', laquelle supporte la charge N et le poids total de la tige, et par ω_1 la section extrême BB', laquelle n'est soumise qu'à la charge N.

Pour avoir la section extrême ω_1, il suffit d'appliquer une formule donnée plus haut (48) :

$$\omega_1 = \frac{N}{R}$$

En ce qui concerne les autres sections et en particulier la section d'attache, il est nécessaire de recourir au calcul intégral pour leur détermination ; on arrive à une formule logarithmique, que nous croyons inutile de reproduire ici, parce que les cas d'application sont très rares.

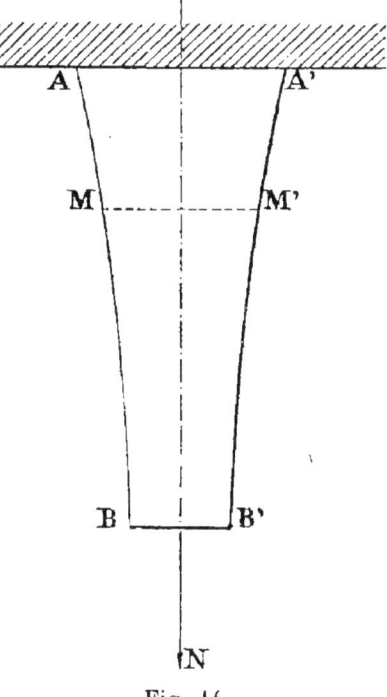

Fig. 14.

Nous nous contenterons d'ajouter qu'on remplace ordinairement les courbes AB et A'B' qui devraient limiter la section longitudinale de la tige par des droites ; il suffit alors de calculer la section extrême ω_1 comme nous venons de l'indiquer, et de déterminer par approximations successives la section d'attache ω_0, en tenant compte du poids propre de la tige.

§ 10. — CALCUL D'UN PILIER OU D'UNE COLONNE EN MAÇONNERIE

55. Calcul d'un pilier ou d'une colonne en maçonnerie, abstraction faite de son poids. — Les formules pour les piliers ou colonnes en maçonnerie soumises à une compression étant les mêmes que pour les tiges soumises à l'extension, nous nous bornerons au problème suivant : *Déterminer la section ω que l'on doit donner à un pilier ou à une colonne en maçonnerie chargée d'un poids N, de façon à ne pas dépasser la charge pratique R par centimètre carré.*

Il faut que $$\frac{N}{\omega} < R$$

et à la limite que $$\frac{N}{\omega} = R$$

d'où $$\omega = \frac{N}{R}$$

la section ω étant exprimée en centimètres carrés.

Lorsqu'il s'agit d'un pilier à section carrée, en désignant le côté par a, on a
$$a^2 = \omega$$
et
$$a = \sqrt{\omega} = \sqrt{\frac{N}{R}}$$

le côté a étant exprimé en centimètres.

Pour une colonne cylindrique ayant un diamètre d, on a
$$\frac{\pi d^2}{4} = \omega$$

d'où on tire $$d = 2\sqrt{\frac{1}{\pi} \times \omega} = 2\sqrt{\frac{1}{\pi} \times \frac{N}{R}}$$

le diamètre d étant exprimé également en centimètres.

Exemple numérique : Considérons un pilier à section carrée en maçonnerie de moellons d'appareil chargé d'un poids de 16 200 kg.

Pour la maçonnerie de moellons d'appareil, on peut

adopter pour charge pratique R = 18 kg. La section du pilier sera alors

$$\omega = \frac{16\,200}{18} = 900 \text{ cm}^2$$

et son côté

$$a = \sqrt{900} = 30 \text{ cm.}$$

56. Calcul d'un pilier ou d'une colonne en maçonnerie à section constante, en tenant compte de son poids. — La section à la base étant la section la plus chargée, la question revient à résoudre le problème suivant : *Déterminer la section ω à la base que l'on doit donner à un pilier ou à une colonne de hauteur h et de poids spécifique p, chargée d'un poids N, de façon à ne pas dépasser la charge pratique R par centimètre carré.*

La section ω étant exprimée en centimètres carrés et la hauteur h en mètres, et p étant le poids du mètre cube de la maçonnerie, le poids du pilier ou de la colonne par centimètre carré de section est

$$\frac{p}{10^4} \times h$$

et la condition à remplir est la suivante :

$$\frac{N}{\omega} + \frac{p}{10^4} h < R$$

soit à la limite

$$\frac{N}{\omega} + \frac{p}{10^4} h = R$$

On en déduit

$$\omega = \frac{N}{R - \frac{p}{10^4} h}$$

Exemple numérique : Considérons encore un pilier en maçonnerie de moellons d'appareil à section carrée, chargé d'un poids de 16 200 kg. ; nous supposerons en plus que sa hauteur est de 20 m.

Nous adopterons pour charge pratique R = 18 kg, comme dans l'exemple numérique précédent et pour poids du mètre cube de la maçonnerie de moellons d'appareil $p = 2\,300$ kg.

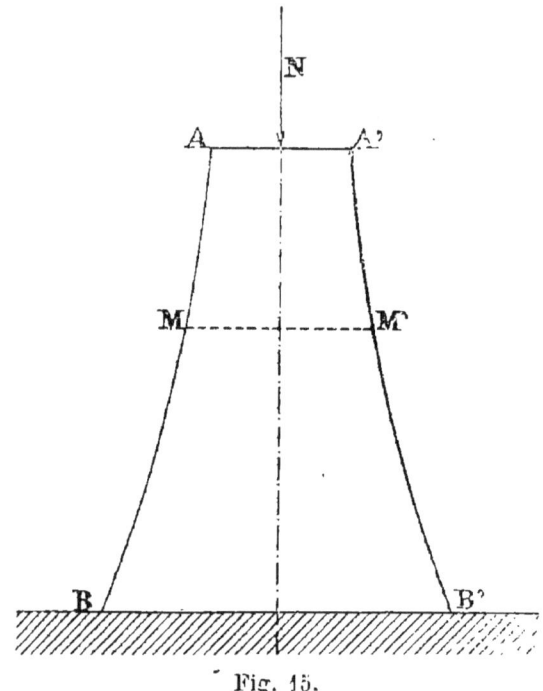

Fig. 15.

Nous aurons $\omega = \dfrac{16\,200}{18 - \dfrac{2300}{10^4} \times 20} = \dfrac{16\,200}{18 - 4,6} = 1\,209$ cm²

et $\quad a = \sqrt{1\,209} = 34^{cm},7$ soit 35 cm. en forçant

au lieu de $a = 30$ cm. que nous avons trouvé en négligeant le poids de la maçonnerie.

Ce résultat montre qu'il faut en général tenir compte du poids propre du pilier ou de la colonne; au contraire, quand il s'agit d'une tige, on peut ordinairement négliger son poids au point de vue de la résistance.

Remarque. — La formule $\omega = \dfrac{N}{R - \dfrac{p}{10^7} h}$ s'applique à une section évidée, aussi bien qu'à une section pleine.

57. Pilier ou colonne d'égale résistance. — On appelle pilier ou colonne d'égale résistance un pilier ou une colonne AA'B'B (fig. 15) telle que dans chaque section MM', en tenant compte de la charge au sommet N (laquelle est constante) et du poids de la portion AA'M'M de pilier ou colonne au-dessus de la section considérée (poids variable), la compression R de la matière par unité de surface demeure la même.

Nous n'insisterons pas sur l'analogie du cas actuel avec celui d'une tige d'égale résistance : nous dirons seulement qu'il est nécessaire également de recourir au calcul intégral pour déterminer les sections autres que la section au sommet AA', que dans la pratique on remplace le plus souvent les courbes AB et A'B' par des droites et qu'on détermine alors par approximations successives la section à la base BB'.

CHAPITRE III

GLISSEMENT TRANSVERSAL OU CISAILLEMENT

§ 1. — Définitions

58. Glissement transversal ou cisaillement. Effort de cisaillement ou effort tranchant. — Nous avons considéré jusqu'ici des forces agissant suivant l'axe du prisme de manière à l'étendre ou le comprimer. Nous allons dire un

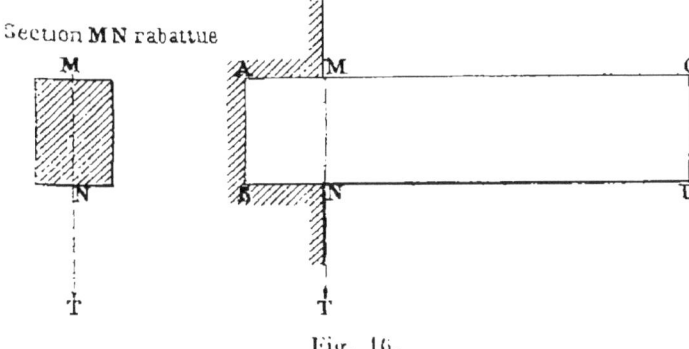

Fig. 16.

mot du cas où les forces agissent dans une section transversale du prisme de manière à le couper.

Supposons une pièce ABCD (fig. 16) encastrée dans un support rigide. Si nous faisons agir une force T dans le plan d'encastrement MN, l'expérience montre que les deux parties de la pièce, situées de part et d'autre du plan MN, tendent à se séparer en glissant l'une sur l'autre. C'est ce phénomène qu'on appelle *glissement transversal* ou *cisaillement;* la force T est l'*effort de cisaillement* ou l'*effort tranchant.*

Nous verrons plus loin que l'effort tranchant existe également dans toutes les sections d'une pièce chargée transversalement.

59. Résistance pratique au cisaillement. — Si la force T est dans le plan de symétrie longitudinal du prisme, on peut regarder l'effort tranchant comme uniformément réparti sur la section MN.

Désignons par R_c la *résistance pratique au cisaillement* par unité de surface (c'est, en valeur absolue, l'effort tranchant que la prudence commande de ne pas dépasser par unité de surface) et par ω la section droite du solide.

Il faut que l'effort tranchant total

$$T \leq R_c \times \omega$$

ou que
$$\frac{T}{\omega} \leq R_c$$

§ 2. — Coefficients pratiques de cisaillement

60. Coefficient pratique de cisaillement pour le fer et l'acier. — En ce qui concerne le fer et l'acier, l'effort tranchant par millimètre carré qui produit, dans le cas considéré, la rupture par cisaillement, est compris entre les 3/4 et les 4/5 de la charge de rupture à l'arrachement.

Par analogie avec les efforts de tension et de compression, il convient de ne pas dépasser comme effort tranchant pratique le 1/6 de l'effort qui produit la rupture, c'est-à-dire environ 3/4 ou 4/5 de la charge pratique R à la traction.

Ainsi pour le fer et l'acier, on prend, soit $R_c = 3/4\ R$, soit $R_c = 4/5\ R$; on adopte ordinairement le dernier de ces coefficients.

61. Coefficient pratique de cisaillement pour les substances autres que le fer et l'acier. — Pour les autres substances, on compare le coefficient pratique à l'extension au coefficient pratique à la compression, et l'on prend le plus petit des deux ou bien ses 4/5 comme coefficient pratique de cisaillement.

CHAPITRE IV

FLEXION PLANE

§ 1. — Loi fondamentale de la conservation des sections planes. Méthode des sections. Définitions et hypothèses. Formule fondamentale.

62. Loi fondamentale de la conservation des sections planes. — Considérons un prisme (poutre ou solive) ABCD

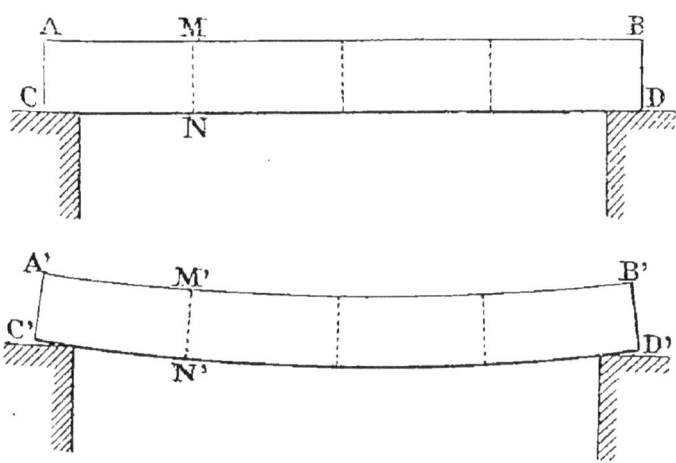

Fig. 17.

(fig. 17) placé sur deux appuis de niveau. Chargeons-le de poids de manière à ce que ces poids agissent bien régulièrement dans un plan de symétrie longitudinal et vertical du prisme ; il va éprouver une certaine flexion et prendre la forme A'B'C'D'.

Les expériences de Mariotte, perfectionnées par Charles Dupin et Duleau, ont démontré que les fibres supérieures AB se raccourcissent et les fibres inférieures CD s'allongent :

$$A'B' < AB \quad \text{et} \quad C'D' > CD,$$

de sorte qu'il existe entre les fibres supérieures et infé-

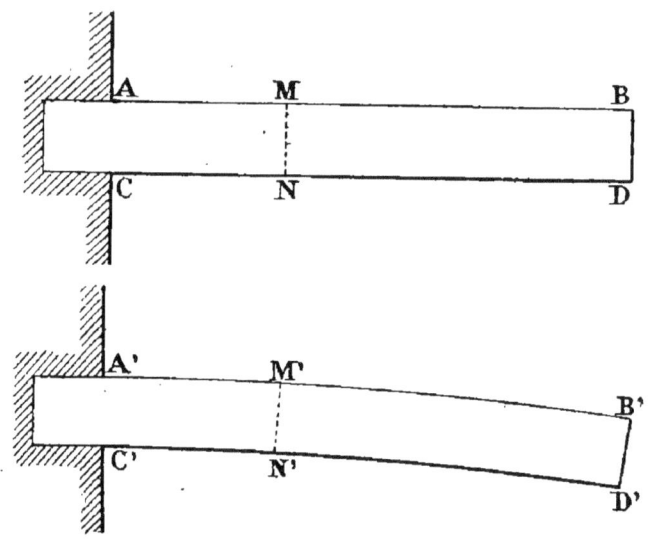

Fig. 18.

rieures une couche de fibres invariables de longueur, appellées fibres neutres.

Ces expérimentateurs ont remarqué que, si l'on trace avant la flexion des lignes droites, telles que MN, perpendiculaires aux arêtes du prisme, ces lignes restent droites et normales aux arêtes fléchies du prisme : MN prend la position M'N' perpendiculaire à A'B' et C'D'.

Cette remarque a conduit à la loi expérimentale suivante, qui exige que les forces agissent dans un plan de symétrie longitudinal du prisme, et que les dimensions transversales du prisme soient comparables entre elles (pour une planche, cette loi n'est pas applicable, parce qu'un gauchissement est susceptible de se produire) :

Les éléments matériels primitivement contenus dans une section droite transversale quelconque du prisme restent, après la flexion, dans un même plan normal aux courbes qui représentent les arêtes, sans que les dimensions de la section aient varié sensiblement.

Il en résulte que les éléments situés primitivement dans un même plan longitudinal et horizontal du prisme sont, après la flexion, sur une surface cylindrique à génératrices horizontales.

Dans une poutre encastrée à l'une de ses extrémités (fig. 18), c'est la face supérieure AB qui devient convexe et s'allonge, et c'est la face inférieure CD qui devient concave et se raccourcit :

$$A'B' > AB \quad \text{et} \quad C'D' < CD.$$

Mais la loi de la conservation des sections planes est encore vraie.

63. Méthodes des sections. — Pour établir les formules de la flexion plane, on peut employer la méthode des sections, que nous allons exposer.

Soit un corps solide quelconque (fig. 19) en équilibre sous l'action des forces intérieures et extérieures qui le sollicitent. Coupons ce corps par une surface quelconque MN en deux parties A et B : dans la figure 20, nous avons représenté ces deux parties éloignées l'une de l'autre pour l'intelligence de notre démonstration.

Considérons une de ces parties, A par exemple. Cette partie est sollicitée par les forces extérieures, telles que F_1; l'équilibre n'existe plus pour A isolément. En effet, on avait sur les deux faces de MN des actions mutuelles, telles que f_1 et f_2 ; en enlevant B, les actions intérieures qui s'exerçaient de B sur A, n'existent plus ; par suite, nous avons détruit l'équilibre. Pour le rétablir, il suffit d'introduire, comme actions extérieures à A, les actions moléculaires f_2 que B exerçait sur A. Toutes ces actions appliquées

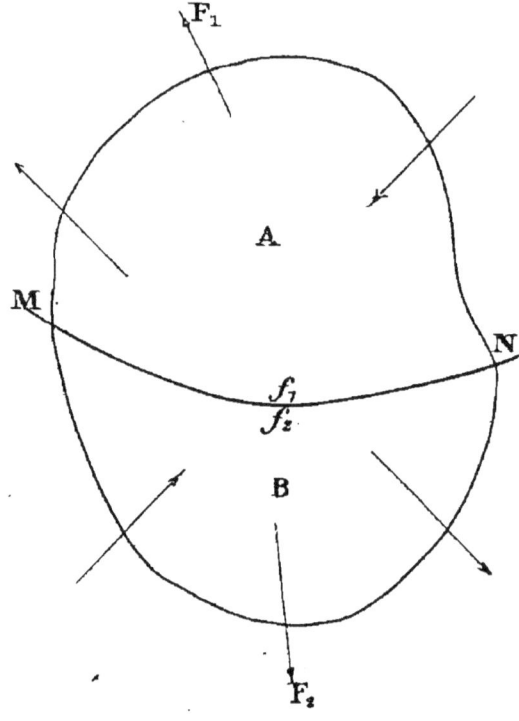

Fig. 19.

à A deviennent ainsi des forces extérieures ; nous pouvons donc écrire les équations d'équilibre entre les forces extérieures primitives F_1 que nous connaissons et les nouvelles forces extérieures f_2 inconnues, ce qui nous permettra de trouver ces dernières.

Si, au lieu d'écrire l'équilibre de A, nous avions écrit celui de B, nous serions arrivés au même résultat, car il aurait fallu ajouter aux forces F_2, qui sollicitent directement cette partie, les forces intérieures f_1, devenues pour B des forces extérieures. Or $f_1 = -f_2$; par suite, nous

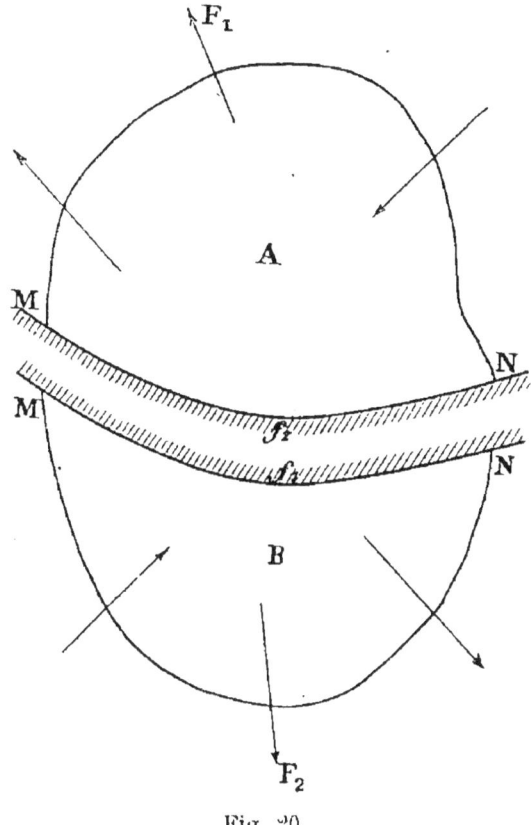

Fig. 20.

aurions eu à déterminer des forces ayant la même valeur absolue.

64. Observation sur la manière de mesurer les forces. — Rigoureusement parlant, c'est sur le corps déformé, après la flexion subie, qu'on doit mesurer les forces et leurs bras de levier, puisque c'est alors seulement que l'équilibre est rétabli. Mais comme dans la pratique les déformations sont petites, on peut, en général, effectuer les calculs en considérant le corps dans son état primitif, à la condition toutefois de s'assurer qu'on ne commet aucune erreur appréciable.

65. Observation sur les composantes des forces intérieures. — Considérons une portion infiniment petite ab

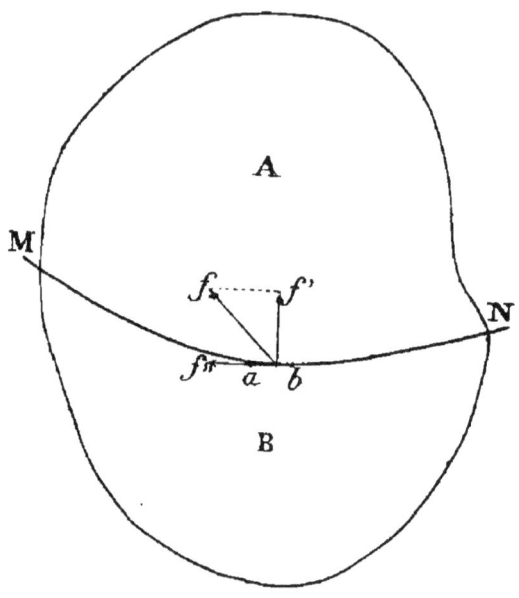

Fig. 21.

de B (fig. 21) en contact avec la surface de séparation MN. L'action que cet élément ab de B exerce sur MN est représentée en général par une force oblique f, laquelle peut être décomposée en deux forces, l'une normale f', l'autre tangente f''.

La force f' représente la traction ou la compression exercée par B sur MN et, par suite, sur A ; la force f'' représente le glissement qui sollicite les molécules de MN sous l'action de B.

Dans les solides, la résistance au glissement est plus ou moins grande; dans les liquides et les gaz, cette résistance est nulle. Il en résulte que, dans les liquides et les gaz, il n'y a que des pressions normales, égales dans tous les sens.

66. Définitions et hypothèses. — Soit une portion de prisme ABMN (fig. 22), depuis une section droite quelconque AB jusqu'à l'extrémité libre MN. Nous admettrons que cette portion de prisme est sollicitée par des forces extérieures P, que le prisme présente un plan de symétrie longitudinal, qui sera celui du tableau, et que toutes les forces P sont situées dans ce plan ou sont symétriques deux à deux par rapport à ce plan, de sorte que toutes les forces peuvent être ramenées dans le plan de symétrie; par suite, le prisme fléchit parallèlement au plan du tableau et symétriquement par rapport à ce plan, que l'on désigne sous le nom de *plan de flexion*.

Nous avons vu (62) que tous les éléments normaux aux arêtes avant la flexion restent normaux à ces arêtes après la flexion ; il s'ensuit que toutes les sections transversales restent perpendiculaires au plan de flexion. On comprend maintenant l'expression de *flexion plane*, qui veut dire flexion par tranches planes sans gauchissement.

Supposons la déformation achevée et par suite l'équilibre établi : l'équilibre s'est établi parce que les forces extérieures P sont contre-balancées par les forces moléculaires f que la section AB reçoit de la partie du prisme située à gauche (non représentée sur la figure).

L'ensemble des forces f se désigne par Σf et se nomme *forces élastiques*.

Quant aux forces intérieures à la portion ABMN, elles sont mutuelles et se détruisent deux à deux.

Par le centre de gravité G de la section AB, menons deux axes rectangulaires : GX perpendiculaire à AB et dirigé positivement de gauche à droite; GY suivant l'intersection

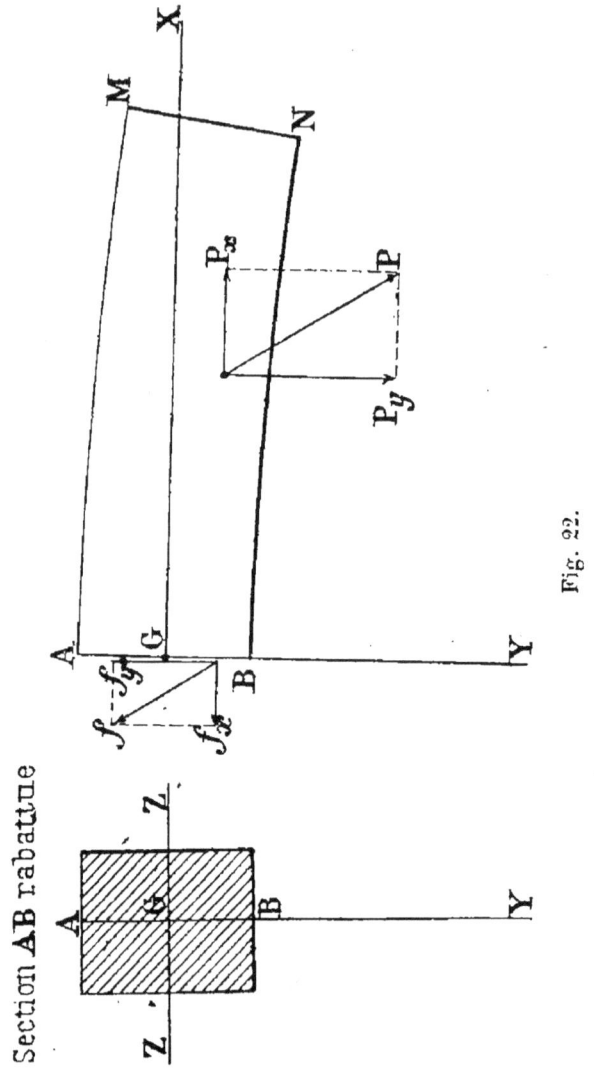

Fig. 22.

du plan de la section droite AB avec le plan de flexion et dirigé positivement de haut en bas.

Toutes les forces étant dans un même plan, les équations

FLEXION PLANE

générales d'équilibre se réduisent à trois, ainsi que nous l'avons vu précédemment (11), savoir : deux équations de projections, et une équation de moments, les moments étant pris par rapport à un axe GZ perpendiculaire au plan des forces, ou ce qui revient au même par rapport au point G où l'axe GZ perce le plan XGY :

$$\begin{cases} \Sigma P_x + \Sigma f_x = 0 \\ \Sigma P_y + \Sigma f_y = 0 \\ \Sigma M_G P + \Sigma M^G f = 0 \end{cases} \quad \text{ou} \quad \begin{cases} \Sigma P_x = -\Sigma f_x \\ \Sigma P_y = -\Sigma f_y \\ \Sigma M_G P = -\Sigma M_G f \end{cases}$$

Dans ce qui va suivre, nous prendrons pour sens positif des moments le sens de rotation qui tend à amener GX sur GY, c'est-à-dire le sens de rotation des aiguilles d'une montre (10).

ΣP_x est la *tension longitudinale totale* qui existe entre les deux parties du solide contiguës à la section AB. C'est une traction lorsque ΣP_x est positive ; c'est une compression dans le cas contraire. Nous poserons

$$\Sigma Px = N.$$

Σf_x est la *résistance longitudinale totale* opposée par le solide, dans la section AB, à cette traction ou cette compresion.

ΣP_y est l'*effort tranchant* ou de *cisaillement* qui sollicite le solide dans la section AB et tend à faire glisser, le long du plan AB, la partie de droite sur la partie de gauche. Nous poserons

$$\Sigma Py = T.$$

$\Sigma M_G P$ est le moment résultant des forces fléchissantes P ou *moment fléchissant* des forces P par rapport à la section AB. Nous désignerons ce moment fléchissant par μ[1] et nous aurons

$$\Sigma M_G P = \mu$$

[1] μ est une lettre grecque appelée *mu*.

$\Sigma M_G f$ est le moment résultant des forces élastiques ou *moment d'élasticité* du solide par rapport à la section AB.

67. Formule fondamentale. — Supposons qu'avant la flexion les fibres soient perpendiculaires au plan séparatif AB. Considérons (fig. 23 *bis*) un plan *ab* parallèle au plan AB avant la flexion et infiniment voisin de AB.

Après la flexion, toutes les molécules du plan *ab* se seront transportées dans un autre plan A'B', en vertu de la loi de la conservation des sections planes (62). Par l'effet de la déformation le plan AB s'est déplacé; mais, pour juger de la déformation relative, nous ramènerons AB dans sa position primitive.

En examinant les différentes fibres, on s'aperçoit que les unes se sont allongées et les autres raccourcies dans l'intervalle compris entre les deux plans AB et A'B': ainsi, la fibre H*h*

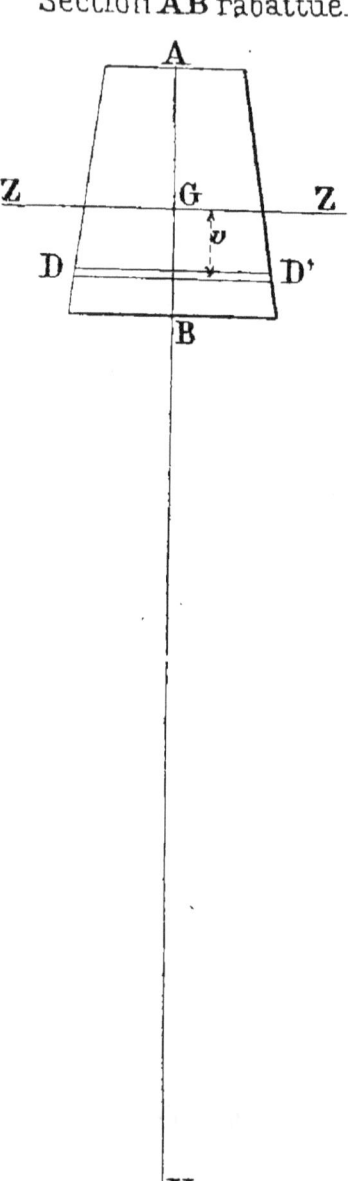

Fig. 23.

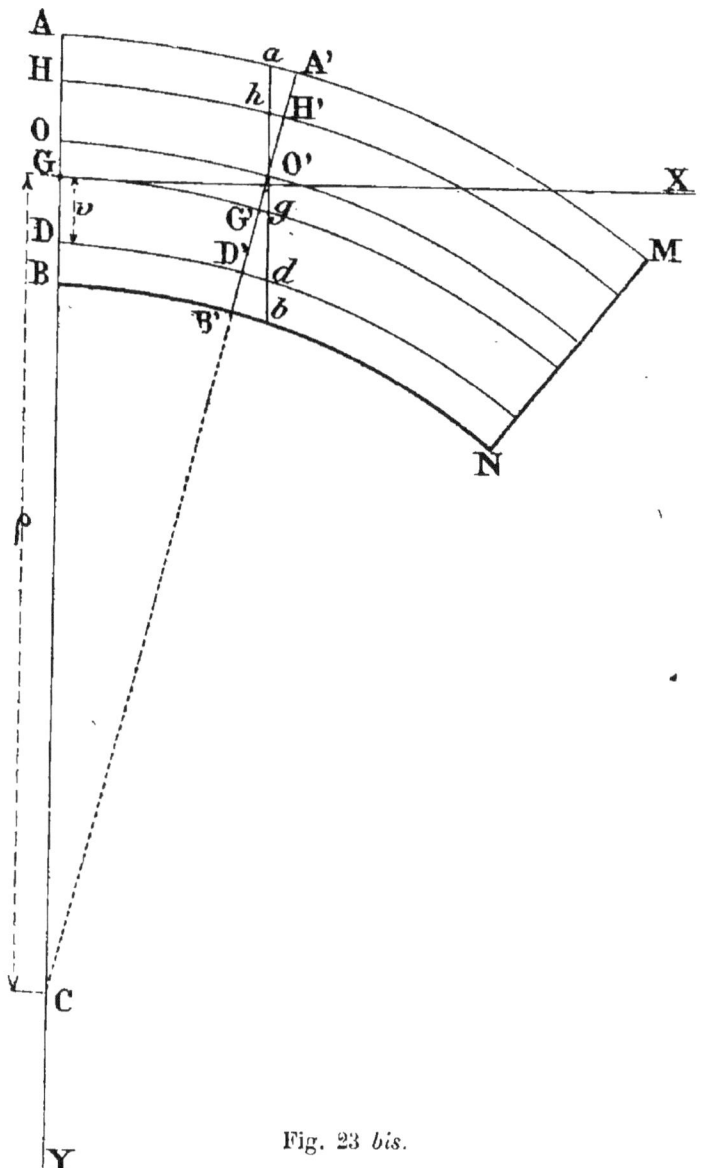

Fig. 23 bis.

s'est allongée de hH' en devenant HH'; la fibre Dd s'est raccourcie de dD' en devenant DD'. Ces fibres allongées et raccourcies se trouvent de part et d'autre de la fibre OO', qui est restée telle qu'elle était; la fibre OO' est la *fibre neutre* où *ligne neutre*.

Tout ce que nous venons de dire pour le plan de flexion (plan du tableau) peut se répéter pour des plans parallèles au plan de flexion, à raison de la symétrie. Donc le prisme se trouve composé de couches de fibres allongées ou raccourcies, séparées par une *couche neutre*.

La fibre GG' passant par le centre de gravité G de chaque section porte le nom de *fibre moyenne* ou *ligne moyenne*, et la couche qui lui correspond est la *couche moyenne*.

Pour établir les formules de la flexion plane, on admet que les fibres sont restées normales au plan AB dans l'intervalle infiniment petit compris entre les deux plans AB et A'B'; on peut l'admettre sans erreur sensible, car dans la pratique on doit se tenir loin de la limite d'élasticité, et par suite la déformation est très petite; cela revient à négliger l'effort tranchant. Les efforts qui produisent l'allongement ou le raccourcissement devenant alors de véritables tractions ou compressions, on peut leur appliquer es formules de la traction et de la compression.

Nous ne reproduirons pas les calculs; nous nous contenterons de donner la plus importante des formules de la flexion plane, que voici :

$$R = \frac{v\mu}{1} - \frac{N}{\omega}$$

Dans cette formule, R représente la résistance longitudinale, ou le travail de la matière par unité de surface en un point quelconque D ou H de la section AB, ou encore, en valeur absolue, la tension par unité de surface ;

N la tension longitudinale totale relative à la section AB ($N = \Sigma P_x$);

ω l'aire de la section AB ;

$\frac{N}{\omega}$ la tension longitudinale moyenne par unité de surface dans la section AB

v la distance GD ou GH du point considéré au centre de gravité de la section AB (d'après nos conventions, la distance v est positive lorsque le point est au-dessous de G et négative lorsqu'il est au-dessus : dans la figure 23 *bis*, cette distance v doit être affectée du signe $+$ pour le point D et du signe $-$ pour le point H) ;

μ le moment fléchissant relatif à la section AB ;

I le moment d'inertie superficiel de la section AB par rapport à l'axe GZ qui se projette sur le plan de flexion suivant le point G, centre de gravité de la section (nous verrons plus loin (74) que le moment d'inertie superficiel d'une figure plane AB par rapport à un axe GZ tracé dans son plan est la somme des produits de l'aire $d\omega$ de chacune des bandes DD' parallèles à cet axe et infiniment minces en lesquelles la figure peut être décomposée par le carré de la distance v de la bande considérée audit axe : $I = \Sigma v^2 d\omega$).

68. Simplification de la formule fondamentale dans le cas particulier des forces transversales.

— Le cas particulier le plus fréquent dans les constructions est celui des forces transversales : toutes les forces extérieures appliquées au solide peuvent être regardées comme perpendiculaires à sa longueur. Toutes les forces extérieures sont alors parallèles à l'axe des y ; par suite, elles se réduisent à une résultante unique parallèle à cet axe ou bien à un couple situé dans le plan de flexion, et la somme de leurs projections sur l'axe des x est nulle :

$$\Sigma P_x \quad \text{ou} \quad N = 0$$

La formule fondamentale de la flexion plane se simplifie et devient

$$R = \frac{v\mu}{I} = \frac{\mu}{\dfrac{I}{v}}$$

Il est facile de démontrer que, dans le cas des forces transversales, la fibre neutre OO' se confond avec la fibre moyenne GG' lieu des centres de gravité des sections transversales ; mais nous croyons suffisant d'affirmer ce fait sans en donner la démonstration. On a alors pour la fibre neutre $v = o$ et par suite $R = o$.

Remarque importante : dans une même section μ et I étant constants pour toutes les fibres, la grandeur de R en valeur absolue ne dépend que de la grandeur de v en valeur absolue ; il en résulte que la fibre la plus fatiguée est l'une ou l'autre des fibres extrêmes AM ou BN. En posant :

$$GA = -n' \quad \text{et} \quad GB = +n''$$

on aura pour la fibre supérieure

$$R' = -\frac{\mu}{\dfrac{I}{n'}}$$

et pour la fibre inférieure

$$R'' = +\frac{\mu}{\dfrac{I}{n''}}$$

c'est la plus grande de ces deux quantités en valeur absolue qu'il faudra introduire dans les calculs, comme nous le ferons plus loin (§ 4), pour déterminer les dimensions de la section du prisme ; en d'autres termes, il faudra attribuer à v sa valeur maxima absolue, valeur correspondant à la fibre la plus fatiguée, soit à l'extension, soit à la compression, c'est-à-dire à la fibre la plus éloignée de la fibre moyenne.

Si l'on désigne par n le maximum absolu de v, la section du prisme devra donc être calculée pour satisfaire à la condition

$$R = \frac{\mu}{\frac{I}{n}}$$

qu'on peut écrire $\quad \dfrac{I}{n} = \dfrac{\mu}{R}$

ou encore $\quad R \times \dfrac{I}{n} = \mu$

Le quotient $\dfrac{I}{n}$ représente ce qu'on appelle le *module de la section* et le produit $R \times \dfrac{I}{n}$ le *moment résistant* ou le *moment de résistance de la section*.

69. Observation relative à l'effort tranchant. — Dans l'application de la formule de la flexion plane, on ne devra pas oublier que, pour l'établir, on a négligé l'effort tranchant $T = \Sigma P_y$.

Il y aura donc lieu de s'assurer si les dimensions adoptées sont capables de résister à l'effort tranchant. On constatera que, si la pièce peut résister à la traction ou à la pression résultant de la flexion, c'est-à-dire au moment fléchissant, sa section est ordinairement plus que suffisante pour résister à l'effort tranchant. Pour les poutres à treillis, on calcule les barres du treillis de façon à ce qu'elles résistent à l'effort tranchant (171 et 174).

70. Déformation des pièces fléchies. — En outre des formules qui concernent la résistance des pièces fléchies et dont nous avons indiqué la plus importante, il y a encore celles relatives à la déformation de ces pièces. La plus simple de ces dernières formules est celle qui donne le rayon de courbure ρ^1 = CG (fig. 23 *bis*) de la fibre moyenne dans une section quelconque AB :

$$\rho = \frac{E \times I}{\mu}$$ (E est le coefficient d'élasticité de la substance).

ou la courbure, c'est-à-dire l'inverse de ce rayon :

$$\frac{1}{\rho} = \frac{\mu}{E \times I}$$

Cette formule montre que, pour une même substance et un même moment fléchissant, la courbure est d'autant plus faible, en d'autres termes la pièce se courbe d'autant moins que le moment d'inertie I de la section de la pièce est plus grand.

La connaissance du calcul intégral étant indispensable pour comprendre les autres formules générales relatives aux déformations et pouvoir les employer judicieusement, nous les passerons sous silence ; mais nous donnerons, dans chaque cas particulier que nous étudierons, la formule spéciale permettant de déterminer la flèche de la courbe affectée par la fibre moyenne, en indiquant la forme de cette courbe : cette flèche est un élément suffisant pour apprécier la déformation subie par une pièce fléchie.

En ce qui concerne les ponts métalliques notamment, il est très important de pouvoir comparer la déformation effective avec la déformation théorique. Les ponts sont, en effet, calculés de façon que le travail du métal, sous l'influence de la charge permanente et de la surcharge d'épreuve, ne dépasse jamais le 1/5, le 1/4 tout au plus de la charge de rupture. Il en résulte que, dans les épreuves que l'on fait subir à ces ouvrages avant de les livrer à la

---

[1] ρ est une lettre grecque appelée *rô*.

circulation, le poids supplémentaire qu'on leur fait supporter devrait pouvoir être quintuplé sans entraîner la chute de la construction. Aussi, quelque mal conçu et mal exécuté qu'il puisse être, un pont résiste-t-il presque toujours aux épreuves réglementaires. Ces épreuves ne peuvent donner des indications utiles sur la valeur de l'ouvrage qu'à la condition de vérifier, en mesurant les déformations subies par lui, s'il se comporte sous la charge comme le prévoit le calcul, c'est-à-dire de vérifier si la déformation effective concorde avec la déformation théorique ; car l'on doit admettre que, si le pont remplit bien les conditions voulues et si les calculs de résistance ont été faits exactement, l'écart sera insignifiant. Si au contraire, la divergence est notable, on ne pourra raisonnablement avoir aucune confiance dans la solidité du pont.

§ 2. — Moment d'inertie superficiel et module d'une section

71. Moment d'inertie superficiel. — Soit une figure plane ou section de forme quelconque (fig. 24) et un axe

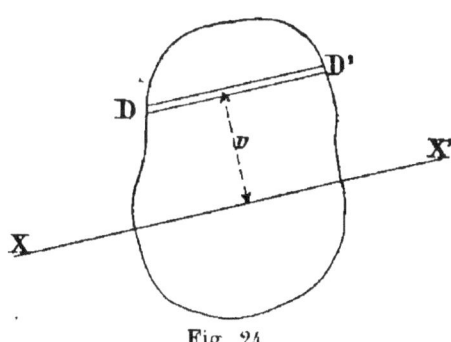

Fig. 24.

XX' situé dans son plan. Supposons cette figure divisée en bandes parallèles à l'axe XX' et infiniment minces, telles que DD', et désignons, par $d\omega$ l'aire infiniment petite de cette bande DD' et par v sa distance à l'axe XX',

Le moment d'inertie superficiel I_x de cette figure par rapport à l'axe XX' situé dans son plan est la somme des produits de l'aire infiniment petite $d\omega$ de chacune des bandes DD' parallèles à cette axe et infiniment minces, en lesquelles la figure peut être décomposée, par le carré de la distance v de la bande considérée audit axe :

$$I_x = \Sigma v^2 \times d\omega$$

L'axe XX', par rapport auquel est pris le moment d'inertie, s'appelle l'*axe d'inertie*.

72. Choix de l'axe d'inertie. — La valeur du moment d'inertie d'une même figure ou section varie avec l'axe d'inertie choisi ; il importe donc de bien préciser quel est l'axe par rapport auquel doit être pris le moment d'inertie I à introduire dans les formules de la flexion plane pour la section considérée de la pièce prismatique soumise aux calculs : ainsi que nous l'avons dit plus haut (67), l'axe à adopter est la perpendiculaire au plan de symétrie longitudinal de ladite pièce (plan de flexion), menée par le centre de gravité de la section.

73. Module d'une section. — Le module Z d'une section ou d'une figure plane est le quotient de son moment d'inertie superficiel I rapporté à un axe mené par son centre de gravité perpendiculairement au plan de flexion par la distance n à cet axe de la fibre qui en est la plus éloignée (68) :

$$Z = \frac{I}{n}$$

74. Théorèmes relatifs à la détermination du moment d'inertie d'une section composée. — Nous allons donner

(75) pour les figures ou sections pleines et simples les plus usuelles la valeur des moments d'inertie superficiels par rapport à un axe mené par leur centre de gravité parallèlement à une de leurs bases ou suivant une de leurs diagonales ou encore suivant un de leurs diamètres ; nous indiquerons ensuite comment on peut en déduire la valeur du moment d'inertie superficiel d'une section évidée ou composée, en nous appuyant sur les deux théorèmes suivants, que nous ne ferons qu'énoncer :

Premier théorème. — Lorsqu'une figure plane est la somme ou la différence de plusieurs figures, son moment d'inertie par rapport à un axe quelconque est la somme ou la différence des moments d'inertie de ces figures par rapport au même axe.

Deuxième théorème. — Le moment d'inertie d'une figure plane par rapport à un axe quelconque XX' (fig. 25)

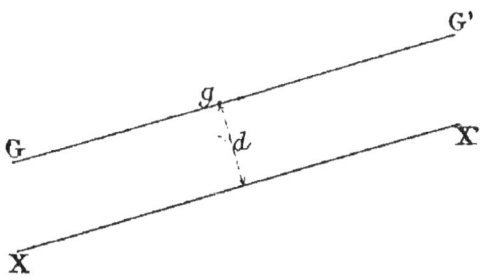

Fig. 25.

est égal à son moment d'inertie par rapport à l'axe GG mené par son centre de gravité g, parallèlement au premier, augmenté du produit de l'aire ω de la figure par le carré de la distance d entre ces deux axes ;

$$I_x = I_G + \omega d^2$$

75. Sections pleines et simples les plus usuelles : moment d'inertie superficiel et module de section. — Le tableau I ci-après donne, pour les sections simples et pleines les plus usuelles, la valeur du moment superficiel I et celle du module de la section Z par rapport à un axe GG' mené par leur centre de gravité g parallèlement à une de leurs bases ou suivant une de leurs diagonales ou encore suivant un de leurs diamètres.

76. Sections évidées ou composées les plus usuelles : moment d'inertie superficiel et module de section. — Les moments d'inertie superficiels contenus dans le tableau II se déduisent de ceux donnés dans le tableau I par application du premier théorème énoncé plus haut (74), en considérant la section comme égale à la somme ou à la différence de deux ou plusieurs sections pleines simples.

77. Moment d'inertie superficiel d'une section composée quelconque. — Lorsque la section, dont nous désignerons l'aire totale par Ω, est formée par l'assemblage de plusieurs figures d'aire ω, ω',......, pour obtenir le moment d'inertie superficiel I à introduire dans les formules de la flexion plane, on déterminera d'abord le centre de gravité g, g',... de chacune des figures élémentaires et celui G de la section d'ensemble ; on en déduira les distances d, d',.... de chaque centre de gravité partiel g, g',... au centre de gravité G de la section totale ; au moyen des formules contenues dans les tableaux I et II, on calculera I_g, $I_{g'}$,....: enfin, en appliquant les deux théorèmes relatifs à la détermination du moment d'inertie d'une section composée (74), on obtiendra le moment d'inertie cherché :

$$I_a = (I_g + \omega d^2) + (I_{g'} + \omega' d'^2) + \ldots$$

FLEXION PLANE 81

Tableau I.

FORME de la section ou profil.	CROQUIS DE LA SECTION	MOMENT D'INERTIE SUPERFICIEL I	MODULE DE LA SECTION $Z = \dfrac{I}{n}$
Rectangle.		$I = \omega \dfrac{h^2}{12}$ $= \dfrac{bh^3}{12}$	$Z = \dfrac{I}{\frac{1}{2}h}$ $= \dfrac{bh^2}{6}$
Parallélogramme.		Id.	Id.

Forme de la section ou profil.	Croquis de la section	Moment d'inertie superficiel I	Module de la section $Z = \dfrac{I}{n}$
Carré.		$I = \omega \dfrac{c^2}{12}$ $= \dfrac{c^4}{12}$	$Z = \dfrac{1}{\frac{1}{2}c}$ $= \dfrac{c^3}{6}$
Losange.		$I = \omega \dfrac{h^2}{6} = \omega \dfrac{a^2}{24}$ $= \dfrac{bh^3}{6} = \dfrac{ba^4}{48}$	$Z = \dfrac{1}{\frac{1}{2}h} = \dfrac{1}{\frac{1}{2}a}$ $= \dfrac{bh^2}{6} = \dfrac{ba^3}{24}$
Triangle isocèle.		$I = \omega \dfrac{h^2}{18}$ $= \dfrac{bh^3}{36}$	$Z = \dfrac{1}{\frac{2}{3}h}$ $= \dfrac{bh^2}{24}$
Cercle.		$I = \omega \dfrac{R^2}{4} = \omega \dfrac{D^2}{16}$ $= \dfrac{\pi R^4}{4} = 0{,}7854\,R^4$	$Z = \dfrac{I}{R}$ $= 0{,}785\,R^3$
Demi-cercle.		$I = 0{,}11\,R^4$	$Z = \dfrac{I}{0{,}575\,R}$ $= 0{,}19\,R^3$
Ellipse.		$I = \omega \dfrac{a^2}{4}$ $= \dfrac{\pi\,ba^3}{4}$	$Z = \dfrac{1}{a}$ $= \dfrac{\pi\,ba^2}{4}$
		$I = \omega \dfrac{b^2}{4}$ $= \dfrac{\pi\,ab^3}{4}$	$Z = \dfrac{I}{b}$ $= \dfrac{\pi\,ab^2}{4}$

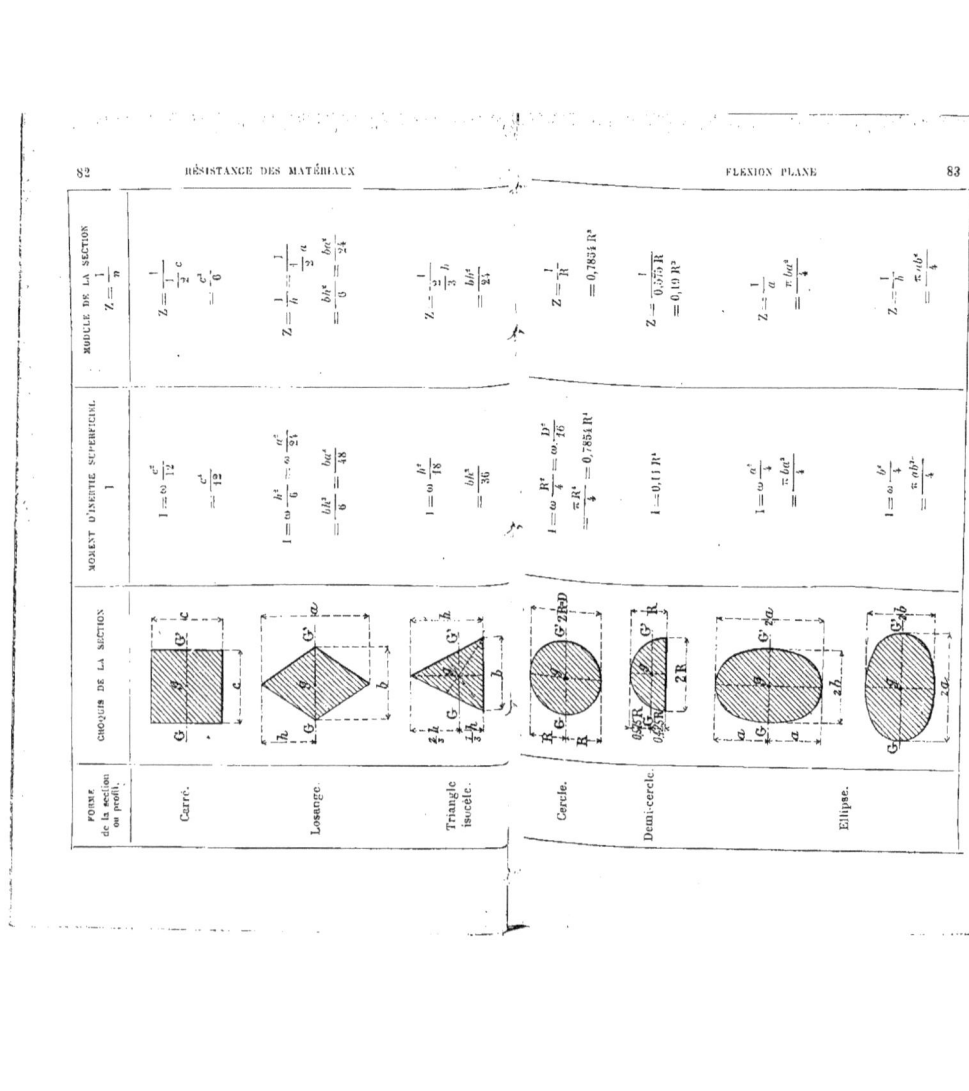

Tableau II.

FORME de la section ou profil	CROQUIS DE LA SECTION	MOMENT D'INERTIE SUPERFICIEL I	MODULE DE LA SECTION $Z = \dfrac{I}{n}$
Rectangle évidé.		$I = \dfrac{bh^3 - b'h'^3}{12}$	$Z = \dfrac{bh^3 - b'h'^3}{6\,h}$
Double T.		Id.	Id.
Section en U.		Id.	Id.
Croix.		$I = \dfrac{bh^3 + b'h'^3}{12}$	$Z = \dfrac{bh^3 + b'h'^3}{6\,h}$
Simple T.		Id.	Id.

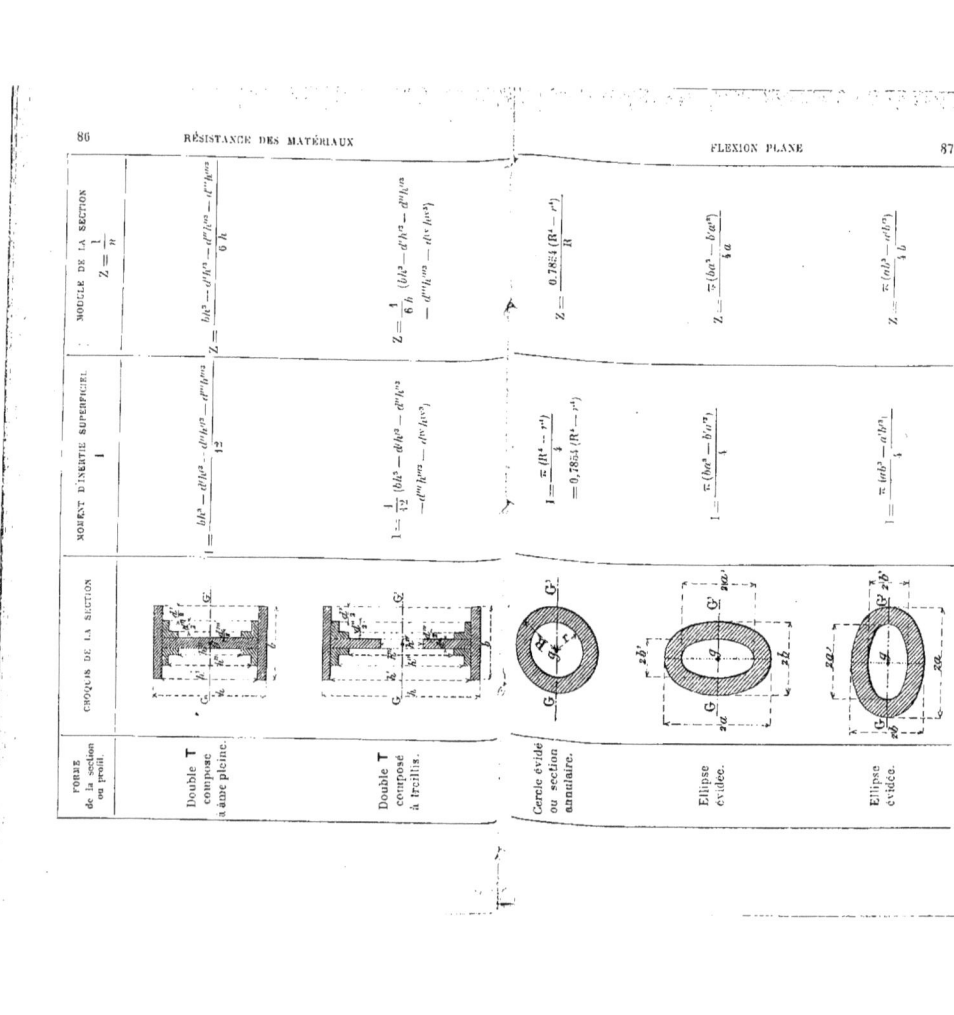

FORME de la section ou profil.	CROQUIS DE LA SECTION	MOMENT D'INERTIE SUPERFICIEL I	MODULE DE LA SECTION $Z = \dfrac{I}{n}$
Simple T.	$d = \dfrac{(b-b')h'^2 + b'h^2}{2[(b-b')h'+b'h]}$	$I = \dfrac{bd^3 - (b-b')(d-h')^3}{3} + \dfrac{b'(h-d)^3}{3}$	$Z = \dfrac{bd^3 - (b-b')(d-h')^3}{3(h-d)} + \dfrac{b'(h-d)^3}{3(h-d)}$
Cornière.		Id.	Id.

FLEXION PLANE

78. Observations importantes. — L'expression du moment d'inertie superficiel est toujours du quatrième degré, attendu que ledit moment d'inertie est le produit de l'aire d'une surface par le carré d'une longueur ; l'expression du module d'une section est du troisième degré.

Les modules $\frac{I}{n}$ donnés dans les albums des fers spéciaux sont calculés en prenant le mètre pour unité de longueur et le mètre carré pour unité de surface ; par conséquent, lorsque les coefficients de résistance sont rapportés au millimètre carré, il faut avoir soin de multiplier $\frac{I}{n}$ par $\overline{10}^6$ ou un million.

79. Economie relative des diverses sections ou profils. — Dans une pièce fléchie sous l'effort de forces transversales, la tension maxima ou le travail maximum de la matière par unité de surface, est donné par la formule (68).

$$R = \frac{\mu}{\frac{I}{n}} = \frac{\mu}{Z}$$

Cette formule montre que plus le rapport $\frac{I}{n}$ ou module de la section est grand, moins la fatigue de la matière est élevée, le moment des forces fléchissantes restant constant ; en d'autres termes le travail maximum est inversement proportionnel au module de la section : $\frac{R_1}{R_2} = \frac{Z_2}{Z_1}$.

Le poids d'une pièce, son prix, par suite, étant proportionnel à l'aire de sa section ω, la section ou le profil le plus économique est celui qui, sous une même surface, a le module le plus élevé ; en d'autres termes, plus le rapport $\frac{Z}{\omega}$ est grand, plus le profil est économique.

Nous développerons ci-après quelques exemples à l'appui.

Quant à la courbure $\frac{1}{\rho}$, elle est donnée par la formule (70)

$$\frac{1}{\rho} = \frac{\mu}{E \times I}$$

laquelle montre que la courbure ou déformation de la pièce est d'autant plus faible que le moment d'inertie I de sa section est plus grand.

80. Il est avantageux de placer un rectangle de champ plūtôt qu'à plat. — Considérons une pièce à section rectan-

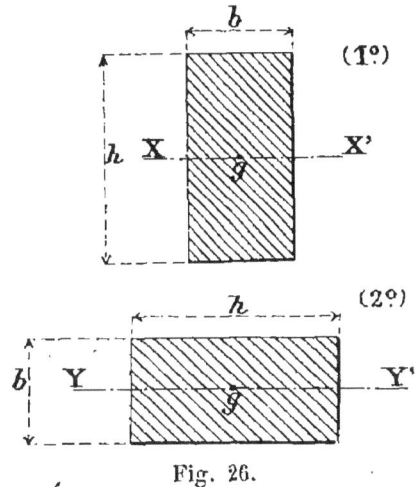

Fig. 26.

gulaire, soumise à des efforts transversaux ; soit b la petite dimension et h la grande dimension du rectangle.

On peut placer cette pièce de deux façons (fig. 26) : 1° de champ ; dans ce cas, le moment d'inertie est

$$I_1 = \frac{bh^3}{12}$$

2° A plat; on a alors pour le moment d'inertie

$$I_2 = \frac{hb^3}{12}$$

Le rapport de ces deux moments d'inertie.

$$\frac{I_1}{I_2} = \frac{bh^3}{hb^3} = \left(\frac{h}{b}\right)$$

Puisque par hypothèse $h > b$, il en résulte que

$$I_1 > I_2$$

Par conséquent, d'après ce qui a été dit sur la courbure (79), la déformation de la pièce sera moindre dans la position de champ que dans la position à plat.

Au point de vue de la résistance, la première disposition est également préférable à la seconde. En effet, puisque le travail maximum est inversement proportionnel au module de la section, et que le module de la section (1) est égal à

$$Z_1 = \frac{I_1}{\frac{1}{2}h} = \frac{bh^2}{6}$$

et celui de la section (2) à

$$Z_2 = \frac{I_2}{\frac{1}{2}b} = \frac{hb^2}{6}$$

on a (79)
$$\frac{R_1}{R_2} = \frac{Z_2}{Z_1} = \frac{b}{h}$$

Comme $b < h$, il s'en suit que

$$R_1 < R_2$$

Dans la première disposition, les fibres extrêmes ont à déployer une résistance moins grande ; elles sont moins fatiguées.

On a, par suite, avantage à augmenter la hauteur de la pièce et à diminuer sa base ; mais il y a une limite qu'il convient de ne point dépasser, afin d'éviter le gauchissement.

Nous avons admis que l'aire ω de la section reste la même dans les deux dispositions ; supposons maintenant qu'on diminue l'aire dans la première, de façon que le

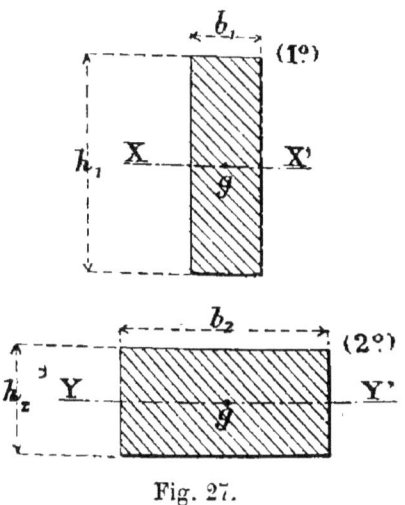

Fig. 27.

travail des fibres extrêmes soit le même dans l'un et l'autre cas (fig. 27).

Soit b_1 la base, h_1 la hauteur et ω_1 l'aire du rectangle dans le premier cas.

Soit b_2 la base, h_2 la hauteur et ω_2 l'aire du rectangle dans le deuxième cas.

Le module de la section (1)

$$Z_1 = \frac{b_1 h_1^2}{6}$$

celui de la section (2)

$$Z_2 = \frac{b_2 h_2^2}{6}$$

Pour que $\qquad R_1 = R_2$

il faut que $\qquad Z_1 = Z_2$

soit $\qquad b_1 h_1^2 = b_2 h_2^2$

ou $\qquad \omega_1 h_1 = \omega_2 h_2$

Par suite $\qquad \dfrac{\omega_1}{\omega_2} = \dfrac{h_2}{h_1}$

les aires des deux rectangles sont en raison inverse des hauteurs.

Dans le cas particulier où
$$h_1 = b_2 = 2h_2$$
on a $\qquad \dfrac{\omega_1}{\omega_2} = \dfrac{1}{2}$

et on économise la moitié de la matière.

81. Il est avantageux d'éloigner la matière de l'axe d'inertie. — Considérons d'abord un rectangle plein de base b et de hauteur h; puis supposons ce rectangle divisé en deux parties égales, réunies entre elles d'une façon invariable, et appelons H la hauteur totale de la figure ainsi obtenue (fig. 28).

Le moment d'inertie du rectangle plein
$$I_1 = \frac{bh^3}{12}$$
$$= \frac{bh}{12} h^2$$

Celui de la section formée par l'ensemble des deux moitiés du rectangle
$$I_2 = \frac{bH^3}{12} - \frac{b(H-h)^3}{12}$$
$$= \frac{b}{12}[H^3 - (H^3 - 3H^2h + 3Hh^2 - h^3)]$$
$$= \frac{b}{12}(3H^2h - 3Hh^2 + h^3)$$
$$= \frac{bh}{12}[3H(H-h) + h^2]$$

Le rapport des deux moments d'inertie

$$\frac{I_2}{I_1} = \frac{3H(H-h)+h^2}{h^2}$$
$$= 1 + \frac{3H(H-h)}{h^2}$$

La hauteur H étant par hypothèse supérieure à h, le

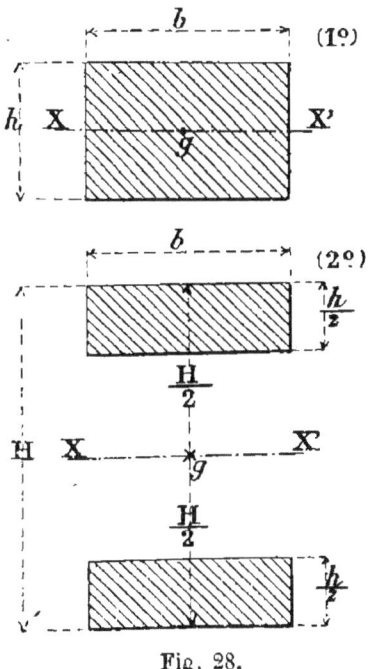

Fig. 28.

second terme de l'expression ci-dessus est toujours positif ; par suite, la valeur de cette expression est supérieure à l'unité. Il s'ensuit que

$$I_2 > I_1$$

La disposition (2) de la figure 28 est donc préférable à la disposition (1) au point de vue de la déformation. Nous allons voir qu'il en est de même en ce qui concerne la résistance, c'est-à-dire que le travail maximum de la matière est plus faible dans le deuxième cas que dans le premier :

$$R_2 < R_1$$

On a, en effet, pour le module de la section (1)

$$Z_1 = \frac{I_1}{\frac{1}{2}h} = \frac{bh^2}{6}$$

$$= \frac{bh}{6} \times h$$

et pour celui de la section (2)

$$Z_2 = \frac{I_2}{\frac{1}{2}H} = \frac{bh}{6} \times \frac{3H(H-h)+h^2}{H}$$

$$= \frac{bh}{6} \times \frac{3H^2 - 3Hh + h^2}{H}$$

$$= \frac{bh}{6} \times \frac{H^2 + (H^2 - Hh) + (H^2 - 2Hh + h^2)}{H}$$

$$= \frac{bh}{6} \times \frac{H^2 + H(H-h) + (H-h)^2}{H}$$

$$= \frac{bh}{6} \times \frac{H^2 + (H-h)(2H-h)}{H}$$

Le rapport de ces deux modules

$$\frac{Z_2}{Z_1} = \frac{H^2 + (H-h)(2H-h)}{Hh}$$

$$= \frac{H}{h} + \frac{(H-h)(2H-h)}{Hh}$$

Puisque la hauteur H est plus grande que h, le premier terme $\frac{H}{h}$ de cette dernière expression est supérieur à l'unité et le deuxième $\dfrac{(H-h)(2H-h)}{Hh}$ est positif : le module Z_2 est donc plus élevé que Z_1 et par suite

$$R_2 < R_1$$

attendu que le travail maximum est en raison inverse du module de la section.

Ce qui précède montre qu'il est avantageux d'employer des sections évidées ou à double T.

§ 3. — MOMENT FLÉCHISSANT, EFFORT TRANCHANT ET FLÈCHE DANS LES CAS LES PLUS USUELS DE CHARGE POUR UNE POUTRE DROITE A UNE SEULE TRAVÉE OU EN PORTE-A-FAUX

82. Sections dangereuses. — Dans ce qui va suivre, nous verrons que le moment fléchissant μ d'une pièce prismatique, soumise à des efforts transversaux, varie, en général d'une façon continue, d'une section à l'autre, en passant par un maximum, que nous désignerons par μ_m. La section pour laquelle μ est maximum est appelée *section dangereuse* au point de vue du moment fléchissant.

Lorsque toutes les sections transversales de la pièce ont les mêmes dimensions, c'est-à-dire lorsque la pièce a une section constante, on doit calculer cette section constante en s'imposant la condition que ses dimensions soient capables de résister à la valeur maxima μ_m du moment fléchissant, sans que le travail imposé à la matière ne dépasse la charge pratique.

Nous verrons que l'effort tranchant T varie aussi d'une section à une autre, mais que cette variation n'est continue que lorsque toutes les charges sont uniformément réparties. La section pour laquelle T atteint sa valeur maxima T_m est dite *section dangereuse* pour l'effort tranchant.

FLEXION PLANE

83. Divisions du présent paragraphe. — Nous diviserons le présent paragraphe, d'après la disposition des appuis de la poutre, en quatre parties, savoir :

a. *Poutre droite reposant sur deux appuis ;*

b. *Poutre droite encastrée à une extrémité et libre à l'autre ou en porte-à-faux ;*

c. *Poutre droite encastrée à ses deux extrémités ;*

d. *Poutre droite encastrée à une extrémité et appuyée à l'autre.*

a. — *Poutre droite reposant sur deux appuis.*

84. Premier cas. — La poutre ne supporte qu'une charge uniformément répartie sur toute sa longueur. — Supposons la poutre réduite à sa fibre moyenne ou neutre ACB et les appuis réduits aux deux points A et B (fig. 29).

Désignons par a la portée de la poutre :

$$AB = a$$

Si p est le poids qu'elle supporte par mètre courant, la charge totale est égale à pa, et elle peut être considérée comme appliquée au milieu C de la poutre.

Prenons AB pour axe des x, en admettant que le sens positif des abscisses soit dirigé de gauche à droite ; prenons pour axe des y la verticale en A et adoptons la direction de haut en bas pour le sens positif des ordonnées.

Sous l'action de la charge totale pa la poutre fléchit : la fibre moyenne prend une forme courbe telle que ACB. L'équilibre s'établit grâce à la résistance des appuis, que nous pouvons supprimer à la condition d'appliquer en A et B des forces Q_A et Q_B égales à leurs réactions.

La somme des réactions des appuis est égale et de signe contraire à la charge totale, attendu que ces forces se font équilibre; ces deux réactions sont de plus, en raison de la symétrie, égales entre elles : par suite,

$$Q_A = Q_D = -\frac{pa}{2}$$

Considérons un point quelconque M de la fibre moyenne, situé à une distance x du point A ; appliquons la méthode

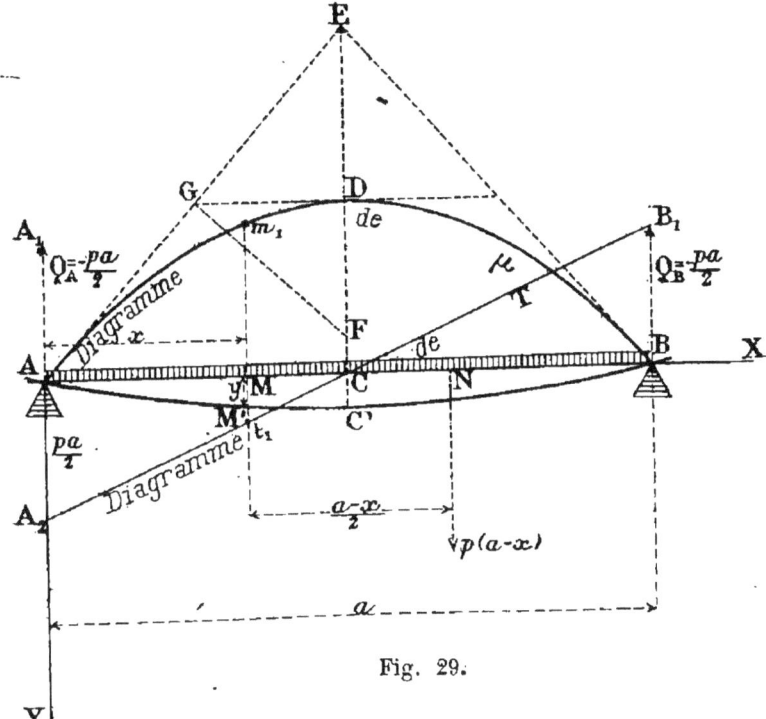

Fig. 29.

des sections (66) au tronçon MB de la poutre à droite du point M.

Le tronçon MB est sollicité par deux forces extérieures :

1° Par la charge $p(a-x)$ uniformément répartie, appliquée au milieu N de MB, c'est-à-dire à une distance $\frac{a-x}{2}$ du point M;

2° Par la réaction de l'appui B : $Q_B = -\dfrac{pa}{2}$.

L'effort tranchant en M est égal à la somme algébrique des projections sur l'axe AY de toutes les forces extérieures P agissant sur la portion MB de la poutre (66) :

$$T = \Sigma P_y$$
$$= p(a - x) - \frac{pa}{2}$$
$$= p\left(\frac{a}{2} - x\right)$$

Le petit tableau ci-dessous donne les valeurs de l'effort tranchant dans les sections remarquables :

Valeurs successives de x . . .	0	$\dfrac{a}{2}$	a
— correspondantes de T.	$+\dfrac{pa}{2}$	0	$-\dfrac{pa}{2}$

La ligne représentative ou le diagramme des efforts tranchants est une droite, qu'on obtient en joignant au milieu C de AB l'extrémité B_1 de la droite BB_1 qui représente en grandeur et direction, à l'échelle adoptée, la réaction Q_B (fig. 29); l'effort tranchant en M est mesuré par la longueur Mt_1.

L'effort tranchant est positif dans toutes les sections à gauche de C et négatif dans toutes celles à droite, avec les conventions que nous avons faites sur le sens des signes + et — et en considérant la droite des sections. Si nous avions considéré la gauche des sections, tout en conservant les mêmes conventions sur le sens des signes, nous aurions trouvé pour T la même valeur absolue dans chaque section, mais avec un signe contraire.

Le maximum de T, en valeur absolue, se produit dans les deux sections d'appui.

Le moment fléchissant en M est égal à la somme algébrique des moments, par rapport au point M, des forces extérieures P précitées (66) :

$$\mu = \Sigma M_m P$$
$$= p(a-x)\frac{a-x}{2} - \frac{pa}{2}(a-x)$$
$$= \frac{p}{2}[(a-x)-a](a-x)$$
$$= -\frac{p}{2}x(a-x)$$

Il est aisé de voir que le moment fléchissant est toujours négatif, avec les conventions faites sur le sens des signes + et — et en considérant la droite des sections. Si nous avions considéré la gauche des sections, nous aurions trouvé pour μ la même valeur absolue, mais μ serait alors toujours positif.

Valeurs successives de x . . .	0	$\frac{a}{2}$	a
— correspondantes de μ.	0	$-\frac{pa^2}{8}$	0

Le moment fléchissant maximum, en valeur absolue, a lieu dans la section médiane C de la poutre :

$$\mu_m = -\frac{pa^2}{8}$$

Le diagramme de μ est une parabole (fig. 29), dont l'axe est vertical et passe par le milieu C de la poutre.

Pour avoir le sommet D de cette parabole, il suffit de prendre à l'échelle adoptée $CD = -\frac{pa^2}{8}$.

Si l'on porte au-dessus de D une nouvelle longueur DE=DC, et si l'on joint le point E ainsi obtenu aux extrémités A et B de la poutre, les droites AE et BE sont les tangentes à la parabole en A et B, en vertu d'une propriété des paraboles : *la sous-tangente CE en un point quelconque A est le double de l'ordonnée CD du point de contact A.*

La tangente au sommet D est l'horizontale DG.

En élevant par G une perpendiculaire à AE, on obtient le foyer F de la parabole, d'après deux autres propriétés des paraboles : 1° *la tangente au sommet est le lieu des points de la projection G du foyer F sur une tangente quelconque AE*; 2° *la tangente au sommet rencontre une tangente quelconque AE au milieu G de la portion comprise entre son point de contact A avec la parabole et son point d'intersection E avec l'axe.*

Le moment fléchissant en M est mesuré par la longueur Mm_1.

La flèche de la courbe AC'B (fig. 29) affectée par la fibre moyenne de la poutre a lieu au milieu de la poutre ; sa valeur est donnée par la formule

$$f = \frac{5pa^4}{384\,EI}$$

85. Deuxième cas. — La poutre est seulement chargée d'un poids distinct P en un point quelconque L (fig. 30) ; on néglige le poids propre de la poutre. — Désignons par

a la portée de la poutre : $AB = a$,

l la distance du point L à l'appui A : $AL = l$,

l' la distance de ce même point à l'appui B : $LB = l'$

ces trois longueurs étant réunies par la relation

$$l + l' = a$$

La poutre est soumise à trois forces parallèles situées

dans le même plan : la charge isolée P et les réactions des appuis Q_A et Q_B. Pour l'équilibre, il faut que ces trois forces aient une somme de moments nulle par rapport à un point quelconque du plan (11).

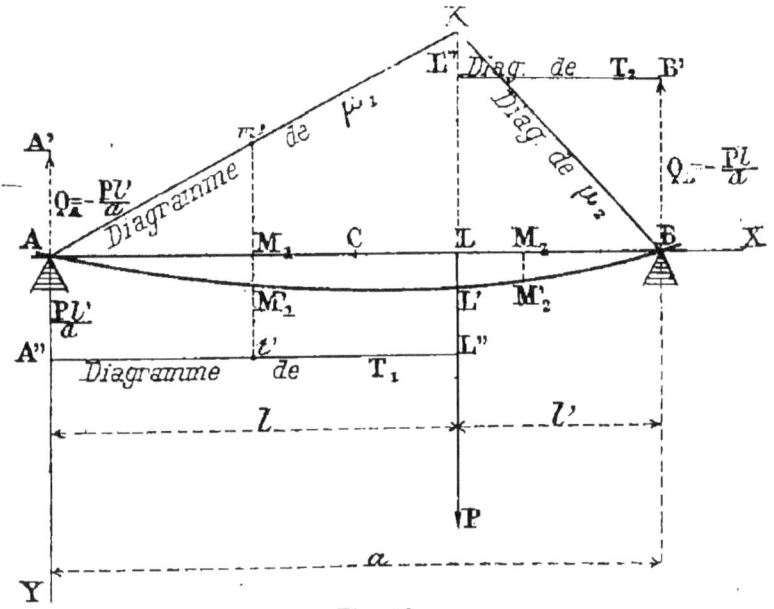

Fig. 30.

Pour le point A_1 on doit donc avoir

$$P \times l + Q_B \times a = 0$$

d'où on tire

$$Q_B = -\frac{Pl}{a}$$

Pour le point B

$$P \times l' + Q_A \times a = 0$$

d'où

$$Q_A = -\frac{Pl'}{a}$$

On arrive tout de suite à ces valeurs de Q_A et Q_B en répartissant P entre à A et B d'une façon inversement proportionnelle et en changeant le signe.

Appliquons la méthode des sections (66) à un point M_1 compris entre A et L, en considérant le tronçon de poutre situé à droite du point M_1.

L'effort tranchant en ce point

$$T_1 = P + Q_n$$
$$= P - \frac{Pl}{a}$$
$$= P\left(\frac{a-l}{a}\right)$$
$$= \frac{Pl'}{a}$$
$$= -Q_A$$

quantité constante pour tous les points compris entre A et L.

Pour un point quelconque M_2 compris entre L et B, on n'a plus à tenir compte de la charge P, laquelle entre dans les forces élastiques exercées par la partie de poutre à gauche de M_2 sur la partie à droite, et l'effort tranchant

$$T_2 = Q_n$$
$$= -\frac{Pl}{a}$$

quantité constante.

Le diagramme des efforts tranchants se compose de deux droites A″L″ et L‴B′ parallèles à l'axe des x (fig. 30); la longueur $M_1 t'$ représente la grandeur de l'effort tranchant en M_1.

Le moment fléchissant en un point M_1 du premier tronçon de poutre

(1) $$\mu_1 = P(l-x) - \frac{Pl}{a}(a-x)$$
$$= P[(l-x) - \frac{l}{a}(a-x)]$$

$$= P\left(l - x - l + \frac{lx}{a}\right)$$
$$= -Px\left(1 - \frac{l}{a}\right)$$
$$= -Px\left(\frac{a-l}{a}\right)$$
$$= -\frac{Pl'}{a}x$$

Pour un point M_2 situé dans le deuxième tronçon

(2) $\qquad \mu_2 = -\dfrac{Pl}{a}(a - x)$

Nous croyons qu'il n'est point inutile de faire remarquer que pour avoir toutes les valeurs de μ_1, il suffit de faire varier x de o à l, et que pour avoir toutes celles de μ_2, il suffit de faire varier x de l à a.

Nous donnons dans le tableau ci-après les valeurs du moment fléchissant dans les sections remarquables :

Valeurs successives de x. . . .	0	l	a
— correspondantes de μ_1	0	$-\dfrac{Pll'}{a}$	»
μ_2	»	$-\dfrac{Pll'}{a}$	0

Pour avoir le moment fléchissant dans la section médiane C, on doit se servir de la formule (1), lorsque le point L est à droite de C ainsi qu'il est supposé dans la figure 30 ; en attribuant à x la valeur $\dfrac{a}{2}$, on obtient alors (voir plus loin article 90) :

$$\mu_1 = -\frac{Pl'}{a} \times \frac{a}{2} = -\frac{Pl'}{2}$$

Lorsque le point L est à gauche de C, on a recours à la formule (2), laquelle donne pour $x = \dfrac{a}{2}$:

$$\mu_2 = -\frac{Pl}{a}\left(a - \frac{a}{2}\right) = -\frac{Pl}{2}$$

L'observation des formules (1) et (2) montre que le moment fléchissant reste toujours négatif, en considérant la droite des sections, comme dans le cas de la charge uniformément répartie (84).

Si l'on prend, à l'échelle adoptée, sur la verticale de L, une longueur

$$LK = -\frac{Pll'}{a}$$

les deux droites AK et KB représenteront le diagramme des moments fléchissants ; le moment fléchissant en M_1 sera mesuré par la longueur $M_1 m'$.

Le moment fléchissant maximum μ_m est la plus grande des valeurs maxima de μ_1 et μ_2 : le maximum absolu de μ_1 est $\dfrac{Pll'}{a}$; celui de μ_2 est aussi $\dfrac{Pll'}{a}$. Par suite, ces deux maximum n'en font qu'un et

$$\mu_m = -\frac{Pll'}{a}$$

La section dangereuse est donc la section chargée.

La flèche de la courbe affectée par la fibre moyenne est l'ordonnée du point pour lequel la tangente à la courbe est horizontale ; elle se trouve dans le plus grand de deux tronçons déterminés par le point L.

Si $l > l'$, la flèche est dans le premier tronçon AL ; elle est alors donnée par la formule

$$f = \frac{Pl^3 l'}{9\sqrt{3}\,EI a}\sqrt{\left(1 + 2\frac{l'}{l}\right)^3}$$

et correspond au point pour lequel

$$x = l\sqrt{\frac{1}{3} + \frac{2}{3}\frac{l'}{l}}$$

Si $l < l'$, la flèche est dans le deuxième tronçon LB. Pour l'obtenir il suffit de transporter l'origine des x au point B et de permuter l et l' dans les formules précédentes :

$$f = -\frac{Pl'^3 l}{9\sqrt{3}\,\text{EI}a}\sqrt{\left(1 + 2\frac{l}{l'}\right)^3}$$

$$x = l'\sqrt{\frac{1}{3} + \frac{2}{3}\frac{l}{l'}}$$

la longueur x étant comptée à partir de B.

86. Cas particulier du deuxième cas. — La charge P est appliquée au milieu de la poutre. — Dans les formules que nous venons de donner (85), il faut faire

$$l = l' = \frac{a}{2}$$

Les réactions des appuis deviennent

$$Q_A = Q_B = -\frac{P\frac{a}{2}}{a}$$
$$= -\frac{P}{2}$$

Les efforts tranchants $T_1 = \frac{P}{2}$

$$T_2 = -\frac{P}{2}$$

Les moments fléchissants

$$\mu_1 = -\frac{P}{2}x$$
$$\mu_2 = -\frac{P}{2}(a - x)$$

FLEXION PLANE

Le moment fléchissant maximum a lieu dans la section chargée, c'est-à-dire dans la section médiane

$$\mu_m = -\frac{Pa}{4}$$

La flèche se produit également au milieu de la poutre, car

$$x = \frac{a}{2}\sqrt{\frac{1}{3}+\frac{2}{3}}$$
$$= \frac{a}{2}\sqrt{1}$$
$$= \frac{a}{2}$$

Elle est égale à

$$f = \frac{P\left(\frac{a}{2}\right)^3 \frac{a}{2}}{9\sqrt{3}\,EIa}\sqrt{(1+2)^3}$$
$$= \frac{Pa^4\, 3\sqrt{3}}{16\times 9\sqrt{3}\,EIa}$$
$$= \frac{Pa^3}{48\,EI}$$

87. Charge mobile. — Lorsque la poutre est chargée seulement d'un poids distinct P appliqué en un point quelconque L, nous avons vu (85) que le diagramme des efforts tranchants se compose de deux droites A″L′ et L‴B′ (fig. 31) parallèles à l'axe des x :

$$LL'' = T_1 = \frac{Pl'}{a} = \frac{P(a-l)}{a}$$
$$LL''' = T_2 = -\frac{Pl}{a}$$

Quant au diagramme des moments fléchissants, il se compose de deux droites AK et KB, la longueur LK représentant le moment fléchissant maximum :

$$LK = \mu_m = -\frac{Pll'}{a} = -\frac{Pl(a-l)}{a}$$

Si nous supposons que la charge P soit mobile et se déplace en allant de A en B, c'est-à-dire si nous faisons

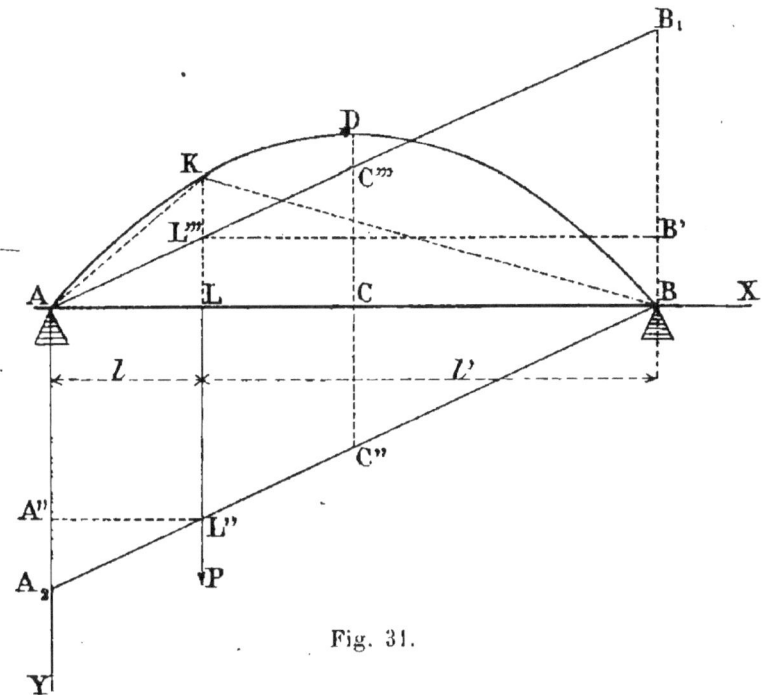

Fig. 31.

varier l depuis o jusqu'à a, nous obtiendrons pour T_1, T_2 et μ_m des valeurs variables résumées dans le tableau suivant :

Valeurs successives de l....		0	$\dfrac{a}{2}$	a
correspondantes de	T_1	P	$+\dfrac{P}{2}$	0
	T_2	0	$-\dfrac{P}{2}$	$-P$
	μ_m	0	$-\dfrac{Pa}{4}$	0

La droite A_2B indique la variation de T_1 et la droite AB_1 celle de T_2, en prenant, à l'échelle adoptée.

$$AA_2 = P \quad \text{et} \quad BB_1 = -P.$$

On voit que l'effort tranchant maximum, en valeur absolue, se développe dans le cas où la charge mobile se trouve au droit de l'un ou l'autre appui.

L'extrémité K de la droite LK qui représente, à l'échelle adoptée, la grandeur du moment fléchissant maximum, lorsque la charge est en L_1, décrit une certaine courbe AKDB pendant le déplacement de la charge mobile de A en B ; cette courbe est une parabole à axe vertical, lequel axe passe par le milieu C de la poutre ; on l'appelle la *courbe enveloppe* des moments fléchissants maxima.

La plus grande valeur du moment fléchissant maximum ou le *maximum maximorum* du moment fléchissant correspond au maximum du produit ll', qui a lieu pour

$$l = l' = \frac{a}{2}$$

la charge est alors appliquée au milieu de la poutre.

Si l'on compare l'équation de la parabole dont il s'agit

$$\mu_m = -\frac{P}{a} l(a-l)$$

à celle de la parabole du diagramme de μ dans le cas où la poutre ne supporte qu'une charge uniformément répartie p par mètre courant (84)

$$\mu = -\frac{p}{2} x(a-x)$$

on constate que ces deux équations sont identiques à la condition de faire

$$\frac{P}{a} = \frac{p}{2} \quad \text{ou} \quad P = \frac{pa}{2}$$

NOVAT. — Résist. des matériaux.

88. Troisième cas. — La poutre est chargée à la fois d'un poids uniformément réparti (pa) et d'un poids distinct (P) appliqué en son milieu. — Ce cas ne demande pas de nouveaux calculs ; on peut le traiter en appliquant le principe de la *superposition des effets des forces* : il suffit d'ajouter les résultats correspondant à chaque effort considéré isolément pour avoir le résultat total dû à l'ensemble des efforts.

Pour chacun des deux efforts considérés, c'est dans la section médiane que le maximum des moments fléchissants a lieu ; ces deux maximums ont en outre le même signe : ils vont donc s'ajouter pour donner le moment fléchissant maximum total, soit

$$\mu_m = -\left(\frac{pa^2}{8} + \frac{Pa}{4}\right)$$

ou

$$\mu_m = -\left(\frac{pa}{2} + P\right)\frac{a}{4}$$

Sous cette dernière forme, il est aisé de reconnaître que, en ce qui concerne le moment fléchissant maximum, la charge uniformément répartie produit le même effet que si la moitié de cette charge était condensée au milieu de la poutre ; autrement dit, le rapport des deux moments maximums partiels

$$\frac{\frac{pa^2}{8}}{\frac{Pa}{4}} = \frac{1}{2}$$

lorsque $\qquad pa = P$

Les flèches dues à chaque effort isolé ont lieu également au milieu de la poutre et ont le même signe : par suite, elles s'ajoutent pour donner la flèche totale :

$$f = \frac{5pa^4}{384EI} + \frac{Pa^3}{48EI}$$

$$= \left(\frac{5}{8}pa + P\right)\frac{a^3}{48EI}$$

La charge uniformément répartie produit, quant à la flèche, le même effet que si les 5/8 de cette charge étaient concentrés au milieu ; en d'autres termes, le rapport des deux flèches partielles

$$\frac{\dfrac{5pa^4}{384EI}}{\dfrac{Pa^3}{48EI}} = \frac{5}{8}$$

lorsque
$$pa = P$$

Ce rapport de 5/8 a été exactement trouvé par *Charles Dupin* dans ses expériences sur la flexion des poutres.

Les réactions des appuis sont

$$Q_A = Q_B = -\left(\frac{pa}{2} + \frac{P}{2}\right)$$

$$= -\left(\frac{pa + P}{2}\right)$$

Graphiquement pour avoir dans ce troisième cas les diagrammes de T et de μ, il suffit de construire les diagrammes pour chaque effort considéré isolément, puis d'ajouter pour chaque abscisse les ordonnées correspondantes.

Dans la figure 32, par exemple, l'oblique A_2B_1 étant le diagramme des efforts tranchants pour la charge uniforme pa, les horizontales $A''C''$ et $C'''B'$ étant celui des efforts tranchants pour la charge distincte P, l'effort tranchant total MT_1 en un point quelconque M s'obtiendra en ajoutant à l'effort tranchant Mt_1 dû à pa l'effort tranchant Mt' dû à P. Comme ce dernier a, sur chacune des deux moitiés de la poutre, une valeur constante $+\frac{P}{2}$ ou $-\frac{P}{2}$, le diagramme des efforts tranchants totaux se composera de deux droites $a'C''$ et $C'''b$ parallèles à A_2B_1.

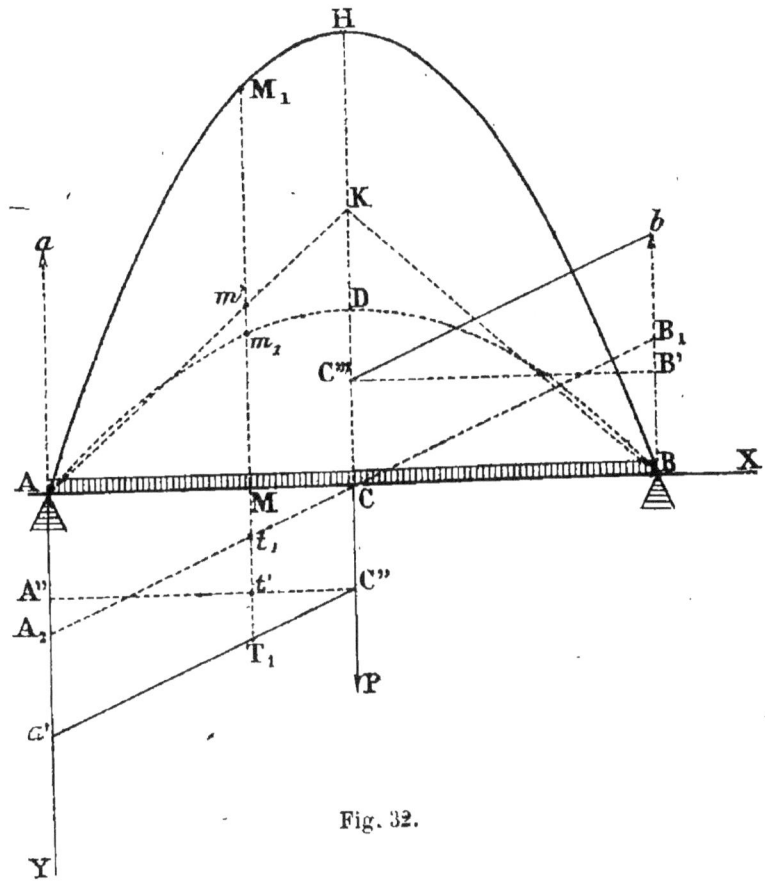

Fig. 32.

L'effort tranchant total vers l'appui A sera

$$Aa' = AA_2 + AA''$$
$$= \frac{pa}{2} + \frac{P}{2}$$
$$= -Q_A$$

L'effort tranchant total vers l'appui B

$$Bb = BB_1 + BB'$$
$$= -\left(\frac{pa}{2} + \frac{P}{2}\right)$$
$$= Q_B$$

La parabole ADB étant le diagramme des moments fléchissants pour la charge uniforme pa, les droites AK et KB étant celui des moments fléchissants pour la charge distincte P, le moment fléchissant total MM_1 en un point M s'obtiendra de même en ajoutant au moment fléchissant Mm_1 dû à pa le moment fléchissant Mm' dû à P. Le diagramme des moments fléchissants totaux, ainsi construit, est une parabole AHB, dont l'axe est vertical et passe par le milieu C de la poutre.

Le moment fléchissant total au milieu de la poutre, lequel est un maximum,

$$CH = CD + CK$$
$$= -\left(\frac{pa^2}{8} + \frac{Pa}{4}\right)$$

89. Quatrième cas. — La poutre supporte plusieurs poids distincts appliqués en des points quelconques. — C'est la généralisation du deuxième cas ; pour résoudre la question, nous opérerons, soit en appliquant le principe de la *superposition des effets des forces* et les résultats trouvés dans le deuxième cas (85), soit en appliquant directement les formules générales $T = \Sigma Py$ et $\mu = \Sigma MmP$ (66), suivant que l'un ou l'autre procédé nous paraîtra plus commode.

Supposons (fig. 33) trois forces distinctes P_1, P_2 et P_3 appliquées en des points L_1, L_2 et L_3 ayant pour ordonnées l_1, l_2 et l_3.

Désignons par *a* la portée de la poutre et posons

$$l'_1 = a - l_1$$
$$l'_2 = a - l_2$$
$$l'_3 = a - l_3$$

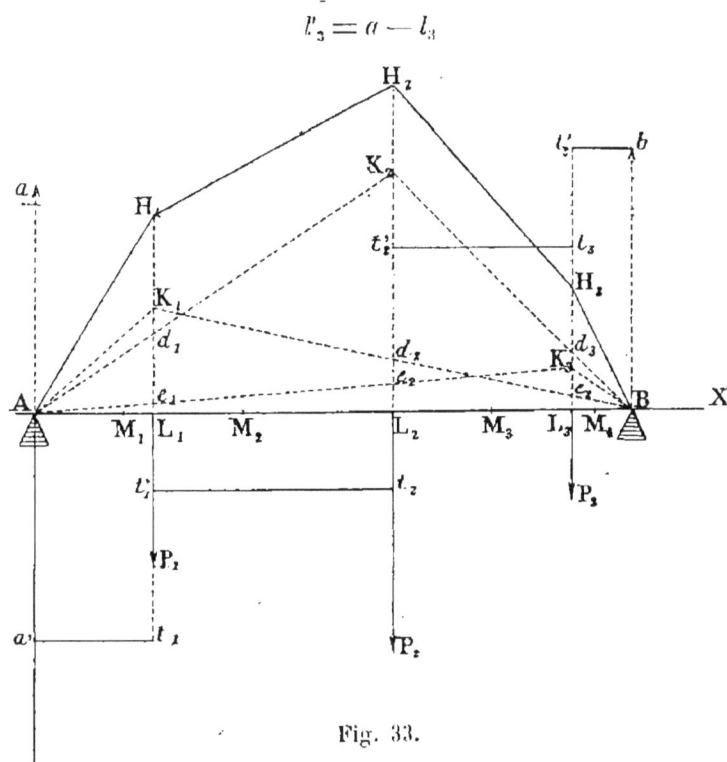

Fig. 33.

En se reportant au n° 85, on trouve que la réaction totale en A

$$Q_A = -\frac{P_1 l'_1 + P_2 l'_2 + P_3 l'_3}{a} = Aa$$

et la réaction totale en B

$$Q_B = -\frac{P_1 l_1 + P_2 l_2 + P_3 l_3}{a} = Bb$$

Les trois forces divisent la poutre en quatre tronçons.

L'effort tranchant total en un point M_1 du premier tronçon

$$T_1 = P_1 + P_2 + P_3 + Q_B$$
$$= -Q_A$$

attendu que $\quad Q_A + Q_B = -(P_1 + P_2 + P_3)$

Celui en un point M_2 du deuxième tronçon

$$T_2 = P_2 + P_3 + Q_B$$
$$= T_1 - P_1$$

On a de même :

$$T_3 = T_2 - P_2$$
$$T_4 = T_3 - P_3$$
$$= Q_B$$

L'effort tranchant est constant dans chaque tronçon.

Le diagramme des efforts tranchants totaux se compose de quatre droites $a't_1$, t'_1t_2, t'_2t_3, t'_3b parallèles à l'axe des x ; l'effort tranchant maximum total, en valeur absolue, a lieu dans l'un des deux tronçons extrêmes A_1L_1 ou L_3B et il est égal à Q_A ou Q_B.

Pour le poids P_1 considéré isolément, le diagramme des moments fléchissants est formé par les deux droites AK_1 et K_1B, telles que

$$L_1K_1 = -\frac{P_1 l_1 l'_1}{a}$$

Pour le poids P_2, le diagramme est AK_2B et

$$L_2K_2 = -\frac{P_2 l_2 l'_2}{a}$$

Pour le poids P_3, il est AK_3B et

$$L_3K_3 = -\frac{P_3 l_3 l'_3}{a}$$

Si l'on prend sur les verticales en L_1, L_2 et L_3 des longueurs égales à la somme des moments fléchissants partiels en ces points, savoir :

$$L_1H_1 = L_1K_1 + L_1d_1 + L_1c_1$$
$$L_2H_2 = L_2K_2 + L_2d_2 + L_2c_2$$
$$L_3H_3 = L_3K_3 + L_3d_3 + L_3c_3$$

le contour polygonal $AH_1H_2H_3B$ est le diagramme des moments fléchissants totaux.

Le moment fléchissant total maximum correspond à un des sommets du polygone, c'est-à-dire à une des sections chargées ; dans le cas de la figure 33, il est représenté par L_2H_2.

Lorsqu'on veut obtenir le moment fléchissant à l'aide du calcul, il faut partager la poutre en quatre sections, ainsi qu'il a été fait pour les efforts tranchants.

En un point M_1 de la première section, le moment fléchissant total

$$\mu_1 = P_1(l_1 - x) + P_2(l_2 - x) + P_3(l_3 - x) + Q''(a - x)$$
$$= -Q_A x$$

Cette formule n'est vraie qu'à la condition de ne faire varier x qu'entre o et l_1.

Pour un point M_2 de la deuxième section, on a

$$\mu_2 = P_2(l_2 - x) + P_3(l_3 - x) + Q_n(a - x)$$

x variant de l_1 à l_2.

Dans les deux autres sections, on a

$$\mu_3 = P_3(l_3 - x) + Q_n(a - x)$$

x variant de l_2 à l_3

et

$$\mu_4 = Q_n(a - x)$$

x variant de l_3 à a.

90. Moment fléchissant au milieu d'une poutre dans le deuxième et quatrième cas. — Nous avons trouvé (85) comme expression du moment fléchissant dans la section médiane d'une poutre chargée seulement d'un poids distinct P

(1) $$\mu_1 = -\frac{Pl'}{a} \times \frac{a}{2} = -\frac{Pl'}{2}$$

l' étant la distance du point d'application L à l'appui le plus rapproché.

On peut encore écrire μ_1 sous la forme suivante

(1 *bis*) $$\mu_1 = -\frac{Pl'}{\frac{1}{2}a} \times \frac{a}{4}$$

La quantité $\dfrac{Pl'}{\frac{1}{2}a}$ est ce qu'on appelle la valeur de la *charge ramenée au milieu de la poutre.*

Si dans la formule qui donne le moment fléchissant dans la section médiane, lorsque le poids P est appliqué au milieu de la poutre (86)

$$\mu_m = -P \times \frac{a}{4}$$

on remplace P par $\dfrac{Pl'}{\frac{1}{2}a}$, on obtient précisément la valeur de μ_1 sous la forme (1 *bis*).

Le moment fléchissant produit dans la section médiane d'une poutre par une charge appliquée en un point quelconque est donc égal à celui que produirait dans la section médiane ladite charge ramenée au milieu de la poutre.

En ce qui concerne le quatrième cas, on peut opérer de la même façon pour déterminer le moment fléchissant dans la section médiane : ainsi, dans l'exemple considéré à l'article 89, l'ensemble des charges ramenées au milieu de la poutre a pour valeur

$$\frac{P_1 l_1 + P_2 l'_2 + P_3 l'_3}{\frac{1}{2} a}$$

et le moment fléchissant dont il s'agit est égal à

$$\frac{P_1 l_1 + P_2 l'_2 + P_3 l'_3}{\frac{1}{2} a} \times \frac{a}{4}$$

91. Charges mobiles ou convoi. — Nous avons vu (89) que, si on applique à une poutre plusieurs charges distinctes P_1, P_2, P_3, le diagramme des moments fléchissants est un contour polygonal tel que $AH_1H_2H_3B$ (fig. 33). Lorsque les charges sont mobiles, tout en restant à des distances invariables les unes des autres, on trouvera pour chaque position de ce convoi, pendant son déplacement de A en B, un polygone partant de A et aboutissant en B, mais se déformant. Dans chaque position, on aura un moment fléchissant maximum, correspondant à l'un des sommets du polygone.

Si l'on construit la courbe passant par les extrémités H_2 des droites, telles que L_2H_2, représentant le moment fléchissant maximum en un certain nombre de points de la poutre, on obtiendra ce qu'on nomme la *courbe envelloppe des moments fléchissants*.

Cette courbe permettra de déterminer la plus grande valeur des moments fléchissants maxima ou le *maximum maximorum* des moments fléchissants pour le convoi considéré, ainsi que la position la plus défavorable de ce convoi.

FLEXION PLANE 119

b. — *Poutre droite encastrée à une extrémité et libre à l'autre ou en porte-à-faux.*

92. Distinction entre une poutre reposant sur deux appuis et une poutre encastrée. — Si l'on charge une

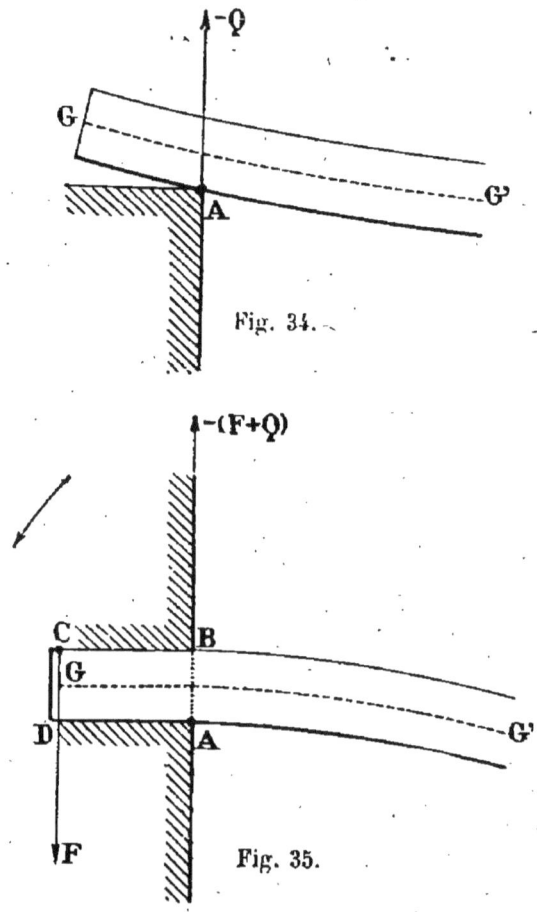

Fig. 34.

Fig. 35.

poutre reposant sur deux appuis (fig. 34), l'inclinaison de la fibre neutre GG' vers les appuis peut être quelconque ; la réaction produite par chacun des appuis est une force verticale — Q.

Lorsque la poutre est encastrée et que l'encastrement est complet (fig. 35), l'inclinaison de la fibre neutre sur l'horizontale dans la section d'encastrement est rigoureusement nulle ; si l'encastrement est incomplet (fig. 36), l'inclinaison est moindre que lorsque la poutre est simplement appuyée.

L'encastrement peut-être obtenu, soit en serrant l'extré-

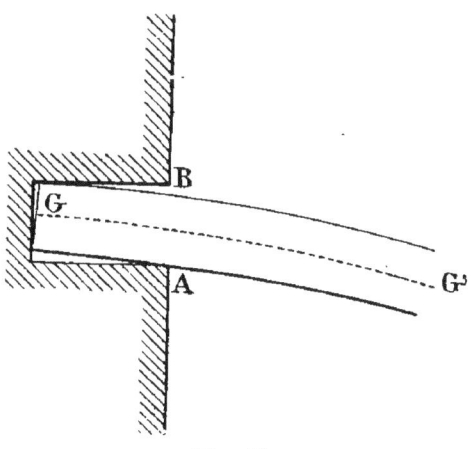

Fig. 36.

mité de la poutre par des mâchoires inébranlables, soit en la scellant profondément dans un massif de maçonnerie.

Dans ce qui suit, nous supposerons un encastrement complet (fig. 35) ; nous aurons en A et en C deux réactions verticales inégales.

$$F \quad \text{et} \quad -(F+Q)$$

ou ce qui revient au même une réaction verticale $-Q$ et un couple résistant $(F, -F)$, couple dirigé dans le sens de la flèche et tenant lieu d'encastrement.

Nous verrons que, dans la section d'encastrement, il y a un moment fléchissant non nul pour équilibrer le couple (F, —F). Lorsque la poutre repose sur deux appuis, nous avons vu que le moment fléchissant est au contraire toujours nul aux points d'appui.

93. Premier cas. — La poutre ne supporte qu'une charge uniformément répartie.

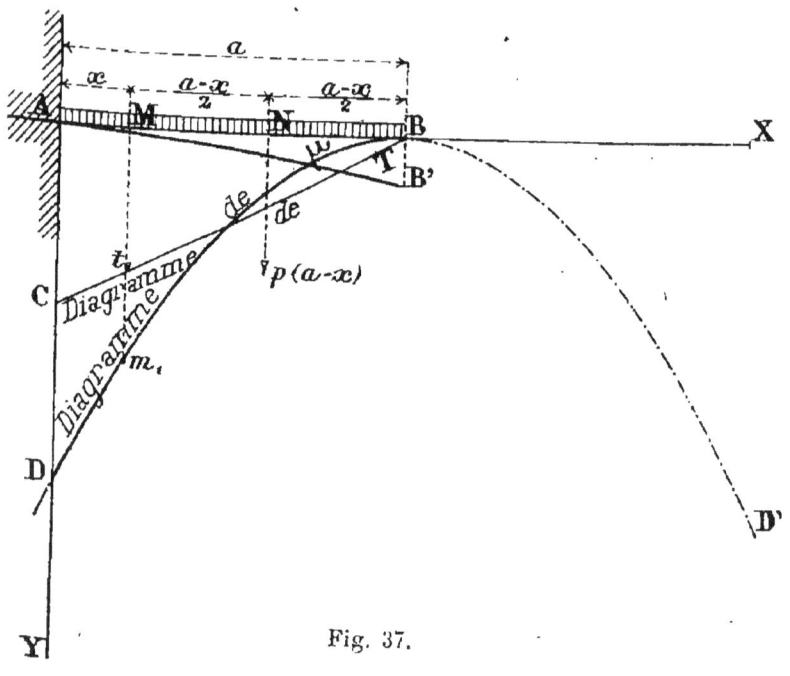

Fig. 37.

Soit a la portée d'une poutre (fig. 37) réduite à sa fibre moyenne ou neutre AB, encastrée à l'une de ses extrémités A et libre à l'autre B; nous supposons qu'elle supporte sur toute sa longueur un poids uniformément réparti p par mètre courant.

Sous l'action de la charge totale pa, la fibre moyenne fléchit et prend une forme courbe AB', sauf la partie encastrée qui reste horizontale.

Prenons pour axe des x l'horizontale AX et pour axe

des y la verticale AY, et cherchons T et μ dans une section quelconque M d'abscisse x.

L'effort tranchant en M est la projection sur AY de toutes les forces extérieures situées à droite de la section M, lesquelles forces se réduisent dans le cas actuel à la charge $p(a-x)$, qui peut être considérée comme appliquée au milieu N du tronçon MB :

$$T = p(a-x)$$

— Si l'on fait varier x de o à a, on voit que T reste toujours positif : il est maximum et égal à pa dans la section d'encastrement A ; il est nul à l'extrémité libre B ; son diagramme est l'oblique CB, en prenant $AC = pa$.

Le moment fléchissant en M est le moment de la charge $p(a-x)$ par rapport au point M :

$$\mu = p(a-x) \times \frac{a-x}{2}$$
$$= \frac{p(a-x)^2}{2}$$

Le moment fléchissant reste toujours positif, lorsque x varie de o à a ; il est maximum en A et il est nul en B.

La valeur maxima de μ est

$$\mu_m = \frac{pa^2}{2}$$
$$= AD$$

Le diagramme de μ est une branche de parabole DB, dont l'axe est la verticale passant par B et qui est tangente en B à AX. L'autre branche BD' de cette parabole ne fait point partie du diagramme ; nous ne l'avons tracée sur la figure qu'à titre d'indication.

La section d'encastrement A est la section dangereuse à la fois pour T et μ ; la section libre B est neutre, à la fois également, pour T et μ.

Pour une poutre en porte-à-faux, la flèche de la courbe AB' affectée par la fibre moyenne après flexion est l'ordonnée BB' à l'extrémité libre ; dans le cas qui nous occupe, elle est donnée par la formule

$$f = \frac{pa^4}{8EI} .$$

94. Deuxième cas. — La poutre est seulement soumise à son extrémité libre à un poids distinct ; on néglige le

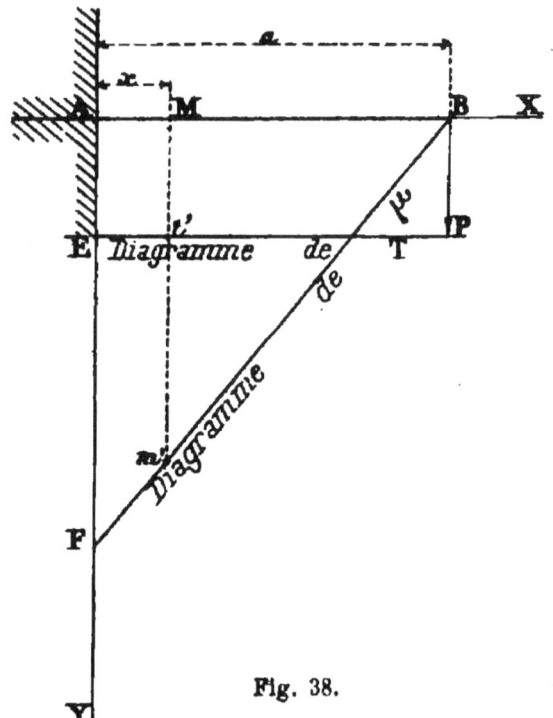

Fig. 38.

poids propre de la poutre. — Si l'on désigne par P le poids appliqué à l'extrémité libre B (fig. 38), on a dans une section quelconque M

$$T = P$$
$$\mu = P(a - x)$$

L'effort tranchant est constant et positif; son diagramme est le parallèle EP à l'axe des x.

Le moment fléchissant est toujours positif; il est maximum en A et nul en B; il a pour diagramme l'oblique FB. La valeur maxima de μ est

$$\mu_m = Pa$$
$$= AF$$

La flèche à l'extrémité B

$$f = \frac{Pa^3}{3EI}$$

95. Troisième cas. — La poutre supporte sur toute sa longueur une charge uniformément répartie et est soumise à son extrémité libre à un poids distinct. — Nous n'avons qu'à opérer la *superposition des effets des forces*, en ajoutant les résultats trouvés dans les deux premiers cas.

L'effort tranchant total en un point M (fig. 39) d'abscisse x est

$$T = p(a - x) + P$$

Son diagramme est figuré par la droite KP parallèle à l'oblique CB :

$$MT_1 = T$$
$$= Mt_1 + Mt'$$

Le maximum de T a lieu pour $x = 0$, et il est égal à $T_m = P + pa$; son minimum, qui correspond à $x = a$, est égal à P.

Le moment fléchissant total dans la section M est

$$\mu = \frac{p(a-x)^2}{2} + P(a-x)$$
$$= (a-x)\left[\frac{p}{2}(a-x) + P\right]$$

FLEXION PLANE

Le maximum de μ a lieu pour $x = 0$ et est égal à

$$\mu_m = a\left(\frac{pa}{2} + P\right)$$

Il est aisé de voir que la charge uniformément répartie

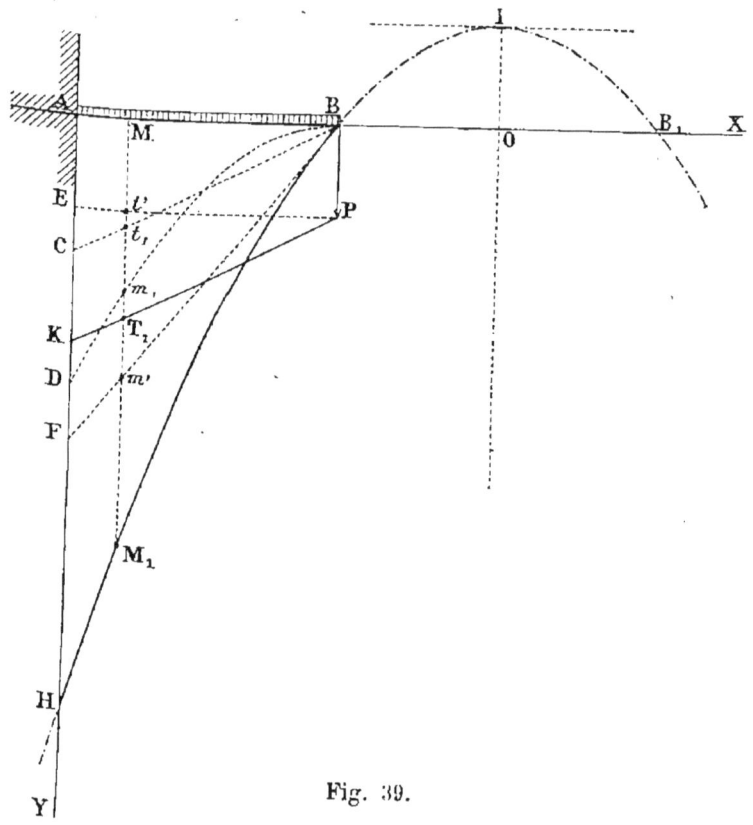

Fig. 39.

joue le même rôle, par rapport à μ, que si sa moitié était concentrée à son extrémité libre.

Le minimum de μ a lieu pour $x = a$; il est nul.

La section d'encastrement est la section dangereuse pour T et μ à la fois.

La section libre est neutre pour μ; elle correspond au minimum de T.

Le diagramme des moments fléchissants totaux est l'arc de parabole HB, pour lequel

$$AH = \mu_m$$
$$= AD + AF$$
$$MM_1 = Mm_1 + Mm'$$

Cette parabole n'est pas tangente en B à l'axe des x; si l'on veut avoir son deuxième point d'intersection B_1 avec ledit axe, il suffit d'égaler à 0 le second facteur de l'expression $\mu = (a-x)\left[\dfrac{p}{2}(a-x) + P\right]$:

$$\frac{p}{2}(a-x) + P = 0$$

On en déduit $\quad AB_1 = a + \dfrac{2P}{p}$

L'axe de la parabole est vertical et il coupe AX au milieu O de BB' :

$$AO = \frac{AB + AB_1}{2}$$
$$= \frac{a + \left(a + \dfrac{2P}{p}\right)}{2}$$
$$= a + \frac{P}{p}$$

En remplaçant, dans l'expression de μ, x par cette valeur de AO, on a l'ordonnée du sommet I :

$$OI = \left[a - \left(a + \frac{P}{p}\right)\right]\left[\frac{p}{2}\left(a - \left(a + \frac{P}{p}\right)\right) + P\right]$$
$$= -\frac{P^2}{2p}$$

Il est bien évident que la portion de parabole BIB_1 n'appartient pas au diagramme de μ ; les derniers calculs que nous venons de donner n'ont pour but que de servir au tracé de la parabole.

La flèche de la fibre moyenne fléchie est

$$f = \frac{pa^4}{8EI} + \frac{Pa^3}{3EI}$$

$$= \left(\frac{3}{8}pa + P\right)\frac{a^3}{3EI}$$

Au point de vue de la flèche, la charge uniformément répartie produit donc le même effet que si ses 3/8 étaient concentrés à son extrémité libre. Ce résultat a été trouvé exactement par *Charles Dupin* dans une de ses expériences.

96. Avantage d'un encastrement profond. — Si l'on ne tient compte que de la charge distincte P, ce que l'on peut

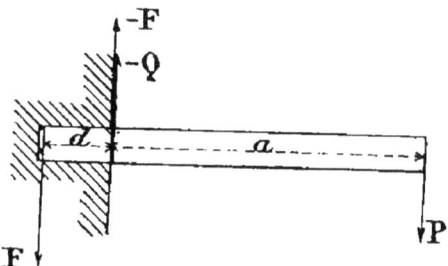

Fig. 40.

faire, en général, lorsque la charge uniformément répartie se réduit au poids propre de la poutre, le moment fléchissant dans la section d'encastrement est (94)

$$\mu = Pa$$

Or nous avons vu (92) que l'encastrement correspond à un couple $(F, -F)$ et à une réaction verticale $-Q$.

Dans la section d'encastrement µ est donc tenu en équilibre par le couple (F, — F).

En désignant par d la profondeur de l'encastrement, laquelle est sensiblement égale au bras du couple, on devra par suite avoir :

$$Pa = Fd$$
$$F = \frac{Pa}{d}$$

Il est aisé de reconnaître que F est d'autant plus faible que d est plus grand.

Par conséquent, afin que le massif de maçonnerie résiste bien, on a intérêt à faire le scellement aussi profond que possible : il supporte alors un effort moindre.

c. — *Poutre droite encastrée à ses deux extrémités.*

97. Cas général. — La poutre est soumise sur toute sa longueur à une charge uniformément répartie et supporte une charge distincte en un point quelconque. — Désignons, comme précédemment, par a la portée AB de la poutre (fig. 41), par p la charge uniforme par mètre courant, par P la charge distincte appliquée en un point quelconque L de la poutre, par l et l' les distances du point L aux sections d'encastrement.

L'encastrement en A est représenté par un moment μ_A dirigé dans le sens de la flèche indiquée sur la figure, et par une réaction verticale négative Q_A (92) ; le moment d'encastrement μ_A est négatif d'après les conventions faites (10).

L'encastrement en B équivaut à un moment positif μ_B et à une réaction verticale négative Q_B.

Pour déterminer ces quatre quantités, il est nécessaire de recourir au calcul analytique ; nous nous contenterons d'en donner les résultats :

$$Q_A = -\left(\frac{pa}{2} + \frac{Pl'^2(l'+3l)}{a^3}\right) \quad \mu_A = -\left(\frac{pa^2}{12} + \frac{Pl'^2l}{a^2}\right)$$

$$Q_B = -\left(\frac{pa}{2} + \frac{Pl^2(l+3l')}{a^3}\right) \quad \mu_B = +\left(\frac{pa^2}{12} + \frac{Pl^2l'}{a^2}\right)$$

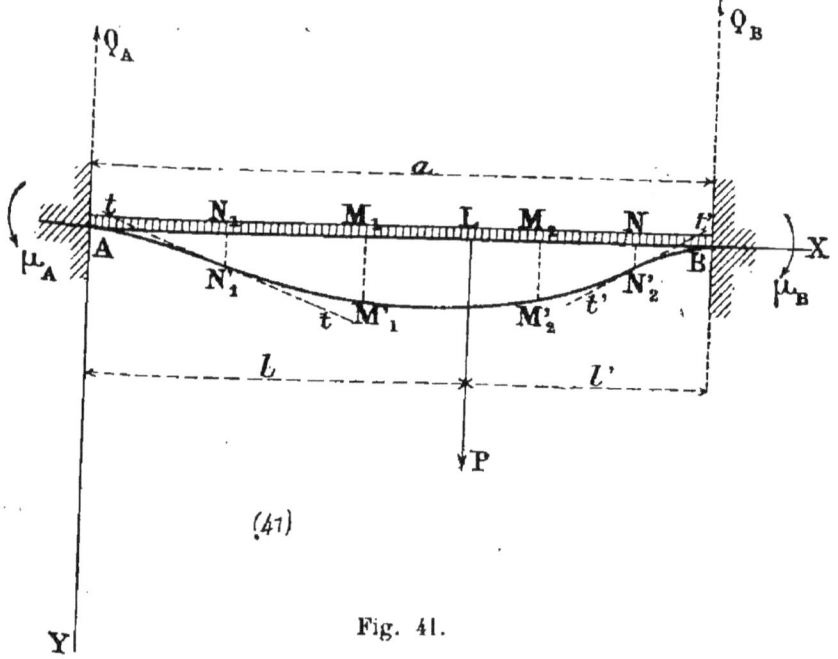

Fig. 41.

L'effort tranchant en un point M_1 compris dans le premier tronçon AL.

$$T_1 = p(a-x) + P + Q_B$$

On remarquera que le couple d'encastrement μ_B n'entre pas dans cette expression, car les projections des deux forces qui le composent, se détruisent, attendu qu'elles sont égales, parallèles et de sens contraire.

Le moment fléchissant au point considéré

$$\mu_1 = p(a-x)\frac{a-x}{2} + P(l-x) + \mu_{\shortparallel} + Q_{\shortparallel}(a-x)$$
$$= \frac{p}{2}(a-x)^2 + P(l-x) + \mu_{\shortparallel} + Q_{\shortparallel}(a-x)$$

Pour un point M_2 du deuxième tronçon LB, on a

$$T_2 = p(a-x) + Q_{\shortparallel}$$
$$\mu_2 = \frac{p}{2}(a-x)^2 + \mu_{\shortparallel} + Q_{\shortparallel}(a-x)$$

La courbe $AN'_1M'_1M'_2N'_2B$, affectée par la fibre moyenne ou neutre fléchie, présente en N'_1 et N'_2 des points d'inflexion ; en d'autres termes, les deux tronçons de courbe $A_1N'_1$ et $N'_1M'_1$ ont la même tangente tt en N'_1, mais ils sont situés de part et d'autre de cette tangente ; il en est de même des deux tronçons $M'_2N'_2$ et N'_2B. Ces points d'inflexion N'_1 et N'_2 correspondent à $\mu = 0$.

98. Premier cas particulier. — La charge uniformément répartie pa existe seule (fig. 42) — Il suffit de faire dans les formules générales précédentes (97) $P = 0$. On a alors

$$Q_A = Q_{\shortparallel} = -\frac{pa}{2}$$
$$-\mu_A = \mu_{\shortparallel} = \frac{pa^2}{12}$$
$$T = p(a-x) - \frac{pa}{2}$$
$$= p\left(\frac{a}{2} - x\right)$$
$$\mu = \frac{p}{2}(a-x)^2 + \frac{pa^2}{12} - \frac{pa}{2}(a-x)$$
$$= \frac{p}{2}\left(x^2 - ax + \frac{a^2}{6}\right)$$

FLEXION PLANE

Les deux racines de l'équation

$$x^2 - ax + \frac{a^2}{6} = 0$$

étant

$$x_1 = a\left(\frac{1}{2} - \sqrt{\frac{1}{12}}\right) = 0{,}211\,a$$

$$x_2 = a\left(\frac{1}{2} + \sqrt{\frac{1}{12}}\right) = 0{,}789\,a$$

on peut écrire $\quad = \mu \dfrac{p}{2}(x - 0{,}211\,a)(x - 0{,}789\,a)$

La formule de l'effort tranchant est identique à celle

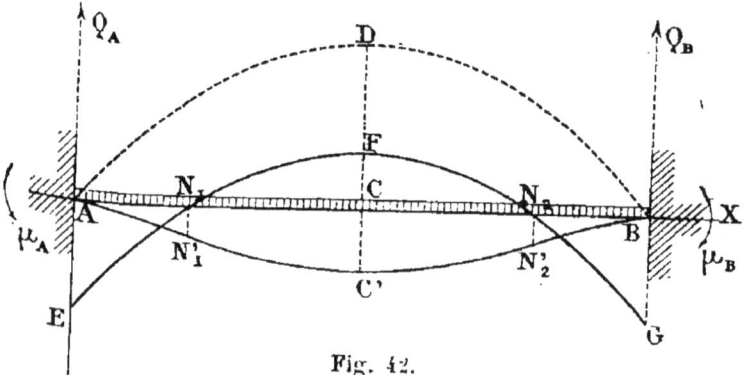

Fig. 42.

trouvée (84), lorsque la poutre repose sur appuis en A et B.

Le tableau ci-dessous donne les valeurs du moment fléchissant dans les sections remarquables :

Valeurs successives de x, ...	0	$0{,}211\,a$	$\dfrac{a}{2}$	$0{,}789\,a$	a
Valeurs correspondantes de μ. . .	$+\dfrac{pa^2}{12}$	0	$-\dfrac{pa^2}{24}$	0	$+\dfrac{pa^2}{12}$

Le maximum réel de μ a lieu dans les sections d'encastrement, et non au milieu de la poutre.

Le diagramme de μ est une parabole EFG dont l'axe est la verticale passant par le milieu C de la poutre. L'ordonnée CF du sommet de la parabole est ce qu'on appelle un *maximum analytique*.

La formule du moment fléchissant

$$\mu = \frac{p}{2}\left(x^2 - ax + \frac{a^2}{6}\right)$$

peut encore être écrite de la manière suivante

$$\mu = \frac{p}{2}(x^2 - ax) + \frac{pa^2}{12}$$
$$= -\frac{p}{2}x(a-x) + \frac{pa^2}{12}$$

Si on la compare à celle obtenue (84) pour une poutre reposant sur deux appuis, $\mu = -\frac{p}{2}x(a-x)$, on voit que dans une même section la différence entre les moments fléchissants, suivant que la poutre est encastrée ou appuyée, est constante et égale à $\frac{pa^2}{12}$; par suite, pour passer du diagramme EFG à celui relatif à la poutre reposant sur deux appuis, il suffit de diminuer les ordonnées de la quantité $\frac{pa^2}{12}$, ce qui élève la parabole en ADB.

Le rapport des moments maxima dans les deux cas considérés est

$$\frac{\frac{pa^2}{12}}{\frac{pa^2}{8}} = \frac{8}{12} = \frac{2}{3}$$

Le double encastrement réduit donc de 1/3 le moment fléchissant maximum.

La flèche de la fibre moyenne se produit dans la section médiane ; elle a pour valeur

$$f = \frac{pa^4}{384 EI}$$

Elle est 5 fois plus faible que celle trouvée (84) pour une poutre simplement posée sur appuis :

$$\frac{5pa^4}{384 EI}$$

La courbe affectée par la fibre moyenne fléchie présente deux points d'inflexions N'_1 et N'_2, correspondant aux points N_1 et N_2 où le diagramme de μ coupe l'axe des x.

D'après le tableau donné plus haut, on a

$$AN_1 = 0,211 a \qquad AN_2 = 0,789 a$$

Les deux points N_1 et N_2 sont symétriques par rapport au milieu C de la poutre.

99. Deuxième cas particulier. — Le poids distinct P agit seul au milieu C de la poutre (fig. 43), et on néglige le poids propre de la poutre. — Il faut faire dans les formules générales (97)

$$l = l' = \frac{a}{2} \qquad \text{et} \qquad p = 0$$

On obtient
$$-\mu_A = \mu_B = \frac{Pa}{8}$$

$$Q_A = Q_B = -\frac{P}{2}$$

$$T_1 = P - \frac{P}{2}$$

$$= \frac{P}{2}$$

NOVAT. — Résist. des matériaux.

$$T_2 = -\frac{P}{2}$$

$$\mu_1 = P\left(\frac{a}{2} - x\right) + \frac{Pa}{8} - \frac{P}{2}(a-x)$$

$$= \frac{P}{2}\left(\frac{a}{4} - x\right)$$

$$\mu_2 = \frac{Pa}{8} - \frac{P}{2}(a-x)$$

$$= \frac{P}{2}\left(x - \frac{3a}{4}\right)$$

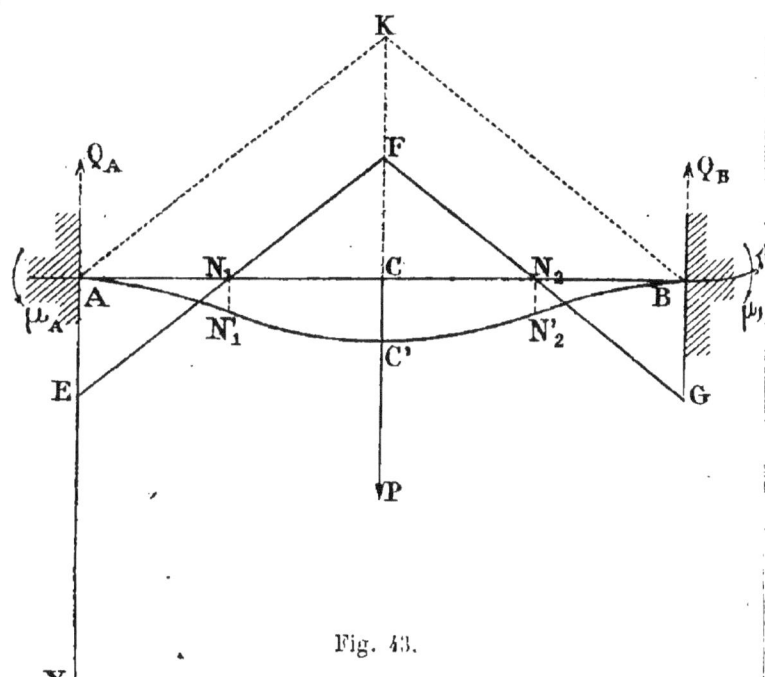

Fig. 43.

Les valeurs de T_1 et T_2 sont identiques à celles trouvées (86), lorsque la poutre repose simplement sur appuis.

Le tableau suivant montre les variations du moment fléchissant :

Valeurs successives de x.	0	$\frac{a}{4}$	$\frac{a}{2}$	$\frac{3a}{4}$	a
Valeurs correspondantes de μ_1	$+\frac{Pa}{8}$	0	$-\frac{Pa}{8}$	»	»
μ_2	»	»	$-\frac{Pa}{8}$	0	$+\frac{Pa}{8}$

Le diagramme de μ se compose de deux droites EF et FG, telles que

$$AE = BG = +\frac{Pa}{8}$$

et

$$CF = -\frac{Pa}{8}$$

La poutre présente trois sections dangereuses : les deux sections d'encastrement et la section médiane.

Si la poutre était posée sur deux appuis, au lieu d'être encastrée, le diagramme de μ serait AKB, en prenant $CK = -\frac{Pa}{4}$: les deux diagrammes sont parallèles et l'encastrement réduit de moitié le moment fléchissant maximum.

En ce qui concerne le moment fléchissant, la poutre encastrée se comporte de N_1 en N_2, comme si elle reposait en ces points sur deux appuis.

La fibre moyenne ou neutre fléchie $AN'_1C'N'_2B$ a deux points d'inflexion N'_1 et N'_2, lesquels correspondent aux points d'intersection N_1 et N_2 du diagramme de μ avec l'axe AX.

La flèche a lieu au milieu de la poutre et est égale à

$$f = \frac{Pa^3}{192\,EI}$$

tandis que pour une poutre simplement appuyée la flèche $f = \frac{Pa^3}{48EI}$; cette dernière est quatre fois plus grande.

Ce qui précède montre que l'encastrement est très avantageux au double point de vue de la résistance et de la déformation.

d. — Poutre droite encastrée à une extrémité et libre à l'autre.

100. Cas général. — Poutre encastrée à une extrémité A, appuyée à l'autre B, supportant une charge uniformément

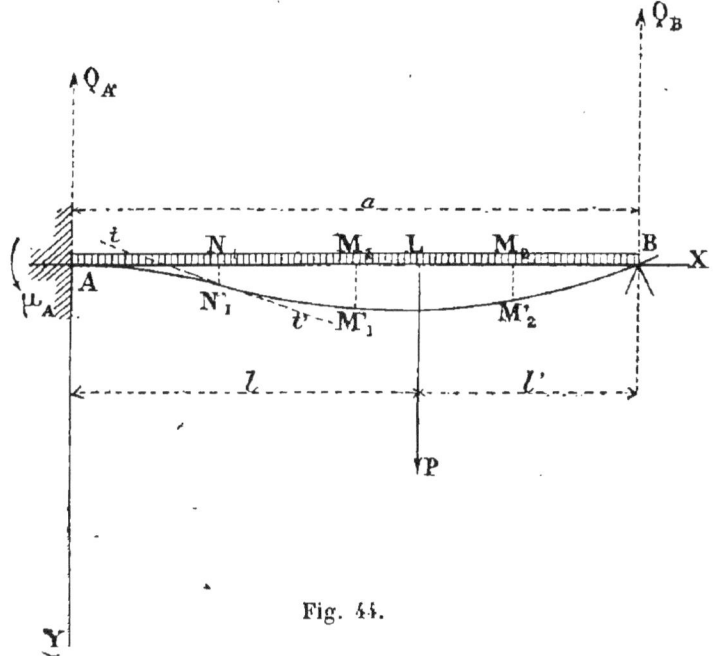

Fig. 44.

répartie pa et un poids distinct P appliqué en un point quelconque L (fig. 44). — L'encastrement en A équivaut à un couple résistant de moment μ_A négatif et à une réaction verticale négative Q_A (92) ; l'appui en B équivaut seulement à une réaction verticale négative Q_B.

La détermination de ces quantités exigeant la connaissance du calcul analytique, nous ne donnerons que les formules auxquelles on arrive :

$$\mu_A = -\left(\frac{pa^2}{8} + \frac{Pll'(l+2l')}{2a^2}\right)$$

$$Q_A = -\left(\frac{5pa}{8} + \frac{Pl'(2a^2+l^2+2ll')}{2a^3}\right)$$

$$Q_B = -\left(\frac{3pa}{8} + \frac{Pl^2(2l+3l')}{2a^3}\right)$$

L'effort tranchant en un point M_1 du premier tronçon AL

$$T_1 = p(a-x) + P + Q_B$$

Celui en un point M_2 du deuxième tronçon LB

$$T_2 = p(a-x) + Q_B$$

Les moments fléchissants en ces mêmes points

$$\mu_1 = p(a-x)\frac{a-x}{2} + P(l-x) + Q_B(a-x)$$
$$= \frac{p(a-x)^2}{2} + P(l-x) + Q_B(a-x)$$

$$\mu_2 = \frac{p(a-x)^2}{2} + Q_B(a-x)$$

Dans la flexion, la fibre moyenne ou neutre ne présente qu'un seul point d'inflexion N'_1, lequel est situé dans le premier tronçon.

101. Premier cas particulier. — La poutre ne supporte qu'une charge uniformément répartie pa (fig. 45). — Il suffit de faire dans les formules générales (100) $P = 0$; il vient alors

$$\mu_A = -\frac{pa^2}{8}$$

$$Q_A = -\frac{5pa}{8}$$

$$Q_B = -\frac{3pa}{8}$$

$$T = p(a-x) - \frac{3pa}{8}$$
$$= p\left(\frac{5a}{8} - x\right)$$

$$\mu = \frac{p(a-x)^2}{2} - \frac{3pa}{8}(a-x)$$
$$= \frac{p}{2}(a-x)\left(\frac{a}{4} - x\right)$$

Le tableau ci-après donne les valeurs de T et de μ dans les sections remarquables :

Valeurs successives de x	0	$\frac{a}{4}$	$\frac{5a}{8}$	a
Valeurs correspondantes de T	$+\frac{5pa}{8}$	$+\frac{3pa}{8}$	0	$-\frac{3pa}{8}$
μ	$+\frac{pa^2}{8}$	0	$-\frac{9pa^2}{128}$	0

Le diagramme de T est l'oblique A_2B_1 tracée en prenant

$$AA_2 = +\frac{5pa}{8} = -Q_A$$

$$BB_1 = -\frac{3pa}{8} = Q_B$$

La distance du point D où cette droite coupe AX est

$$AD = \frac{5a}{8}$$

FLEXION PLANE

Le diagramme de μ est la parabole EN_1FB, laquelle a pour axe la verticale du point D, milieu de N_1B; les ordonnées de cette parabole en A et D sont

$$AE = +\frac{pa^2}{8}$$

$$DF = -\frac{9pa^2}{8}$$

La section d'encastrement est la section dangereuse à la fois pour l'effort tranchant et le moment fléchissant.

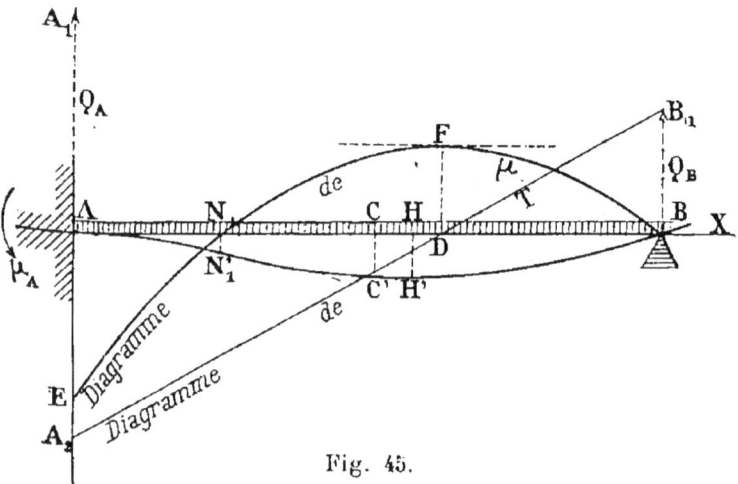

Fig. 45.

Si on compare le cas considéré à celui relatif à une poutre portant sur deux appuis (84), on remarque que l'encastrement à une seule extrémité A a pour effet d'augmenter l'effort tranchant en A et de le diminuer en B; le moment fléchissant maximum est le même en valeur absolue dans les deux cas, soit $\frac{pa^2}{8}$, mais il se manifeste dans des sections différentes.

L'encastrement en A a encore pour effet d'occasionner un point d'inflexion N'_1 dans la courbe $AN'_1H'B$ de la fibre moyenne fléchie et de diminuer de plus de moitié la grandeur de la flèche de cette courbe : la flèche, qui se produit en H un peu avant D ($AH = 0{,}5785\,a$), a pour valeur

$$f = \frac{pa^4}{184\,EI} = 0{,}00542\,\frac{pa^4}{EI}$$

tandis que, pour une poutre sur deux appuis, elle est

$$f = \frac{5pa^4}{384\,EI} = 0{,}01300\,\frac{pa^4}{EI}$$

102. Deuxième cas particulier. — La poutre ne supporte qu'un poids distinct P appliqué au milieu C de la poutre

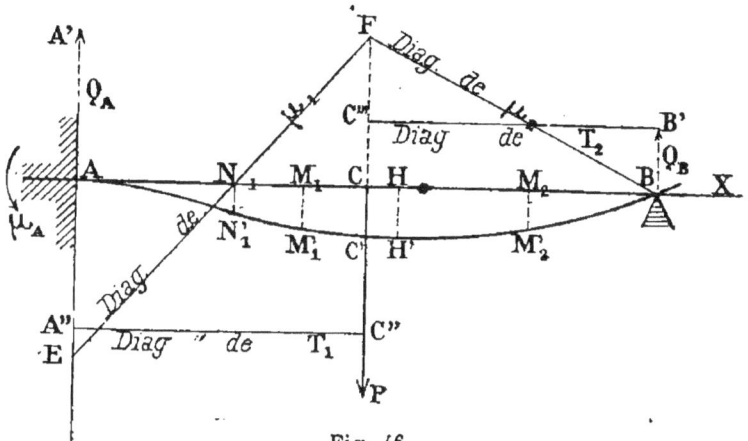

Fig. 46.

(fig. 46) ; on néglige le poids propre de la poutre. — Il convient de faire dans les formules générales (100)

$$p = 0 \quad \text{et} \quad l = l' = \frac{a}{2}$$

ce qui donne pour A et B :

$$\mu_A = -\frac{3Pa}{16}$$
$$Q_A = -\frac{11}{16}P$$
$$Q_B = -\frac{5}{16}P$$

et pour des points M_1 et M_2 compris, l'un dans la première, l'autre dans la seconde moitié de la poutre :

$$T_1 = P - \frac{5}{16}P \qquad \mu_1 = P\left(\frac{a}{2} - x\right) - \frac{5}{16}P(a-x)$$
$$= \frac{11}{16}P \qquad\qquad = \frac{P}{16}(8a - 16x - 5a + 5x)$$
$$= -Q_A \qquad\qquad = \frac{P}{16}(3a - 11x)$$
$$T_2 = Q_B$$
$$= -\frac{5}{16}P \qquad\qquad \mu_2 = -\frac{5P}{16}(a - x)$$

L'effort tranchant est constant de A en C ; il en est de même de C en B : le diagramme de cet effort se compose, par suite, de deux parallèles $A''C''$ et $C'''B'$ à l'axe des x.

Les variations du moment fléchissant sont contenues dans le tableau qui suit :

Valeurs successives de x . .	0	$\frac{3a}{11}$	$\frac{a}{2}$	a
Valeurs correspondantes de . . . . μ_1	$+\frac{3Pa}{16}$	0	$-\frac{5Pa}{32}$	»
μ_2	»	»	$-\frac{5Pa}{32}$	0

Le maximum de μ a lieu dans la section d'encastrement ; son diagramme comprend les deux droites EF et FB ; la première coupe l'axe des x en un point N_1 situé à une distance du point A égale à $AN_1 = \dfrac{3a}{11}$.

La comparaison du présent cas à celui d'une poutre reposant sur deux appuis (85) montre que l'encastrement en A a pour effet d'augmenter l'effort tranchant dans le premier tronçon de la poutre et de le diminuer dans l'autre.

L'encastrement en A réduit le moment fléchissant en chaque point; le rapport des deux moments maxima, qui ont lieu dans des sections différentes, est égal à

$$\dfrac{\dfrac{3Pa}{16}}{\dfrac{Pa}{4}} = \dfrac{6}{8}$$

La courbe affectée par la fibre moyenne ou neutre fléchie présente un point d'inflexion en N'_1; la flèche a lieu en un point H du deuxième tronçon, situé à une distance de A égal à

$$AH = a\,\dfrac{\sqrt{5}-1}{\sqrt{5}} = 0{,}5528\,a$$

Elle est donnée par la formule

$$f = \dfrac{Pa^3}{48\sqrt{5}\,EI}$$

tandis que $f = \dfrac{Pa^3}{48\,EI}$ pour une poutre sur deux appuis.

L'encastrement en A réduit donc la flèche de plus de moitié.

§ 4. — Détermination de la section transversale d'une poutre

103. Base du calcul d'une poutre. — Le but pratique de tous les problèmes précédents est d'arriver à déterminer avec sécurité et économie les dimensions de la section transversale d'une pièce prismatique soumise à des forces perpendiculaires à sa longueur.

Dans ce qui va suivre, nous supposerons que la pièce prismatique a une section constante.

Puisqu'il s'agit d'efforts transversaux, la tension ou le travail de la matière par unité de surface en un point quelconque du prisme est donné par la formule (68) :

$$R = \frac{v\mu}{I} = \frac{\mu}{\frac{I}{v}}$$

v étant la distance du point considéré à la ligne moyenne, laquelle se confond ici avec la ligne neutre.

Si R représente la charge pratique qui ne doit pas être dépassée, le profil constant du prisme doit satisfaire, en chaque point, à la condition

$$\frac{\mu}{\frac{I}{v}} \leq R$$

Par raison de sécurité, il importe de faire le calcul dans la section la plus fatiguée et pour la fibre la plus fatiguée.

Il faudra donc, dans la condition précitée, remplacer μ par sa valeur maxima, ainsi que v.

La valeur maxima μ_m du moment fléchissant sera obtenue au moyen des calculs ou des constructions développées dans le paragraphe précédent.

La valeur maxima de v, que nous avons désignée par n (68), est la distance de la fibre la plus éloignée de la fibre moyenne à celle-ci ; elle dépend de la forme de la section de la poutre.

En résumé, la sécurité exige que l'on calcule la section transversale de façon à satisfaire à la condition

$$\frac{\mu_m}{\dfrac{\mathrm{I}}{n}} \leq \mathrm{R}$$

et l'économie veut qu'on se rapproche le plus possible de l'égalité

$$\frac{\mu_m}{\dfrac{\mathrm{I}}{n}} = \mathrm{R} \qquad \text{ou} \quad \frac{\mathrm{I}}{n} = \frac{\mu_m}{\mathrm{R}}$$

Nous allons indiquer comment on procède au calcul dont il s'agit pour les deux formes de section les plus fréquemment employées dans les constructions, savoir : 1° la section rectangulaire ; 2° la section ou profil double T.

Dans la deuxième partie du cours, nous aurons l'occasion de faire quelques calculs de ce genre, ce qui nous dispensera de développer présentement des exemples numériques.

104. Calcul d'une poutre à section rectangulaire. — La section rectangulaire est la forme ordinairement adoptée pour les pièces de charpente en bois. — Désignons par h et b les dimensions du rectangle (fig. 47) et posons, afin de n'avoir qu'une inconnue,

$$b = kh \qquad \text{ou} \qquad k = \frac{b}{h}$$

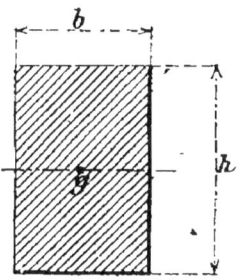

Fig. 47.

le rapport k est une constante que l'on déduit de la pratique ou de considérations particulières.

Le module de la section (75)

$$\frac{I}{n} = \frac{bh^2}{6} = \frac{kh^3}{6}$$

D'après ce qui a été dit à l'article précédent, on doit avoir

$$\frac{kh^3}{6} = \frac{\mu_m}{R}$$

d'où on tire

$$h = \sqrt[3]{\frac{6\mu_m}{kR}}$$

Pour les poutres de plancher, on prend $k > \frac{1}{2}$; la valeur en quelque sorte consacrée par l'usage est

$$k = \frac{1}{\sqrt{2}} = \frac{5}{7} = 0{,}7$$

En ce qui concerne les solives, k varie suivant les pays : à Paris, on adopte la même valeur que pour les poutres ; à Lyon, on admet une valeur plus faible, soit

$$k = \frac{1}{2} = 0{,}5 \text{ pour les solives maîtresses ou chevêtres}$$

et on descend même jusqu'à

$$k = \frac{1}{4} = 0{,}25 \text{ pour les solives courantes.}$$

Il y a évidemment économie à diminuer le plus possible la largeur b des solives (80), mais il faut alors avoir soin d'étrésillonner le plancher pour empêcher le déversement des solives.

105. Calcul d'une poutre à section double T, avec semelles égales. — Le profil double T à semelles égales est le plus employé dans les constructions en fer.

Suivant le cas, le calcul s'effectue à l'aide de l'une ou de l'autre des deux méthodes suivantes.

Première méthode : calcul direct. — Le module de la section ci-contre (fig. 48) est (76)

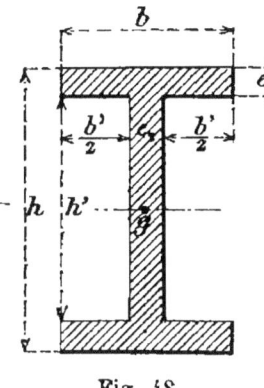

Fig. 48

$$\frac{I}{n} = \frac{bh^3 - b'h'^3}{6h}$$

Pour n'avoir qu'une inconnue, h par exemple, nous établirons, en examinant les poutres existantes qui se sont bien comportées, les rapports

$$k = \frac{b}{h} \qquad k_1 = \frac{c_1}{h} \qquad k_2 = \frac{c_2}{h}$$

ce qui nous donnera :

$$b = kh$$
$$b' = b - e_2 = h(k - k_2)$$
$$h' = h - 2c_1 = h(1 - 2k_1)$$

En portant ces valeurs de b, b' et h' dans l'expression du module de la section, nous obtiendrons

$$\frac{I}{n} = \frac{kh^4 - h(k - k_2) \times h^3(1 - 2k_1)^3}{6h}$$
$$= \frac{h^3[k - (k - k_2)(1 - 2k_1)^3]}{6}$$

et en posant $\qquad k - (k - k_2)(1 - 2k_1)^3 = m$

nous aurons $\qquad \dfrac{I}{n} = \dfrac{mh^3}{6} = \dfrac{\mu_m}{R}$

Nous en déduirons $\qquad h = \sqrt[3]{\dfrac{6\mu_m}{mR}}$

Quelquefois la hauteur h et la largeur b sont imposées

par des considérations particulières; les inconnues à déterminer sont alors e_1 et e_2.

En écrivant le module de la section sous la forme

$$\frac{I}{n} = \frac{bh^3 - (b - e_2)(h - 2e_1)^3}{6h} = \frac{\mu_m}{R}$$

on en tire
$$(b - e_2)(h - 2e_1)^3 = bh^3 - \frac{6h\mu_m}{R}$$
$$= \frac{h(Rbh^2 - 6\mu_m)}{R}$$

On se donnera e_1 ou e_2 et on résoudra l'équation par rapport au facteur $b - e_2$ ou par rapport à celui $h - 2e_1$; si le résultat n'est pas admissible, on recommencera en se donnant une autre valeur pour e_1 ou e_2

Deuxième méthode : calcul à l'aide des tables contenues dans les albums des fers et aciers. — Lorsqu'on s'adresse à une usine pour en obtenir exactement la poutre calculée, elle la fait payer très cher, si elle ne possède pas le modèle qu'on lui demande et s'il lui faut modifier son outillage. On a donc intérêt à choisir la poutre, en faisant une petite erreur par excès, parmi celles fabriquées couramment.

Chaque usine a un album contenant des tables qui donnent les modules des sections $\frac{I}{n}$ des poutres qu'elle fabrique.

Pour faire usage de ces tables, il suffit de calculer $\frac{\mu_m}{R}$ et de chercher dans l'album la valeur de $\frac{I}{n}$ qui se rapproche le plus de la quantité calculée, tout en lui étant supérieure.

Les albums de certaines usines donnent en regard de $\frac{I}{n}$ les charges totales uniformément réparties que peut supporter chaque profil de poutre pour des portées différentes et suivant qu'on fait R = 6 kg., 8 kg. ou 10 kg.; cela dispense de calculer $\frac{\mu_m}{R}$. Lorsque, ainsi qu'il est fait ordinairement, le poids propre de la poutre a été négligé dans les calculs qui ont servi à l'établissement des tables dont il s'agit, il faut le retrancher de la charge donnée pour avoir la charge effective que la poutre peut porter.

Ces albums indiquent aussi les dimensions de la section de la poutre et le poids p par mètre courant. L'aire ω de la section, qu'il est souvent utile de connaître, se déduit du poids p en le divisant par le poids spécifique du fer :

$$\omega = \frac{p}{7800}$$

Cette formule donne ω en fraction de mètres carrés; pour l'avoir en millimètres carrés, il faut multiplier le quotient par 10^6 ou 1 million.

Pour les poutres de pont, on adopte ordinairement pour leur hauteur une valeur comprise entre le 1/10 et le 1/15 de la portée.

Dans les combles, les fers de grande hauteur conviennent aussi.

Dans les planchers, tout en conservant $h > b$, il importe d'attribuer aux tables ou semelles une plus grande largeur relative; on peut descendre pour h jusqu'au 1/25 ou 0,04 de la portée.

§ 5. — FORMULES RELATIVES A UNE POUTRE DROITE REPOSANT SUR UN NOMBRE QUELCONQUE D'APPUIS ET CHARGÉE DANS CHAQUE TRAVÉE D'UN POIDS UNIFORMÉMENT RÉPARTI, MAIS DIFFÉRENT D'UNE TRAVÉE A L'AUTRE.

106. Notations et hypothèses. — Considérons une pièce prismatique reposant sur un nombre $n+1$ d'appuis,

FLEXION PLANE

c'est-à-dire une poutre à n travées; représentons (fig. 49) cette pièce par sa fibre moyenne $A_0 A_n$ et les appuis par les points $A_0, A_1, A_2 \ldots A_{k-1}, A_k, A_{k+1} \ldots A_{n-1} A_n$.

Les formules, que nous allons donner, sans démonstration, supposent :

1° Que la poutre est homogène et par suite que le coefficient d'élasticité E est constant;

2° Que la poutre présente partout la même section et par suite que le moment d'inertie I est constant;

3° Que les appuis sont tous sur une même ligne droite horizontale (si les appuis étaient sur une ligne droite inclinée, on aurait des formules analogues);

4° Que la poutre ne supporte, dans toutes les travées, que des charges uniformément réparties, dont la grandeur peut varier d'une travée à une autre.

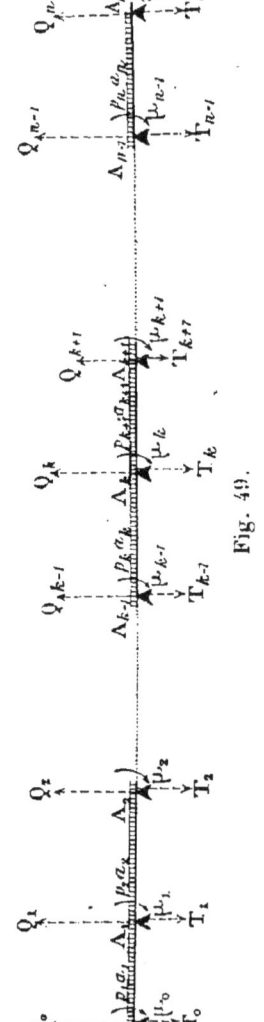

Fig. 49.

Nous désignerons :

1° Par $a_1, a_2 \ldots a_k, a_{k+1} \ldots a_n \ldots$, les distances entre les appuis;

2° Par $p_1, p_2 \ldots p_k, p_{k+1} \ldots p_n$, les charges uniformément réparties dans chaque travée;

3° Par $Q_0, Q_1, Q_2, \ldots Q_{k-1}, Q_k, Q_{k+1} \ldots Q_{n-1}, Q_n$, les réactions des appuis;

4° Par $\mu_0, \mu_1, \mu_2, \ldots \mu_{k-1}, \mu_k, \mu_{k+1}, \ldots \mu_{n-1}, \mu_n$, les moments fléchissants aux appuis par rapport à la droite des sections ;

5° Par T_0, T_1, T_2,..... T_{k-1}, T_k. T_{k+1},..... T_{n-1}, T_n les efforts tranchants aux appuis par rapport, également, à la droite des sections ;

6° Par μ et T, le moment fléchissant et l'effort tranchant dans une section quelconque de la poutre.

107. Marche du calcul. — Pour calculer une poutre remplissant les conditions sus-mentionnées, on procède de la manière suivante :

1° On détermine tout d'abord les moments fléchissants aux appuis ;

2° On passe ensuite à la détermination des efforts tranchants aux appuis ;

3° On peut alors calculer le moment fléchissant et l'effort tranchant dans chaque section, ce qui permet de construire les diagrammes des moments fléchissants et des efforts tranchants, dont on déduit les dimensions transversales de la poutre ;

4° Enfin on détermine les réactions des appuis, afin de calculer les dimensions des supports.

108. Moments fléchissants aux appuis : *formule de Clapeyron et théorème des trois moments.* — Les moments fléchissants aux appuis se calculent à l'aide de la formule de Clapeyron, laquelle établit une relation entre les trois moments fléchissants μ_{k-1}, μ_k et μ_{k+1} relatifs aux appuis A_{k-1}, A_k et A_{k+1} de deux travées consécutives (fig. 49). La voici :

$$4a_k\mu_{k-1} + 8(a_k + a_{k+1})\mu_k + 4a_{k+1}\mu_{k+1} = p_k a_k^3 + p_{k+1} a_{k+1}^3$$

En faisant varier k depuis 1 jusqu'à n, on aura $n-1$

équations du premier degré entre les $n+1$ moments fléchissants qui s'exercent autour et à droite des appuis.

Comme il n'y a aucune force avant A_0 et aucune après A_n, les moments fléchissants autour des appuis extrêmes sont nuls
$$\mu_0 = \mu_n = 0$$

Les $n-1$ équations déduites de la formule de Clapeyron permettent donc de déterminer les $n-1$ moments fléchissants autour des appuis intermédiaires.

Théorème des trois moments. — Dans le cas particulier où les travées sont égales et également chargées, c'est-à-dire lorsque
$$a_k = a_{k+1} = a \quad \text{et} \quad p_k = p_{k+1} = p$$
la formule de Clapeyron se réduit à
$$4a\mu_{k-1} + 16a\mu_k + 4a\mu_{k+1} = 2pa^3$$
ou
$$\mu_{k-1} + 4\mu_k + \mu_{k+1} = \frac{1}{2} pa^2$$

On donne à cette dernière formule le nom de théorème des trois moments et on la traduit ainsi qu'il suit : *la somme des moments extrêmes de deux travées consécutives, plus quatre fois le moment intermédiaire, équivaut au moment de la charge d'une travée par rapport à l'extrémité de la travée.*

109. Efforts tranchants aux appuis. — Les efforts tranchants aux appuis s'obtiennent au moyen de la formule
$$\mu_k = \mu_{k-1} - T_{k-1} a_k + \frac{1}{2} p_k a_k^2$$
laquelle exprime la relation qui existe entre l'effort tranchant T_{k-1} s'exerçant à droite du premier appui A_{k-1} d'une

travée quelconque de rang k et les moments fléchissants s'exerçant autour et à droite des deux appuis de ladite travée.

En faisant varier l'indice k de 1 à n, nous aurons n équations du premier degré, qui nous donneront les n efforts tranchants suivants

$$T_0 \;, T_1 \;, T_2 \ldots \ldots T_{n-1}$$

Il resterait à déterminer T_n, mais T_n est nul, car il n'y a aucun effort à droite de l'appui extrême A :

$$T_n = 0$$

110. Moment fléchissant et effort tranchant dans une section quelconque. — Les formules qui permettent d'avoir

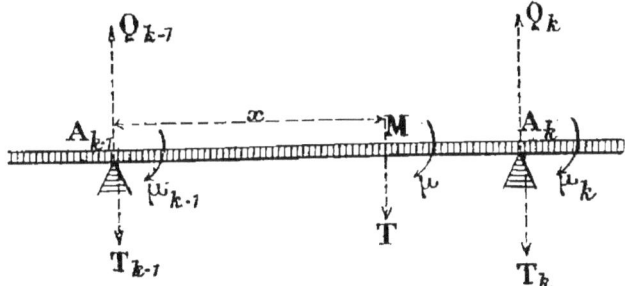

Fig. 50.

le moment fléchissant et l'effort tranchant en un point quelconque M (fig. 50) d'une travée quelconque de rang k sont

$$\mu = \mu_{k-1} - T_{k-1}x + \frac{1}{2} p_k x^2$$
$$T = T_{k-1} - p_k x$$

l'origine des x étant toujours l'extrémité gauche A_{k-1} de la travée considérée.

111. Réactions des appuis. — Dans la première section, tout près et à droite de A_0, on a un effort tranchant T_0. Pour l'équilibre de cette section, il faut que

(1) $$Q_0 = -T_0$$

Les réactions des autres appuis s'obtiendront en faisant varier k depuis 1 jusqu'à n dans la formule

(α) $$Q_k = T_{k-1} - T_k - p_k a_k$$

En opérant ainsi, nous aurons

pour $k=1$ (2) $Q_1 = T_0 - T_1 - p_1 a_1$
pour $k=2$ (3) $Q_2 = T_1 - T_2 - p_2 a_2$
pour $k=n-1$ (n) $Q_{n-1} = T_{n-2} - T_{n-1} - p_{n-1} a_{n-1}$
pour $k=n$ ($n+1$) $Q_n = T_{n-1} - T_n - p_n a_n = T_{n-1} - p_n a_n$
  car $T_n = 0$

Si l'on additionne toutes les équations (1), (2), (3), ... (n), ($n+1$), membre à membre, il vient

$$Q_0 + Q_1 + Q_2 + \ldots + Q_{n-1} + Q_n = -(p_1 a_1 + p_2 a_2 + \ldots + p_{n-1} a_{n-1} + p_n a_n)$$

Cette égalité montre que l'ensemble des réactions des appuis est égal, en valeur absolue, à la somme des charges uniformément réparties que supporte la poutre.

Autre expression de Q_k. — Dans la formule de l'effort tranchant T en un point quelconque M de la k^e travée (110)

$$T = T_{k-1} - p_k x$$

Faisons $x = a_k$: nous obtiendrons ainsi l'effort tranchant T'_k à gauche de l'appui A_k, soit

$$T'_k = T_{k-1} - p_k a_k$$

9.

Nous en déduirons $T_{k-1} = T'_k + p_k a_k$.

En transportant cette valeur de T_{k-1} dans la formule (α), nous aurons la nouvelle formule

(β) $\quad Q_k = T'_k + p_k a_k - T_k - p_k a_k$
$\quad\quad\quad = T'_k - T_k$

Elle montre que la réaction d'un appui est égale à la différence des efforts tranchants qui s'exercent à gauche et à droite de cet appui, ou plutôt à la somme de leurs valeurs absolues, car ces deux efforts sont de signes contraires.

On peut calculer les réactions des appuis, soit à l'aide de la formule (α), soit au moyen de la formule (β).

§ 6. — Application des formules précédentes au cas d'une poutre droite a deux travées égales

112. Notations et hypothèses. — Nous allons chercher ce que deviennent les formules générales précédentes

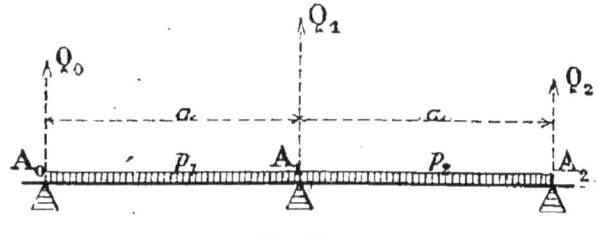

Fig. 51.

(§ 5) et construire les diagrammes des moments fléchissants et des efforts tranchants dans le cas particulier d'une poutre droite reposant sur trois appuis de niveau également espacés et supportant seulement des charges uniformément réparties.

Nous adopterons les mêmes notations que dans le cas général, en remplaçant l'indice k successivement par o, 1 et 2.

Soit donc A_0, A_1 et A_2 les trois appuis (fig. 51), a_1 et a_2 les distances entre eux, p_1 la charge uniformément répartie par mètre courant sur toute la longueur de la première travée, p_2 celle de la deuxième travée.

Les travées étant égales, nous poserons
$$a_1 = a_2 = a$$

113. Moments fléchissants aux appuis. — Nous savons (108) que les moments fléchissants autour des appuis extrêmes sont nuls :
$$\mu_0 = \mu_2 = 0$$

Pour avoir le moment fléchissant autour de l'appui intermédiaire, il suffit de faire dans la formule de Clapeyron (108) $k = 1$:
$$4a_1\mu_0 + 8(a_1 + a_2)\mu_1 + 4a_2\mu_2 = p_1 a_1^3 + p_2 a_2^3$$

Comme $a_1 = a_2 = a$ et $\mu_0 = \mu_2 = 0$, cette formule devient
$$16 a \mu_1 = (p_1 + p_2)a^3$$

On en tire
$$\mu_1 = \frac{(p_1 + p_2)a^2}{16}$$

113 bis. Efforts tranchants aux appuis. — En faisant également $k = 1$ dans la formule générale (109), on obtient
$$\mu_1 = \mu_0 - T_0 a_1 + \frac{1}{2} p_1 a_1^2$$

On en déduit, en se rappelant que $\mu_0 = o$ et $a_1 = a$,
$$T_0 = -\frac{\mu_1}{a} + \frac{p_1 a}{2}$$
$$= -\frac{(p_1 + p_2)a}{16} + \frac{p_1 a}{2}$$
$$= \frac{(7p_1 - p_2)a}{16}$$

Pour avoir T_1 il faut faire $k = 2$ dans la formule générale :

$$\mu_2 = \mu_1 - T_1 a_2 + \frac{1}{2} p_2 a_2^2$$

puis $\mu_2 = o$ et $a_2 = a$;

$$0 = \mu_1 - T_1 a + \frac{1}{2} p_2 a^2$$

$$T_1 = \frac{\mu_1}{a} + \frac{p_2 a}{2}$$

$$= \frac{(p_1 + p_2)a}{16} + \frac{p_2 a}{2}$$

$$= \frac{(p_1 + 9p_2)a}{16}$$

Quant à T_2, il est nul, attendu qu'il n'y a aucun effort à droite de A_2 :

$$T_2 = 0$$

114. Moment fléchissant dans une section quelconque. — Pour avoir le moment fléchissant en un point quelconque, il faut faire dans la formule générale (110) $k = 1$ ou $k = 2$, suivant que le point considéré est dans la première ou dans la seconde travée.

Première travée :

$$\mu = \mu_0 - T_0 x + \frac{p_1 x^2}{2}$$

$$= -x \left(T_0 - \frac{p_1 x}{2} \right)$$

$$= -x \left(\frac{(7p_1 - p_2)a}{16} - \frac{p_1 x}{2} \right)$$

Deuxième travée :

$$\mu = \mu_1 - T_1 x + \frac{p_2 x^2}{2}$$

ou en remplaçant μ_1 par sa valeur en fonction de T_1 (113 bis), soit $\mu_1 = T_1 a - \dfrac{p_2 a^2}{2}$.

$$\mu = T_1 a - \frac{p_2 a^2}{2} - T_1 x + \frac{p_2 x^2}{2}$$

$$= \frac{p_2}{2} \left(x^2 - \frac{2T_1}{p_2} x + \frac{2T_1 a}{p_2} - a^2 \right)$$

$$= \frac{p_2}{2} \left[x - \left(\frac{2T_1}{p_2} - a \right) \right] (x - a)$$

$$= \frac{p_2}{2} \left[x - \left(\frac{2(p_1 + 9p_2)a}{16 p_2} - a \right) \right] (x - a)$$

$$= \frac{p_2}{2} \left(x - \frac{(p_1 + p_2)a}{8 p_2} \right) (x - a)$$

On pourrait aussi, pour trouver μ dans la deuxième travée, se servir de la formule relative à la première travée en effectuant la permutation de p_1 et p_2, à la condition de prendre l'extrémité A_2 pour origine des x.

Nous résumons dans un tableau les variations du moment fléchissant :

PREMIÈRE TRAVÉE	
Valeurs successives de x.	Valeurs correspondantes de μ.
0	0
$\dfrac{T_0}{p_1} = \dfrac{(7p_1 - p_2)a}{16 p_1}$	$-\dfrac{T_0^2}{2p_1} = -\dfrac{(7p_1 - p_2)^2 a^2}{512 p_1}$
$\dfrac{2T_0}{p_1} = \dfrac{(7p_1 - p_2)a}{8 p_1}$	0
a	$-T_0 a + \dfrac{p_1 a^2}{2} = \dfrac{(p_1 + p_2)a^2}{16} = \mu_1$

DEUXIÈME TRAVÉE	
Valeurs successives de x.	Valeurs correspondantes de μ.
0	$T_1 a - \dfrac{p_2 a}{2} = \dfrac{(p_1+p_2)a^2}{16} = \mu_1$
$\dfrac{2T_1}{p_2} - a = \dfrac{(p_1+p_2)a}{8p_2}$	0
$\dfrac{T_1}{p_2} = \dfrac{(p_1+9p_2)a}{16p_2}$	$-\dfrac{p_2}{2}\left(\dfrac{T_1}{p_2}-a\right)^2 = -\dfrac{(7p_2-p_1)^2 a^2}{512 p_2}$
a	0

Les diagrammes de μ dans les deux travées sont des paraboles $A_0\, d_1\, E_1\, K$ et $K\, E_2\, d_2\, A_2$ à axe vertical (fig. 52).

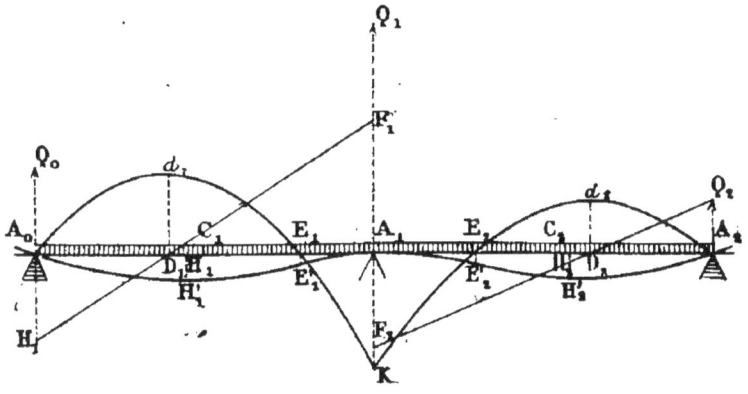

Fig. 52.

Ces paraboles coupent l'axe des x en des points E_1 et E_2 tels que

$$A_0 E_1 = \frac{2T_0}{p_1} = \frac{(7p_1 - p_2)a}{8p_1}$$

$$A_1 E_2 = \frac{2T_1}{p_2} - a = \frac{(p_1+p_2)a}{8p_2}$$

Le point D_1 correspondant au sommet d_1 de la première parabole est le milieu de $A_0 E_1$; le point D_2 correspondant au sommet d_2 de la deuxième parabole est le milieu de $E_2 A_2$.

Le maximum analytique du moment fléchissant dans chaque travée est l'ordonnée du sommet de chacune des paraboles, soit

$$D_1 d_1 = -\frac{T_0^2}{2p_1} = -\frac{(7p_1 - p_2)^2 a^2}{512 p_1}$$

$$D_2 d_2 = -\frac{p_2}{2}\left(\frac{T_1}{p_2} - a\right)^2 = -\frac{(7p_1 - p_2)^2 a^2}{512 p_2}$$

Le maximum réel du moment fléchissant a lieu vers l'appui intermédiaire :

$$AK = \mu_1 = \frac{(p_1 + p_2)a^2}{16}$$

115. Effort tranchant dans une section quelconque. — Dans la formule générale donnée plus haut (110), il convient de faire également $k = 1$ ou $k = 2$, suivant que le point considéré est dans la première ou la deuxième travée.

Première travée :

$$T = T_0 - p_1 x$$
$$= \frac{(7p_1 - p_2)a}{16} - p_1 x$$

Deuxième travée :

$$T = T_1 - p_2 x$$
$$= \frac{(p_1 + 9p_2)a}{16} - p_2 x$$

PREMIÈRE TRAVÉE

Valeurs successives de x.	Valeurs correspondantes de T.
0	$T_0 = \dfrac{(7p_1 - p_2)a}{16}$
$\dfrac{T_0}{p_1} = \dfrac{7p_1 - p_2)a}{16p_1}$	0
a	$T'_1 = T_0 - p_1 a = -\dfrac{(9p_1 + p_2)a}{16}$

DEUXIÈME TRAVÉE

Valeurs successives de x.	Valeurs correspondantes de T.
0	$T_1 = \dfrac{(p_1 + 9p_2)a}{16}$
$\dfrac{T_1}{p_2} = \dfrac{(p_1 + 9p_2)a}{16p_2}$	0
a	$T'_2 = T_1 - p_2 a = -\dfrac{(7p_2 - p_1)a}{16}$

Les diagrammes de T dans les deux travées sont les lignes droites $H_1 F_1$ et $F_2 Q_2$ (fig. 52), lesquelles coupent l'axe des x aux points D_1 et D_2 correspondant aux sommets des paraboles de μ.

L'effort tranchant à droite de l'appui A_0 est $A_0 H_1 = T_0$; celui à gauche est nul.

L'effort tranchant à gauche de l'appui intermédiaire A_1 est $A_1 F_1 = T'_1$ et celui à droite du même appui A_1 est $A_1 F_2 = T_1$.

Enfin l'effort tranchant à gauche de l'appui A_2 est $A_2 Q_2 = T'_2$; celui à droite est nul.

La section située sur l'appui intermédiaire A_i est la section dangereuse à la fois pour μ et pour T.

116. Réactions des appuis. — Si l'on applique les formules générales (111), on trouve :

$$Q_0 = -T_0 = -\frac{(7p_1 - p_2)a}{16}$$

$$Q_1 = T'_1 - T_1 = -\left[\frac{(9p_1 + p_2)a}{16} + \frac{(p_1 + 9p_2)a}{16}\right]$$

$$= -\frac{5(p_1 + p_2)a}{8}$$

$$Q_2 = T_1 - p_2 a_2 = T'_2 = -\frac{(7p_2 - p_1)a}{16}$$

En remarquant que la somme des réations des deux appuis extrêmes

$$Q_0 + Q_2 = -\frac{(7p_1 - p_2)a}{16} - \frac{(7p_2 - p_1)a}{16}$$

$$= -\frac{3(p_1 + p_2)a}{8}$$

on reconnaît que l'ensemble des réactions des trois appuis

$$Q_0 + Q_1 + Q_2 = (p_1 + p_2)a = \text{charge totale.}$$

117. Déformation. — Les courbes $A_0 H'_1 E'_1 A_1$ et $A_1 E'_2 H'_2 A_2$ (fig. 52) affectées par la fibre moyenne ou neutre fléchie présentent des points d'inflexion en E'_1 et E'_2, où le moment fléchissant est nul ; leur tangente est horizontale en A_1.

118. Cas particulier. — *Les deux travées de la poutre sont égales et également chargées.* — Dans les formules que nous venons d'obtenir, il suffit de faire

$$p_1 = p_2 = p$$

Les moments fléchissants aux appuis, par rapport à la droite des sections, sont alors

$$\mu_0 = \mu_2 = 0$$
$$\mu_1 = \frac{pa^2}{8}$$

Cette expression de μ_1 est la même, sauf le signe que celle du moment fléchissant maximum qui se développe au milieu d'une poutre reposant sur deux appuis (84).

Les efforts tranchants aux appuis, par rapport également à la droite des sections, sont dans ce cas

$$T_0 = \frac{3pa}{8}$$

$$T_1 = \frac{5pa}{8}$$

$$T_2 = 0$$

Les tableaux des moments fléchissants et efforts tranchants deviennent :

PREMIÈRE TRAVÉE		DEUXIÈME TRAVÉE	
Valeurs successives de x.	Valeurs correspondantes de μ.	Valeurs successives de x.	Valeurs correspondantes de μ.
0	0	0	$+\dfrac{pa^2}{8} = \mu_1$
$\dfrac{3a}{8}$	$-\dfrac{9pa^2}{128}$	$\dfrac{a}{4}$	0
$\dfrac{3a}{4}$	0	$\dfrac{5a}{8}$	$-\dfrac{9pa^2}{128}$
a	$+\dfrac{pa^2}{8} = \mu_1$	a	0

Première travée :			
Valeurs successives de x . .	0	$\dfrac{3a}{8}$	a
Valeurs correspondantes de T.	$T_0 = +\dfrac{3pa}{8}$	0	$T'_1 = -\dfrac{5pa}{8}$
Deuxième travée :			
Valeurs successives de x . .	0	$\dfrac{5a}{8}$	a
Valeurs correspondantes de T.	$T_1 = +\dfrac{5pa}{8}$	0	$T'_2 = -\dfrac{3pa}{8}$

Les paraboles, qui représentent les diagrammes de μ et qui sont dissemblables lorsque les travées supportent des charges différentes (fig. 52), deviennent symétriques par rapport à A_1 dans le cas actuel où les travées sont également chargées; les diagrammes de T seraient également symétriques par rapport à A_1 dans ce dernier cas, si l'on changeait par exemple les signes des efforts tranchants dans la deuxième travée, c'est-à-dire si, dans la deuxième travée, on considérait ces efforts par rapport à la gauche des sections.

Le moment fléchissant maximum $\frac{pa^2}{8}$ et l'effort tranchant maximum $\frac{5pa}{8}$ correspondent à l'appui intermédiaire A_1 : la section A_1 est donc la section dangereuse.

Enfin les réactions des appuis sont

$$Q_0 = -T_0 = -\frac{3pa}{8}$$

$$Q_1 = T'_1 - T_1 = -\frac{10pa}{8} = -\frac{5pa}{4}$$

$$Q_2 = T'_2 = -\frac{3pa}{8} = Q_0$$

Si la poutre, au lieu d'être continue, était coupée au droit de l'appui intermédiaire A_1, on aurait deux poutres posées chacune sur deux appuis simples, dont les réactions seraient (84)

$$Q_0 = Q_2 = -\frac{pa}{2} = -\frac{4pa}{8} \text{ et } Q_1 = 2 \times \left(-\frac{pa}{2}\right)$$
$$= -pa = -\frac{8pa}{8}$$

La continuité de la poutre a donc pour effet de soulager les appuis extrêmes en surchargeant l'appui intermédiaire; le danger de tassement est plus grand, puisque l'on augmente l'inégalité des charges supportées par les appuis. Il convient de prendre des dispositions pour pouvoir relever mécaniquement l'appui intermédiaire en cas de tassement.

Les courbes affectées par la fibre moyenne ou neutre dans la première et la deuxième travée, sont symétriques.

L'expression de la flèche et le point où elle se produit sont les mêmes que pour une poutre encastrée à une extrémité, et libre à l'autre (101) :

$$H_1H'_1 = H_2H'_2 = f = \frac{pa^4}{184 EI} = 0,00542 \frac{pa^4}{EI}$$

$$A_0H_1 = 0,4215\, a \qquad A_1H_2 = 0,5785\, a$$

Le point H_1 est compris entre le milieu C_1 de la première travée et le point D_1 où l'effort tranchant est nul ; de même H_2 est compris entre C_2 et D_2.

Les points d'inflexion E'_1 et E'_2 de ces courbes correspondent aux points E_1 et E_2 où le moment fléchissant est nul ; par suite

$$A_0E_1 = \frac{3a}{4} \qquad A_1E_2 = \frac{a}{4}$$

On remarquera que la flèche est un peu plus faible que la moitié de celle relative à une poutre reposant sur deux appuis (84), la valeur de cette dernière étant $f = \frac{5\, pa^4}{384\, EI} = 0,01300 \frac{pa^4}{EI}$. La continuité de la poutre a donc pour effet de réduire la déformation.

Dans les ponts à tablier métallique, les poutres continues sont généralement employées de préférence aux poutres discontinues, parce que le lançage des premières est plus facile.

CHAPITRE V

COMPRESSION ET FLEXION DES PRISMES POSÉS DEBOUT

§ 1. — Notions théoriques

119. Conditions particulières d'un prisme posé debout.
— Un prisme posé debout se trouve dans des conditions toutes particulières, dès qu'il arrive à fléchir.

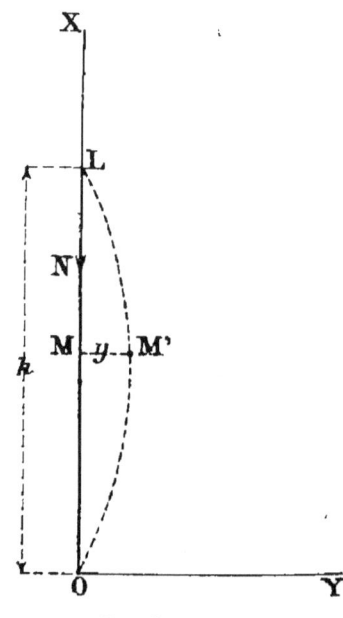

Fig. 53.

Considérons (fig. 53) un prisme, de hauteur h, posé debout et soumis à une charge ou compression N dirigée suivant sa ligne moyenne. Nous admettons que le point O est fixe, et que le point L est assujéti à se déplacer verticalement. En raison de la force N, il peut se faire que l'équilibre du prisme soit instable, et que, par suite d'un choc brusque, cet équilibre soit rompu : la flexion commence et ne peut plus en général s'arrêter ; il en résulte que le prisme est en grand danger de rupture.

Supposons, en effet, la ligne moyenne fléchie suivant LM'O. Pour un point quelconque M' le moment de la force N, c'est-à-dire le moment fléchissant, est égal à $N \times y$; ce moment est proportionnel au bras de levier y. Comme le bras de levier y de la force N augmente en même temps que la flexion, il s'ensuit que le prisme tend à fléchir de plus en plus ; le danger de rupture va donc en s'accentuant. La section dangereuse est celle pour laquelle y est maximum.

Pour une poutre droite horizontale, encastrée à une de ses extrémités A et supportant une charge P appliquée à l'extrémité libre B (fig. 54), le moment de la force P ou

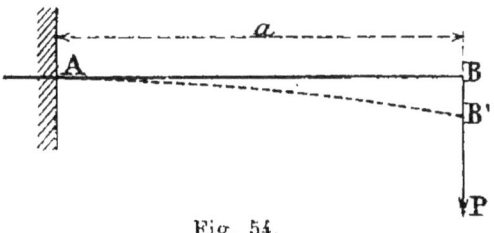

Fig. 54.

moment fléchissant par rapport à la section d'encastrement A qui est la section dangereuse, est égal à Pa. Lorsque la poutre fléchit, le bras de levier de P reste sensiblement le même, ainsi que son moment ; par suite, la flexion tend à s'arrêter.

120. Notions théoriques. — La théorie relative aux prismes posés debout relève du calcul intégral : nous ne ferons connaître que les résultats importants auxquels conduit cette théorie.

En admettant que le point O soit fixe et que le point L se déplace verticalement (fig. 53), la valeur minima de la compression N susceptible de produire la flexion du prisme est donnée par la formule

$$N = \frac{EI\pi^2}{h^2}$$

E est le coefficient d'élasticité de la substance ; I est le plus petit moment d'inertie de la section transversale du prisme par rapport à un axe passant par son centre de gravité ; π est le rapport de la circonférence au diamètre, soit 3,1416.

Au-dessous cette valeur limite de N, la flexion n'est pas à craindre.

Lorsque la charge N est exactement égale à cette limite, l'équilibre est indifférent ; en d'autres termes, si on supprime la cause qui a amené la flexion, celle-ci s'arrêtera.

Lorsque N surpasse cette limite, l'équilibre est instable : par l'effet du moindre choc, du moindre accident, le prisme fléchira jusqu'à la rupture.

En créant des points fixes, le long du prisme, la flexion devient plus difficile. Si, par exemple, on s'arrange de façon à créer n points fixes, également espacés, la limite dont il s'agit devient

$$N = n^2 \frac{EI\pi^2}{h^2}$$

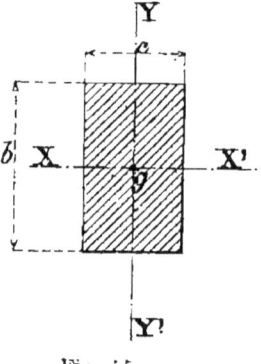

Fig. 55.

La limite de N dépend de la hauteur h du prisme ; elle augmente, lorsque h diminue. Si l'on réduit suffisamment la hauteur h, on arrivera à produire l'écrasement du prisme, avant de le faire fléchir.

Nous savons que les moments d'inertie d'une section plane, par rapport à des axes différents, sont inégaux. Pour avoir le minimum de N, il faut évidemment, ainsi que nous l'avons dit, choisir l'axe, passant par le centre de gravité, pour lequel I est le plus petit.

Pour une section rectangulaire (fig. 55), par exemple,

si l'on désigne par b le grand côté et par c le petit, le moment d'inertie par rapport à l'axe XX' est

$$I_x = \frac{cb^3}{12}$$

et celui par rapport à l'axe YY'

$$I_y = \frac{bc^3}{12}$$

Le rapport de ces deux moments d'inertie étant

$$\frac{I_y}{I_x} = \frac{bc^3}{cb^3} = \left(\frac{c}{b}\right)^2 < 1$$

on a $\qquad I_y < I_x$

Le minimum de I est le moment d'inertie I_y pris par rapport à l'axe YY' parallèle au grand côté du rectangle.

De ce qui précède il résulte que la flexion tend à se produire dans le sens de l'épaisseur la plus faible c du prisme, et que, par suite, il y a avantage à employer une section carrée ou circulaire.

§ 2. — Calcul des poteaux en bois et des colonnes métalliques

121. Règle de Rondelet pour les poteaux en bois. — La règle de Rondelet s'applique aux poteaux en bois (chêne ou sapin) à section rectangulaire ou carrée.

Rondelet s'est donné le rapport $\frac{h}{c}$ de la hauteur h du prisme à la plus petite dimension transversale c, et il a déterminé par de nombreuses expériences la charge par centimètre carré produisant la rupture ; il admet comme charge pratique le 1/7 de la charge de rupture.

Rapport de la hauteur au petit côté de la section. $\dfrac{h}{c}$	1	12	24	36	48	60	72
Charge de rupture par cm² N.	kg. 420	kg. 350	kg. 210	kg. 124	kg. 70	kg. 35	kg. 17,5
Charge pratique par cm² $R = \dfrac{N}{7}$	60	50	30	17,7	10	5	2,5

On obtient par interpolation les charges correspondant aux rapports $\dfrac{h}{c}$ non contenus dans le tableau ci-dessus.

Exemple numérique. — Déterminer les dimensions à donner à un poteau en bois de 5 m. de hauteur, afin qu'il puisse supporter une charge de 8 000 kg. — Nous allons procéder par approximations successives.

1° Prenons $\dfrac{h}{c} = 36$. Ce rapport correspondant à R $= 17$ kg. 7 par centimètre carré ou 17 kg. $7 \times \overline{10}^4$ par mètre carré, on en déduit

pour le petit côté $\quad c = \dfrac{5}{36} = 0$ m. 139.

pour la section $\quad \omega = \dfrac{8000}{17,7 \times \overline{10}^4} = 0$ m². 0454.

et pour le grand côté $b = \dfrac{0,0454}{0,139} = 0$ m. 325

Comme on a intérêt à avoir une section carrée, on ne peut admettre les valeurs trouvées pour c et b.

2° Prenons $\dfrac{h}{c} = 24$. Ce rapport correspondant à R $= 30$ kg. par centimètre carré, on en déduit

$$c = \dfrac{5}{24} = 0 \text{ m. } 208$$

$$\omega = \dfrac{8000}{30 \times \overline{10}^4} = 0 \text{ m}^2 \text{ } 0267$$

Novat. — Résist. des matériaux.

$$b = \frac{0{,}0267}{0{,}208} = 0{,}127$$

Ce résultat est inadmissible puisque par hypothèse $c < b$.

3° Les deux essais que nous venons de faire, montrent que le rapport $\frac{h}{c}$ à adopter est compris entre 36 et 24 et qu'il doit se rapprocher plutôt de 24 que de 36.

Prenons $\frac{h}{c} = 28$ et cherchons par interpolation la valeur correspondante de R :

$$R = 30 - \frac{(30 - 17{,}7)(28 - 24)}{36 - 24} = 25 \text{ k. } 9.$$

On trouve alors $\quad c = \frac{5}{28} = 0 \text{ m. } 18.$

$$\omega = \frac{8000}{25{,}9 \times 10^5} = 0 \text{ m}^2 \, 0308$$

$$b = \frac{0{,}0308}{0{,}18} = 0{,}18 \text{ m.}$$

Ces dernières valeurs de c et b satisfont parfaitement à la question.

122. Formule de Hodgkinson et tableau du général Morin pour les poteaux en bois. — Dans la formule donnée plus haut (120)

$$N = \frac{EI\pi^2}{h^2}$$

remplaçons I par sa valeur :

1° Si la section du poteau est un carré de côté c, on obtient

$$I = \frac{c^4}{12}$$

et $\qquad N = \frac{E\pi^2 c^4}{12 h^2}$

d'où
$$\frac{N}{c^2} = \frac{N}{\omega} = \frac{E\pi^2}{12} \times \left(\frac{c}{h}\right)^2$$

2° Si la section est un rectangle, dont c est le petit et b le grand côté, on a
$$I = \frac{bc^3}{12}$$

et
$$N = \frac{E\pi^2 bc^3}{12 h^2}$$

d'où
$$\frac{N}{bc} = \frac{N}{\omega} = \frac{E\pi^2}{12} \times \left(\frac{c}{h}\right)^2$$

En posant
$$\frac{E\pi^2}{12} = A$$

nous n'aurons plus qu'une formule pour les deux sortes de section, soit
$$\frac{N}{\omega} = A\left(\frac{c}{h}\right)^2$$

c'est la formule d'Hodgkinson.

Le quotient $\frac{N}{\omega}$ est la compression par unité de surface ; le rapport $\frac{c}{h}$ est l'inverse de celui considéré par Rondelet.

La formule d'Hodgkinson peut s'écrire pour une section carrée
$$N = A \frac{c^4}{h^2}$$

et pour une section rectangulaire
$$N = A \frac{bc^3}{h^2}$$

Le général Morin a déterminé expérimentalement les valeurs à attribuer au coefficient A pour diverses essences de bois et il a dressé le tableau ci-dessous, en considérant la formule d'Hodgkinson sous la double forme que nous venons d'indiquer.

Dans ce tableau, la hauteur h est exprimée en centimètres et les dimensions b et c de la section en centimètres également ; N' représente la charge pratique totale à adopter, soit le 1/10 de la charge totale de rupture N.

Tableau du général Morin.

ESSENCE	PIÈCE A SECTION	
	Carrée.	Rectangulaire.
Chêne fort.	$N' = 25,650$ kg. $\dfrac{c^4}{h^2}$	$N' = 25,650$ kg. $\dfrac{bc^3}{h^2}$
Chêne faible.	$N' = 18,000$ $\dfrac{c^4}{h^2}$	$N' = 18,000$ $\dfrac{bc^3}{h^2}$
Sapin rouge, sapin blanc fort, et pin résineux.	$N' = 21,420$ $\dfrac{c^4}{h^2}$	$N' = 21,420$ $\dfrac{bc^3}{h^2}$
Sapin blanc faible et pin jaune	$N' = 16,660$ $\dfrac{c^4}{h^2}$	$N' = 16,660$ $\dfrac{bc^3}{h^2}$

N' = charge pratique totale en kilogrammes.
h = hauteur en centimètres.
b et c = dimensions de la section en centimètres ($c < b$).

Hodgkinson et le général Morin sont plus prudents que Rondelet, puisqu'ils n'admettent pour charge pratique que le 1/10 de la charge de rupture, au lieu du 1/7.

Les résultats obtenus en appliquant la règle de Rondelet ne concordent point avec ceux que donne le tableau du général Morin : la règle de Rondelet semble préférable.

123. Formules de Love pour colonnes pleines en fonte ou en fer. — Love a établi deux formules donnant la charge pratique totale que l'on peut faire supporter aux colonnes pleines métalliques.

1° La formule relative à la fonte est

$$P = \frac{1250 d^4}{1,85 d^2 + 0,00043 h^2}$$

elle n'est applicable que lorsque le rapport $\frac{h}{d}$ est compris entre 4 et 120.

2° Celle relative au fer est

$$P = \frac{600 d^4}{1,97 d^2 + 0,00064 h^2}$$

elle n'est applicable que lorsque le rapport $\frac{h}{d}$ est compris entre 10 et 180.

P est la charge de sécurité en kilogrammes, que la colonne peut supporter pratiquement;

h est la hauteur exprimée en centimètres;

d est le diamètre exprimé en centimètres.

Ces formules permettent de trouver d en résolvant une équation bi-carrée.

124. Tables pour colonnes pleines en fonte ou en fer. — Pour éviter les calculs, on a dressé des tables à double entrée, donnant le diamètre correspondant à une hauteur et une charge déterminées. Ces tables se trouvent dans les aide-mémoire et les albums des usines; nous en donnons ci-après un extrait (p. 174).

L'examen de ces tables montre que, lorsque la hauteur dépasse 30 fois le diamètre, les colonnes en fer sont préférables à celles en fonte.

125. Mode d'emploi des tables précédentes pour le calcul des colonnes creuses. — On se donne le diamètre exté-

CHARGES PRATIQUES TOTALES P

qu'on peut faire supporter aux colonnes pleines dont les hauteurs sont

DIAMÈTRES d	$h = 1$ m. Fonte.	Fer.	$h = 2$ m. Fonte.	Fer.	$h = 3$ m. Fonte.	Fer.	$h = 4$ m. Fonte.	Fer.	$h = 5$ m. Fonte.	Fer.	$h = 6$ m. Fonte.	Fer.	$h = 7$ m. Fonte.	Fer.	$h = 8$ m. Fonte.	Fer.
cm.	kg.	kg.	g.	kg.	kg.	kg.	kg.	kg.	kg.	kg.	kg.	kg.	kg.	kg.	kg.	kg.
5	8770	6730	3586	5012	1807	3516	1056	2480	»	»	»	»	»	»	»	»
6	14810	10043	6303	8056	3578	6058	2151	4497	»	»	»	»	»	»	»	»
7	22500	13975	11450	11791	6296	9354	3862	7254	»	»	»	»	»	»	»	»
8	31785	18522	17666	16191	10151	13384	6362	10770	4299	8608	»	»	»	»	»	»
9	42610	23680	25532	21240	15307	18126	9808	15040	6709	12339	»	»	»	»	»	»
10	»	»	35088	26928	21900	23562	14349	20053	9942	16830	7228	14067	»	»	»	»
12	»	»	59243	40176	39751	36432	27214	32226	19363	28061	14315	24234	10944	20869	»	»
14	»	»	»	»	64191	51898	45803	47166	33472	42216	25186	37417	19485	32985	»	»
16	»	»	»	»	95387	69902	70670	64771	53011	59185	40608	53542	31812	48119	25451	43084
18	»	»	»	»	»	»	102137	84966	78531	78869	61234	72511	48475	66203	39236	60165
20	»	»	»	»	»	»	140350	107712	110424	101206	87598	94218	70399	87166	57395	80211
22	»	»	»	»	»	»	185314	132968	148914	126131	120091	118672	97736	110923	80650	103143
24	»	»	»	»	»	»	236986	160714	194141	153609	159007	145733	130924	137407	108862	128914
26	»	»	»	»	»	»	295285	190944	216138	183616	201537	175391	170489	166573	143015	157439
28	»	»	»	»	»	»	360045	223632	304975	216123	256776	207604	216429	198362	183215	188672
30	»	»	»	»	»	»	431193	258779	370293	251118	315784	242349	268985	232744	229712	222365

rieur d_1 de la colonne creuse et l'on cherche dans les tables précitées (124) la charge P_1 qu'on pourrait faire supporter à cette colonne en la supposant pleine. Si P est la charge réelle que doit supporter la colonne, la charge susceptible d'être portée par la colonne pleine, qui remplirait le vide, serait $P_1 - P$; on cherche dans les tables le diamètre d_2 correspondant à cette charge $P_1 - P$: d_2 est le diamètre intérieur d'une colonne creuse, ayant d_1 comme diamètre extérieur, capable de supporter la charge P.

En ce qui concerne les colonnes en fonte, il reste à vérifier si l'épaisseur $e = \dfrac{d_1 - d_2}{2}$ répond aux conditions pratiques de la fonderie, indiquées dans le petit tableau suivant :

Hauteur des colonnes creuses en fonte.	2 à 3 m.	3 à 4 m.	4 à 6 m.	6 à 8 m.
Épaisseur au-dessous desquelles il ne faut pas descendre . . .	12 mm.	15 mm.	20 mm.	25 mm.

Si la valeur trouvée pour e est trop faible, on recommence l'opération en diminuant d_1.

CHAPITRE VI

RÉSISTANCE DES SURFACES

§ 1. — Résultante des pressions d'un fluide sur une surface courbe

126. Théorème fondamental. — Supposons une surface courbe quelconque AB (fig. 56), dont l'aire est Ω, soumise aux efforts exercés par un fluide à pression constante, et considérons une portion élémentaire ab très petite de cette surface.

Si P est la pression du fluide par unité de surface et si ω représente l'aire de l'élément ab, la pression supportée par ab, laquelle est appliquée en son centre de gravité c, est égale à Pω.

La résistance d'un fluide au glissement étant nulle (65), il en résulte que la pression Pω est normale à la surface AB, ou ce qui revient au même, normale au plan tangent en c à ladite surface : nous pouvons donc représenter la force Pω par une portion de droite cd perpendiculaire au plan tangent.

Cherchons la valeur de la projection de la force Pω sur un axe quelconque OX : il suffit pour cela de mener par un point quelconque c' de OX une droite parallèle à cd, et de prendre sur cette droite une longueur $c'd'$ égale à cd, puis de projeter $c'd'$ sur OX ce qui donne $c'f$:

$$c'f = c'd' \cos \alpha = P\omega \cos \alpha.$$

Projetons maintenant la surface élémentaire ab sur un plan MN perpendiculaire en un point quelconque O de l'axe OX : soit $a'b'$ cette projection, et ω' l'aire de la petite surface plane $a'b'$.

L'angle formé par le plan MN avec le plan tangent en c

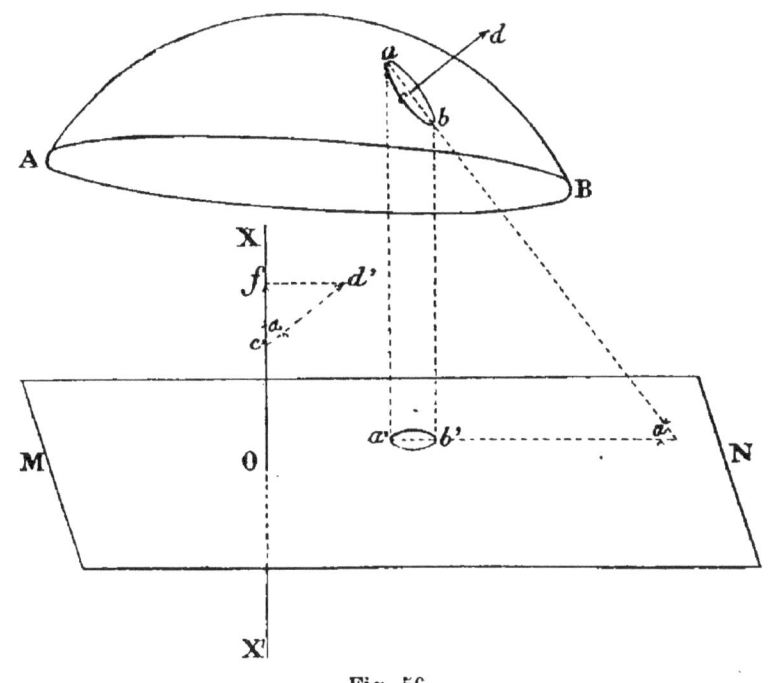

Fig. 56.

à la surface AB étant égal à l'angle α que fait $c'd'$ avec OX, il s'ensuit que
$$\omega' = \omega \cos \alpha$$

Par conséquent la projection de la force P ω sur l'axe OX,
$$P\omega \cos \alpha = P\omega'$$

Cette relation est vraie pour tous les éléments de surface $\omega_1,\ \omega_2,\ \omega_3\ldots$ en lesquels on peut décomposer la surface AB et leurs projections ω'_1, ω'_2, ω'_3..... sur le plan MN; par suite, la somme des projections sur OX de toutes les pressions élémentaires

$$\Sigma P\omega \cos \alpha = P(\omega'_1 + \omega'_2 + \omega'_3 + \ldots)$$
$$= P\Omega'$$

Ω' étant l'aire de la projection de la surface AB sur le plan MN.

Nous pouvons donc énoncer le théorème suivant : *lorsqu'un fluide à pression constante agit sur une surface courbe, la somme algébrique des projections des pressions élémentaires sur un axe quelconque OX est égale à la pression que le même fluide ferait subir à la surface plane projection de la surface courbe sur un plan perpendiculaire à l'axe OX.*

127. Résultante des actions d'un fluide à pression constante sur une surface ou paroi courbe. — Le théorème ci-dessus permet de trouver immédiatement la résultante de toutes les pressions élémentaires exercées par un fluide à pression constante, lorsqu'on connaît d'avance la direction de cette résultante : il suffit de choisir comme axe de projection OX la direction même de la résultante, laquelle aura pour valeur la pression supportée par la projection de la surface courbe sur un plan perpendiculaire à la résultante.

§ 2. — ENVELOPPES CYLINDRIQUES PRESSÉES UNIFORMÉMENT

128. Rupture d'une enveloppe cylindrique. — Considérons une enveloppe ou vase cylindrique contenant un fluide sous pression, et placé dans un autre fluide, une chaudière à vapeur, par exemple. La rupture de cette chaudière peut se produire de deux manières différentes, savoir : 1° suivant les génératrices ou une section longitudinale du cylindrique, sous l'effort exercé par la vapeur contre les parois latérales ; 2° suivant une section perpendiculaire aux génératrices ou section transversale, sous l'effort exercé par la vapeur contre les fonds.

Nous avons donc deux sortes de résistance à examiner : 1° la résistance transversale, c'est-à-dire l'ensemble des résistances qui se développent dans les différentes sections transversales du cylindre pour s'opposer à la séparation suivant ses génératrices, de sorte que la résistance transversale correspond à la rupture dans le sens longitudinal ; 2° la résistance longitudinale, c'est-à-dire la résistance développée dans l'une quelconque des sections transversales, pour empêcher la séparation suivant cette section.

Dans notre étude, nous ne tiendrons compte que de la pression intérieure, de la pression du milieu ambiant et de la résistance de l'enveloppe ; nous négligerons le poids de la chaudière, le poids de l'eau, la résistance des appuis, etc..., nous supposerons le profil exactement circulaire.

129. Résistance transversale. — Soit une section transversale quelconque AB (fig. 57, 1°) de l'enveloppe, dont le diamètre extérieur est D, et le diamètre intérieur d.

Coupons l'enveloppe suivant un plan diamétral MN, de manière à la partager en deux moitiés K et L, et considérons un tronçon de 1 m. de longueur de la moitié supérieure L, tronçon ayant AB pour section médiane : le plan MN coupe ce tronçon de l'enveloppe suivant les deux bandes rectangulaires EegG et FfhH (fig. 57, 2°).

En détachant la moitié inférieure K de la moitié supérieure L, nous avons détruit l'équilibre de L ; pour rétablir l'équilibre de L, il faut introduire comme forces extérieures à L, les actions moléculaires que la moitié infé-

(1°) Section transversale AB.

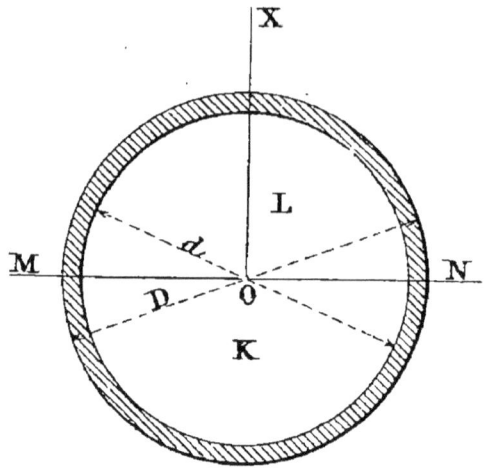

(2°) Coupe longitudinale MN.

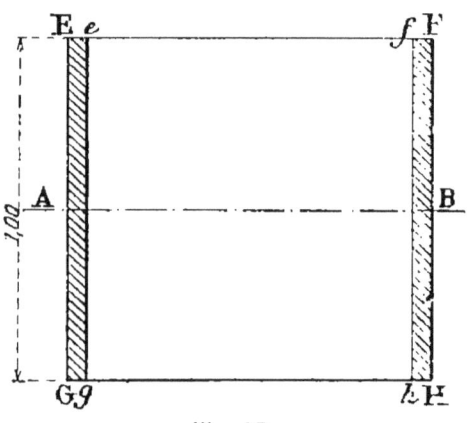

Fig. 57.

rieure K exerçait sur la moitié supérieure L (63), c'est-à-dire la résistance totale suivant les deux bandes rectangulaires EegG et FfhH.

Novat. — Résist. des matériaux. 11

Cela posé, désignons par P la pression intérieure en kilogrammes, et par P_1 la pression extérieure en kilogrammes du milieu ambiant sur l'unité de surface; représentons par R la tension par unité de surface dans les deux bandes rectangulaires EegG et FfhH, et admettons que cette tension soit uniformément répartie.

Si e est l'épaisseur de l'enveloppe, la tension totale est égale à $(+ 2Re)$, et la résistance totale à $(- 2Re)$.

La résultante de toutes les pressions sur le demi-cylindre étant forcément dirigée suivant le rayon OX perpendiculaire à MN, nous pouvons appliquer le théorème fondamental (126 et 127) : on obtient $P \times d$ pour la pression intérieure totale, et $- P_1 \times D$ pour la pression extérieure totale, attendu que la projection de la paroi intérieure sur le plan MN est égale à $d \times 1$ m. et celle de la paroi extérieure à $D \times 1$ m.

Pour l'équilibre, on doit donc avoir (11)

$$- 2Re + P \times d - P_1 \times D = 0 \quad \text{ou} \quad 2Re = P \times d - P_1 \times D$$

Si l'épaisseur e est faible, on peut remplacer, sans erreur sensible D par d, et écrire

$$2Re = d(P - P_1)$$

Lorsque $P > P_1$, on a $R > 0$: le métal subit une traction.
Lorsque $P < P_1$, on a $R < 0$: le métal subit une compression.
En général $P > P_1$.

130. Résistance longitudinale.

Coupons le cylindre suivant un plan MN perpendiculaire à l'axe, et considérons le tronçon compris entre ce plan et l'un des fonds (fig. 58, 1°).

Le plan MN coupe l'enveloppe cylindrique suivant une section annulaire (fig. 58, 2°) dont l'aire est

$$\frac{\pi(D^2 - d^2)}{4}$$

Si R_1 est la tension par unité de surface dans cette sec-

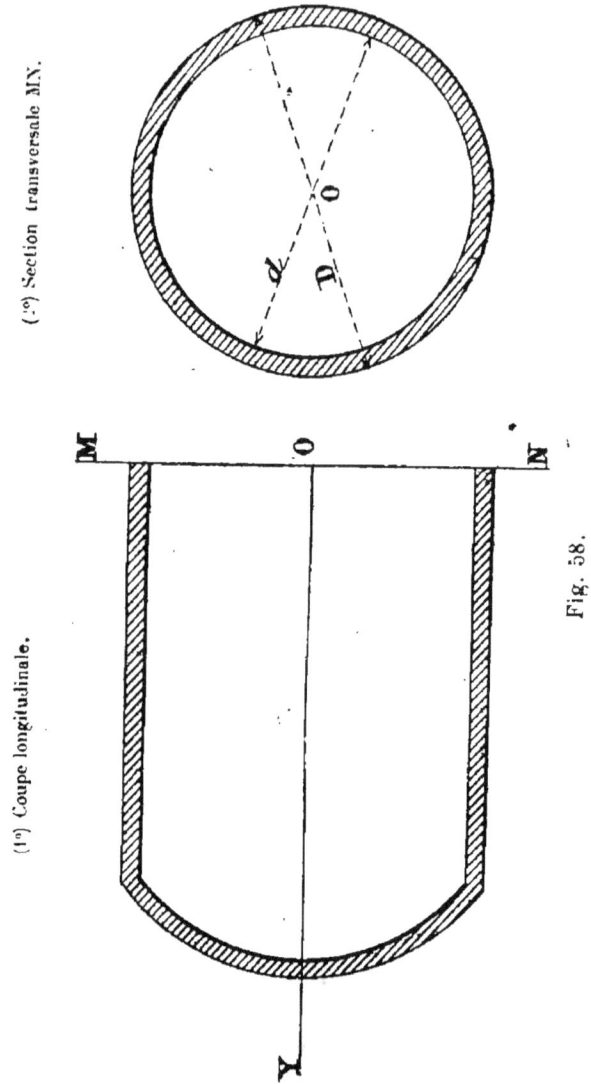

Fig. 58.

tion annulaire, la résistance longitudinale totale est

$\left(-R_1 \times \dfrac{(\pi D^2 - d^2)}{4}\right)$, en admettant que ladite tension soit répartie uniformément.

La résultante des pressions qui s'exercent sur le fond du cylindre est, en raison de la symétrie, dirigée suivant l'axe oy. Nous pouvons donc appliquer le théorème fondamental (126 et 127) en projetant le fond sur le plan MN. La projection de la paroi intérieure du fond étant $\dfrac{\pi d^2}{4}$, la pression totale extérieure est $P \times \dfrac{\pi d^2}{4}$; la projection de la paroi intérieure du fond étant $\dfrac{\pi D^2}{4}$, la pression totale extérieure est $-P_1 \times \dfrac{\pi D^2}{4}$.

Pour l'équilibre, il faut que

$$R_1 \times \frac{\pi(D^2 - d^2)}{4} = P \times \frac{\pi d^2}{4} - P_1 \times \frac{\pi D^2}{4}$$

ou
$$R_1(D - d)(D + d) = Pd^2 - P_1 D^2$$

ou encore en remplaçant $D - d$ par $2e$

$$2R_1 e(D + d) = Pd^2 - P_1 D^2$$

Si l'épaisseur e est faible, on peut, comme plus haut (129), remplacer D par d, ce qui donne

$$2R_1 e \times 2d = d^2(P - P_1)$$
ou
$$4R_1 e = d(P - P_1)$$

En comparant ce résultat avec celui trouvé pour la résistance transversale (129), on voit que

$$R_1 = \frac{R}{2}$$

Par conséquent, il n'y a pas lieu de se préoccuper de la résistance longitudinale.

L'expérience a complètement justifié la théorie : lorsqu'une chaudière se déchire, la rupture ne se produit jamais suivant une section transversale, mais toujours suivant les génératrices.

131. Formules pratiques. — De l'expression

$$2Re = d(P - P_1)$$

on déduit l'épaisseur théorique à donner à l'enveloppe

$$e = \frac{d(P - P_1)}{2R}$$

A cette valeur théorique, il convient d'ajouter une certaine constante C pour tenir compte de l'usure et des défauts, de sorte que la formule pratique est

$$e = \frac{d(P - P_1)}{2R} + C$$

ou
$$e = \frac{pd}{2R} + C$$

en désignant par p la différence entre les pressions P et P_1 qui s'exercent à l'intérieur et à l'extérieur : p est ce qu'on appelle la *pression effective*.

Lorsque la pression extérieure P_1 est prépondérante, il faut augmenter l'épaisseur en multipliant par 1,5 la valeur donnée par la formule pratique, car la pression extérieure tend à accroître tout commencement d'aplatissement; il faut aussi fortifier l'intérieur par des armatures.

Dans les formules pratiques suivantes, on a rapporté au centimètre carré la pression p ainsi que le coefficient de résistance R, et l'on a exprimé p et R en kilogrammes, e, d et C en millimètres.

Chaudière en fer à pression
    intérieure . . . . R = 300 kg. $e = 1,7\,pd + 3$ (1)

Chaudière en acier à pression intérieure.....	$R = 500$ kg.	$e = pd + 1$ à 2 mm.
Tuyaux en fonte.....	$R = 300$ —	$e = 0,00166\,pd + 8$
— en tôle rivée...	$R = 300$ —	$e = 0,00166\,pd + 2$
étirés et soudés. en fer.....	$R = 600$ —	$e = 0,00083\,pd + 1,5$
en acier....	$R = 800$ —	$e = 0,00063\,pd + 1$
en cuivre ou laiton......	$R = 400$ —	$e = 0,00125\,pd + 2$
Tuyaux refoulés en étain....	$R = 60$ —	$e = 0,0083\,pd + 3$
en plomb....	$R = 20$ —	$e = 0,025\,pd + 5$

En ce qui concerne les chaudières, lorsque la pression effective est exprimée en atmosphères et est égale à n atmosphères, on a

$$p = n \times 1^{\text{kg}},0333.$$

et la formule (1) relative à la chaudière en fer devient

$$e = 1,8nd + 3$$

telle était la formule administrative imposée par l'ancienne ordonnance de 1848 sur les chaudières. Le nouveau règlement, en date du 1ᵉʳ mai 1880, n'impose aucune formule, mais il prescrit une épreuve à la presse hydraulique.

§ 3. — Enveloppes sphériques

132. Résistance d'une enveloppe sphérique pressée uniformément. — Considérons une enveloppe ou vase sphérique dont le diamètre intérieur est d et le diamètre extérieur D (fig. 59, 1°), contenant un fluide dont la pression est P kilogrammes et placé dans un autre fluide dont la pression est P_1 kilogrammes.

Coupons la sphère par un plan diamétral quelconque

MN : la surface de séparation des deux demi-sphères est un anneau (fig. 59, 2°).

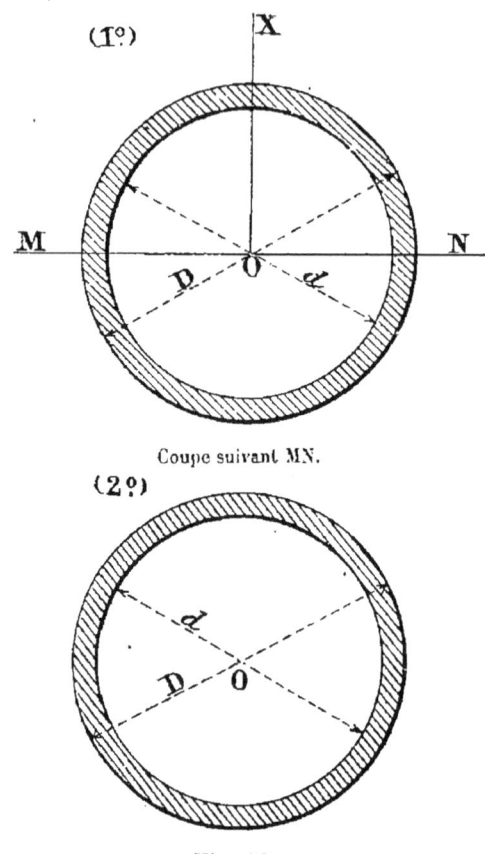

Fig. 59.

Si l'on suppose la tension uniformément répartie, la résistance à la séparation dans cet anneau est

$$- R_1 \times \frac{\pi(D^2 - d^2)}{4}$$

R_1 étant la tension par unité de surface.

Quant aux pressions qui agissent sur l'hémisphère supérieur et qui tendent à séparer les deux hémisphères, il est évident que leur résultante est dirigée suivant le rayon OX perpendiculaire au plan MN. Nous pouvons donc appliquer le théorème fondamental (126 et 127) en projetant les surfaces sur le plan MN : nous obtiendrons pour valeur de cette résultante

$$P \times \frac{\pi d^2}{4} - P_1 \frac{\pi D^2}{4}$$

La condition d'équilibre est par suite

$$R_1 \frac{\pi(D^2 - d^2)}{4} = P \times \frac{\pi d^2}{4} - P_1 \times \frac{\pi D^2}{4}$$

Cette relation est identique à celle trouvée pour la résistance longitudinale d'une enveloppe cylindrique (130); en lui faisant subir les mêmes simplifications, on arrive également à

$$4R_1 e = d(P - P_1)$$

133. Résistance des fonds d'une chaudière ou du fond d'un réservoir cylindrique. — Si au lieu d'un vase sphérique, nous avions un vase cylindrique avec un ou deux fonds hémisphériques, nous obtiendrions pour la tension R_1 du métal dans lesdits fonds une expression absolument identique à celle que nous venons de trouver pour la tension d'une enveloppe sphérique.

Lorsque les fonds du vase ne sont pas des demi-sphères complètes, mais simplement des calottes sphériques, on arrive à la même formule, dans laquelle d représente alors le diamètre de la calotte sphérique et non plus celle du cylindre.

Comme la tension R_1 augmente avec d, on a avantage à terminer les chaudières cylindriques, non par des calottes, mais par des demi-sphères complètes; si on donne aux fonds la forme d'une calotte, il faut renforcer par des cornières la section de raccordement du fonds avec le corps cylindrique.

A plus forte raison, les fonds plats sont dans de mauvaises conditions de résistance : leur emploi doit être prohibé.

CHAPITRE VII

ASSEMBLAGES

§ 1. — Rivets

134. Assemblages invariables et assemblages mobiles. — Pour réunir entre elles les différentes pièces d'une construction, il existe deux modes d'assemblages : 1° les assemblages invariables, 2° les assemblages mobiles.

Les premiers se font uniquement à l'aide de rivets; les seconds se font, soit à l'aide de boulons, soit au moyen de chevilles.

135. Généralités sur les rivets. — Un rivet est une petite tige de fer ou d'acier extra-doux, terminée à une de

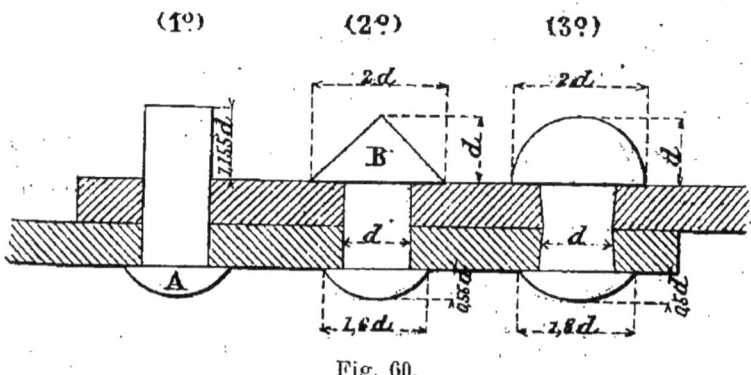

Fig. 60.

ses extrémités par un renflement appelé tête A (fig. 60,1°) et ayant une longueur supérieure à l'épaisseur totale des pièces à réunir, que nous supposerons être des tôles pour fixer les idées ; le rivet étant chauffé au rouge, on l'introduit dans les trous correspondants pratiqués au préalable dans lesdites tôles ; puis on écrase la portion de tige qui dépasse la tôle de manière à former un autre renflement B (fig. 60,2°), désigné sous le nom de *rivure*.

Les trous sont percés soit au *poinçon*, soit au *foret* ou *mèche*, soit encore au *poinçon avec alésage* après coup.

Lorsqu'une feuille de tôle est percée au poinçon, le diamètre du trou ne peut pas être inférieur au double de l'épaisseur de la tôle, afin d'éviter l'écrasement du poinçon ; il est alors ordinairement compris entre $2e$ et $3e$.

Le perçage des trous plus petits ne peut être fait qu'au foret.

Le poinçonnage a l'inconvénient d'*écrouir* le métal sur une certaine épaisseur autour du trou, c'est-à-dire d'enlever au métal sa ductilité et de le rendre fragile ; on rend au métal ses qualités par le recuit ou par un alésage après coup. Lorsqu'on emploie l'acier, il est indispensable d'aléser les trous après le poinçonnage sur une épaisseur d'au moins un millimètre ; cette précaution présente moins d'importance pour la tôle de fer.

L'écrasement de l'extrémité qui doit former la rivure est effectué soit :

1° Au rivoir ou marteau pesant 3 à 4 kilos, suivant la grosseur du rivet ; la rivure est alors conique (fig. 60, 2°) ;

2° A la *bouterolle* ou cylindre d'acier portant une cavité conique ou hémisphérique et frappé à la main avec une masse de 8 à 10 kilos ;

3° A la *bouterolle à la machine* au moyen de riveuses mécaniques.

La figure 60 représente les formes de la tête et de la

ASSEMBLAGES

rivure du rivet les plus employées dans la construction : la tête est en *goutte de suif;* la rivure est conique (2°) ou *hémisphérique* (3°).

136. Dimensions des rivets. — Le diamètre d'un rivet doit être, dans une certaine mesure, proportionné à l'épaisseur totale des tôles qu'il relie; il en est de même de l'écartement d'axe en axe. Voici, d'après Morandière, le tableau des dimensions moyennes dans lesquelles il faut, autant que possible, se tenir :

DIAMÈTRES en millimètres.	ÉPAISSEURS TOTALES à river en millimètres.	DISTANCES d'axe en axe en millimètres.
8	6 à 10	50 à 60
10	10 à 12	60 à 70
12	12 à 14	70 à 80
14	14 à 16	80 à 90
16	16 à 20	90 à 100
18	20 à 25	
20	25 à 35	
22	35 à 50	100 à 120
25	50 à 70	

137. Rivetage. — Un rivetage est l'ensemble formé par les tôles à réunir et par les rivets qui réalisent cette réunion. Il y a trois sortes de rivetage (fig. 61) :

1° Le *rivetage à recouvrement*, dans lequel les rives des tôles sont placées à côté l'une de l'autre ;

2° Le *rivetage à plat-joint* ou *à un seul couvre-joint* dans lequel les tôles sont placées bout à bout et sont réunies par une tôle latérale ou *couvre-joint;*

3° Le *rivetage à chaîne* ou *à double couvre-joint* dans lequel les tôles sont placées bout à bout et sont réunies par deux tôles latérales ou couvre-joints.

138. Résistance d'un rivetage. — La résistance d'un rivetage dépend : 1° des rivets ; 2° des pièces qu'ils réunissent ou des couvre-joints.

Les rivets doivent être posés à chaud, afin de ne pas être soumis à des efforts de cisaillement et de n'agir que par l'état de tension dans lequel se trouvent leurs fibres, tension résultant de ce que, posés à une température

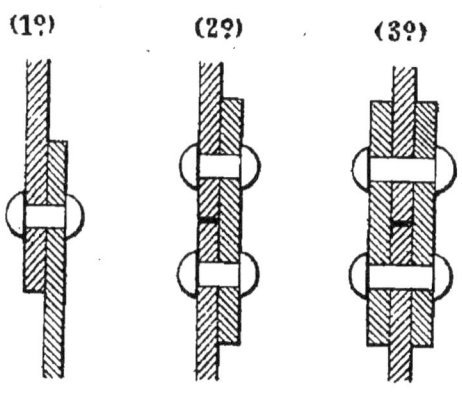

Fig. 61.

élevée, ils n'ont pu se contracter librement en se refroidissant. Le rivet restant allongé, sa tête et sa rivure serrent, compriment plus ou moins les deux tôles qu'il relie et les empêchent de glisser l'une sur l'autre, du moins tant que l'effort qui tend à les séparer reste inférieur au frottement entre les surfaces produit par le serrage.

Si le rivet n'exerçait aucune compression sur les tôles, le glissement de ces dernières l'une sur l'autre ne serait empêché que par la résistance du rivet au cisaillement.

Quoique la résistance du rivetage doive dépendre de l'adhérence des tôles due au serrage produit par les rivets, et non de la résistance au cisaillement des rivets, on fait ordinairement les calculs en ne tenant compte que du cisaillement, parce que les calculs ainsi faits donnent un excès de force sur ceux qui seraient basés sur l'adhérence.

Pour les tôles, la rupture sera le résultat, soit :

(a) Du défaut de résistance des *intervalles*, c'est-à-dire des parties comprises entre les rivets d'une même file : la rupture se fera alors par traction ou par compression et il y aura *arrachement* ou *écrasement des intervalles ;*

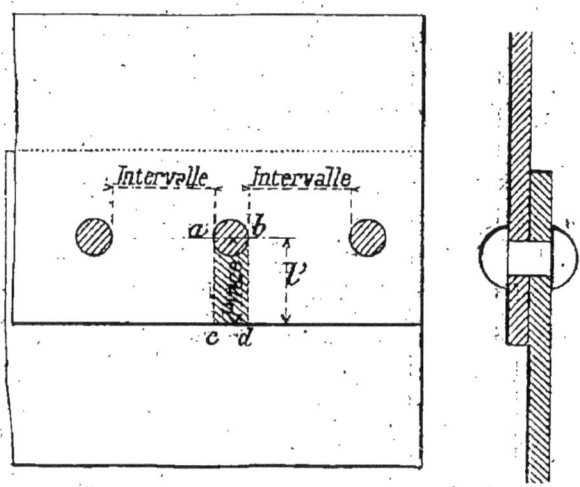

Fig. 62.

(b) Du défaut de résistance des *pinces*, c'est-à-dire des parties, telles que *abcd*, comprises entre l'axe diamétral des rivets et l'extrémité de la feuille de tôle ; la rupture aura lieu par *cisaillement des pinces*

(c) De l'écrasement de la paroi des trous sur laquelle appuient les rivets ou de l'écrasement latéral des rivets eux-mêmes ; ce sera l'*écrasement des trous*.

139. Calcul des rivets. — On admet que chaque rivet prend une égale fraction de l'effort total, à la condition : 1° que les rivets aient tous les mêmes dimensions et qu'ils soient faits d'un métal bien identique; 2° que ce métal soit plus ductile que celui des tôles à réunir.

Le glissement relatif des tôles tend, suivant le mode de rivetage, à cisailler chaque rivet dans une ou plusieurs sections, qu'on appelle *sections de cisaillement* : dans le rivetage à recouvrement (fig 61, 1°), ainsi que dans celui à plat-joint (fig. 61, 2°), il n'y a qu'une seule section de cisaillement ; dans le rivetage à double couvre-joint, il y en a deux. Plus les sections de cisaillement sont nombreuses, plus l'effort total est réparti sur une grande surface ; par suite, dans le rivetage à double couvre-joint, la section totale des rivets peut être moitié moindre que dans les deux autres modes de rivetage.

Dans certains cas, il peut y avoir un nombre de sections de cisaillement supérieur à deux.

Soit P l'effort total, agissant normalement à l'axe longitudinal des rivets, n le nombre de rivets plantés dans l'une des tôles, n' le nombre de sections de cisaillement, d le diamètre des rivets, ω la section d'un rivet et R_c la résistance pratique au cisaillement; on prend ordinairement R_c égale aux $\frac{4}{5}$ de la résistance pratique à l'extension $R_c = \frac{4}{5} R$ (60). Il faut que

$$nn'\omega R_c = P$$

On en déduit la section totale des n rivets

$$n\omega = \frac{P}{n' \times R_c}$$

Si l'on se donne n ou ω, en tenant compte du tableau de Morandière (136), cette formule permet de déterminer ω ou n.

Une autre méthode de calcul, plus fréquemment employée, est la suivante : n'' étant le nombre maximun des rivets d'une même file, l la largeur et e l'épaisseur totale des tôles à réunir de chaque côté, dont la section nette, trous de rivets déduits, est

$$\Omega = le - n''d$$

on doit avoir, pour que la résistance au cisaillement des rivets soit équivalente à la résistance des tôles à l'extension ou à la compression,

$$nn'\omega R_c = \Omega R$$

ou
$$\Omega = nn'\omega \times \frac{R_c}{R}$$
$$= nn'\omega \times \frac{4}{5}$$

140. Calcul des tôles. — Pour que la rupture des tôles ne se produise pas par arrachement ou écrasement des intervalles, il faut, dans les calculs à effectuer pour déterminer leurs dimensions transversales, ne tenir compte que de leur section nette (139).

$$\Omega = le - n''d$$

Si l'on désigne par l' la longueur de la pince (fig. 62), le cisaillement de la pince sera évité en faisant

$$l'e \geq \frac{1}{2}\omega$$

attendu que la pince résiste au cisaillement suivant deux plans tangents au rivet et perpendiculaires au bord de la tôle, et que par suite les deux surfaces de cisaillement résistent chacune à la moitié de l'effort transmis par le rivet.

Le corps du rivet exerce sur la paroi du trou, du côté de la pince, une compression qui ne doit pas dépasser par unité de surface la résistance de sécurité à l'écrasement R'

du métal. La compression exercée par le rivet étant égale à ωR_c, et la section de la pièce à de, il suffit que

$$\frac{\omega R_c}{de} \leq R'$$

pour que l'écrasement du trou n'ait pas lieu.

141. Calcul des couvre-joints. — On calcule les dimensions transversales de façon à ce que leur section nette soit au moins égale à la section nette des tôles interrompues au même point.

Lorsqu'il s'agit de relier plusieurs épaisseurs de tôle, on croise les joints ou bien on les dispose en escalier, afin de réduire l'épaisseur des couvre-joints.

142. Observation. — Tout ce que nous venons de dire pour le rivetage des tôles s'applique au rivetage des barres méplates, cornières, fers à T, etc.

Nous donnerons, dans la deuxième partie du cours (176), un exemple de calcul de rivetage.

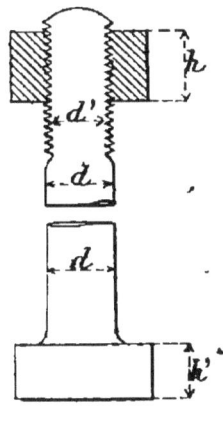

Fig. 63.

§ 2. — Boulons et chevilles

143. Caractère distinctif entre les boulons et les chevilles. — Les boulons et chevilles s'emploient pour relier deux parties d'une construction qui doivent pouvoir, à certains moments, être séparées l'une de l'autre.

Un boulon ordinaire se compose d'une tige cylindrique terminée à l'une de ses extrémités par un renflement, appelé *tête du boulon*, et à l'autre extrémité par une partie filetée, destinée à recevoir l'écrou taraudé à l'intérieur (fig. 63); on doit prendre les dispositions nécessaires pour qu'il ne soit soumis qu'à des efforts d'extension.

Dans les constructions dites articulées, on emploie, pour former les articulations, des boulons qui ne travaillent qu'au cisaillement et à la flexion; on les désigne sous le nom de *chevilles*.

144. Détermination de l'effort d'extension auquel est soumise un boulon. — (*a*) Lorsque les forces, qui agissent, tendent à écarter les deux pièces réunies par les boulons, normalement aux surfaces de ces pièces, l'effort d'extension N auquel chaque boulon doit résister est égal à l'effort total P divisé par le nombre n de boulons :

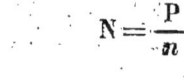

$$N = \frac{P}{n}.$$

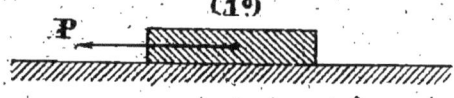

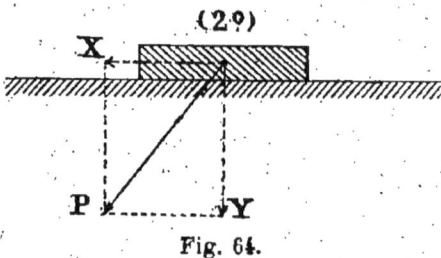

Fig. 64.

(*b*). Lorsque les forces tendent à faire glisser les pièces l'une sur l'autre, l'effort d'extension résultant du serrage des écrous doit développer entre les deux pièces serrées par les boulons un frottement capable de faire équilibre à l'effort qui tend à produire le glissement.

Si l'effort total P est parallèle aux surfaces (fig. 64, 1), on a, en désignant par f les coefficient de frottement,

$$N = \frac{P}{nf}$$

Si P est oblique (fig. 64, 2°), et si X représente sa composante parallèle aux surfaces et Y sa composante normale, on a

$$N = \frac{1}{n}\left(\frac{X}{f} \mp Y\right)$$

Dans les ouvrages métalliques f est en général supérieur à 0,20 pour des surfaces non polies, ni lubréfiées, mais bien rabotées ; il peut atteindre la valeur 0,50 et 0,60 pour des surfaces brutes, telles que les tôles.

145. Dimensions des boulons. — Soit d le diamètre du corps du boulon et d' celui du noyau de la partie filetée, c'est-à-dire au fond du filet.

N étant l'effort total d'extension auquel le boulon doit résister, la tension R par unité de surface dans la section la plus fatiguée, laquelle est celle du noyau, puisque c'est la plus étroite, est égale à

$$R = \frac{N}{\frac{\pi d'^2}{4}}$$

ou en posant $\qquad d' = md$

$$R = \frac{N}{\frac{\pi m^2 d^2}{4}}$$

De cette relation, on déduit le diamètre du corps du boulon

$$d = \frac{1,128}{m}\sqrt{\frac{N}{R}}$$
$$= k\sqrt{N}$$

K étant un coefficient constant

$$k = \frac{1,128}{m\sqrt{R}}$$

Le coefficient pratique de résistance R adopté varie suivant la qualité du métal et les soins de fabrication : pour les boulons ordinaires de charpente, on prend R = 3 kg. par millimètre carré ; pour les boulons de charpente travaillés avec soin et les boulons ordinaires de machines, on prend R = 4 kg.

Dans les constructions métalliques, on fait en général

$$R = 3 \text{ kg.} \qquad m = 0,8$$

par suite le diamètre du corps du boulon est donné par la formule

$$d = 0,0008\sqrt{N}$$

Les autres dimensions du boulon et de son écrou se déduisent du diamètre du corps du boulon, ainsi qu'il suit :

Diamètre du noyau (au fond du filet) . . $d' = 0,8\ d$
Tête. . . { Diamètre du cercle inscrit . . $D' = 1,7\ d$
         { Hauteur . . . . $h' = 0,75\ d$
Écrou. . { Diamètre du cercle circonscrit $D = 2\ d$
         { Hauteur . . . . $h = d$ ou $1,2\ d$

Les boulons employés en construction ont ordinairement des diamètres compris entre 12 et 30 mm. Lorsque le calcul conduit à des diamètres supérieurs à 30 mm. il vaut mieux augmenter le nombre des boulons.

Lorsque les pièces reliées par des boulons sont suceptibles de prendre, sous l'influence des changements de température, des déplacements dans une direction perpendiculaire à l'axe du boulon, il faut, pour éviter que le boulon soit cisaillé, ovaliser les trous dans la direction du mouvement. Tel est le cas des éclisses des rails.

146. Dimensions des chevilles. — Les chevilles s'engagent dans des trous circulaires de même diamètre, dits œils, pratiqués dans les têtes des barres que les chevilles traversent.

Les barres étant soumises à des efforts F d'extension

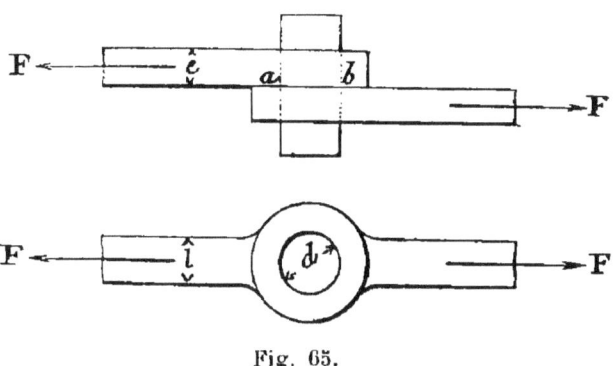

Fig. 65.

ou de compression dirigés en sens inverse, la cheville tend à être cisaillée dans la section de contact ab des barres (fig. 65), en même temps qu'elle est fléchie, parce que les efforts égaux et de sens contraire agissant sur les barres sont appliqués dans des sections différentes de la cheville.

Si l est la largeur de l'une des barres, e son épaisseur, mesurées dans la partie où la barre est prismatique, le diamètre de la cheville se calcule par la forme empirique.

$$d = 1,9 \sqrt[3]{le^2}$$

Pour $e = 0,4\, l$, cette formule donne $d = l$.

Il convient, en outre, de vérifier si la pression qui s'exerce entre l'œil de la barre et la cheville ne dépasse

pas la résistance de sécurité à l'écrasement ; il faut pour cela que
$$de \geq le$$
ou
$$d \geq l$$

Il en résulte que si $e \geq 0,4\, l$, il faut appliquer la formule $d = 1,9\sqrt[3]{le^2}$, et si $e \leq 0,4\, l$, il faut prendre $d = l$.

Lorsque l'une des barres est à double branche (fig. 66), il y a deux sections de cisaillement ab et $a'b'$; par consé-

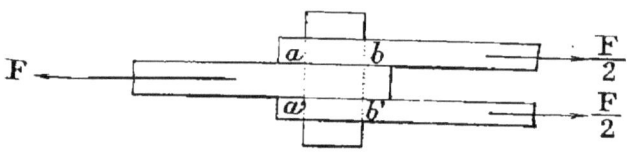

Fig. 66.

quent, il faut remplacer dans la formule précédente e par $\frac{e}{2}$:
$$d = 1,9\sqrt[3]{l\left(\frac{e}{2}\right)^2}$$

Lorsque les barres ont des dimensions différentes, on doit donner à la cheville le diamètre le plus grand de ceux qu'on trouve en appliquant successivement la formule à chacune des barres.

DEUXIÈME PARTIE

APPLICATIONS DIVERSES DE LA RÉSISTANCE DES MATÉRIAUX

§ 1. — Planchers

147. Principales pièces d'un plancher. — Les pièces principales d'un plancher sont les poutres et les solives ; nous ne nous occuperons que de ces pièces.

Le plancher le plus simple est celui qui est soutenu uniquement par des solives dont les extrémités reposent sur des murs ou sur des lambourdes appliquées contre les murs.

Lorsque la portée atteint une certaine grandeur, il est nécessaire de créer pour les solives des points d'appui intermédiaires en ajoutant des poutres ou sommiers ; mais ordinairement, au lieu de faire reposer simplement les solives sur les poutres, on les interrompt et on les fixe aux faces latérales des poutres, afin de diminuer l'épaisseur du plancher.

La portée maximum que la pratique indique est :

1° Pour les solives en bois 7 m. ;

2° Pour les poutres en bois 4 m.

Quand la portée des poutres dépasse 4 m., il faut les soutenir par des poteaux, colonnes ou piliers, ou bien employer le fer.

148. Charges supportées par les poutres et solives. — Les charges que les poutres et solives ont à supporter sont de deux sortes :

1° La charge permanente résultant du poids propre du plancher ;

2° La ou les surcharges qui peuvent agir sur le plancher.

149. Charge permanente. — Le poids de la partie du plancher non relative au solivage ne dépend, ni de la charge, ni de la portée, mais uniquement du système adopté ; il n'en est pas de même du poids du solivage, lequel ne peut être déterminé exactement que lorsque les dimensions de toutes les pièces du plancher sont arrêtées.

Dans un premier calcul approché, on se donne la valeur de la charge permanente par comparaison avec celle d'un plancher existant.

Pour les planchers d'étage, le poids du mètre carré peut être décomposé ainsi qu'il suit :

1° Poids du plancher non compris le solivage. 150 à 200 kg.

2° Poids du solivage (pour surcharge de 200 kg. environ).
- en sapin . . 8 kg. $\times a$
- en chêne . . 12 kg. $\times a$
- en fer . . . 7 kg. $\times a$

a étant la portée des solives, exprimée en mètres.

Quant aux planchers métalliques de rez-de-chaussée, le poids du mètre superficiel peut être décomposé de la manière suivante :

1° Poids du plancher non compris le solivage.
- a — parquet, lambourdes et remplissage entre les lambourdes. 100 à 115 kg.
- b — hourdis entre les solives . . . . 100 à 200 —

2° Poids du solivage en fer (pour surcharge de 200 kg. environ) . . . . 8 kg $\times a$

On remarquera que le poids du hourdis de ces derniers planchers est très variable.

Si ce hourdis est constitué avec du pisé de mâchefer, comme cela a lieu généralement à Lyon, son poids par mètre carré s'obtiendra en multipliant l'épaisseur moyenne par le poids spécifique qui est égal à 1 200 kg.

150. Surcharges des planchers. — Il y a lieu de distinguer deux catégories de surcharges, d'après la destination des bâtiments :

1° Les surcharges ordinaires par mètre superficiel dans les maisons d'habitation et les édifices publics, lesquelles peuvent être évaluées comme il suit :

Maisons d'habitation.	Chambres à coucher	70 à 80 kg.	
	Salons et pièces de réception.	130	—
	Boutiques et pièces du rez-de-chaussée.	200	—
Édifices publics.	Bureaux.	130	—
	Salons ordinaires	200	—
	Salons de réception	280	—

2° Les surcharges spéciales, résultant d'un grand approvisionnement de marchandises, fers, grains, farines, etc., dans les docks ou entrepôts, lesquelles doivent être évaluées en se basant sur l'approvisionnement maximum dans chaque cas particulier.

151. Charge totale. — La connaissance du poids propre du plancher et de la surcharge par mètre superficiel permet de calculer la charge totale par mètre courant de solive ou de poutre.

La charge totale par mètre courant n'est pas la même pour toutes les pièces du plancher. Cette observation ne s'applique pas uniquement aux poutres, qui naturellement supportent un poids plus grand que les solives ; elle s'applique également à certaines solives, telles que les solives d'enchevêtrures qui soutiennent les chevêtres ainsi que les jambages et les âtres des cheminées, telles encore que les chevêtres et linçoirs qui supportent les solives boiteuses (voy. plus loin 157).

152. Mode de calcul. — Les poutres et solives des planchers sont des pièces prismatiques, à section constante, reposant sur deux ou plusieurs appuis (on ne tient pas compte de l'encastrement dans la maçonnerie, car il est trop peu important), et soumises à des forces transversales.

En général, on peut admettre que les charges sont uniformément réparties par mètre courant.

Pour calculer une poutre ou une solive d'un plancher, il suffira donc d'appliquer la méthode indiquée dans la première partie, chapitre IV, paragraphe 4.

153. Calcul d'une solive courante. — Considérons le cas le plus simple, celui dans lequel le plancher est uni-

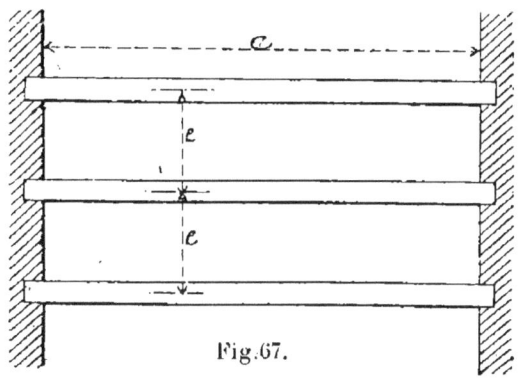

Fig. 67.

quement soutenu par des solives dont les extrémités reposent sur des murs (fig. 67).

Soit a la portée des solives et e leur écartement d'axe en axe.

Si nous désignons par p_1 le poids du plancher non compris le solivage et par p_2 la surcharge par mètre superficiel, la charge par mètre carré de plancher, non compris le solivage,
$$p' = p_1 + p_2$$

APPLICATIONS DE LA RÉSISTANCE DES MATÉRIAUX 211

Chaque solive supporte, en outre de son propre poids, deux demi-intervalles, compris entre les axes des solives, c'est-à-dire une charge,

$$p'ea = (p_1 + p_2)ea$$

que nous pouvons supposer uniformément répartie sur toute la longueur de la solive. En représentant, suivant le cas, par p_3 le poids du solivage par mètre carré de plancher ou par p'_3 le poids du mètre courant de solive, la charge par mètre courant de solive.

$$p = (p_1 + p_2 + p_3)e$$
$$p = (p_1 + p_2)e + p'_3$$

Le moment fléchissant maximum est par suite (84).

$$\mu_m = \frac{pa^2}{8}$$

Telle est la valeur de μ_m à introduire dans la formule (103)

$$\frac{I}{n} = \frac{\mu_m}{R}$$

154. Application à une solive courante en bois. — Si l'on désigne par h et b les dimensions de la section rectangulaire, et si l'on pose $b = kh$, ainsi qu'il a été fait dans la première partie (104), on a

$$\frac{I}{n} = \frac{bh^2}{6} = \frac{kh^3}{6}$$

et par suite

$$\frac{kh^3}{6} = \frac{\mu_m}{R}$$

D'où

$$h = \sqrt[3]{\frac{6\mu_m}{kR}}$$

$$= \sqrt[3]{\frac{[6(p_1 + p_2 + p_3)e \times a^2]}{8kR}}$$

La charge pratique R à adopter étant de $0^{kg},7$ par millimètre carré (29), soit $0^{kg},7 \times \overline{10^6} = 700\,000$ kg. par mètre carré.

$$h = \sqrt[3]{\frac{6\mu_m}{700\,000\,k}} = \sqrt[3]{\frac{6(p_1+p_2+p_3)e \times a^2}{5.600.000\,k}}$$

A Paris, on fait . . . $k = 0,7$
A Lyon, — . . . $k = 0,25$

Exemple numérique. — Supposons la portée $a = 4^m,00$ et l'écartement $e = 0^m,50$; admettons que le poids du plancher non compris le solivage soit de 200 kg. par mètre carré et que la surcharge soit aussi de 200 kg.

Le poids du solivage en sapin par mètre carré de plancher pouvant être évalué (149) à 8 kg $\times 4 = 32$ kg., nous aurons

$$p_1 = 200$$
$$p_2 = 200$$
$$p_3 = 32$$
$$\mu_m = \frac{432 \times 0,50 \times \overline{4,00}^2}{8}$$
$$= 432 \text{ km.}$$

En faisant $k = 0,7$, nous obtiendrons en forçant $h = 0^m,18$ et $b = 0^m,13$.
En faisant $k = 0,25$, nous obtiendrons en forçant $h = 0^m,25$ et $b = 0^m,07$.

Vérification. — Il faut que

$$\frac{I}{n} \geq \frac{\mu_m}{R} = \frac{432}{700\,000}$$
$$= 0,0006$$

Or, pour $h = 0,18$ et $b = 0,13$, on a $\dfrac{I}{n} = \dfrac{0,13 \times \overline{0,18}^2}{6} = 0,0007$

et pour $h = 0,25$ et $b = 0,07$, on a $\dfrac{I}{n} = \dfrac{0,07 \times \overline{0,25}^2}{6} = 0,0007$

155. Application à une solive courante en fer.

On peut la calculer à l'aide des tables contenues dans les albums des fers et aciers, soit en déterminant le module $Z = \dfrac{I}{n}$ de la section, soit en cherchant la charge totale uniformément répartie supportée par la solive.

En se rapportant à l'article 153, le module de la section

$$\frac{I}{n} = \frac{\mu_m}{R} = \frac{pa^2}{8R} = \frac{[(p_1+p_2)c + p'_3]a^2}{8R}$$

et la charge totale supportée par la solive, y compris son propre poids,

$$P = (p_1 + p_2 + p_3)ca$$

Exemple numérique. — Reprenons l'exemple étudié à l'article précédent (154), en modifiant seulement l'écartement des solives : on a, en effet, l'habitude de donner aux solives en fer un écartement plus grand qu'aux solives en bois ; on fait varier cet écartement de 0,70 à 1,00 ordinairement.

Soit donc $a = 4^m,00$ et $c = 0^m,70$
Prenons $p_1 = 200$ $p_2 = 200$ kg. $p_3 = 7$ kg. $\times 4 = 28$ kg.

La charge totale uniformément répartie supportée par la solive, y compris son propre poids

$$\begin{aligned}P &= 428 \text{ kg.} \times 0{,}70 \times 4{,}00 \\ &= 300 \text{ kg.} \times 4{,}00 \\ &= 1\,200 \text{ kg.}\end{aligned}$$

Admettons pour charge pratique $R = 6$ kg. par millimètre carré, et cherchons dans l'album du Creusot le profil du fer à plancher qui, pour une portée de 4 m. peut supporter une charge totale uniformément répartie de 1 200 kg. ou une charge se rapprochant le plus possible de 1 200 kg., tout en lui étant supérieur : on est conduit à choisir le profil ci-contre, lequel peut supporter, d'après l'album du Creusot, une charge totale uniformément répartie de 1 294 kg.

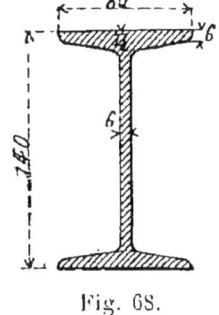

Fig. 68.

Vérification. — L'album donne comme module du profil choisi

$$\frac{I}{n} = 0,000\ 100\ 349$$

et comme poids du mètre courant

$$p_2 = 17^{kg},20.$$

On doit donc avoir

$$\frac{I}{n} \geq \frac{\mu_m}{R} = \frac{[(200+200) \times 0,70 + 17,20] \times \overline{4,00}^2}{8 \times 6 \times \overline{10}^6}$$
$$= 0,000\ 099$$

156. Calcul d'une poutre ou sommier. — Soit a la portée de la poutre et e la largeur du plancher qu'elle soutient. Si l'on désigne par p_1 le poids du plancher par mètre superficiel y compris le solivage, mais non compris le poids propre de la poutre par p_2 la surcharge par mètre superficiel également, par p'_3 le poids du mètre courant de poutre, la charge par mètre courant de poutre, y compris le poids propre de la poutre, est

$$p = (p_1 + p_2)e + p'_3$$

la charge totale supportée par la poutre, y compris son propre poids,

$$P = [(p_1 + p_2)e + p'_3]a$$

APPLICATIONS DE LA RÉSISTANCE DES MATÉRIAUX 215

et la charge effective

$$P' = P - p'_3 a = (p_1 + p_2)ea$$

En admettant que la charge soit uniformément répartie, le moment fléchissant maximum est donc

$$\mu_m = \frac{pa^2}{8} = \frac{[(p_1 + p_2)e + p'_3]a^2}{8}$$

Exemple numérique. — Déterminer les dimensions qu'il convient de donner aux deux sommiers AB et CD d'un plancher (fig. 69) mixte en fer et bois constitué de la façon sui-

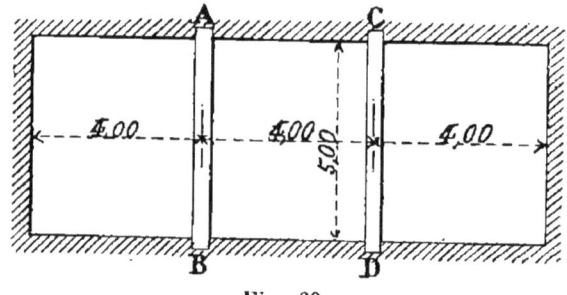

Fig. 69.

vante : les deux sommiers en fer double T reposent à chaque extrémité sur des murs écartés de 5 m. et les solives en bois composant le plancher reposent sur les ailes de ces sommiers, la distance de ces sommiers d'axe en axe étant de 4^m,00, ainsi que la distance de l'axe desdits sommiers aux parements des murs. On supposera que le poids du plancher, non compris solivage et poutrage, est égal à 200 kg. par mètre superficiel et que la surcharge est de 200 kg. également par mètre superficiel, comme dans l'exemple de l'article 154.

Le poids du plancher, y compris le solivage, est

$$p_1 = 200 \text{ kg.} + 8 \text{ kg.} \times 4$$
$$= 232 \text{ kg. par mètre carré.}$$

La surcharge par mètre superficiel

$$p_2 = 200 \text{ kg}.$$

La portée d'un sommier

$$a = 5^{\text{m}},00.$$

La largeur de la partie de plancher supportée par un sommier

$$e = 4^{\text{m}},00.$$

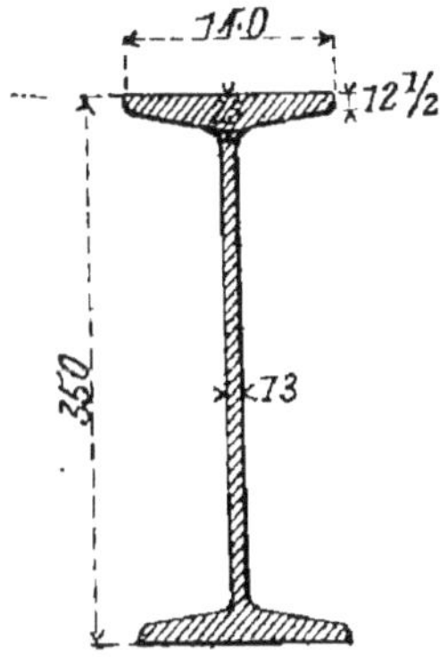

La charge effective supportée par un sommier est donc

$$P' = (232 + 200) \times 4,00 \times 5,00 = 8640$$

Le profil ci-contre, extrait de l'album du Creusot, répond à la question, si l'on adopte comme charge pratique $R = 6$ kg. par millimètre carré ; il est capable de supporter, pour une portée de 5 m. une charge totale uniformément répartie de 9 632 kg. soit une charge effective de $9\,632 - 78 \times 5 = 9\,242$ kg., le poids du mètre courant étant $p'_3 = 78$ kg.

Fig. 70.

Vérification. — Le module du profil choisi

$$\frac{I}{n} = 0,001\,003\,415$$

et son poids par mètre courant

$$p'_3 = 78 \text{ kg}.$$

On doit avoir

$$\frac{I}{n} \geq \frac{\mu_m}{R} = \frac{[(232 + 200) \times 4,00 + 78] \times \overline{5,00}^2}{8 \times 6 \times 10^6}$$
$$= 0,000\,940$$

157. Chevêtres, linçoirs, solives d'enchevêtrure et solives boiteuses. — Au-devant d'une cheminée, on ménage dans le plancher un vide appelé pannière ou trémie, qu'on remplit avec des matériaux incombustibles : pour cela, on emploie des solives GH et KL (fig. 71) plus courtes que les autres et dites *solives boiteuses*, et on les fait reposer sur

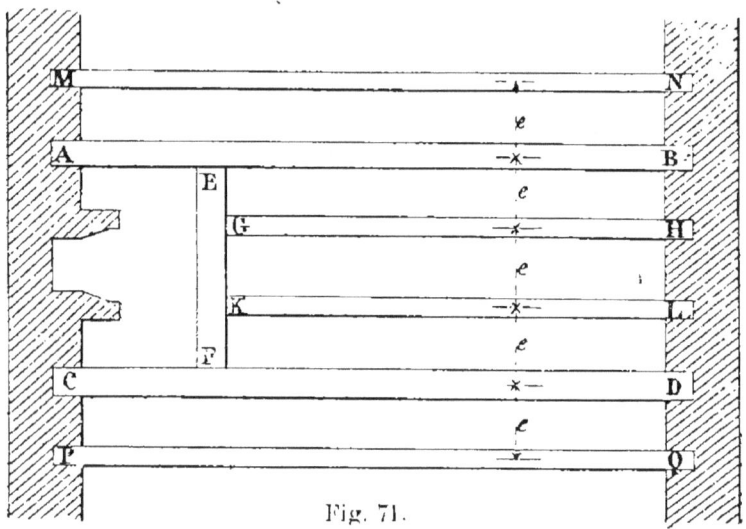

Fig. 71.

une pièce transversale EF, désignée sous le nom de *chevêtre*. Il en est de même au passage d'un escalier. Le chevêtre EF est soutenu par deux solives AB et CD plus fortes que les autres ; AB et CD sont des *solives d'enchevêtrure* ou *solives maîtresses*.

Ces dernières supportent chacune, en outre de la charge uniformément répartie supportée par une solive courante MN ou PQ, une charge distincte appliquée en E ou F égale à la moitié de la charge supportée par le chevêtre EF. Pour les calculer, il y aura lieu de comparer le moment fléchissant en E à celui correspondant à la section médiane, et de prendre le plus grand des deux.

Novat. — Résist. des matériaux.

Les solives boiteuses GH et KL supportent chacune par mètre courant la même charge qu'une solive courante; mais comme leur portée est moins grande, leur section transversale pourrait être réduite.

Quant au chevêtre EF, il supporte d'un côté la moitié de la charge totale des solives boiteuses GH et KL, et de

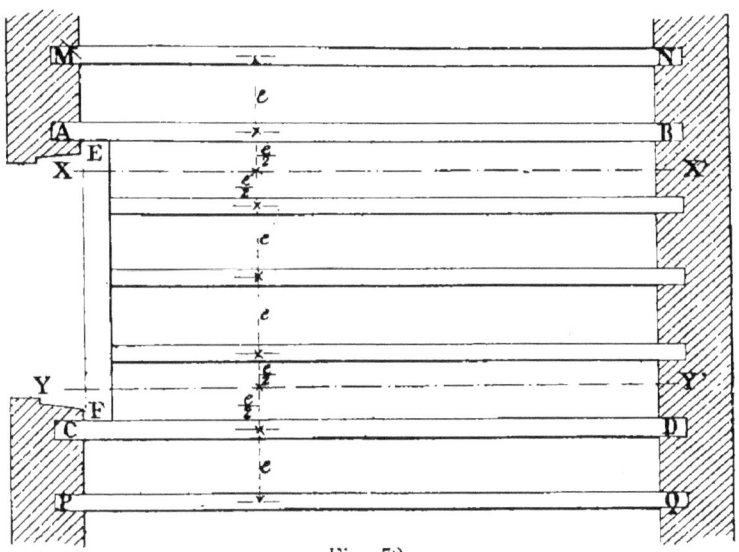

Fig. 72.

l'autre côté la moitié des poids de la pannière ou trémie et de la cheminée; on peut considérer la charge totale de EF comme uniformément répartie.

Au-dessus d'une baie, on ne fait jamais reposer les solives sur le mur, à moins que le linteau ou la couverte ne soit constituée avec des fers à T; on dispose une pièce EF (fig. 72), dite linçoir ou chevêtre traînant, parallèlement au mur, et on l'assemble avec les deux solives AB et CD placées de chaque côté de la baie; les solives sont arrêtées au linçoir.

Dans l'exemple donné, la charge totale supportée par

le linçoir, charge qui peut être considérée comme uniformément répartie, comprend la moitié du poids de la partie du plancher entre XX' et YY'.

Les solives AB et CD sont analogues à des solives d'enchevêtrure, mais le point d'application E ou F de la charge distincte étant très près du mur, les dimensions à donner à ces solives ne sont pas aussi fortes que celles des solives d'enchevêtrure, et elles diffèrent peu des dimensions des solives courantes.

On donne à toutes ces pièces la même hauteur qu'aux solives courantes ; l'inconnue à déterminer est donc l'épaisseur b.

Revenons à la formule donnée à l'article (154)

$$\frac{I}{n} = \frac{\mu_m}{R}$$

ou

$$\frac{bh^2}{6} = \frac{\mu_m}{R}$$

On en déduit

$$b = \frac{6\mu_m}{h^2 R}$$

Si l'on désigne par b' l'épaisseur d'une solive courante et μ'_m le moment fléchissant maximum produit par les charges qu'elle supporte, et si l'on représente par b'' l'épaisseur de la pièce à calculer et μ''_m le moment fléchissant maximum dû aux charges qu'elle supporte, on a

$$\frac{b''}{b'} = \frac{\mu''_m}{\mu'_m}$$

ou

$$b'' = b' \times \frac{\mu''_m}{\mu'_m}$$

On peut, en général, adopter pour l'épaisseur

1° Des solives d'enchevêtrure et des chevêtres. $b'' = 1,75\, b'$
2° Des linçoirs . . . . $b'' = 1,50\, b'$
3° Des solives boiteuses . . . . $b'' = b'$

§ 2. — Combles

158. Pièces principales d'un comble. — Les pièces principales d'un comble sont :

1° Les *chevrons*, qui supportent la volige ou le lattis sur lequel on pose la couverture ;

2° Les *pannes*, qui soutiennent les chevrons ;

3° Les *fermes*, assemblages solides de pièces de charpente, destinées à créer des appuis intermédiaires aux pannes.

L'écartement des chevrons varie de $0^m,40$ à $0^m,50$ et leur équarrissage de $0^m,07$ à $0^m,11$.

On donne ordinairement un écartement de $1^m,80$ à $2^m,30$ aux pannes ; de 3 à 4 m. aux fermes en bois et de $4^m,50$ à $9^m,50$ aux fermes en fer.

159. Charges à considérer. — Les charges qui agissent ou peuvent agir sur ces pièces, sont :

1° La charge permanente résultant du poids propre de la couverture et de la charpente ;

2° La surcharge due à la neige qui peut recouvrir la toiture ;

3° La surcharge que peut exercer accidentellement la pression du vent sur la couverture.

L'ensemble de ces deux surcharges est appelé *charge de sécurité*.

160. Charge permanente. — Le poids de la couverture peut être évalué exactement d'avance, d'après le choix des matériaux et l'inclinaison du comble. Il n'en est pas de même du poids propre de la charpente ; on est obligé de l'évaluer d'abord d'une façon approximative par comparaison avec des constructions existantes, sauf à le vérifier ensuite, les calculs étant effectués ; s'il

APPLICATIONS DE LA RÉSISTANCE DES MATÉRIAUX 221

y a un trop grand écart, il faut recommencer les calculs.

Dans un premier calcul approché, on peut adopter les poids p'_1 de la couverture et p''_1 de la charpente indiqués dans le tableau suivant, lequel donne lesdits poids par mètre carré de toiture, c'est-à-dire par mètre carré de surface d'égout ou de surface rampante de la toiture, et non par mètre carré de surface couverte en projection horizontale :

NATURE DE LA COUVERTURE	Pente par mètre.	Angle correspondant à la pente α	Valeur de $\cos \alpha$	Développement correspondant à la pente $\frac{1}{\cos \alpha}$	Poids exact de la couverture p'_1	Poids par mètre carré de toiture c'est-à-dire par mètre carré de surface rampante ou d'égout $p_1 = p'_1 + p''_1$ Poids approximatif de la charpente p''_1	
						en bois.	en fer.
	m.	degrés.		m.	kg.	kg.	kg.
Zinc (n° 14) de 0^{mm},95	0,15	8 1,2	0,989	1.011	8 à 10	30	25
Tôle galvanisée de 1 mm.	0,20 à 0,25	11 1/2 14	0,980 0,970	1,020 1,030	8 à 10	30	25
Tuiles mécaniques à emboîtement	0,30 à 0,40	16 21	0,961 0,934	1,040 1,070	40 à 50	45	30
Ardoises { grandes	0,60	31	0,857	1,166	30 à 35	42	27
{ petites	0,80	39 1/2	0,772	1,295			
Tuiles { plates					60 à 90		
ordi- { flamandes	1,00	45	0,707	1,414	55 à 60	50 à 60	»
naires. { creuses					90		

Ce tableau permet de déterminer dans chaque cas la charge permanente p_1 par mètre carré de toiture :

$$p_1 = p'_1 + p''_1$$

161. Surcharge due à la neige. — La plus grande hauteur de neige, dans nos climats, peut être prise égale à

$0^m,625$. Le poids spécifique de la neige étant d'environ 1/8 par rapport à l'eau, la pression de la neige sur un plan horizontal équivaut, dans le cas le plus défavorable, à une couche d'eau dont la hauteur serait $\dfrac{0^m,625}{8} = 0^m,078$ soit à 78 kg. par mètre carré de surface horizontale.

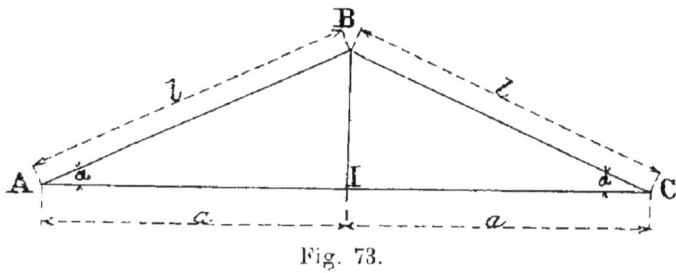

Fig. 73.

Par conséquent, la surcharge maxima de la neige sur un mètre carré d'une toiture (fig. 73) ayant une inclination α est

$$p_2 = 78 \text{ kg.} \times \dfrac{a}{l} = 78 \text{ kg. } \cos \alpha$$

162. Surcharge due au vent. — Dans notre région, le vent le plus violent a une vitesse de 40 m. à la seconde ; il

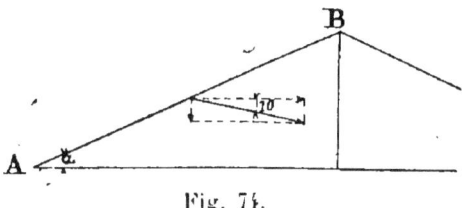

Fig. 74.

est plongeant et fait un angle de 10° avec l'horizontale (fig. 74). La composante verticale de l'action du vent par mètre carré de toiture, c'est-à-dire la surcharge due au vent, est donnée par la formule :

$$p_3 = 0,113 \times \overline{40}^2 \times \sin^2(\alpha + 10) \cos \alpha$$
$$= 181 \times \sin^2(\alpha + 10) \cos \alpha$$

APPLICATIONS DE LA RÉSISTANCE DES MATÉRIAUX 223

La composante horizontale $[181 \times \sin^2(\alpha + 10) \sin \alpha]$ tend à déplacer la toiture ; on la néglige dans les calculs.

163. Calcul des chevrons. — On calcule les chevrons en supposant qu'ils sont coupés au droit des pannes et en ne tenant compte que de la composante normale des charges p'_1, p_2 et p_3 (160, 161 et 162). On a alors des pièces prismatiques soumises à des forces transversales, comme les solives et les poutres.

Désignons par c l'écartement des chevrons et par d celui des pannes.

La charge verticale par mètre courant de chevron est

$$(p'_1 + p_2 + p_3)c$$

et la composante normale

$$(p'_1 + p_2 + p_3)c \cos \alpha$$

Le moment fléchissant maximum est par suite

$$\mu_m = \frac{(p'_1 + p_2 + p_3)c \cos \alpha \times d^2}{8}$$

164. Calcul des pannes. — On suppose également que les pannes sont coupées au droit des arbalétriers des fermes.

Si l'on représente par p_4 le poids propre de la panne par mètre courant, la charge verticale par mètre courant de panne est

$$(p'_1 + p_2 + p_3)d + p_4$$

Lorsque la section longitudinale de la panne est dans un plan vertical, c'est toujours le cas de la panne faîtière, le moment fléchissant maximum

$$\mu_m = \frac{[(p'_1 + p_2 + p_3)d + p_4] \times e^2}{8}$$

e étant l'écartement des fermes.

Lorsque cette section est normale à la toiture

$$\mu_m = \frac{[(p'_1 + p_2 + p_3)\, d + p_4]\cos\alpha \times e^2}{8}$$

Dans un premier calcul approché, on se donne le poids p_4 de la panne par mètre courant.

S'il s'agit d'un comble à ossature métallique, en posant

$$p_4 = k\,(p'_1 + p_2 + p_3)\, d$$

on peut adopter pour le coefficient k les valeurs ci-après, suivant la longueur des pannes e

Valeur de e .	4,50 m.	4,75 m.	5,00 m.	5,25 m.	. . .	9,00 m.	9,25 m.	9,50 m.
Valeur correspondante de k	0,10	0,11	0,12	0,13	. . .	0,28	0,29	0,30

165. Calcul d'une ferme ordinaire. — Considérons une ferme simple ordinaire (fig. 75), composée de deux arba-

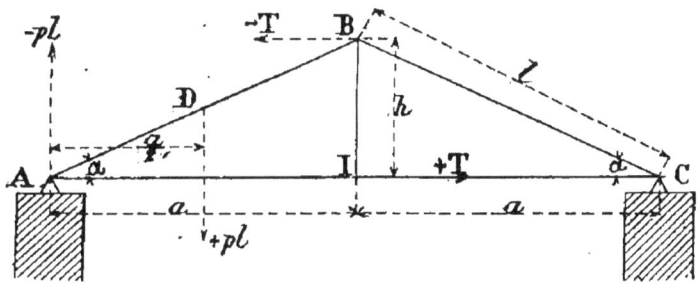

Fig. 75.

létriers AB et BC, d'un entrait ou tirant AC et d'un poinçon BI, et reposant sur deux appuis simples de niveau.

On sait que le poinçon sert à soutenir l'entrait et à l'empêcher de se courber, et que l'entrait a pour but de détruire la composante horizontale ou poussée au vide.

Désignons par :

$2a$ la portée de la ferme,

l la longueur de l'arbalétrier,

h la longueur du poinçon,

α l'angle formé par chaque arbalétrier avec l'horizontale AC,

e l'écartement des fermes,

p la charge par mètre courant d'arbalétrier $p = (p_1 + p_2 + p_3)\, e$ (160, 161 et 162).

Tout étant symétrique par rapport à la verticale du sommet B, nous ferons les calculs pour la demi-ferme de gauche, par exemple.

La charge totale pl, supportée par cette demi-ferme, peut être considérée comme appliquée au milieu D de l'arbalétrier AB.

En A, il y a une réaction verticale exercée par l'appui et égale à $- pl$.

Si l'on coupe la ferme par un plan vertical passant par B et perpendiculaire à la ferme, il faut, pour rétablir l'équilibre, ajouter les réactions exercées par la demi-ferme de droite. Ces réactions sont au nombre de deux, parce que ledit plan vertical coupe la ferme en deux points B et I.

La réaction en B, par raison de symétrie, est horizontale ; on peut la représenter par $- T$. En I, on a une force égale et de sens contraire à la réaction en B, c'est-à-dire une tension $+ T$, car la demi-ferme de gauche n'est soumise qu'à deux forces verticales et à deux forces horizontales.

On a donc deux couples, qui tendent à faire tourner la demi-ferme en sens inverse. Pour l'équilibre, les moments de ces couples doivent être égaux :

$$T \times h = pl \times \frac{a}{2}$$

13.

d'où
$$T = \frac{pla}{2h}$$

Nous allons examiner successivement les efforts qui agissent sur l'arbalétrier, l'entrait et le poinçon, et indiquer comment on calcule ces pièces.

Calcul de l'arbalétrier. — L'arbalétrier est soumis : 1° à un effort de flexion, résultant de la composante nor-

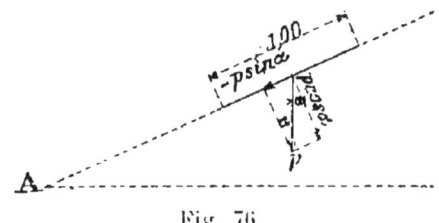

Fig. 76.

male $p \cos \alpha$ (fig. 76) de la charge par mètre courant p supportée par l'arbalétrier ; 2° à un effort de compression résultant des composantes parallèles à l'axe de l'arbalétrier

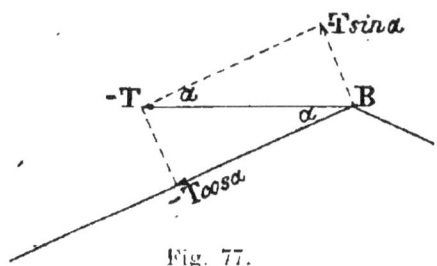

Fig. 77.

— $p \sin \alpha$ (fig. 76) et — $T \cos \alpha$ (fig. 77) de ladite charge p et de la réaction en B, lequel effort de compression va en augmentant de B à A, attendu que la charge supportée par l'arbalétrier augmente de B à A.

Les efforts qui agissent sur l'arbalétrier ne sont donc pas des forces transversales ; par suite, on ne peut pas

APPLICATIONS DE LA RÉSISTANCE DES MATÉRIAUX   227

employer la formule $R = \dfrac{v\mu}{I}$; il faut faire usage de la formule générale de la flexion plane (67)

$$R = \dfrac{v\mu}{I} - \dfrac{N}{\omega}$$

Soit un point quelconque M de l'arbalétrier situé à une distance x de l'appui A (fig. 78).

Le moment fléchissant produit en ce point M par la com-

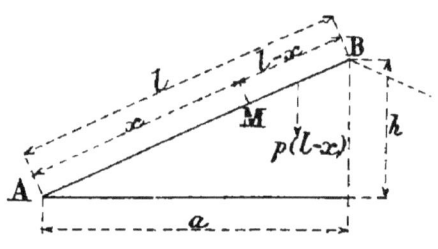

Fig. 78.

posante normale $p \cos \alpha$ s'obtient en remplaçant p par $p \cos \alpha$ et a par l dans la formule $\mu = - \dfrac{p}{2} x (a - x)$ trouvée (84) pour une poutre droite reposant sur deux appuis et soumise seulement à une charge uniformément répartie :

$$\mu = - \dfrac{p \cos \alpha}{2} x (l - x)$$

La charge totale supportée par le tronçon MB de l'arbalétrier étant égale à $p (l - x)$, la compression en M

$$N = - p (l - x) \sin \alpha - T \cos \alpha$$

En remarquant que

$$\cos \alpha = \dfrac{a}{l} \qquad \text{et } \sin \alpha = \dfrac{h}{l}$$

et en se rappelant que $T = \dfrac{pla}{2h}$, on a

$$\mu = -\dfrac{pa}{2l} x(l-x)$$

et $\quad N = -\dfrac{ph(l-x)}{l} - \dfrac{pa^2}{2h} = -\left[\dfrac{ph(l-x)}{l} + \dfrac{pa^2}{2h}\right]$

On voit que la tension longitudinale N est toujours négative, c'est une compression. Quant à μ, il est toujours négatif ; mais, comme il est rationnel de considérer les fibres comprimées, c'est-à-dire les fibres supérieures puisque N est une compression, la distance v d'une fibre comprimée à la fibre moyenne étant négative (62 et 67), le produit $v\mu$ est toujours positif. L'expression

$$R = \dfrac{v\mu}{1} - \dfrac{N}{\omega}$$

se compose donc des deux termes $\left(+\dfrac{v\mu}{2}\right)$ et $\left(-\dfrac{N}{\omega}\right)$ essentiellement positifs ; le premier est maximum pour $x = \dfrac{l}{2}$, et le second pour $x = 0$. On ne sait donc pas à priori pour quelle valeur de x, R est maximum ; cependant on peut dire que cette valeur correspond à un point situé entre A et le milieu de l'arbalétrier. En faisant varier x de 0 à $\dfrac{l}{2}$, on trouve que le maximum de R a lieu pour $x = \dfrac{l}{2}$: cela tient à ce que le premier terme $\dfrac{v\mu}{1}$ a beaucoup plus d'importance que le second.

Pour $x = \dfrac{l}{2}$, on a

$$\mu_m = -\dfrac{pal}{8}$$

$$N = -\dfrac{ph}{2} - \dfrac{pa^2}{2h} = -\dfrac{p}{2}\left(\dfrac{h^2 + a^2}{h}\right)$$

$$= -\dfrac{p}{2} \times \dfrac{l^2}{h}$$

Par suite, la valeur maxima de R, pour laquelle on doit calculer la section de l'arbalétrier, est

$$R = \frac{n}{I} \times \frac{pal}{8} + \frac{pl^2}{2h\omega}$$

n étant la distance de la fibre supérieure à la fibre moyenne.

Dans la pratique, on se contente de calculer l'arbalétrier à la flexion, c'est-à-dire par la formule $R = \frac{n}{I} \times \frac{pal}{8}$, et l'on vérifie ensuite si la section est suffisante pour résister à la compression maxima $N = -\left(ph + \frac{pa^2}{2h}\right)$ qui a lieu en A.

Calcul de l'entrait. — L'entrait doit résister à la tension $+ T$ et à la flexion due à son propre poids, p_3 par mètre courant.

Dans la formule $R = \frac{v\mu}{I} - \frac{N}{\omega}$

la tension longitudinale est constante $N = + T = + \frac{pla}{2h}$; c'est une traction.

Le moment fléchissant μ est maximum au milieu de la portée, si l'on ne tient pas compte du poinçon qui soutient l'entrait :

$$\mu_m = - \frac{p_3(2a)^2}{8} = - \frac{p_3 a^2}{2}$$

Comme on doit considérer les fibres allongées, c'est-à-dire les fibres inférieures, la distance v est positive et le produit $v\mu$ est négatif. Les deux termes de l'expression de R sont négatifs, et le maximum de R est

$$R = -\left[\frac{n}{I} \times \frac{p_3 a^2}{2} + \frac{pla}{2h\omega}\right]$$

Dans la pratique, on se contente de calculer l'entrait à la tension, soit pour $R = -\dfrac{T}{\omega} = -\dfrac{pla}{2h\omega}$.

Calcul du poinçon. — Le poinçon soutient l'entrait en son milieu; il supporte donc une charge N égale en valeur absolue à la réaction que nous avons trouvée pour l'appui intermédiaire d'une poutre à deux travées égales et également chargées, la charge étant uniformément répartie sur toute la longueur (118) et se réduisant dans le cas actuel au poids propre de l'entrait, p_5 par mètre courant :

$$N = -Q_1 = \frac{10 p_5 a}{8} = \frac{5 p_5 a}{4}$$

La section du poinçon doit, par suite, satisfaire à la condition (48).

$$R = \frac{N}{\omega} = \frac{5 p_5 a}{4\omega}$$

§ 3. — Aiguilles d'un barrage

166. Hypothèses et mode de calcul. — Jusqu'à présent les charges continues, que nous avons eu à considérer, se sont trouvées uniformément réparties. Il peut se faire que l'on ait des charges continues non uniformément réparties; c'est ce qui arrive, lorsqu'il s'agit des pressions exercées par un liquide.

Pour une retenue d'eau, on construit un barrage, ordinairement en maçonnerie, quelquefois à l'aide de charpente (fig. 79). Ce barrage oblige l'eau à s'élever en amont au niveau NN, et à s'abaisser en aval au niveau N'N'.

Nous supposerons un barrage en charpente, composé de madriers rectangulaires ou aiguilles verticales juxtaposées exactement et maintenues par des entretoises à la partie supérieure et à la partie inférieure ; nous admettrons que les aiguilles sont simplement appuyées.

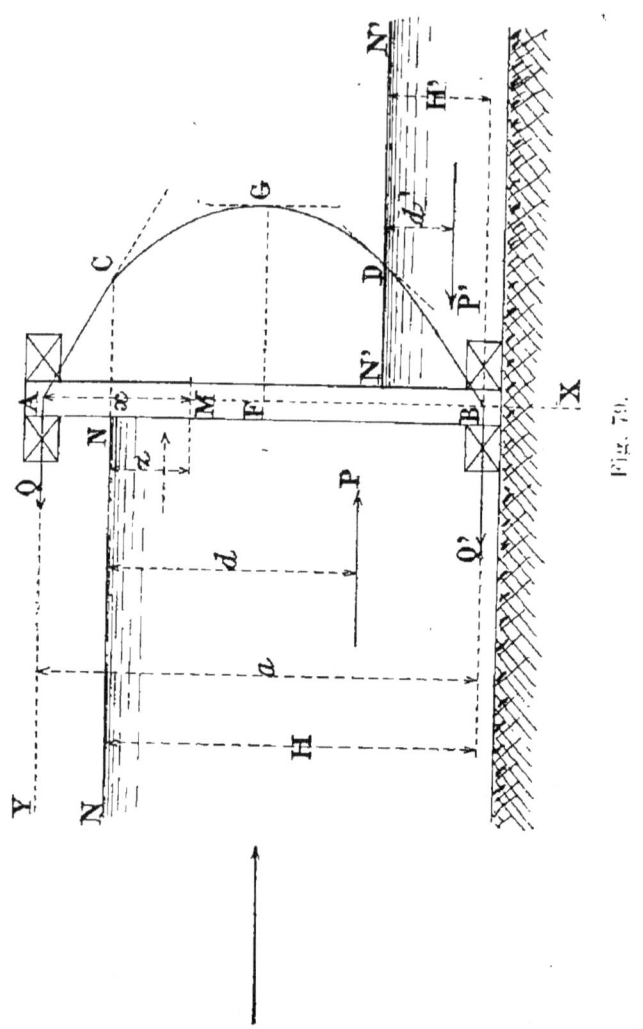

Fig. 79.

Toutes les aiguilles étant identiques et placées dans des conditions identiques, il suffit d'en calculer une seule.

Nous avons vu, à la fin de l'exposé de la méthode des sections (65), que, dans un liquide, on n'a que des pressions normales; par suite, dans le cas actuel, toutes les forces sont transversales et la tension de la matière en un point d'une section quelconque (68)

$$R = \frac{v\mu}{\mathrm{I}}$$

La détermination de la section des aiguilles pourra s'effectuer comme il a été indiqué dans la première partie (ch. IV, § 4), lorsqu'on connaîtra le moment fléchissant maximum μ_m : le problème revient donc à chercher μ_m.

167. Notations. — Représentons par :

a la longueur de l'aiguille entre ces deux points d'appui A et B;

b et h les dimensions transversales de l'aiguille : b dans le sens normal à la direction de l'eau, h dans le sens parallèle;

H et H' les profondeurs de l'eau, à l'amont et à l'aval jusqu'à l'horizontale du point d'appui inférieur B; P et P' les pressions de l'eau à l'amont et à l'aval; p le poids du mètre cube du liquide ($p = 1\,000$ kg. pour l'eau), Q et Q' les réactions des appuis.

168. Pressions à l'amont et à l'aval. — En appliquant le principe de l'égalité des pressions d'un liquide en tous sens (65), on trouve que la pression ou poussée totale de l'eau sur la face amont de l'aiguille est égale à

$$P = \frac{pb\mathrm{H}^2}{2}$$

et que son point d'application est situé à une distance du niveau de l'eau NN

$$d = \frac{2}{3} H$$

ou à une distance de l'horizontale du point d'appui inférieur B

$$H - d = \frac{H}{3}$$

De même pour la poussée de l'eau sur la face aval, on a

$$P' = \frac{pbH'^2}{2} \quad \text{et} \quad d' = \frac{2}{3} H' \quad \text{ou} \quad H' - d' = \frac{H'}{3}$$

Nous nous contenterons de donner les résultats sans les démontrer.

169. Réactions des appuis. — Les seules forces extérieures qui agissent sur l'aiguille étant les pressions de l'eau P et P' et les réactions des appuis Q et Q', et l'aiguille étant en équilibre, la somme algébrique des moments de ces forces par rapport à l'axe projeté en B ou par rapport au point B est nulle

$$Qa + P'(H' - d') - P(H - d) = 0$$

ou
$$Qa + \frac{pbH'^2}{2} \times \frac{H'}{3} - \frac{pbH^2}{2} \times \frac{H}{3} = 0$$

d'où on tire
$$Q = \frac{pb(H^3 - H'^3)}{6a}$$

La somme algébrique des projections des mêmes forces sur l'horizontale AY est également nulle

$$Q + Q' + P' - P = 0$$

d'où
$$Q' = \frac{pbH^2}{2} - \frac{pbH'^2}{2} - \frac{pb(H^3 - H'^3)}{6a}$$
$$= \frac{pb}{2}\left(H^2 - H'^2 - \frac{H^3 - H'^3}{3a}\right)$$

170. Moment fléchissant. — Ces calculs préliminaires effectués, cherchons le moment fléchissant en une section quelconque M située à une distance x de A ; si la section est au-dessous de NN et au-dessus de N'N' nous désignerons par z sa distance à N ; si elle est au-dessous de N'N' nous désignerons par z sa distance à N et par z' sa distance à N'.

Au point de vue du moment fléchissant, l'aiguille peut être divisée en trois régions :

1° Région AN, où il n'y a que la force Q qui intervienne, si l'on prend les moments par rapport à la partie supérieure de la section considérée ;

2° Région NN' où il n'y a que la force Q et la pression de l'eau d'amont au-dessus de la section considérée (cette pression est égale à $\dfrac{pbz^2}{2}$ et son point d'application est à une distance $\dfrac{z}{3}$ de M) ;

3° Région N'B où il y a la force Q et les pressions de l'eau d'amont et de l'eau d'aval au-dessus de la section considérée (ces pressions sont respectivement égales à $\dfrac{pbz^2}{2}$ et $\dfrac{pbz'^2}{2}$ et leurs points d'application sont à des distances $\dfrac{z}{3}$ et $\dfrac{z'}{3}$ de M).

On a :

1° $\mu = -Qx$ pour x variant de (0) à $(a-H)$

2° $\mu = -Qx + \dfrac{pbz^2}{2} \times \dfrac{z}{3}$

$= -Qx + \dfrac{pb}{6}(x+H-a)^3$ pour x variant de $(a-H)$ à $(a-H')$

3° $\mu = -Qx + \dfrac{pb}{6}(x+H-a)^3$

$- \dfrac{pb}{6}(x+H'-a)^3$ pour x variant de $(a-H')$ à (a)

Le diagramme de μ se compose :

1° D'une droite AC, pour laquelle $NC = -Q(a-H)$;

2° D'une courbe CGD (du troisième degré ou arc de parabole cubique), tangente en C à la droite AC ;

3° D'une courbe BD (arc de parabole du deuxième degré parce que les termes en x^3 se détruisent), ayant en D la même tangente que la courbe précédente.

Le μ maximum correspond au point du diagramme pour lequel la tangente est verticale : dans le cas de la figure 79 $\mu_m = FG$.

Ce maximum a lieu dans la deuxième région lorsque

$$H^2 + HH' + H'^2 < 3a(H - H')$$

Il correspond alors à

$$x = a - H + \sqrt{\frac{H^3 - H'^3}{3a}}$$

et a pour expression

$$\mu_m = -Q\left(a - H + \frac{2}{3}\sqrt{\frac{H^3 - H'^3}{3a}}\right) = -\frac{pb(H^3 - H'^3)}{6a}\left(a - H + \frac{2}{3}\sqrt{\frac{H^3 - H'^3}{3a}}\right)$$

Si la condition précitée n'est pas remplie, le maximum de μ se trouve dans la troisième région ;

Il correspond à

$$x = a + \frac{H^2 + HH' + H'^2}{6a} - \frac{H + H'}{2}$$

et a pour valeur

$$\mu_m = -\frac{pb(H - H')}{2}\left[\frac{H + H'}{2} - \frac{H^2 + HH' + H'^2}{6a}\right]^2$$

§ 4. — Poutres composées a ame pleine ou en treillis. Détermination de la section transversale. Calcul d'un treillis. Vérification de la rivure.

171. Généralités sur les poutres composées. — Les poutres de ponts ou de charpentes métalliques ont ordinairement une section ou profil en forme de double T.

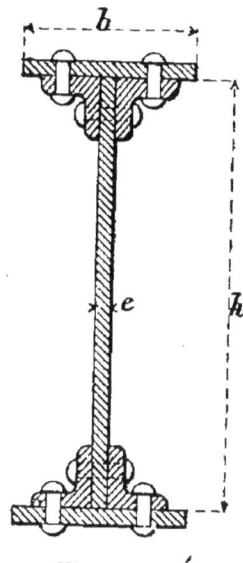

Fig. 80.

Tant que la hauteur de la poutre ne dépasse pas 0^m,50, on peut l'obtenir par simple laminage; lorsque la hauteur est plus grande, on est obligé de composer la poutre avec des plaques ou feuilles de tôle réunies par des cornières et des rivets ; on a même intérêt, au point de vue de l'économie et de la résistance, à employer les poutres composées à partir de 0^m,35 de hauteur.

La partie verticale (fig. 80) est l'âme; les deux parties horizontales sont les *tables*. Lorsque ces dernières ont une épaisseur un peu forte, on les forme avec plusieurs tôles, rivées ensemble, appelées *semelles* ou *plates-bandes*.

L'épaisseur des tôles ne doit pas être inférieure à 8 mm. à cause de la rouille.

L'âme peut être pleine comme dans la figure 80 ou a treillis, c'est-à-dire constituée par deux tôles ou membrures réunies par des barres inclinées.

Contrairement à l'apparence les poutres en treillis exigent, pour résister aux mêmes efforts, un cube de matière plus important que les poutres à âme pleine (175), et elles comportent un plus grand nombre d'assemblages;

de plus. les calculs relatifs aux poutres en treillis présentent moins de sécurité. L'emploi du treillis n'est justifié que parce qu'il a un aspect moins disgracieux que l'âme pleine et qu'il offre une surface plus faible à l'action du vent.

Lorsque l'âme est pleine et que sa hauteur dépasse un mètre, on superpose plusieurs tôles qu'on assemble à l'aide de couvre-joints.

Les poutres composées sont ordinairement renforcées et divisées en panneaux au moyen de montants verticaux, qui maintiennent l'écartement des semelles et s'opposent au flambage de la partie d'âme comprimée.

Au-dessus de chaque appui les poutres en treillis comportent une partie d'âme pleine.

Si la largeur des semelles dépasse $0^m,40$, il est nécessaire d'employer des dispositions spéciales pour les maintenir horizontales ; dans une poutre en treillis, on emploie alors la disposition en caisson, c'est-à-dire une âme double.

172. Mode de calcul d'une poutre droite composée à section constante. — Nous supposerons que les forces qui agissent sur la poutre sont des forces transversales : le module de la section constante de la poutre doit, par suite, satisfaire à la condition (103)

$$\frac{1}{n} = \frac{\mu_m}{R}$$

La première opération à faire consiste donc à chercher le moment fléchissant maximum μ_m ; en divisant μ_m par la charge pratique R admise, on connaîtra la valeur du module $\frac{1}{n}$ de la section, dont il s'agit de déterminer les dimensions.

Si l'on ne possède pas de tables, le plus simple, pour arriver à la détermination de ces dimensions, est de procéder par tâtonnements et approximations successives, en se donnant lesdites dimensions par comparaison avec des poutres existantes, soumises à des efforts analogues.

Lorsque la hauteur de la poutre n'est pas imposée par des circonstances particulières, il convient d'adopter pour cette hauteur une valeur comprise entre le 1/10 et le 1/12 de la portée.

En remplaçant dans la formule indiquée à l'article 76, les lettres par les nombres que l'on s'est donné, on obtiendra pour $\frac{I}{n}$ une certaine valeur ; si cette valeur diffère de $\frac{\mu_m}{R}$, on recommencera en faisant varier les diverses dimensions et notamment l'épaisseur des semelles. Il faudra toutefois avoir soin de diminuer I d'une quantité égale à la somme des moments d'inertie des petits rectangles correspondant aux trous des rivets compris dans la section transversale qui en comporte le plus grand nombre, ou bien, si l'on ne veut pas déduire les trous des rivets, adopter pour R une valeur réduite : l'affaiblissement des tôles provenant des trous de rivets varie entre 1/6 et 1/10.

Pour une poutre en treillis, on ne tient pas compte des barres du treillis dans le calcul de $\frac{I}{n}$; ces barres ont pour but de résister à l'effort tranchant ; nous verrons plus loin (174) comment on détermine leurs dimensions transversales.

Lorsqu'il s'agit d'une poutre à âme pleine, l'âme doit pouvoir également résister à l'effort tranchant maximum : on doit donc avoir, en désignant par h la hauteur et par e l'épaisseur de l'âme.

$$\frac{T_m}{eh} \leq R_c = \frac{4}{5} R \qquad \text{ou} \qquad eh \geq \frac{T_m}{R_c}$$

R_c représentant la charge pratique au cisaillement (59 et 60) ; en général, cette condition se trouve remplie.

Il reste à vérifier si le nombre de rivets est suffisant pour réaliser l'hypothèse de l'homogénéité (15 et 106) ; on ne fait que vérifier la rivure, parce qu'elle est toujours déterminée par des considérations d'économie et de fabrication : en effet, la rivure étant coûteuse et, dans le travail du fer, celui du rivetage étant le plus imparfait, on a intérêt à avoir le minimum de rivets. Nous indiquerons ultérieurement (176) la manière de vérifier la rivure.

173. Poutre composée à section variable. — Les formules que nous avons données pour une poutre droite reposant sur un nombre quelconque d'appuis et, chargée, dans chaque travée, d'un poids uniformément réparti, supposent, non seulement que la poutre est homogène, mais aussi que la section est constante (106). Cependant, certains constructeurs ont essayé de généraliser l'emploi de ces formules en faisant varier la section de la poutre, non seulement d'une travée à l'autre, mais encore dans une même travée, de manière à ne dépasser en aucun point la charge pratique R, eu égard au moment fléchissant maximum correspondant. Cette méthode, qui n'est point conforme à la théorie, a obtenu la sanction de l'expérience ; les poutres ainsi calculées se comportent très bien. Aussi est-elle appliquée d'une façon générale.

Pour faire varier la section de la poutre, il suffit de faire varier l'épaisseur des semelles. On procède à l'étude de ces variations, étude appelée *répartition des semelles ou des plates-bandes*, au moyen de l'épure des moments fléchissants. Nous montrerons plus loin comment on effectue la répartition des plates bandes, en étudiant deux cas particuliers de tabliers métalliques (§ 7 et 8).

Dans les poutres en treillis, on fait également, par raison d'économie, varier les dimensions des barres du treillis d'un panneau à un autre, en les calculant de manière à ce qu'elles soient susceptibles de résister à l'effort tranchant maximum correspondant à chaque panneau. On utilise pour cela les diagrammes des efforts tranchants à l'aide d'une épure, ainsi que nous le ferons pour les deux cas particuliers dont nous venons de parler.

174. Calcul d'un treillis. — Considérons une poutre en treillis ne comportant que deux barres ou croisillons dans chaque panneau (fig. 81); supposons que cette poutre repose sur deux appuis et supporte une charge unifor-

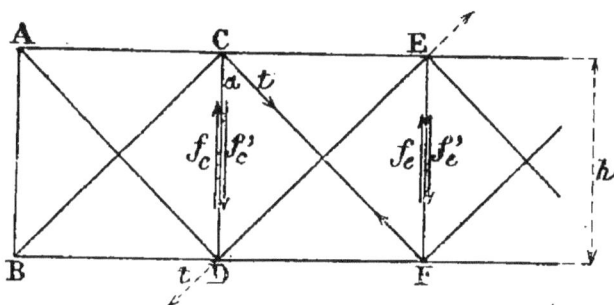

Fig. 81.

mément répartie. Examinons l'effet produit par l'effort tranchant dans un panneau situé près de l'appui de gauche, dans le panneau CDEF par exemple.

Nous avons vu précédemment (84) que dans une section quelconque l'effort tranchant qui se développe à droite de la section est égal et de signe contraire à celui qui se développe à gauche, et que pour la première moitié de la poutre, l'effort tranchant est positif à droite de chaque section et négatif à gauche; en d'autres termes, l'effort tranchant dans chaque section de la moitié considérée tend à faire glisser la partie de la poutre située à droite de la section le long de la partie située à gauche. Dans les sections correspondant aux montants CD et EF, les efforts tranchants sont, par suite, dirigés suivant les flèches f_c et f'_c, f_e et f'_e. Les efforts qui en résultent pour les barres du treillis, sont une traction de la barre DE et une compression de la barre CF.

Dans le voisinage de l'appui de droite, le même phénomène se produit, mais en sens inverse.

Il est aisé de reconnaître que, si la poutre est chargée symétriquement par rapport à son milieu, comme nous l'avons supposé, les barres tendues sont celles dont le prolongement coupe la verticale du milieu au-dessus de la poutre, et que les barres comprimées sont celles dont le prolongement coupe cette verticale au-dessous de la poutre.

La section des barres tendues peut être méplate; mais, afin d'éviter le flambage des barres comprimées, on donne à ces dernières une section ayant la forme, soit d'une croix, soit d'un T, soit d'un U, soit d'une cornière; il convient autant que possible de donner également aux barres tendues une forme analogue à celle des barres comprimées.

Ce qui précède peut s'étendre aux treillis constitués avec un nombre de barres supérieur à deux, dans chaque panneau.

Lorsque les mailles du treillis sont étroites, les barres comprimées peuvent être méplates.

Revenons à la figure 81 et désignons par T l'effort tranchant dans la section CD : c'est l'effort tranchant maximum dans le panneau CDEF.

Si l'on admet que l'action exercée par cet effort T se répartit également sur les deux barres DE et CF, la valeur de la traction de DE ou de la compression de CF est

$$t = \frac{T}{2 \cos \alpha}$$

NOVAT. — Résist. des matériaux.

La section de chacune de ces barres doit donc être égale à

$$\omega = \frac{t}{R'} = \frac{T}{2R' \cos \alpha}$$

R' étant la charge pratique.

Lorsqu'il y a n barres, au lieu de deux, dans chaque section transversale de la poutre, on a

$$t = \frac{T}{n \cos \alpha} \qquad \text{et} \qquad \omega = \frac{T}{nR' \cos \alpha}$$

Les barres de treillis étant exposées à des efforts alternatifs d'extension et de compression, il est prudent de réduire la limite du travail admise ordinairement comme charge pratique à l'extension et à la compression : cette réduction est imposée par la circulaire de M. le ministre des Travaux publics sur les ponts à tablier métallique, mais elle n'est pas exigée par la circulaire analogue de M. le ministre de l'Intérieur (182). Nous estimons qu'il convient de prendre $R' = R_c$.

175. Economie relative d'une poutre à âme pleine comparée à une poutre en treillis. — Supposons que la poutre ait une section constante. Pour que cette section soit capable de résister à l'effort tranchant maximum T m, il faut que :

1° Si l'âme est pleine, la section de l'âme (172)

$$ch = \frac{T_m}{R_c}$$

2° Si l'âme est à treillis, la section totale des barres (174)

$$n\omega = \frac{T_m}{R' \cos \alpha}$$

Le cube de l'âme par mètre courant dans le premier cas

$$q_1 = eh = \frac{T_m}{R_c}$$

et dans le second cas

$$q_2 = n\omega \times \frac{DE}{DF} = n\omega \times \frac{1}{\sin \alpha}$$

$$= \frac{T_m}{R' \cos \alpha \sin \alpha}$$

$$= \frac{T_m}{R' \times \frac{\sin 2\alpha}{2}}$$

$$= \frac{2T_m}{R' \sin 2\alpha}$$

Le minimum de q_2 a lieu pour $\sin 2\alpha = 1$, c'est-à-dire pour $\alpha = 45°$, et il est égal à

$$q_2 = \frac{2T}{R'}$$

Puisque $R' = R_c$ (174), on a dans ce cas

$$q_2 = 2 q_1$$

Le cube du métal d'une âme à treillis doit donc être au moins le double de celui d'une âme pleine pour résister au même effort tranchant.

Si l'on prenait $R' = R$ et $R_c = \frac{4}{5} R$, on aurait $q_2 = \frac{8}{5} q_1$

On atténue ce désavantage des poutres en treillis, en faisant varier la section des barres d'un panneau à un autre.

176. Vérification de la rivure. — 1° *Rivetage des semelles sur les cornières.* — Supposons que l'âme et les quatre cornières, c'est-à-dire le corps de la poutre, forment un tout solidaire. Soit μ le moment fléchissant dans une section quelconque AA′, et soit μ_1 celui dans une section voisine BB′. Si la semelle n'était pas réunie aux cornières,

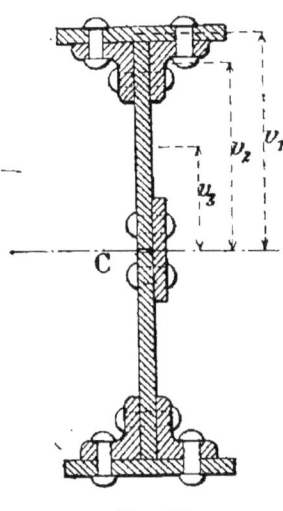

Fig. 82.

les moments fléchissants seraient sans effet sur elle, et ils devraient être équilibrés en totalité par le corps de la poutre; les cornières glisseraient sous la semelle. Mais si la semelle est rivée aux cornières, elle sera entraînée dans la flexion du corps de la poutre grâce à des tractions ou à des compressions transmises par les rivets. Désignons par p et p_1 les efforts d'extension ou de compression auxquels sont soumises les semelles dans les deux sections considérées. Les rivets compris dans l'intervalle de A à B devront résister à un effort de cisaillement égal à $p - p_1$ en admettant que p_1 soit plus petit que p.

Soit ω_1 la section, supposée constante, d'une semelle; v_1 la distance de son centre de gravité à l'axe neutre de la poutre (fig. 82). A l'aide du calcul intégral, on trouve, I étant le moment d'inertie de la section totale de la poutre,

$$p = \frac{\mu}{I} \omega_1 v_1 \qquad p_1 = \frac{\mu_1}{I} \omega_1 v_1$$
$$p - p_1 = \frac{\mu - \mu_1}{I} \omega_1 v_1$$

Si d est le diamètre d'un rivet, m_1 l'écartement d'axe en axe des rivets et l la distance entre les deux sections AA′ et BB′, il y a entre ces deux sections $\frac{l}{m_1}$ rivets par file; et, comme il y a une file sur chaque bord de la semelle, il y a en tout $\frac{2l}{m_1}$ rivets. On doit donc avoir

$$\frac{2l}{m_1} \times \frac{\pi d^2}{4} \times R_c \geqq \frac{\mu - \mu_1}{I} \omega_1 v_1$$

ou
$$\frac{2}{m_1} \times \frac{\pi d^2}{4} \times R_c \geqq \frac{\frac{\mu - \mu_1}{l}}{I} \omega_1 v_1$$

Si l'on considère des sections de plus en plus rapprochées, le quotient $\frac{\mu - \mu_1}{l}$ a pour limite l'effort tranchant T dans la section considérée. Par conséquent, en un point quelconque de la poutre, le rivetage des semelles sur les cornières doit satisfaire à la condition

$$\frac{2}{m_1} \times \frac{\pi d^2}{4} \times R_c \geqq \frac{T}{I} \omega_1 v_1$$

2° *Rivetage des cornières sur l'âme.* — Soit ω_2 la section de l'ensemble des deux cornières, v_2 la distance de leur centre de gravité à la fibre neutre, m_2 l'écartement d'axe en axe des rivets reliant les cornières à l'âme.

En raisonnant comme nous venons de le faire pour les semelles et en remarquant qu'il n'y a qu'une seule file de rivets, mais qu'ils résistent au cisaillement sur deux sections, on trouve que le rivetage dont il s'agit doit remplir la condition

$$\frac{2}{m_2} \times \frac{\pi d^2}{4} \times R_c \geqq \frac{T}{I} (\omega_1 v_1 + \omega_2 v_2)$$

3° *Rivetage longitudinal de deux portions d'âme pleine.* — Si nous supposons l'âme pleine formée de deux tôles assemblées par un couvre-joint longitudinal en un point C, qui peut être ou ne pas être le milieu de l'âme, et si nous représentons par ω_3 la section de la portion d'âme située au-dessus de C, par v_3 la distance du centre de gravité de cette portion à l'axe neutre et par m_3 l'intervalle des rivets reliant le couvre-joint à l'âme, on doit avoir

$$\frac{2}{m_3} \times \frac{\pi d^2}{4} \times R_c \geqq \frac{T}{I}(\omega_1 v_1 + \omega_2 v_2 + \omega_3 v_3)$$

Si le couvre-joint est au milieu de l'âme, comme sur la figure 82,

$$\omega_1 v_1 + \omega_2 v_2 + \omega_3 v_3 = \omega v$$

ω étant la section de la demi-poutre et v la distance de son centre de gravité à la fibre neutre.

Si tous les rivets ont le même diamètre, les conditions précitées, transformées en égalités, donnent évidemment

$$m_3 < m_2 < m_1$$

Par suite, si les écartements des rivets sont égaux dans les trois rivetages étudiés, c'est-à-dire si $m_3 = m_2 = m_1$, il suffira de vérifier le premier.

4° *Couvre-joints transversaux.* — Les poutres, dès qu'elles dépassent certaines limites de longueur et de poids, doivent être divisées en tronçons qui sont construits séparément à l'atelier et assemblés ensuite sur le chantier au moyen de couvre-joints.

On dispose les joints de manière à avoir le moins possible de rivets à poser sur place; pour cela, on rapproche le plus possible les joints des différents fers qui constituent la poutre.

L'âme et les deux cornières ont chacune leurs couvre-joints propres, dont la section doit être égale à celle des pièces qu'ils remplacent; ces couvre-joints peuvent sans inconvénient être placés dans la même section.

Les différentes feuilles de tôle ou semelles qui constituent une des tables de la poutre ne peuvent pas avoir chacune un couvre-joint. Si l'on plaçait tous les joints des semelles au même point, le couvre-joint devrait avoir une section égale à la section totale de la table : on arriverait ainsi à une épaisseur souvent trop considérable. C'est pourquoi on dispose les joints des feuilles en escalier, ou bien on les croise, de façon à ne donner au couvre-joint que l'épaisseur de la tôle la plus forte.

Nous allons examiner successivement les couvre-joints de l'âme, des cornières et des semelles.

177. Couvre-joints de l'âme. — L'assemblage a lieu à l'aide d'un double couvre-joint ; par suite, les rivets ont chacun deux sections de cisaillement. Soit ω la section de l'âme, e son épaisseur, ω_1 la section d'un seul couvre-joint, e_1 son épaisseur, d le diamètre des rivets, n le nombre de rivets d'une file verticale, n' le nombre de files sur chaque tronçon de poutre.

La section nette de l'âme, déduction faite des trous de rivets, est

$$\omega - edn$$

La somme des sections de cisaillement est

$$2nn' \times \frac{\pi d^2}{4}$$

Pour que les rivets ne soient pas cisaillés, on doit avoir (139)

$$2nn' \times \frac{\pi d^2}{4} \times \frac{4}{5} \geqq \omega - edn$$

le rapport de la résistance de cisaillement à la résistance de traction étant $\frac{R_c}{R} = \frac{4}{5}$.

Pour que le double couvre-joint ne soit pas rompu entre

les rivets, il faut que sa section nette soit au moins égale à celle de l'âme (141) :

$$2(\omega_j - e_j dn) \geq \omega - edn$$

178. Couvre-joints des cornières. — Les joints des deux cornières opposées sont ordinairement disposés en des points différents B et C (fig. 83).

Soit ω la section d'une cornière, e son épaisseur, ω_j la

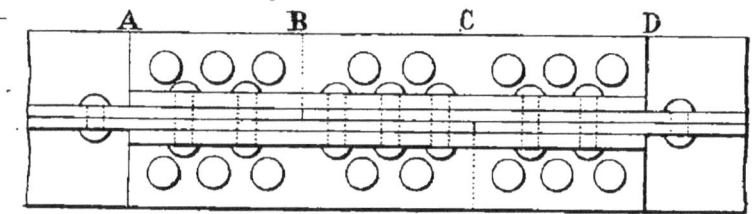

Fig. 83 (plan).

section d'un couvre-joint, e_j son épaisseur, d le diamètre d'un rivet, n_h le nombre de rivets compris entre les deux joints B et C sur une aile horizontale, n_v le nombre de rivets compris entre ces deux joints sur une aile verticale, n'_h le nombre de rivets sur une aile horizontale entre

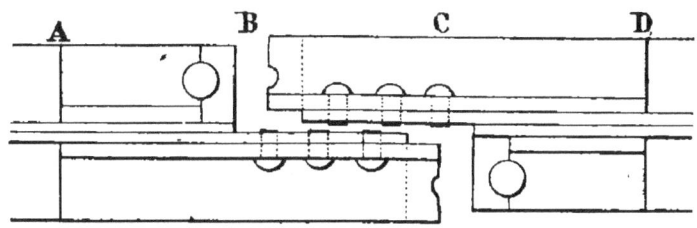

Fig. 84.

l'extrémité A d'un couvre-joint et le joint B ou entre D et C, n'_v le nombre de rivets entre les mêmes points sur une aile verticale.

Dans l'étude des possibilités de rupture, on ne doit pas tenir compte de l'âme de la poutre ; c'est pour ce motif que nous ne la figurons pas. La rupture peut dans ces conditions se produire de cinq manières différentes :

1° Rupture des deux couvre-joints au droit des rivets voisins des joints, les rivets placés entre les joints B et C, sur l'aile verticale, étant cisaillés (fig. 84).

Pour que cette rupture n'ait pas lieu, il faut que

$$2(\omega_j - e_j d) + n_v \times \frac{\pi d^2}{4} \times \frac{4}{5} \geq 2(\omega - ed)$$

ou

$$n_v \geq \frac{10}{4} \times \frac{(\omega - ed) - (\omega_j - e_j d)}{\frac{\pi d^2}{4}}$$

2° Rupture par cisaillement de tous les rivets des ailes verticales ainsi que des rivets des ailes horizontales entre

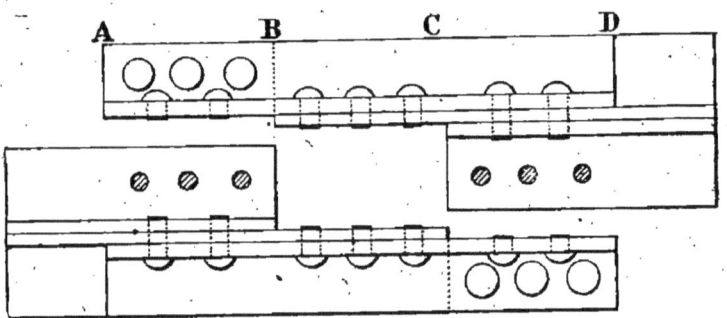

Fig. 85.

les joints et les extrémités des couvre-joints, un couvre-joint restant sur chaque tronçon (fig. 85).

Pour éviter cette rupture, on doit avoir

$$\left[n_v + 2(n'_h + n'_v) \right] \times \frac{\pi d^2}{4} \times \frac{4}{5} \geq 2(\omega - ed)$$

3° Rupture par cisaillement des rivets d'un couvre-joint

entre A et B sur l'aile verticale et l'aile horizontale et par rupture d'une cornière au voisinage du point A (fig. 86).

La condition pour que la rupture n'arrive pas est

$$(2n'_v + n_h) \times \frac{\pi d^2}{4} \times \frac{4}{5} \geqq \omega - ed$$

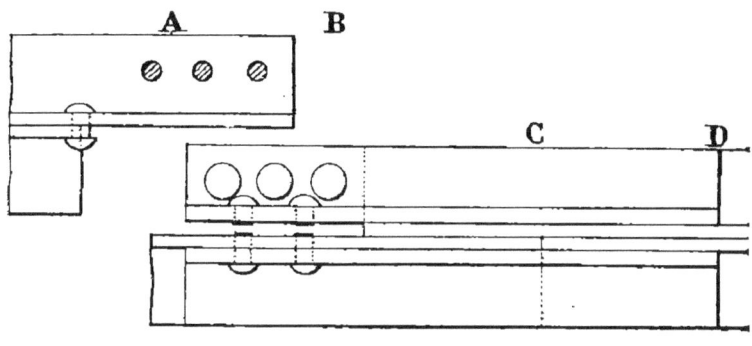

Fig. 86.

4° Rupture par cisaillement de tous les rivets des couvre-joints entre les points A et C, mais sans rupture de pièce, les deux couvre-joints restant sur le tronçon de droite.

La condition correspondante

$$[2n_v + n_h + 2(n'_h + n'_v)] \times \frac{\pi d^2}{4} \times \frac{4}{5} \geqq 2(\omega - ed)$$

étant forcément remplie, si la seconde est satisfaite, il n'y a pas lieu d'en tenir compte

5° Rupture d'un couvre-joint près de B, avec cisaillement des rivets de son aile verticale de B à C, ainsi que des rivets de l'autre couvre-joint de C en D.

La condition correspondante

$$(\omega^j - e_j d) + (n_v + n'_h + n'_v) \times \frac{\pi d^2}{4} \times \frac{4}{5} \geqq 2(\omega - ed)$$

est la somme des deux premières ; par suite, il n'y a pas à s'en préoccuper.

Il ne reste donc que les trois premières conditions.

Comme les n_h rivets, placés entre les joints B et C sur chaque aile horizontale, n'interviennent pas dans les conditions de résistance, leur nombre est réglé par la seule condition que les tôles ne bâillent pas.

179. Couvre-joints des semelles. — Les joints des différentes semelles d'une table doivent être placés en des points différents, afin de réduire l'épaisseur du couvre-joint : on peut, pour cela, soit croiser les joints, soit les disposer en escalier. Lorsque les semelles d'une poutre sont suffisamment larges, il est avantageux d'employer un couvre-joint double : le couvre-joint extérieur est d'une seule pièce ayant la largeur des semelles ; le couvre-joint intérieur est formé de deux parties.

Nous étudierons les différentes dispositions d'un couvre-joint pour une table composée de trois épaisseurs de tôle.

a. *Joints en escalier à un seul couvre-joint.* — Soit à réunir trois semelles, dont les joints B_1, C_3 et D_2 sont en

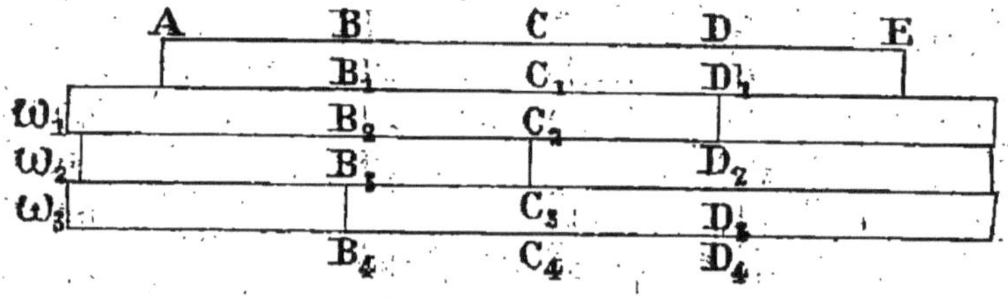

Fig. 87.

escalier, au moyen d'un couvre-joint AE (fig. 87). Désignons par ω_1, ω_2 et ω_3 les sections nettes des semelles et par ω_j celle du couvre-joint.

Soit d le diamètre d'un rivet, n_A^B, n_B^C, n_C^D, n_D^E les nombres de rivets entre les points A et B, B et C, C et D, D et E.

1° Pour que la rupture ne puisse se produire par l'un

des joints, il faut que le couvre-joint ait une section au moins égale à celle de la plus forte semelle ;

2° Pour que la rupture ne puisse se produire par deux joints B et C, suivant $B_4B_3C_3C$, il faut que

$$(1) \qquad \omega_j + n_{\scriptscriptstyle B}^{\scriptscriptstyle C} \times \frac{\pi d^2}{4} \times \frac{4}{5} \geqslant \omega_2 + \omega_3$$

3° Pour que la rupture ne puisse se produire par les trois joints, suivant $B_4B_3C_3C_2D_2D_1E$, il faut que

$$(2) \qquad (n_{\scriptscriptstyle B}^{\scriptscriptstyle C} + n_{\scriptscriptstyle C}^{\scriptscriptstyle D} + n_{\scriptscriptstyle D}^{\scriptscriptstyle E}) \times \frac{\pi d^2}{4} \times \frac{4}{5} \geqslant \omega_1 + \omega_2 + \omega_3$$

4° Pour que la rupture ne puisse se produire suivant AB_1B_4 ou ED_1D_4, il faut que

$$(3) \qquad n_{\scriptscriptstyle A}^{\scriptscriptstyle B} \times \frac{\pi d^2}{4} \times \frac{4}{5} \geqslant \omega_3$$

$$(4) \qquad n_{\scriptscriptstyle U}^{\scriptscriptstyle E} \times \frac{\pi d^2}{4} \times \frac{4}{5} \geqslant \omega_1$$

Les autres modes de rupture donnant des conditions moins défavorables, nous ne les étudierons pas.

La formule (1) montre qu'on peut rapprocher les joints, à la condition d'augmenter l'épaisseur du couvre-joint. Mais la formule (2) montre que le nombre des rivets ne peut être diminué ; par suite, il n'y a pas intérêt à rapprocher les joints au delà d'une certaine limite, la longueur du couvre-joint devant rester la même.

La solution la plus avantageuse consiste à donner au couvre-joint la même épaisseur qu'à la plus forte semelle ; des formules précédentes, on peut alors déduire ce qui suit :

1° Le nombre des rivets entre deux joints consécutifs doit donner une section totale, égale aux 5/4 de la section de la plus forte des deux semelles qui sont coupés en ces points ; par exemple, si $\omega_2 > \omega_3$, on doit avoir

$$n_D^c \times \frac{\pi d^2}{4} = \frac{5}{4} \times \omega_2 \quad \text{ou} \quad n_B^c = 5 \times \frac{\omega_2}{\pi d^2}.$$

2° La section totale des rivets compris entre un joint extrême et l'extrémité du couvre-joint doit être équivalente aux 5/4 de la section de la semelle interrompue en ce point :

$$n_A^B \times \frac{\pi d^2}{4} = \frac{5}{4} \times \omega_3 \quad \text{ou} \quad n_A^B = 5 \times \frac{\omega_3}{\pi d^2}.$$

Si les trois semelles sont identiques, ω étant la section de chacune d'elles, le nombre total des rivets sera $20 \times \frac{\omega}{\pi d^2}$, ce qui déterminera la longueur du couvre-joint.

Si l'on a m semelles identiques, le nombre total des rivets sera $5 \times (m+1) \times \frac{\omega}{\pi d^2}$.

b. *Joints croisés à un seul couvre-joint.* — Considérons trois semelles dont les joints sont croisés (fig. 88) et conservons les notations précédentes.

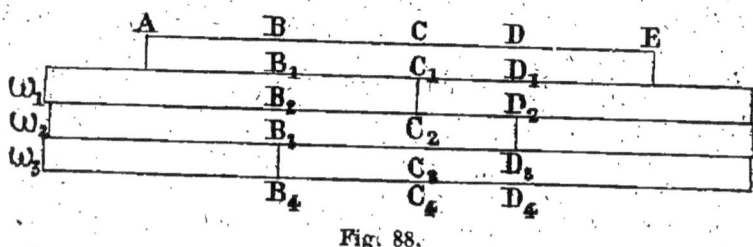

Fig. 88.

En étudiant les possibilités de rupture, on voit que les conditions (1), (3) et (4) trouvées plus haut subsistent, mais que la condition (2) disparaît.

Il en résulte qu'en augmentant l'épaisseur du couvre-joint, on peut rapprocher les joints, mais sans changer les nombres n_A^B et n_E^D des rivets compris entre les extrémités du couvre joint et les joints extrêmes.

Si l'on considère la rupture suivant $B_1B_2C_2C_1A$, on a la condition

$$(n_A^B + 2n_B^C) \times \frac{\pi d^2}{4} \times \frac{4}{5} \geqq \omega_3 + \omega_1$$

les rivets entre B et C travaillant au cisaillement sur deux sections. Comme

$$n_A^B \times \frac{\pi d^2}{4} \times \frac{4}{5} \geqq \omega_3$$

il en résulte que

$$n_B^C \times \frac{\pi d^2}{4} \times \frac{4}{5} \geqq \frac{\omega_1}{2} \quad \text{ou} \quad n_B^C \times \frac{\pi d^2}{4} \geqq \frac{5}{4} \times \frac{\omega_1}{2}$$

Le nombre de rivets entre deux joints devra donc être tel que leur section totale soit les 5/4 de la moitié de la semelle la plus forte.

S'il y a plus de trois semelles, on retombe pour les autres sur la disposition en escalier.

Si nous avons à réunir trois semelles égales de section ω, nous aurons

$$n_B^C = \frac{5}{2} \times \frac{\omega}{\pi d^2}$$

et en portant cette valeur dans l'équation (1) nous obtiendrons

$$\omega_j \geqq \frac{3}{2} \omega$$

En faisant $\omega_j \geqq \frac{3}{2} \omega$, nous pourrons donc prendre

$$n_A^B = n_D^E = 5 \times \frac{\omega}{\pi d^2}$$

et

$$n_B^C = n_C^D = \frac{5}{2} \times \frac{\omega}{\pi d^2}$$

Le nombre total des rivets sera alors $15 \times \frac{\omega}{\pi d^2}$, tandis qu'il serait $20 \times \dfrac{\omega}{\pi d^2}$ si le couvre-joint avait même section qu'une semelle ; cette solution est celle qui exige le moins de rivets.

c. *Joints en escalier à double couvre-joint.* — La rupture suivant $A'B_4B_3C_3C_2D_2D_1E$ conduit à la condition

$$\left(n_A^B + n_B^C + n_C^D + n_D^E\right) \times \frac{\pi d^2}{4} \times \frac{4}{5} \geqq \omega_1 + \omega_2 + \omega_3$$

qui, comparée à la condition (3) trouvée dans le cas du couvre-joint simple, montre que le nombre total des rivets sera moindre avec un couvre-joint double.

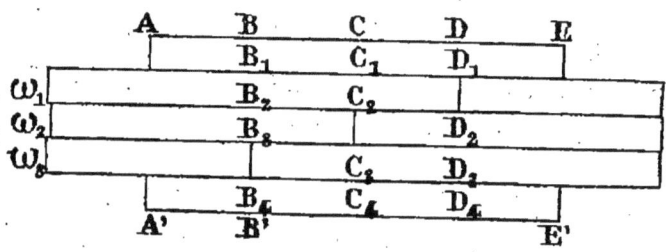

Fig. 89.

La rupture AB_1B_1A' donne la condition

$$2 n_A^B \times \frac{\pi d^2}{4} \times \frac{4}{5} \geqq \omega_3 \quad \text{ou} \quad n_A^B \geqq \frac{5}{2} \frac{\omega_3}{\pi d^2}$$

soit moitié moins que dans le cas du couvre-joint simple, en supposant que le nombre des rivets sur les deux couvre-joints AE et A'E' est le même ; sinon, ce sont les $\dfrac{4}{5}$ de la somme des sections de rivets résistant au cisaillement sur les deux couvre-joints entre A et B, que l'on doit prendre au moins égale à ω_3, ou, ce qui revient au même, ladite somme doit être égale aux $\dfrac{5}{4}$ de ω_3.

La rupture suivant un joint BB' impose la condition que

la somme des sections des deux couvre-joints doit égaler la section de la plus forte semelle.

Si l'on considère la rupture $B'B_3C_3C$, elle donne la condition

$$n_B^c \times \frac{\pi d^2}{4} \times \frac{4}{5} + \omega_j \geqq \omega_3 + \omega_2$$

ω_j étant la section totale des couvre-joints prise égale à la plus forte semelle, soit à ω_2 par exemple. Il s'ensuit que

$$n_B^c \geqq 5 \times \frac{\omega_3}{\pi d^2}$$

Le nombre de rivets entre deux joints est double du nombre de rivets compris entre un joint et l'extrémité du couvre-joint.

Si les trois semelles sont égales entre elles, le nombre total des rivets est $15 \times \frac{\omega}{\pi d^2}$, comme dans le cas des joints croisés à couvre-joint simple; mais la somme des sections des deux couvre-joints n'est que ω, tandis que la section du couvre-joint simple est $\frac{3}{2}\omega$.

d. *Joints croisés à double couvre-joint.* — C'est le mode d'assemblage des semelles qui nécessite le moins grand nombre de rivets, et qui permet aux efforts de se transmettre de la façon la meilleure.

Les calculs sont analogues à ceux relatifs aux joints croisés à un seul couvre-joint.

En considérant toujours le cas de trois semelles et en donnant encore aux couvre-joints une section totale égale aux 3/2 de la semelle la plus forte, il suffira de placer entre deux joints un nombre de rivets dont la section totale soit les 5/8 de la section de la plus forte semelle; le nombre des rivets compris entre un joint extrême et l'extrémité du couvre-joint sera également moitié moindre que celui des rivets compris entre deux joints.

Si le nombre des rivets n'est pas le même sur les deux couvre-joints, intérieur et extérieur, la somme des sections des rivets résistant au cisaillement entre un joint extrême et l'extrémité du couvre-joint devra être équivalente aux 5/16 de la section de la plus forte semelle.

§ 5. — Poutres armées

180. Généralités. — Le but qu'on se propose en armant une poutre est de lui donner un ou plusieurs points d'ap-

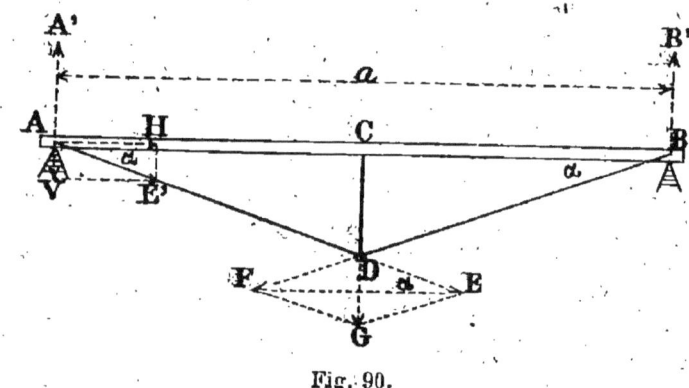

Fig. 90.

pui intermédiaires dépendant exclusivement des points d'appui extrêmes et laissant libre l'espace situé au-dessus et au-dessous.

C'est Polonceau qui a eu la première idée des poutres armées.

La poutre armée la plus simple est celle qui ne comporte qu'un seul point d'appui intermédiaire : elle est formée d'une pièce horizontale ou poutre AB (fig. 90), soutenue en son milieu C par une bielle ou contre-fiche CD, laquelle s'articule à sa base avec deux tirants AD et BD reliés avec les extrémités de la poutre AB. La figure 91 représente une poutre armée à deux contre-fiches.

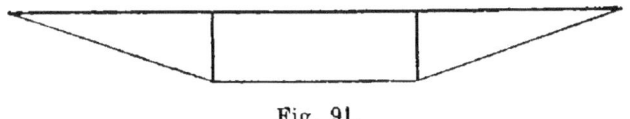

Fig. 91.

Il y a plusieurs systèmes de poutres armées à trois contre-fiches (fig. 92), savoir :

1° Le système Polonceau ;
2° Le système Bollman ;
3° Le système Finck.

La méthode la meilleure pour déterminer les efforts, auxquels sont soumises les différentes pièces d'une poutre

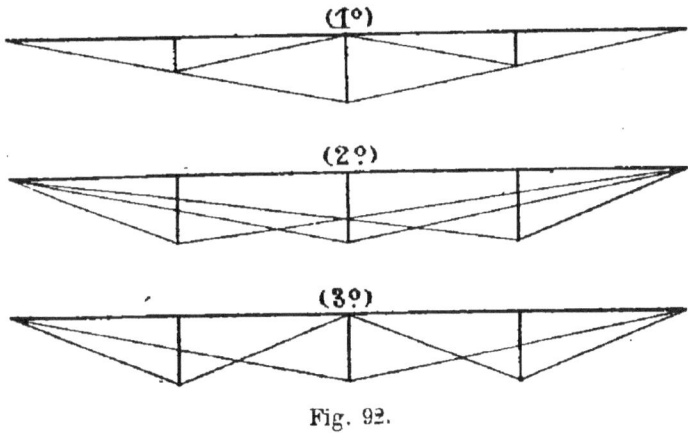

Fig. 92.

armée est la méthode graphostatique ou statique graphique.

Nous nous bornerons à étudier, à titre d'indication, le cas le plus simple, c'est-à-dire la poutre armée à une seule contre-fiche.

On trouvera de nombreux exemples de poutres armées

des systèmes américains Bollman et Finck dans le rapport de M. Malézieux sur les travaux publics aux États-Unis d'Amérique.

181. Poutre armée à une seule contre-fiche. — Nous supposerons que la poutre supporte seulement sur toute sa longueur a une charge uniformément répartie, p par mètre courant.

Nous admettrons que le réglage du système est tel que les trois points A, C et B (fig. 90) restent en ligne droite après la charge : la poutre AB se trouve ainsi transformée en une poutre droite à deux travées égales et également chargées.

Nous négligerons le frottement des articulations et le poids des pièces accessoires.

Considérons d'abord les forces agissant autour du point ou nœud D : la contre-fiche CD est soumise à une compression DG égale et de signe contraire à la réaction de l'appui intermédiaire d'une poutre droite à deux travées ; en nous reportant à la formule donnée à l'article 118, nous aurons, en ayant soin de remplacer a par $\frac{a}{2}$:

$$DG = -Q_1 = \frac{5p\frac{a}{2}}{4} = \frac{5pa}{8}$$

Cette compression de la contre-fiche détermine dans les tirants des tractions DE et DF, qui sont égales entre elles, par raison de symétrie, et que nous désignerons par S : le parallélogramme des forces DEFG est un losange et les diagonales se coupent en leur milieu. On a par suite

$$DE = \frac{\frac{1}{2}DG}{\sin \alpha}$$

α étant l'angle des tirants avec l'horizontale AB, ou

$$S = \frac{5pa}{16 \sin \alpha}$$

La traction $AE' = DE$ du tirant AD se décompose, à son extrémité A, en une force horizontale, produisant une compression de la poutre, égale à

$$AH = S \cos \alpha$$
$$= \frac{5pa}{16 \sin \alpha} \cos \alpha$$
$$= \frac{5pa \cot g \, \alpha}{16}$$

et en une force verticale

$$AV = S \sin \alpha$$
$$= \frac{5pa}{16 \sin \alpha} \sin \alpha$$
$$= \frac{5pa}{16}$$

laquelle ajoutée à l'effort tranchant en A d'une poutre à deux travées égales (118)

$$T_0 = \frac{3p \frac{a}{2}}{8} = \frac{3pa}{16}$$

donne une charge verticale

$$AV + T_0 = \frac{5pa}{16} + \frac{3pa}{16}$$
$$= \frac{pa}{2}$$

transmise à la maçonnerie.

Les réactions des appuis AA' et BB' sont donc respectivement égales à $-\frac{pa}{2}$, ce qui est évident à priori.

La bielle ou contre-fiche CD sera calculée pour résister à la compression $\frac{5pa}{8}$ et les tirants AD et BD pour résister à la traction $\frac{5pa}{16 \sin \alpha}$.

Quant à la poutre AB, il faudra la calculer pour résister à la fois à la tension ou plutôt à la compression longitudinale $\frac{5pa \cotg \alpha}{16}$, laquelle est constante pour tous les points, et au moment fléchissant maximum μ_m, lequel a lieu au milieu de AB et est égale à (118)

$$\mu_m = \frac{p\left(\frac{a}{2}\right)^2}{8} = \frac{pa^2}{32}$$

Dans la formule générale de la flexion plane

$$R = \frac{v\mu}{I} - \frac{N}{\omega}$$

en remplaçant les lettres par leurs valeurs dans le cas actuel, on aura

$$R = \frac{v}{I} \times \frac{pa^2}{32} + \frac{5pa \cotg \alpha}{16\omega}$$

Nous ferons remarquer que les sections dangereuses se trouvent au milieu de AB, parce que N a une valeur constante et que, par suite, le maximum de R correspond à celui de μ.

La pièce horizontale AB, qui doit résister à la flexion et à la compression, est ordinairement en bois ou en fer laminé ; la bielle CD, qui travaille seulement à la compression, peut être en bois ou en fonte ; les tirants AD et BD, qui ne sont soumis qu'à un effort de traction, sont des barres rondes en fer ou en acier doux.

Les calculs relatifs aux poutres armées reposant sur le

serrage des divers écrous, et le réglage étant susceptible de se déranger avec le temps, il est nécessaire d'accorder à nouveau le système de temps en temps.

§ 6. — Ponts a tablier métallique

182. Circulaires ministérielles. — L'établissement des ponts à tablier métallique est assujetti à certaines conditions de résistance et d'épreuves fixées par des circulaires ministérielles que nous avons reproduites à la fin du présent volume.

Pour l'étude d'un projet d'ouvrage d'art de cette nature, on doit se conformer, soit à la circulaire de M. le ministre de l'Intérieur en date du 21 mai 1892 (Annexe n° 1), si le pont dépend du service vicinal, soit à celle de M. le ministre des travaux publics en date du 29 août 1891 (Annexe n° 2), si le pont dépend d'un autre service.

Nous croyons utile de donner ici des extraits des circulaires précitées, en les mettant en regard, de façon à faire ressortir les quelques différences qu'elles présentent en ce qui concerne les divers coefficients de résistance (voir p. 263) :

183. Essai des ponts. — Avant de livrer un pont métallique à la circulation, on le soumet à deux natures d'épreuves : l'une par poids mort ou surcharge fixe, l'autre par poids roulant ou surcharge mobile.

Dans la première épreuve, on charge chaque travée du pont séparément d'abord, simultanément ensuite, d'un poids uniformément réparti par mètre courant, et on le laisse séjourner pendant un certain temps.

Dans la deuxième épreuve, on fait circuler sur le pont un convoi de voitures ou un train.

Limites du travail du métal imposées par la circulaire de M. le ministre.

DE L'INTÉRIEUR DU 21 MAI 1892		DES TRAVAUX PUBLICS DU 29 AOÛT 1891	
	kg.		kg.
1° Pour la fonte supportant un effort d'extension directe.	1,50	1° Pour la fonte travaillant à un effort d'extension directe.	1,50
Pour la fonte travaillant à l'extension dans des pièces soumises à des efforts tendant à les faire fléchir	2,50	Pour la fonte travaillant à l'extension dans des pièces soumises à des efforts tendant à les faire fléchir	2,50
Pour la fonte supportant un effort de compression . .	6	Pour la fonte supportant un effort de compression. . . .	6
2° Pour le fer et l'acier travaillant à l'extension, à la compression ou à la flexion :		2° Pour le fer et l'acier travaillant à l'extension, à la compression ou à la flexion :	
Fer.	6	Fer.	6,50
Acier.	8	Acier.	8,50
		Toutefois ces limites seront abaissées : à $5^{kg},50$ pour le fer et à $7^{kg},50$ pour l'acier dans les pièces de pont, longerons et entretoises sous rails ; à 4 kg. pour le fer et à 6 kg. pour l'acier dans les barres de treillis et autres pièces exposées à des efforts alternatifs d'extension et de compression.	
Toutefois, pour les fermes principales des ouvrages d'une ouverture supérieure à 30 m., ces limites pourront être élevées jusqu'à :		Dans les ouvrages métalliques d'une ouverture supérieure à 30 m. pour les fermes principales, ces limites pourront être élevées jusqu'à :	
Pour le fer	7	Pour le fer	8,50
Pour l'acier.	9	Pour l'acier.	11,50
		Réduire de 1/3 les coefficients, lorsque les fers laminés seront soumis à des efforts de traction perpendiculaires au sens du laminage. — Les coefficients concernant l'acier ne seront pas réduits.	

NOTA. — Les limites du travail imposées pour le fer et l'acier par la circulaire du ministère de l'Intérieur sont en général moins élevées que celles admises par la circulaire du ministère des Travaux publics, parce que la première n'exige pas la déduction des trous des rivets dans le calcul des sections et des moments d'inertie, tandis que la seconde l'impose.

Les surcharges d'épreuves sont fixées dans les circulaires ministérielles dont nous avons parlé à l'article précédent. Ces circulaires présentent quelques différences relativement aux surcharges : ainsi, dans l'épreuve par poids mort, la surcharge uniformément répartie imposée par la circulaire du ministère de l'Intérieur est de 300 kg. par mètre carré, tandis que celle fixée par la circulaire du ministère des travaux publics est de 400 kg., sauf pour les ponts à établir sur des routes à fortes pentes où la surcharge peut descendre jusqu'à 300 kg. ; dans l'épreuve par charge roulante, le poids admis par cette dernière circulaire pour un cheval est de 700 kg., tandis que, dans l'exemple de calcul donné au recueil des types d'ouvrages d'art du ministère de l'intérieur et concernant un pont à tablier métallique de 20 m. d'ouverture, le poids d'un cheval est pris égal à 400 kg. seulement.

184. Pièces principales d'un tablier métallique. — Les pièces principales d'un tablier métallique sont : 1° les poutres qui, appuyées sur les culées et les piles, supportent l'ensemble du tablier ; 2° les pièces de pont ou entretoises qui sont soutenues par les poutres qu'elles réunissent entre elles, et qui supportent la chaussée, soit au moyen de voûtelettes, soit par l'intermédiaire de pièces métalliques accessoires.

185. Calcul d'une entretoise. — Les charges dont il faut tenir compte dans le calcul d'une entretoise sont : 1° une charge permanente, supposée uniformément répartie, résultant du poids de la partie de chaussée supportée par l'entretoise et de son propre poids ; 2° une ou plusieurs charges distinctes à déterminer en se plaçant dans le cas le plus défavorable d'épreuve réglementaire par poids roulant.

Le moment fléchissant maximum total a lieu, en général, dans la section médiane ; admettons qu'il en soit ainsi et désignons par p la charge permanente par mètre courant d'entretoise et par P la valeur de la surcharge ramenée au milieu de l'entretoise (90).

Si l'on considère l'entretoise comme une pièce simplement appuyée à ses extrémités, le moment fléchissant dû à la charge permanente est au milieu de l'entretoise $\dfrac{pa^2}{8}$ en valeur absolue (84) et celui dû à la charge P est $\dfrac{Pa}{4}$ (86 et 90); le moment fléchissant total maximum est, par suite,

$$\mu_m = \frac{pa^2}{8} + \frac{Pa}{4}$$

On donne ordinairement à l'entretoise une section constante, dont le module doit être égale à

$$\frac{I}{u} = \frac{\mu_m}{R} = \frac{\dfrac{pa^2}{8} + \dfrac{Pa}{4}}{R}$$

Les entretoises se font en fer ou acier double T, laminé ou composé suivant les dimensions qu'il est nécessaire de leur attribuer.

186. Calcul d'une poutre. — Les charges à considérer dans le calcul d'une poutre sont : 1° une charge permanente, supposée uniformément répartie, résultant du poids de la partie du tablier supportée par la poutre et de son propre poids; 2° une surcharge à déterminer en se plaçant dans le cas le plus défavorable d'épreuve réglementaire par poids mort ou par poids roulant.

Pour déterminer la surcharge la plus défavorable, pour une poutre, dans une travée du pont, on compare d'abord, s'il s'agit, par exemple, d'un pont supportant une voie de terre, le cas des voitures à un essieu avec celui des voitures à deux essieux, en ramenant l'ensemble des charges au milieu de la travée (90) et en prenant la position de chaque convoi pour laquelle la charge ramenée au milieu de la travée est la plus grande. On répartit la plus grande de ces charges entre les poutres intéressées en raison inverse de leurs distances au point d'application de la charge, afin d'obtenir la surcharge P afférente à la poutre à calculer. On cherche la valeur de la charge uniformément répartie, p' par mètre courant de poutre, capable de produire le même moment fléchissant que P au milieu de la travée considérée, en supposant que la poutre repose simplement sur deux appuis, c'est-à-dire en posant

$$\mu_m = \frac{p'a^2}{8} = \frac{Pa}{4}$$

ce qui donne
$$p' = \frac{2P}{a}$$

En divisant p' par la largeur e de la partie de tablier supportée par la poutre, on a la charge uniformément répartie par mètre carré de tablier susceptible de remplacer au point de vue du moment fléchissant la surcharge roulante la plus défavorable. Il ne reste plus qu'à comparer $\frac{p'}{e}$ avec la charge par mètre carré imposée dans l'épreuve par poids mort.

On opère d'une façon analogue en ce qui concerne l'effort tranchant : si T_m est l'effort tranchant maximum produit par la surcharge roulante sur l'un des appuis, la charge uniformément répartie, p'' par mètre courant de poutre, qui produirait le même effort tranchant sur les appuis, devrait être telle que

$$\frac{p''a}{2} = T_m$$

et par suite
$$p'' = \frac{2T_m}{a}$$

En général, $p'' > p'$, et la position du convoi correspondant à T_m n'est pas la même que celle correspondant à μ_m.

Ce qui précède montre comment le cas d'épreuve par poids roulant peut être ramené à un cas d'épreuve par poids mort. Par conséquent, les formules relatives à une poutre droite chargée dans chaque travée d'un poids uniformément réparti (première partie, ch. IV, § 5 et 6) suffisent pour trouver les moments fléchissants, efforts tranchants et réactions des appuis dans tous les cas qui peuvent se présenter ; on peut donc toujours appliquer ces formules, à moins qu'il soit plus simple de procéder autrement ainsi que cela a lieu pour les petites portées.

Lorsqu'on a trouvé les moments fléchissants et efforts tranchants susceptibles de se développer dans l'ouvrage projeté, on procède à la détermination de la section transversale de la poutre de la manière indiquée aux articles 172 et 173.

Nous avons dit (173) que l'on fait ordinairement varier la section de la poutre en faisant varier l'épaisseur des semelles ou plutôt leur nombre, et que, dans les poutres en treillis, on fait également varier les dimensions des barres du treillis. Nous verrons comment on opère pour cela en étudiant deux cas particuliers (§ 7 et 8).

Nous n'insistons pas davantage sur le mode de calcul des entretoises et des poutres, parce que les deux exemples que nous développerons sont suffisants pour bien montrer la marche à suivre, et nous dispensent de donner ici de plus amples explications.

187. Contreventements. — Les charges qui agissent sur une poutre d'un pont sont des forces situées dans son plan ; elles en font travailler plus ou moins les éléments, mais elles ne tendent pas à la renverser par une rotation autour d'une horizontale de ce plan.

268   RÉSISTANCE DES MATÉRIAUX

D'autres forces (et en particulier le vent) peuvent attaquer la poutre suivant des directions non situées dans

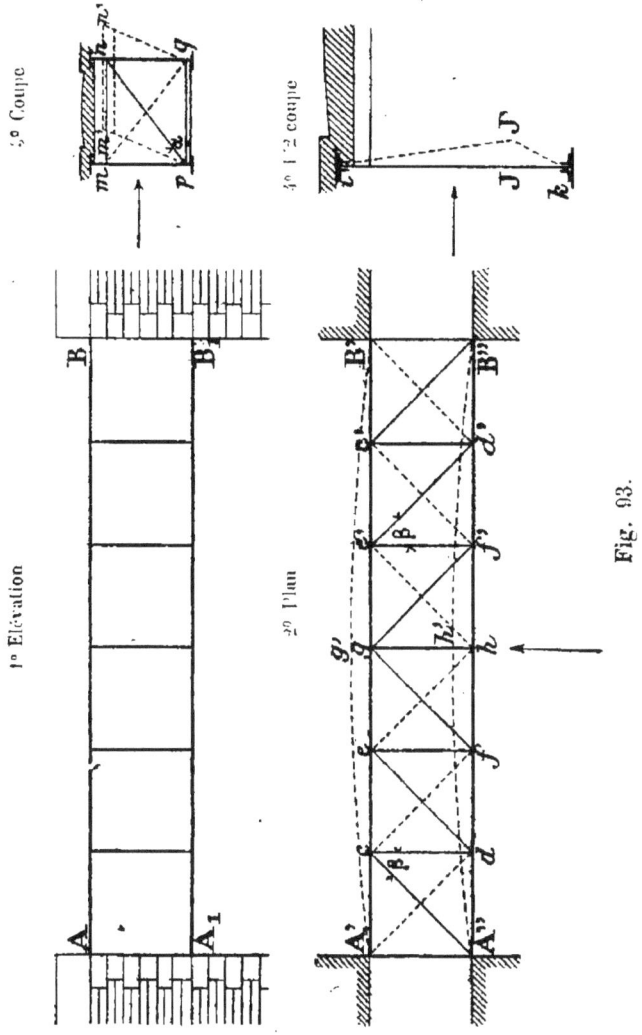

Fig. 93.

son plan. Si l'on décompose chacune de ces forces en deux, dont l'une sera normale au plan de la poutre, c'est-à-dire horizontale, et l'autre parallèle à ce plan, la composante parallèle rentrera dans la même catégorie de forces que les charges, tandis que la composante horizontale produira des effets nouveaux qu'il faut empêcher.

Les contreventements ont précisément pour but de résister aux efforts horizontaux, parmi lesquels ceux qui sont dus au vent sont, de beaucoup, les plus importants et généralement les seuls dont on tienne compte.

Comme exemple, considérons un tablier métallique représenté schématiquement en élévation, plan et coupe dans la figure 93, en supposant la chaussée à la partie supérieure.

Les effets suivants peuvent se produire.

a. *Voilement des poutres.* — L'âme $i\ j\ k$ (4° 1/2 coupe) fléchira dans sa hauteur et prendra la forme $i\ j'\ k$, surtout si la poutre est à âme pleine et si les membrures i et k sont maintenues fixes. C'est ce que l'on nomme un effet de voilement. On y remédiera en fortifiant les montants verticaux des poutres.

b. *Torsion générale et contreventement transversal ou vertical.* — Si l'une des membrures A_1B_1 est fixe et si l'autre AB (1° Élévation) est libre, il se produira une torsion générale qui tendra à amener la section transversale $mnpq$ dans la position $m'n'pq$ (3° coupe) en transformant le rectangle en un paraléllogramme.

On y remédiera s'il est possible, c'est-à-dire si la chaussée est à la partie supérieure par un contreventement transversal qui pourrait consister en une seule pièce figurée par un trait plein en diagonale np, laquelle serait tirée, dans le cas où le vent agirait dans le sens des flèches, mais qui serait comprimée dans le cas contraire.

En plaçant deux diagonales np et mq, formant une croix de Saint André, chacune d'elles pourra n'être calculée qu'à l'extension, l'une servant à résister au vent dirigé dans un sens, et l'autre au vent dirigé en sens contraire.

Lorsque la chaussée est à la partie inférieure des poutres, on ne peut pas faire de contreventement transversal dans le plan vertical, car la voie doit rester libre ; on se contente alors de renforcer les montants verticaux.

Si la chaussée est au milieu de la hauteur, le contreventement transversal n'est point nécessaire.

c. Flexion horizontale et contreventement horizontal. — Il se produira une flexion générale, horizontale, du tablier, tendant à donner aux poutres une forme courbe $A'g'B'$ et $A''h'B''$ (2º plan).

On y remédiera par le contreventement horizontal, qui sera réalisé en réunissant les membrures supérieures, ainsi que les membrures inférieures, par des pièces normales aux poutres, en face des montants verticaux (dans le cas considéré, celles destinées à réunir les membrures supérieures sont inutiles : les entretoises en tiennent lieu), et par des diagonales $A''c$, de, fg, gf', $e'd'$, $c'B''$ (figurées en traits pleins), qui seront tendues. Comme le vent peut souffler dans l'autre sens, on placera également des diagonales $A'd$, cf, eh, he', $f'c'$, $d'B'$ (figurées en traits pointillés).

188. Calcul du contreventement transversal. — D'après les circulaires ministérielles, on doit admettre, dans le calcul des contreventements, que la pression du vent par mètre carré de surface verticale peut s'élever à 270 kg., mais on peut adopter pour le travail du métal des coefficients supérieurs de 1 kg., au plus, à ceux indiqués à l'article 182 ci-dessus.

Si l'on désigne par s la surface verticale directement opposée au vent, par mètre courant de tablier, l'effort normal maximum du vent par mètre courant de tablier sera 270 kg. $\times s$, et l'effort total du vent sur un panneau sera 270 kg. $\times s \times e$, e étant l'écartement entre les montants. Cet effort sera transmis par la pièce mn à la diagonale np, laquelle éprouvera par suite une traction $N = \dfrac{270 \text{ kg.} \times s \times e}{\cos \alpha}$, en appelant α l'angle de la diagonale avec l'horizontale.

La section de la diagonale de contreventement np doit donc être (48)

$$\omega = \frac{N}{R} = \frac{270 \text{ kg.} \times s \times e}{R \times \cos \alpha}$$

Souvent on admet que le poids propre du tablier et les autres résistances passives sont susceptibles de contrebalancer le 1/3 de l'action du vent et l'on calcule les diagonales pour résister aux deux autres tiers, c'est-à-dire pour $\dfrac{2N}{3}$.

189. Calcul du contreventement horizontal. — Les diagonales du contreventement horizontal ont à résister à des efforts allant en décroissant depuis les appuis jusqu'au milieu de la travée : le contreventement horizontal supérieur forme avec les membrures supérieures des poutres un système assimilable à une poutre droite reposant sur deux appuis et soumis à des forces transversales uniformément réparties ; il en est de même du contreventement inférieur ; par suite, l'effort normal du vent en un point quelconque est assimilable à l'effort tranchant qui se développe dans une poutre placée dans les conditions que nous venons d'indiquer. Le calcul desdites diagonales s'effectue d'une façon analogue à celui des barres d'un treillis : chaque diagonale est calculée à l'effet de résister à l'effort normal maximum qui a lieu dans le panneau où elle se trouve.

L'effort normal maximum vers chacun des appuis A'' et B'' sera $\dfrac{270 \text{ kg.} \times s \times A''B''}{2}$; l'effort total suivant la direction $A''c$ ou $B''c'$ sera $\dfrac{270 \text{ kg.} \times s \times A''B''}{2 \cos \beta}$, β étant l'angle fait par $A''c$ ou $B''c'$ avec la normale. Comme il y a une diagonale à la partie supérieure et une autre à la partie inférieure du tablier dans l'exemple considéré (fig. 93), chacune d'elles devra pouvoir résister à un effort d'extension.

$$N_1 = \frac{270 \text{ kg.} \times s \times A''B''}{4 \cos \beta}.$$

De même pour chacune des diagonales de et $d'e'$, l'effort d'extension sera

$$N_2 = \frac{270 \times s \times dd'}{4 \cos \beta}$$

Pour chacune des diagonales fg et $f'g$, l'effort d'extension sera

$$N_3 = \frac{270 \times s \times ff'}{4 \cos \beta}$$

Pour le motif signalé à la fin de l'article précédent, on se contente souvent de calculer les diagonales pour résister aux 2/3 des efforts ci-dessus.

190. Appareils de support. — Les poutres métalliques reposent sur les culées et les piles par l'intermédiaire d'appareils métalliques et d'un sommier en pierre de taille avec interposition d'une feuille de plomb.

L'appareil d'appui le plus simple (fig. 94) ne comporte qu'une simple plaque ou *sabot de friction* ; il est employé pour les deux culées, lorsque la poutre n'a qu'une travée et que sa portée est inférieure à 15 m. : les deux appuis sont fixes.

Pour une poutre à une travée, mais ayant une portée

supérieure à 15 m., il est nécessaire d'ajouter des rouleaux mobiles (fig. 95) entre la poutre et la plaque d'appui de

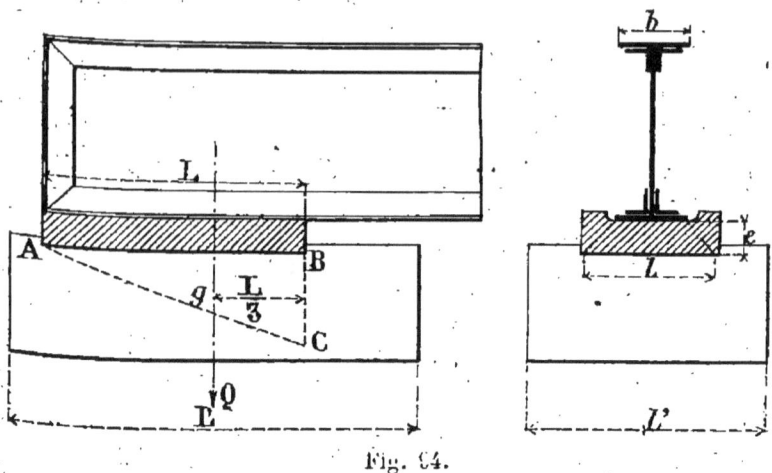

Fig. 94.

l'une des culées, de façon à constituer ce qu'on appelle un *sabot à dilatation*, permettant à la poutre de s'allonger ou

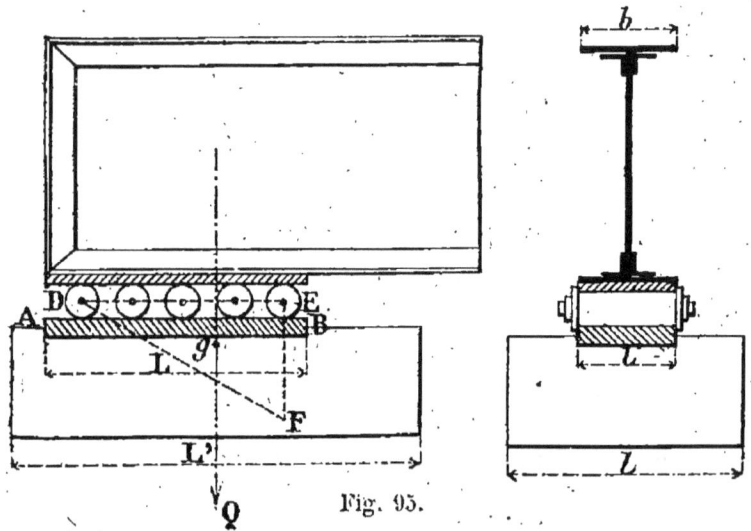

Fig. 95.

de se raccourcir librement sous l'influence des variations de température : on a ainsi un appui mobile et un appui fixe.

Lorsque la poutre se compose de plusieurs travées solidaires, tous les appuis, moins un seul, doivent être mobiles; l'appui fixe doit être placé sur la pile médiane ou sur l'une des piles les plus rapprochées du milieu de la poutre,

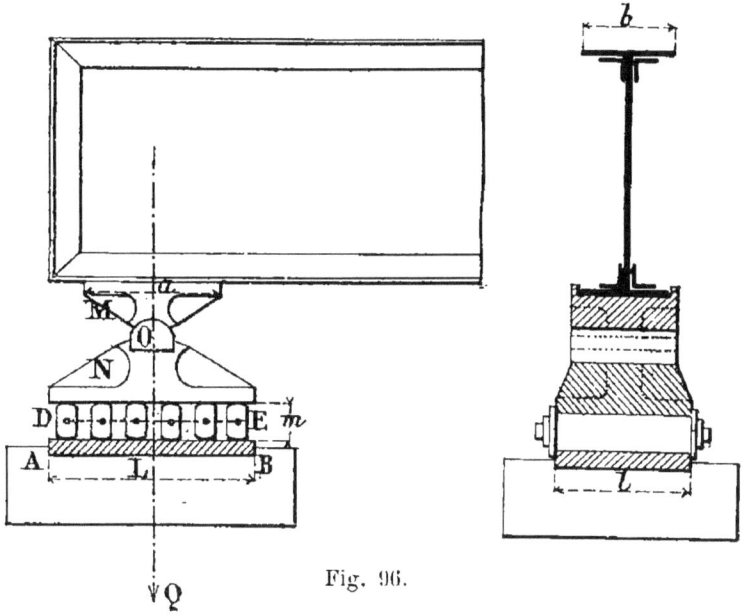

Fig. 96.

afin de réduire au minimum le déplacement des rouleaux extrêmes.

Avec les appareils d'appui représentés par les figures 94 et 95, la poutre n'exerce pas sur le sabot ou les rouleaux une pression uniforme et, par suite, la résultante des réactions de la surface d'appui ne passe pas par le milieu de l'appareil.

On évite cet inconvénient en intercalant un sommier en fonte (fig. 96) formé de deux parties M et N en contact, suivant une surface cylindrique, au moyen d'une rotule O, laquelle rotule peut être une pièce distincte ou bien faire corps avec la partie inférieure du sommier : on est alors certain que la résultante des réactions de l'appui passe par le centre de la rotule et l'on peut admettre que la pression est répartie uniformément sur la surface d'appui.

Calcul des sabots de friction. — On admet dans les sabots de friction que les pressions sur le sabot se répartissent de A à B suivant les ordonnées d'une droite AC (fig. 94). Dans ces conditions, la résultante Q de ces pressions, égale et opposée à la réaction de l'appui, sera dirigée suivant la verticale passant par le centre de gravité g du triangle ABC.

Si L est la longueur du sabot et l sa largeur, et si N représente la pression en B par unité de surface, c'est-à-dire si on pose $N = BC$, on a

$$Q = \text{aire du triangle ABC} \times l$$
$$= \frac{BC \times AB}{2} \times l$$
$$= \frac{N \times L}{2} \times l$$

d'où on déduit $\quad N = \dfrac{2Q}{l \times L}$

Cette pression N doit être inférieure à la charge pratique de la pierre de taille.

En désignant par b la largeur de la table de la poutre, et par e l'épaisseur du sabot, et en supposant que la pression se répartit dans l'épaisseur du sabot suivant les lignes ponctuées à 45°, la largeur utile du sabot

$$l = b + 2e$$

Lorsque le sabot est en fer ou en acier, on lui donne

ordinairement une épaisseur e égale à 40 mm.; lorsqu'il est en fonte, on prend $e = 0,1\,L$ environ.

Il est bon de disposer le sabot de manière que la force Q passe au milieu de la longueur L′ du sommier en pierre de taille; dans ce cas, la pression se répartit uniformément sur toute la surface $l' \times L'$ de contact du sommier avec les maçonneries de la culée, et la pression par unité de surface sur ces maçonneries, laquelle doit être inférieure à leur charge pratique, est égale à $\dfrac{Q}{l' \times L'}$.

Calcul des sabots à dilatation et des rouleaux. — On admet également que les pressions sur chacun des rouleaux varient suivant les ordonnées d'une droite DF (fig. 95). Par conséquent, la résultante Q des pressions est dirigée suivant la verticale du centre de gravité du triangle DEF, et elle est égale à la somme des pressions exercées sur tous les rouleaux, savoir à

$$Q = 0 + \frac{P}{n-1} + \frac{2P}{n-1} + \frac{3P}{n-1} + \ldots + \frac{(n-1)P}{n-1} = \frac{nP}{2}$$

P étant la pression, représentée par la longueur EF, exercée sur le rouleau E le plus chargé, et n étant le nombre des rouleaux. De la relation précédente, on déduit $P = \dfrac{2Q}{n}$.

MM. Contamin et Résal ont établi des formules donnant le rayon des rouleaux ou leur rayon de courbure r en fonction de Q; quoique ces formules soient différentes, elles sont toutes deux basées sur la déformation de la surface de contact du sabot avec le rouleau E le plus comprimé, en supposant que le sabot et le rouleau sont faits avec la même matière.

Voici la formule de M. Contamin :

$$r^2 = \frac{9}{64} \times \frac{EQ^2}{l^2 R^2}$$

APPLICATIONS DE LA RÉSISTANCE DES MATÉRIAUX

E est le coefficient d'élasticité de la matière;
l est la longueur du rouleau ou largeur des tables;
R est la charge pratique du métal à la compression.
Si le rouleau et le sabot sont en fonte, on a

$$E = 9 \times 10^9$$
$$R = 3 \times 10^6.$$

et alors $\qquad r = 0,000.0068 \dfrac{Q}{l}$

La formule suivante est celle de M. Résal

$$P = k \times 2rl$$

P est la pression maxima que peut supporter un rouleau;

k est une constante dépendant de la charge pratique R du métal à la compression, de sa limite d'élasticité C à la compression et de son coefficient d'élasticité E :

$$k = R\sqrt{\dfrac{C}{E}}$$

$k = 0,20 \times 10^6$ pour le fer (R = 6×10^6, C = 15×10^6, E = 18×10^9)

$k = 0,40 \times 10^6$ pour l'acier (R = 10×10^6, C = 25×10^6, E = 18×10^9)

$k = 0,30 \times 10^6$ pour la fonte (R = 6×10^6, C = 20×10^6, E = 9×10^9)

Le produit $2rl$ est l'aire de la section diamétrale du rouleau ou du cylindre qui aurait même rayon de courbure et même longueur.

De ce qui précède il résulte que l'on doit avoir

$$P = k \times 2rl = \dfrac{2Q}{n}$$

NOVAT. — Résist. des matériaux.

Le calcul s'achève comme dans le cas du sabot de friction, pour déterminer la longueur L du sabot et les dimensions l' et L' du sommier en pierre de taille, la pression en B étant

$$N = \frac{2Q}{l \times L}$$

L'expérience a montré que l'emploi de la fonte doit être prohibé dans la fabrication des sabots et surtout des rouleaux, parce que des cassures peuvent se produire par flexion, si le contact des surfaces est imparfait. L'acier est le métal à préférer pour cet usage.

Sabots à rotule. — Avec les sabots à rotule, la réaction passe par le centre de la rotule et, par suite, la pression Q se répartit uniformément sur tous les rouleaux, ainsi que sur la surface de contact du sabot avec la pierre de taille.

Dans ces conditions, le rouleau E ne fatigue pas plus que les autres, et la pression P supportée par chaque rouleau est

$$P = \frac{Q}{n}$$

de sorte qu'il suffit que la surface diamétrale du rouleau satisfasse à la condition

$$k \times 2rl = \frac{Q}{n}$$

Il ne faut pas oublier que pour établir la formule $P = k \times 2rl$, M. Résal a supposé que les rouleaux et le sabot sont faits avec le même métal, c'est-à-dire que la déformation de la matière se partage également entre les deux surfaces en contact. Or, en général, le sabot MN est en fonte et les rouleaux sont en acier; il en résulte que la déformation du sabot est supérieure à celle des rouleaux. Quoique l'hypothèse admise par M. Résal ne soit plus conforme à la réalité, on peut néanmoins appliquer sa formule au cas actuel, en ayant soin d'adopter pour k une valeur convenable, plus faible que celle donnée plus haut pour la fonte : nous pensons qu'on peut prendre sans inconvénient

$$k = 0,27 \times \overline{10}^6$$

La figure 96 montre que la longueur l des rouleaux peut être plus grande que la largeur b de la table de la poutre, ce qui permet de réduire, s'il y a lieu, le nombre des rouleaux et la longueur L de la plaque d'appui AB. Un autre moyen de réduire la plaque d'appui AB sans diminuer le nombre des rouleaux consiste à leur donner la forme indiquée sur cette même figure : les rouleaux ne sont pas des cylindres complets ; leurs faces latérales sont planes ; leurs faces supérieures et inférieures seules sont cylindriques, leur hauteur m varie de 0,10 à 0,15. Cette disposition permet de rapprocher les rouleaux et d'augmenter leur nombre ; mais, lorsqu'on l'emploie, il faut avoir soin de s'arranger de façon que les rouleaux n'arrivent pas en contact dans leur déplacement sous les variations de température. Ainsi, en représentant par D la distance de l'appui fixe au rouleau extrême de la culée la plus éloignée de cet appui, par t le plus grand écart entre la température à laquelle a été effectué le montage du tablier et la température maxima ou minima de la région et par α le coefficient de dilatation du métal, le déplacement maximum du tablier ou du rouleau extrême est

$$d = \pm D \times \alpha t$$

Pour que les rouleaux ne puissent se toucher, il suffit que leur écartement d'axe en axe soit un peu supérieur à d.

Le coefficient de dilatation du fer et de l'acier $\alpha = 0,000\,011$, et dans notre région $t = 30°$.

En ce qui concerne la plaque d'appui AB, la pression en B n'est pas plus grande qu'en A, et les dimensions de cette plaque doivent simplement satisfaire à la condition que la pression uniforme par unité de surface $\dfrac{Q}{l \times L}$ ne dépasse pas la charge que la pierre de taille peut supporter en toute sécurité.

La longueur a de la partie supérieure M du sabot en contact avec la poutre doit aussi être suffisante pour que la pression par unité de surface $\dfrac{Q}{a \times b}$ soit au maximum égale à la limite du travail de la fonte à la compression.

Quant à la rotule, sa surface diamétrale peut être calculée avec la formule de M. Résal, laquelle devient

$$k \times 2rl = Q$$

Nous pensons que, pour la rotule, on peut attribuer à k des valeurs plus grandes que pour les rouleaux, savoir :

$k = 0{,}40 \times 10^6$ si la rotule est une pièce distincte en acier et le sabot en fonte.

$k = 0{,}60 \times 10^6$ si la rotule est venue de fonte avec la partie N du sabot.

§ 7. — TABLIER EN ACIER POUR UN PONT A DEUX VOIES CHARRETIÈRES ET A UNE SEULE TRAVÉE DE 10 M. D'OUVERTURE.

191. Description sommaire et hypothèses. — Le tablier que nous allons étudier se rapporte à un pont à une seule travée de 10 m. d'ouverture et de 6^m,20 de largeur totale entre garde-corps, comportant deux trottoirs de 0^m,85 de largeur chacun et une chaussée empierrée de 4^m,50 de largeur, destinée au passage d'un chemin vicinal (la cir-

APPLICATIONS DE LA RÉSISTANCE DES MATÉRIAUX 281

culaire à laquelle on doit se conformer est celle du ministère de l'Intérieur du 21 mai 1892 : voir 1° annexe).

Le type adopté est le tablier du pont de 8 m. d'ouverture, à deux voies charretières, du recueil des ouvrages d'art du ministère de l'intérieur, dans lequel les trottoirs sont placés en encorbellement et sont soutenus par des consoles en fonte, fixées aux poutres de rive.

Le tablier se compose essentiellement de deux poutres de rive sous trottoir, d'une poutre intermédiaire sous le milieu de la chaussée et d'entretoises espacées de $1^m,41$ d'axe en axe et assemblées aux poutres à l'aide de goussets.

La chaussée empierrée est établie sur une aire en béton portée par des voûtelettes en briques reposant sur les ailes inférieures des entretoises.

Les trottoirs sont constitués par une petite couche de béton recouverte d'un dallage en ciment et établie sur des tôles rivées aux consoles en fonte et à la semelle supérieure des poutres de rive.

Nous admettrons que les plus lourds véhicules susceptibles de passer sur le pont sont des voitures à un essieu de 8 000 kg.

Nous supposerons que les pièces du tablier doivent être en acier laminé, au lieu d'être en fer, comme dans le type ministériel.

192. Surcharges à admettre dans les calculs. — Les calculs doivent être faits dans l'hypothèse d'une surcharge roulante produite par le passage de voitures à un essieu pesant 8 000 kg. et d'une surcharge uniformément répartie à raison de 300 kg. par mètre superficiel de trottoir ; une surcharge par poids mort de 300 kg. par mètre carré de chaussée est de beaucoup moins défavorable que la surcharge roulante, comme on pourrait s'en rendre compte en procédant comme il a été dit à l'article 186.

16.

193. Calcul d'une entretoise (*en acier*). — La charge permanente, supposée uniformément répartie sur toute la longueur d'une entretoise, est de 1 400 kg. par mètre courant d'après l'avant-métré.

La surcharge la plus défavorable pour une entretoise sera produite par le passage d'une voiture à deux roues de 8 000 kg., lorsque l'une des roues se trouvera à l'aplomb du milieu de l'entretoise considérée (fig. 97).

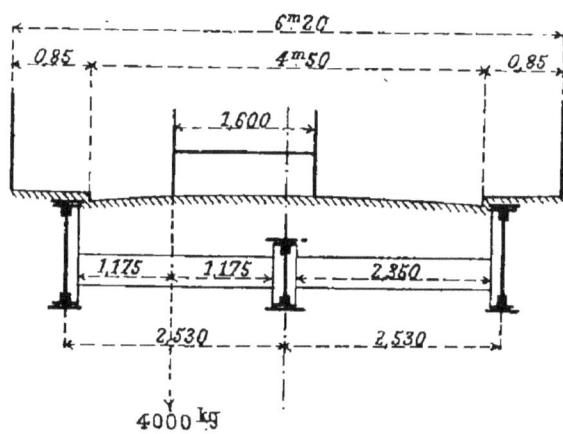

Fig. 97.

Dans ce cas, la surcharge au milieu de l'entretoise est égale à la moitié du poids de la voiture, soit à 4 000 kg.

Le moment de la charge permanente au milieu de l'entretoise est de (185)

$$\frac{1\,400 \times \overline{2,35}^2}{8} = 966 \text{ km.}$$

Le moment de la surcharge est de

$$\frac{4\,000 \times 2,35}{4} = 2\,350 \text{ km.}$$

Le moment fléchissant total

$$\mu_m = 966 + 2\,350 = 3\,316 \text{ km}$$

Le moment d'inertie de la section adoptée (fig. 98)

$$I = \frac{0,130 \times \overline{0,260}^3 - (0,130 - 0,012) \times \overline{0,234}^3}{12} = 0,000\,064$$

et son module

$$\frac{I}{n} = \frac{0,000064}{\frac{1}{2}\,0,260} = 0,000492$$

Le travail de l'acier par millimètre carré sera au maximum

$$R = \frac{\mu_m}{\frac{I}{n} \times \overline{10}^6} = \frac{3\,316}{0,000\,492 \times \overline{10}^6}$$
$$= 6^{kg},74$$

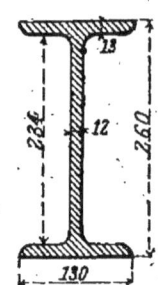

Fig. 98.

194. Calcul d'une poutre de rive (*en acier*). — La charge permanente, supposée uniformément répartie sur toute la longueur de la poutre, est de 1 550 kg. par mètre courant, d'après l'avant-métré.

Pour le calcul d'une poutre de rive, il y a lieu de tenir compte : 1° d'une surcharge produite par le passage d'une voiture à deux roues pesant 8 000 kg. ; 2° d'une surcharge uniformément répartie à raison de 300 kg. par mètre superficiel de trottoir.

La position la plus défavorable de la surcharge roulante a lieu lorsque les roues se trouvent au milieu de la travée et que l'une d'elles rase la bordure du trottoir correspondant à la poutre considérée (fig. 99) (en raison de la faible ouverture du pont, on peut négliger le poids des chevaux).

Dans cette position, la surcharge s'exerçant sur la poutre de rive est

$$\frac{4\,000\text{ kg.}\,(2,25 + 0,65)}{2,53} = 4\,585\text{ kg.}$$

La largeur d'un trottoir étant de $0^m,85$, la surcharge par mètre courant de trottoir est de

$$300 \text{ kg.} \times 0,85 = 255 \text{ kg.}$$

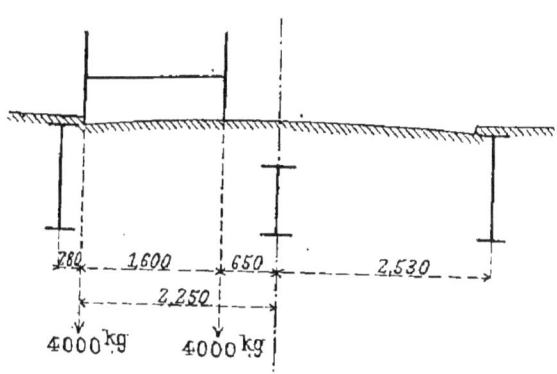

Fig. 99.

Le moment de la charge permanente au milieu de la poutre est (88)

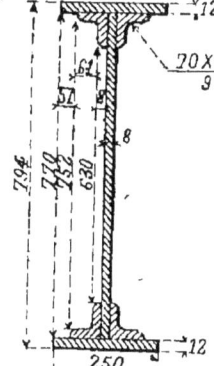

Fig. 100.

$$\frac{1550 \times \overline{10}^2}{8} = 19\,375 \text{ km.}$$

Le moment de la surcharge roulante est

$$\frac{4585 \times 10}{4} = 11\,463 \text{ km.}$$

Celui de la surcharge du trottoir est

$$\frac{255 \times \overline{10}^2}{8} = 3\,187 \text{ km.}$$

Le moment fléchissant total

$$\mu_m = 19\,375 + 11\,463 + 3\,187 = 34\,025 \text{ km.}$$

Le moment d'inertie de la section constante adoptée pour la poutre (fig. 100)

$$I = \frac{1}{12}\left[0{,}250 \times \overline{0{,}794}^3 - (2 \times 0{,}051 \times \overline{0{,}770}^3 + 2 \times 0{,}061 \times \overline{0{,}752}^3 + 2 \times 0{,}009 \times \overline{0{,}630}^3)\right]$$

$$= 0{,}001\,849\,394$$

et son modnle

$$\frac{I}{n} = \frac{0{,}001\,849\,394}{\frac{1}{2}\,0{,}794} = 0{,}004\,683$$

Le travail maximum de l'acier sera par millimètre carré

$$R = \frac{\mu_m}{\frac{1}{n} \times 10^6} = \frac{34\,025\ \text{km.}}{0{,}004\,683 \times 10^6}$$

$$= 7^{\text{kg}},3.$$

Nous n'avons pas déduit les trous de rivets, parce que la circulaire du ministère de l'intérieur ne l'exige pas (182. — Nota).

195. Calcul d'une poutre intermédiaire (*en acier*). — La charge permanente, supposée uniformément répartie sur toute la longueur de la poutre, est $p = 2\,540$ kg. par mètre courant, d'après l'avant-métré.

Pour la poutre intermédiaire, il n'y a à considérer que la surcharge roulante. Le cas le plus défavorable a lieu (fig. 101) lorsque deux voitures de 8 000 kg. se croisent au milieu du pont. La surcharge s'exerçant alors sur la poutre intermédiaire est, en négligeant le poids des chevaux

$$P = \frac{2 \times 4\,000\ \text{kg.} \times (2{,}23 + 0{,}63)}{2{,}53} = 9\,043\ \text{kg.}$$

Le moment de la charge permanente au milieu de la poutre est

$$\frac{2\,540 \times \overline{10}^2}{8} = 31\,750 \text{ km.}$$

Celui de la surcharge roulante est

$$\frac{9\,043 \times 10}{4} = 22\,608 \text{ km.}$$

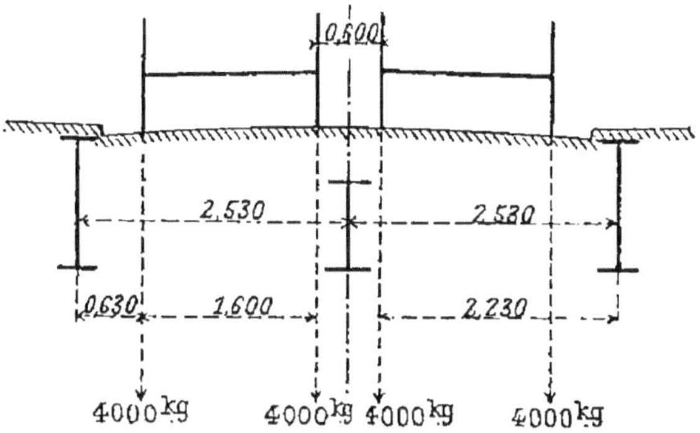

Fig. 101.

Le moment fléchissant total

$$\mu_m = 31\,750 + 22\,608 = 54\,358 \text{ km.}$$

Le moment d'inertie de la section adoptée (fig. 102)

$$I = \frac{1}{12}\left[0{,}300 \times \overline{0{,}652}^3 - (2 \times 0{,}054 \times \overline{0{,}600}^3 + 2 \times 0{,}076 \times \overline{0{,}572}^3 + 2 \times 0{,}014 \times \overline{0{,}420}^3)\right]$$

$$= \frac{0{,}300 \times \overline{0{,}652}^3 - 0{,}053\,849\,150}{12}$$

$$= 0{,}002\,441\,776$$

et son module

$$\frac{I}{n} = \frac{0{,}002\,441\,776}{\frac{1}{2}\,0{,}652} = 0{,}007\,490$$

APPLICATIONS DE LA RÉSISTANCE DES MATÉRIAUX 287

Le travail de l'acier par millimètre carré est au maximum

$$R = \frac{\mu_m}{\frac{1}{n} \times 10^6} = \frac{54\,358}{0,007\,490 \times 10^6}$$
$$= 7^{kg},25.$$

Cette section pourrait être adoptée comme section constante de la poutre intermédiaire, mais il est préférable, au point de vue économique, de ne conserver les deuxièmes

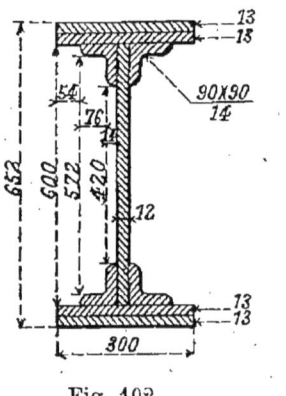
Fig. 102.

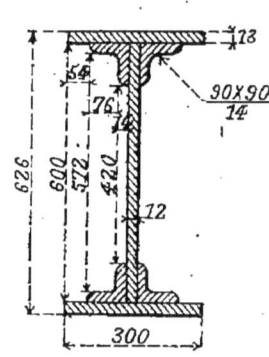
Fig. 102 bis.

semelles, appelées quelquefois les *renforcements*, que sur une certaine longueur dans la partie médiane. Pour effectuer la répartition des semelles (173) considérons l'expression du moment fléchissant dû à la charge uniformément répartie (84) $-\frac{p}{2}x(a-x)$ et celle du moment fléchissant maximum en un point quelconque produit par la charge mobile P (87) $-\frac{P}{a}x(a-x)$; en ajoutant ces deux expressions, nous aurons celle du moment fléchissant total maximum en chaque point, savoir :

$$\mu = -x(a-x)\left(\frac{p}{2} + \frac{P}{a}\right)$$

Construisons le diagramme des moments fléchissants maxima totaux AHB (fig. 103) :

$$CH = \mu_m = 54\,358 \text{ km.}$$

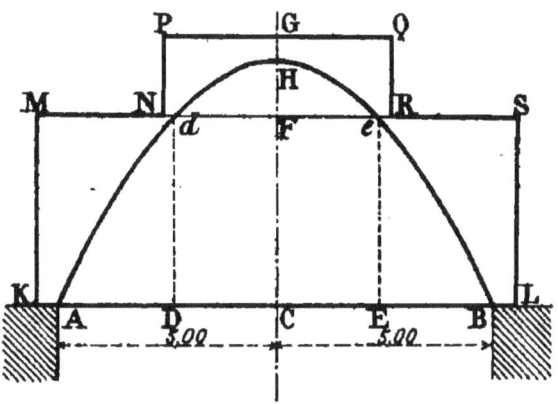

Fig. 103. — Epure des moments fléchissants.

Echelles { 0,005 par m. pour les longueurs.
{ 0,0005 par 1 000 km. pour les moments.

En supposant que le travail de l'acier soit $R = 8$ kg. par millimètre carré, le moment de résistance (68) de la section ci-dessus (fig. 102)

$$M_r = R \times \frac{I}{n} \times \overline{10}^6$$
$$= 8 \times 0,007\,490 \times \overline{10}^6$$
$$= 59\,920 \text{ km.}$$

Si l'on supprime les renforcements ou semelles extérieures, le moment d'inertie de la section ainsi obtenue (fig. 102 *bis*)

$$I' = \frac{0,300 \times \overline{0,626}^3 - 0,053\,849\,150}{12}$$
$$= 0,001\,615\,430$$

son module $\dfrac{I'}{n'} = \dfrac{0,001\,643\,430}{\dfrac{1}{2}\,0,626} = 0,005\,257$

et son moment de résistance

$$M'_r = 8 \times 0,005\,257 \times \overline{10}^6$$
$$= 42\,056 \text{ km.}$$

Prenons $CG = M_r = 59\,920$ et $CF = M'_r = 42\,056$ à l'échelle adoptée. Puis menons par les points F et G des parallèles à AB : les points d et e où la parallèle menée par F rencontre la courbe des moments fléchissants AHB correspondent aux points D et E de la poutre pour lesquels $\mu = M'_r$; et, en un point quelconque de la poutre compris entre D et E, le moment fléchissant $\mu > M'_r$. Il en résulte que la section de la figure 102 *bis* ne peut suffire que dans les parties de poutre KD et EL, et qu'il faut renforcer cette section, c'est-à-dire ajouter des semelles extérieures, dans la partie DE ; il convient même de prolonger ces dernières un peu plus loin que les points D et E, comme nous l'avons fait (fig. 103).

On peut obtenir les points D et E par le calcul, en posant

$$\mu = -x(a-x)\left(\dfrac{p}{2} + \dfrac{P}{a}\right) = -M'_r$$

et en résolvant l'équation du deuxième degré ainsi obtenue, ce qui donne

$$x = \dfrac{a}{2} \mp \sqrt{\dfrac{a^2}{4} - \dfrac{l \times M'_r}{P + \dfrac{1}{2}pa}}$$
$$= 5 \mp \sqrt{25 - \dfrac{10 \times 42\,056}{9043 + \dfrac{2540 \times 10}{2}}}$$
$$= 5 \mp 2,40$$

Novat. — Résist. des matériaux.

On en déduit $\quad AD = 5 - 2,40 = 2^m,60$.
$$AE = 5 + 2,40 = 7^m,40.$$

La longueur des semelles extérieures ou renforcements doit, par suite, être au moins égale à

$$7,40 - 2,60 = 4^m,80.$$

Dans les cas simples, comme celui que nous étudions, on se dispense ordinairement de faire l'épure des moments fléchissants, et l'on se contente de calculer la longueur des renforcements.

196. Vérification de la section de l'âme, en ce qui concerne l'effort tranchant. — Il reste à vérifier si la section de l'âme est suffisante pour résister à l'effort tranchant maximum, lequel se développe dans la section correspondant à un des appuis, lorsque la charge roulante se trouve au-dessus dudit appui.

Pour une poutre de rive, l'effort tranchant maximum total

$$T_m = \frac{1\,550 \times 10}{2} + 4\,585 + \frac{255 \times 10}{2}$$
$$= 13\,610 \text{ kg}.$$

et la section de l'âme

$$\omega = 770 \times 8 = 6\,160 \text{ mm}^2.$$

Le travail de l'âme au cisaillement est par suite égale à

$$\frac{T_m}{\omega} = \frac{13\,610}{6\,160} = 2^{kg},2.$$

par millimètre carré.

Pour la poutre intermédiaire, on a

$$T_m = \frac{2\,540 \times 10}{2} + 9\,043$$
$$= 21\,743 \text{ kg}.$$

$$\omega = 600 \times 12 = 7\,200 \text{ mm}^2.$$

et
$$\frac{T_m}{\omega} = \frac{21\,743}{7\,200} = 3 \text{ kg}.$$

On voit que les résultats auxquels on arrive sont bien inférieurs à la limite réglementaire $R_c = \frac{4}{5}\, 8 \text{ kg} = 6 \text{ kg},4$; c'est ce qui a lieu généralement.

§ 8. — Tablier en fer pour un pont a une voie charretière et a deux travées solidaires de $25^m,80$ chacune

197. Description sommaire et hypothèses. — Le tablier que nous allons étudier se rapporte à un pont à deux travées solidaires de $25^m,80$ de portée chacune, destiné au passage d'un chemin vicinal (la circulaire à laquelle il y a lieu de se conformer est celle du ministère de l'Intérieur, du 21 mai 1892 : Voir 1er annexe) et comportant une voie charretière de $2^m,40$ et deux trottoirs de $0^m,70$ de largeur chacun.

Le tablier se compose essentiellement de deux poutres à treillis, formant garde-corps, espacées de $3^m,80$ d'axe en axe et reliées un peu au-dessus de leur partie inférieure par des entretoises, lesquelles correspondent aux montants des poutres et ont un écartement de $1^m,69$ dans les travées, $0^m,61$ sur les culées et $0^m,90$ sur les piles.

La chaussée empierrée et le dallage en ciment des trottoirs sont établis sur une aire en béton portée par des voûtelettes en briques; les voûtelettes de la chaussée reposent sur les ailes inférieures des entretoises, et celles des trottoirs sur leur semelle supérieure.

Le type adopté est le tablier du pont de 20 m. d'ouverture, à une voie, du recueil des ouvrages d'art du ministère de l'Intérieur.

Nous admettrons que le poids des plus lourds véhicules susceptibles de passer sur le pont est de 6 000 kg. pour les voitures à un essieu, et de 8 000 kg. pour celles à deux essieux.

Nous supposerons que les pièces du tablier doivent être en fer laminé.

198. Surcharges à admettre dans les calculs. — Il est aisé de se rendre compte que le cas de surcharge le plus défavorable pour une entretoise a lieu sous le passage d'une voiture de 6 000 kg. à un essieu, et que le cas de surcharge le plus défavorable pour une poutre correspond au passage d'une file de voitures de 8 000 kg. à deux essieux, les trottoirs étant chargés, dans l'un et l'autre cas, à raison de 300 kg. par mètre carré.

Une surcharge par poids mort de 300 kg. par mètre superficiel de chaussée est moins défavorable que la surcharge roulante, comme nous le montrerons d'ailleurs ultérieurement (200) dans le calcul des poutres.

199. Calcul d'une entretoise (*en fer*). — La charge permanente, supposée uniformément répartie sur toute la longueur d'une entretoise, est de 1 369 kg par mètre courant, et son moment fléchissant au milieu de l'entretoise AB est de

$$\frac{1\,369 \times \overline{2,86}^2}{8} = 1\,341 \text{ km}.$$

La position la plus défavorable d'une voiture de 6 000 kg. à un essieu est celle indiquée dans la figure 104 : chaque roue transmet à l'entretoise une charge $P_1 = 3\,000$ kg., appliquée en un point situé à une distance de $0^m,63$ de l'appui A ou B le plus rapproché. Ces deux charges

APPLICATIONS DE LA RÉSISTANCE DES MATÉRIAUX 293

ramenées au milieu de l'entretoise ont pour valeur (90)

$$2 \times \frac{3\,000 \times 0,63}{\frac{1}{2} 2,86}$$

et leur moment fléchissant dans la section médiane

$$2 \times \frac{3\,000 \times 0,63}{\frac{1}{2} 2,86} \times \frac{2,86}{4} = 3\,000 \times 0,63$$

$$= 1\,890 \text{ km.}$$

La surcharge du trottoir CD, à raison de 300 kg. par mètre superficiel, peut être décomposée en deux parties :

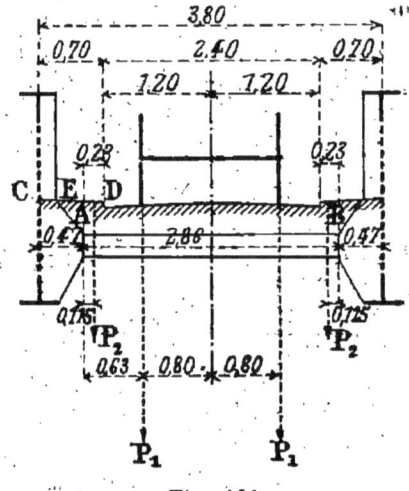

Fig. 104.

l'une correspondant à la portion CE du trottoir, supportée par le gousset qui relie l'entretoise et la poutre ; l'autre P_2 correspondant à la portion ED, supportée par l'entretoise. Dans le calcul de cette entretoise, il n'y a lieu de considérer que cette dernière partie de la surcharge du trottoir, laquelle a pour valeur $P_2 = (0,23 \times 300 \text{ kg.})$

$\times 1,69 = 117$ kg. (l'écartement des entretoises étant de $1^m,69$), et peut être considérée comme appliquée au milieu de ED, c'est-à-dire à une distance de $0^m,115$ de l'appui A. L'ensemble des deux surcharges P_2 ramenées au milieu de l'entretoise est par suite égale à

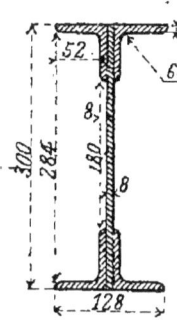

Fig. 105.

$$2 \times \frac{117 \times 0,115}{\frac{1}{2} 2,86}$$

et son moment fléchissant en ce point

$$2 \times \frac{117 \times 0,115}{\frac{1}{2} 2,86} \times \frac{2,86}{4} = 117 \times 0,115.$$

$$= 13 \text{ km.}$$

Le moment fléchissant total

$$\mu_m = 1341 + 1890 + 13$$
$$= 3244 \text{ km.}$$

Le moment d'inertie de la section adoptée (fig. 105)

$$I = \frac{0,128 \times \overline{0,300}^3 - 2 \times 0,052 \times \overline{0,284}^3 - 2 \times 0,008 \times \overline{0,180}^3}{12}$$
$$= 0,0000817$$

et son module

$$\frac{I}{n} = \frac{0,0000817}{\frac{1}{2} 0,300} = 0,000545$$

Le travail du fer par millimètre carré sera au maximum

$$R = \frac{\mu_m}{\frac{1}{n} \times 10^6} = \frac{3244}{545}$$
$$= 5^{kg},95$$

APPLICATIONS DE LA RÉSISTANCE DES MATÉRIAUX 295

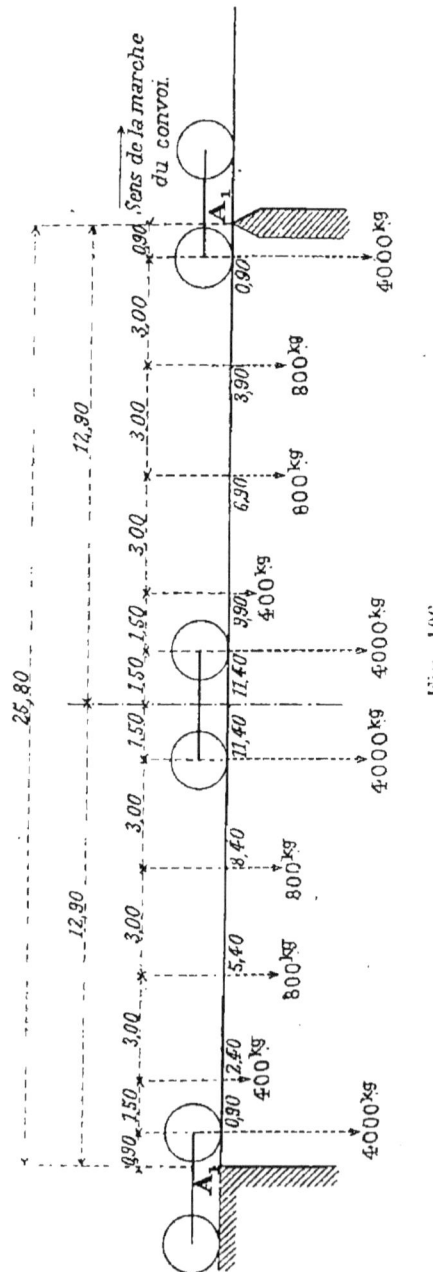

Fig. 106.

200. Calcul d'une poutre (*en fer*). — La surcharge qui donne le moment fléchissant le plus fort, correspond au passage d'une file de voitures de 8 000 kg. à deux essieux, attelées chacune de cinq chevaux disposés en trois files et pesant chacun 400 kg., le convoi occupant la position indiquée dans la figure 106 :

Cette surcharge ramenée au milieu de la travée considérée a pour valeur (90)

$$\frac{1}{12,90}\left[4\,000(0,90 + 11,40 + 11,40 + 0,90) + 400(9,90 + \\ + 2,40) + 800(3,90 + 6,90 + 8,40 + 5,40)\right] = 9\,534 \text{ kg.}$$

Dans la situation la plus défavorable pour l'une des poutres (fig. 107), cette surcharge se répartit sur les deux

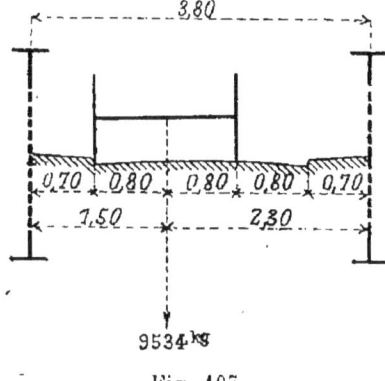

Fig. 107.

poutres de manière à reporter sur la poutre la plus chargée un poids de

$$P = \frac{9\,534 \times 2,30}{3,80} = 5\,771 \text{ kg.}$$

La charge uniformément répartie, par mètre courant, capable de produire le même moment fléchissant que P au milieu de la travée considérée, en supposant que la poutre repose simplement sur deux appuis, est égale à (186)

$$p' = \frac{2\,P}{25,80} = \frac{2 \times 5\,771}{25,80}$$
$$= 448 \text{ kg.}$$

soit 450 kg. en nombre rond.

Cette surcharge par mètre courant de poutre correspond à une surchage par mètre carré de tablier pour la voie charretière

$$\frac{450}{\frac{1}{2}\,2,40} = 375 \text{ kg.}$$

supérieure à la surchage de 300 kg. imposée dans l'épreuve par poids mort.

La charge permanente, résultant de l'avant-métré de l'ouvrage, étant de 1 750 kg. par mètre courant de poutre, les charges à admettre dans les calculs sont les suivantes :

Charge permanente. . . . . 1 750 kg.
Surcharge de la voie charretière . . . 450 kg. ⎫
    — d'un trottoir : 0,70 × 300 kg. = 210 — ⎬ 660 —
                                              ⎭
Charge totale. . . . . 2 410 kg.

Les diverses combinaisons de charge et surcharge à considérer sont au nombre de quatre, et sont indiquées dans les diagrammes ci-après (fig. 108) :

1° Les deux travées sont libres, et ne supportent que la charge permanente ;

2° La première travée est seule chargée ;

3° La deuxième travée est seule chargée ;

4° Les deux travées sont chargées simultanément.

Nous résumons dans un tableau (p. 298) les valeurs des

298 — RÉSISTANCE DES MATÉRIAUX

TRAVÉES	HYPOTHÈSES sur les épreuves.	VALEUR des poids uniformément répartis par mètre courant de poutre.		VALEUR des moments sur la pile. $\mu_1 = \dfrac{(p_1+p_2)a^2}{16}$	ABSCISSES des points correspondant aux		VALEUR des moments maxima dans les travées. $\mu_m = \dfrac{(7p_1-p_2)^2 a^2}{512\, p_1}$
		p_1	p_2		Moments maxima $x_m = \dfrac{(7p_1-p_2)a}{16\,p_1}$	Moments nuls. $x'_0 = 0$; $x''_0 = \dfrac{(7p_1-p_2)a}{8\,p_1}$	
1re travée.	1er cas...	1 750	1 750	145 609	m. 9.675	0.00 / 19.35	— 81 902
	2e cas...	2 410	1 750	173 066	10.115	0.00 / 20.23	— 123 326
	3e cas...	1 750	2 410	173 066	9.065	0.00 / 18.13	— 71 932
	4e cas...	2 410	2 410	200 524	9.675	0.00 / 19.35	— 112 797

2e travée. Toutes les valeurs ci-dessus se reproduisent dans la deuxième travée à la condition de prendre l'appui de droite comme origine des abscisses.

APPLICATIONS DE LA RÉSISTANCE DES MATÉRIAUX 299

moments fléchissants sur l'appui intermédiaire ou pile, et celles des moments fléchissants maxima dans les travées, obtenues par l'application des formules que nous avons données dans la première partie du cours (ch. IV, § 6), en considérant successivement les quatre combinaisons

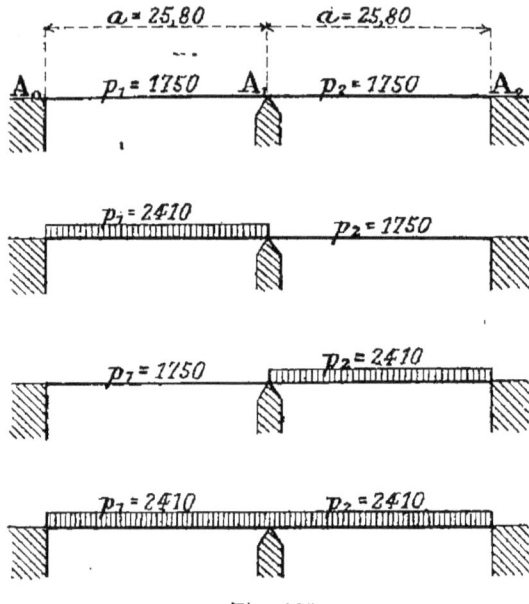

Fig. 108.

précédentes ; nous y indiquons aussi les abscisses des points correspondant aux moments maxima et aux moments nuls.

Ce tableau nous a permis de construire le diagramme des moments fléchissants, dans chacune des hypothèses faites sur les épreuves, c'est-à-dire l'épure des moments fléchissants (fig. 109), en ne tenant compte que de leur valeur absolue. La ligne curviligne brisée A_0BCDE est la courbe enveloppe des moments fléchissants ; elle donne le moment fléchissant maximum en chaque point de la poutre.

Nous allons maintenant procéder à la répartition des semelles.

Le moment d'inertie de la section représentée figure 110,

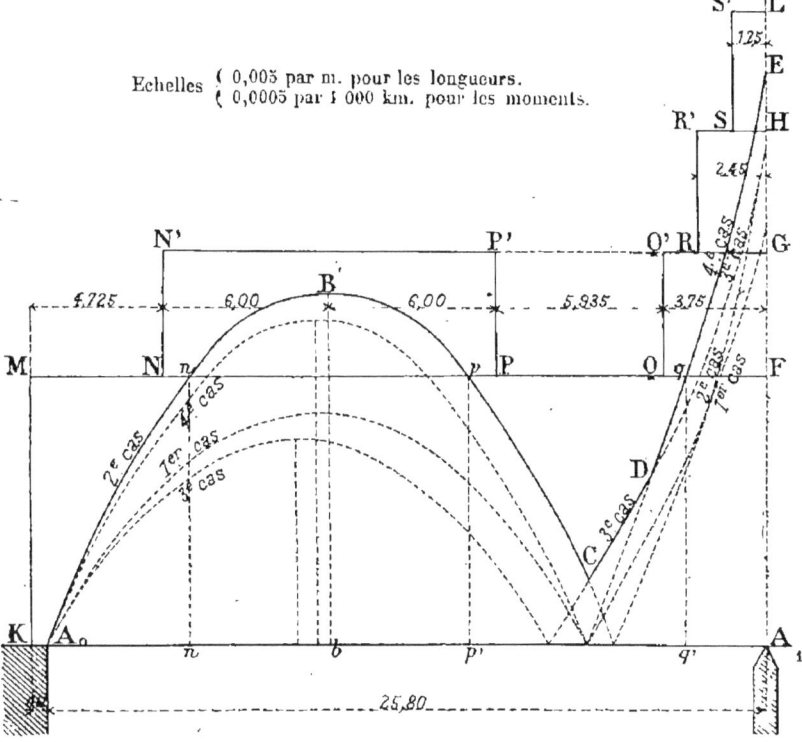

Fig. 109. — Épure des moments fléchissants.

dont les tables n'ont chacune qu'une seule semelle de 9 mm. est

$$J = \frac{1}{12}\left[0,350 \times \overline{2,318}^3 - (0,202 \times \overline{2,300}^3 + 0,124 \times \overline{2,284}^3 + 0,016 \times \overline{2,160}^3 + 0,008 \times \overline{1,760}^3)\right]$$

$$= \frac{4,359215 - 4,140025}{12} = 0,018265$$

APPLICATIONS DE LA RÉSISTANCE DES MATÉRIAUX 301

son module $\quad \dfrac{1}{n} = \dfrac{0,018\,265}{\dfrac{1}{2}\,2,318} = 0,015\,759$

et son moment résistant (68), en admettant pour le travail du fer 6 kg. par millimètre carré

$$M_r = R \times \dfrac{1}{n} \times \overline{10^6} = 6 \times 15\,759$$
$$= 94\,554 \text{ km}.$$

En composant les tables avec deux semelles de 9 mm. d'épaisseur, on a

$$I = \dfrac{4,461\,555 - 4,140\,025}{12} = 0,026\,794$$

$$\dfrac{I}{n} = \dfrac{0,026\,794}{\dfrac{1}{2}\,2,336} = 0,022\,940$$

$$M_r = 6 \times 22\,940 = 137\,640 \text{ km}.$$

Avec trois semelles de 9 mm.

$$I = \dfrac{4,565\,470 - 4,140\,025}{12} = 0,035\,454$$

$$\dfrac{I}{n} = \dfrac{0,035\,454}{\dfrac{1}{2}\,2,354} = 0,030\,113$$

$$M_r = 6 \times 30\,113 = 180\,678 \text{ km}.$$

Avec quatre semelles de 9 mm.

$$I = \dfrac{4,670\,708 - 4,140\,025}{12} = 0,044\,224$$

$$\dfrac{I}{n} = \dfrac{0,044\,224}{\dfrac{1}{2}\,2,372} = 0,037\,288$$

$$M_r = 6 \times 37\,288 = 223\,728 \text{ km}.$$

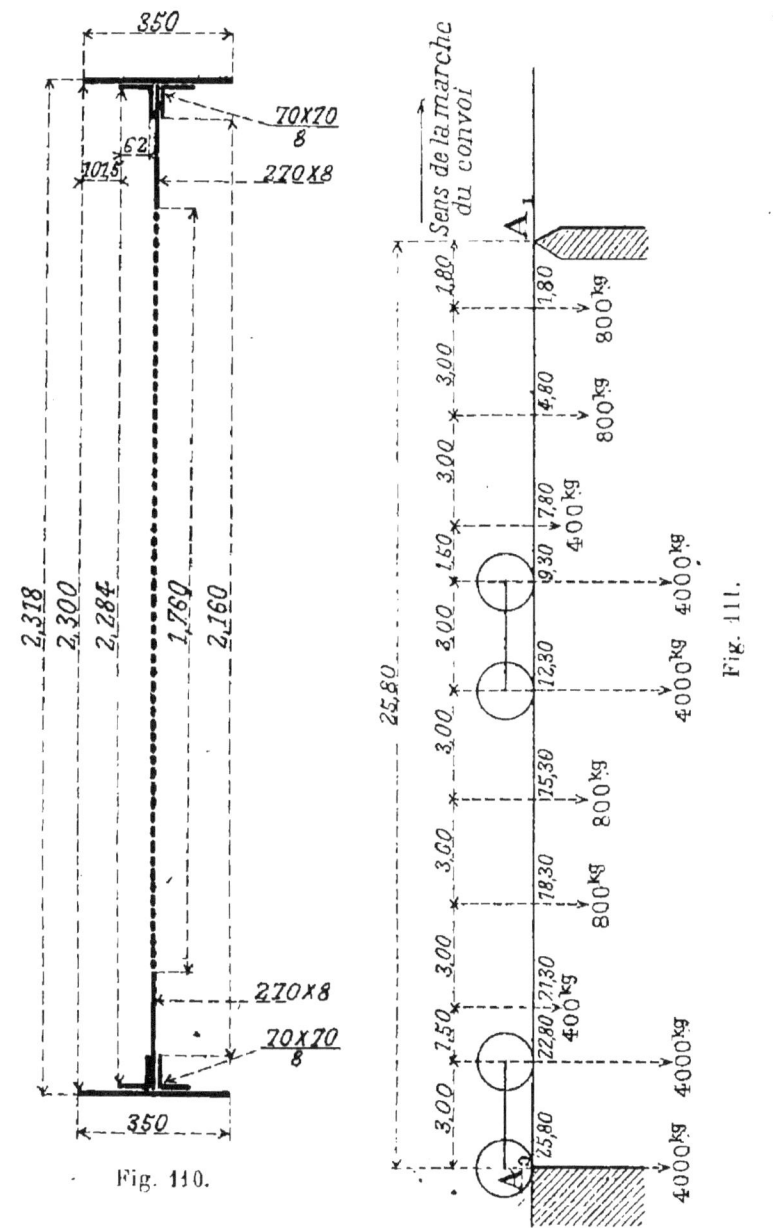

Fig. 110.

Fig. 111.

APPLICATIONS DE LA RÉSISTANCE DES MATÉRIAUX 303

Prenons sur l'épure des moments $A_1F = 94.554$ km., $A_1G = 137.640$ km., $A_1H = 180.678$ km. et $A_1L = 223.728$ km. à l'échelle adoptée ; puis menons par les points F, G, H et L des parallèles à A_1A_0. Les points n, p et q où la parallèle menée par F rencontre la courbe enveloppe des moments fléchissants A_0BCDE correspondent aux points n', p' et q' de la poutre pour lesquels le moment fléchissant $\mu = 94.554$ km. ; il en résulte que la section de la figure 110 ne peut suffire que dans les parties kn' et $p'q'$ de la poutre, et qu'il faut renforcer cette section, c'est-à-dire ajouter d'autres semelles dans les parties $n'p'$ et $q'A_1$; il convient même de prolonger ces dernières semelles un peu au delà des points n', p' et q', comme nous l'avons fait (fig. 109). En raisonnant de la même manière pour les autres parallèles menées par G, H et L, on voit qu'il faut quatre semelles dans la partie de la poutre correspondant à LS', trois semelles dans la partie correspondant à SR', deux semelles dans les parties correspondant à RQ' et P'N' et une seule semelle dans les parties correspondant à MN et PQ, afin que la poutre ne travaille en aucun point à plus de 6 kg. par millimètre carré.

Le travail maximum par millimètre carré dans les travées, c'est-à-dire au point b, ressortira ainsi à

$$R = \frac{\mu_m}{\frac{1}{n} \times 10^6} = \frac{123.326}{22.940} = 5^{kg},38.$$

et sur la pile, c'est-à-dire en A_1, à

$$R = \frac{\mu_m}{\frac{1}{n} \times 10^6} = \frac{200.524}{37.288} = 5^{kg},38.$$

204. Calcul du treillis. — La surcharge qui donne les efforts tranchants les plus grands, correspond au passage d'une file de voitures à deux essieux pesant 8 000 kg., et l'effort tranchant maximum, lequel a lieu sur l'appui de gauche A_0, engendré par cette surcharge, est réalisé quand les voitures occupent la position indiquée dans la figure 111 :

Cet effort a pour valeur

$$\frac{1}{25,80}\left[4\,000(9,30+12,30+22,80+25,80)+400(7,80+\right.$$
$$\left.+21,30)+800(1,80+4,80+15,30+18,30)\right]=12\,581\text{ kg}.$$

Dans la situation la plus défavorable pour l'une des poutres (fig. 107), cet effort se répartit sur l'une des poutres de manière à reporter sur la poutre la plus chargée un effort

$$T_m = \frac{12\,581 \times 2,30}{3,80} = 7\,615 \text{ kg}.$$

La charge uniformément répartie, par mètre courant, capable de produire le même effort tranchant sur les appuis, en supposant que la poutre repose simplement sur deux appuis, est égale à (186)

$$p'' = \frac{2T}{25,80} = \frac{2 \times 7615}{25,80}$$
$$= 590 \text{ kg}.$$

Les charges à admettre dans le calcul du treillis sont par suite :

1° Charge permanente (comme pour la section de la poutre, art. 200). . . . . 1 750 kg.
2° Surcharge de la voie charretière 590
3° Surcharge d'un trottoir : $0,70 \times 300$ kg. = 210 } 800 —
Charge totale. . . . . . . 2 550 kg.

Les diverses combinaisons de charge et surcharge à con-

APPLICATIONS DE LA RÉSISTANCE DES MATÉRIAUX

TRAVÉES	HYPOTHÈSES sur les épreuves.	VALEUR des poids uniformément répartis par mètre courant de poutre.		VALEURS de l'effort tranchant sur		ABSCISSES des points correspondant à l'effort tranchant nul.
		p_1	p_2	la culée $T_{A_0} = \dfrac{(7p_1 - p_2)a}{16}$	la pile $T_{A_1} = -\dfrac{(9p_1 + p_2)a}{16}$	$x = \dfrac{(7p_1 - p_2)a}{16 p_1}$
1re travée...	1er cas...	1 750	1 750	+ 16 931	− 28 219	9,655
	2e cas...	2 550	1 750	+ 25 961	− 39 829	10,181
	3e cas...	1 750	2 550	+ 15 641	− 29 509	8,937
	4e cas...	2 550	2 550	+ 24 671	− 41 119	9,673
2e travée...	Toutes les valeurs ci-dessus se reproduisent dans la deuxième travée, à la condition de prendre la culée de droite A_2 pour origine des abscisses.					

sidérer sont les mêmes que pour les moments fléchissants,

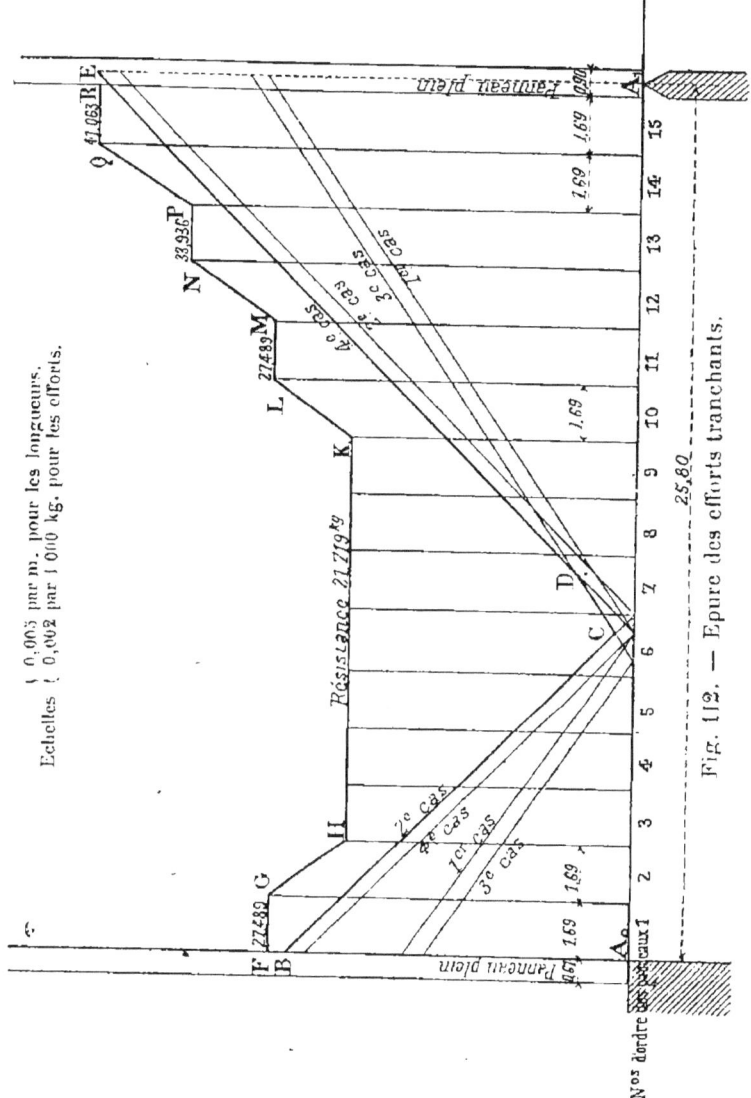

Fig. 112. — Epure des efforts tranchants.

sauf modification des poids ; il est donc inutile de reproduire ici les diagrammes qui les représentent, et il suffit de se reporter à la figure 108.

Nous résumons dans un tableau (p. 305) les valeurs des efforts tranchants sur la culée A_0 et la pile A_1, obtenues par l'application des formules que nous avons données dans la première partie du cours (ch. IV, § 6), en considérant successivement les quatre combinaisons; nous y indiquons également les abscisses des points pour lesquels les efforts tranchants sont nuls.

Ce tableau nous a permis de construire le diagramme des efforts tranchants, en ne tenant compte que de leur valeur absolue, dans chacune des hypothèses faites sur les épreuves, c'est-à-dire l'épure des efforts tranchants (fig. 112). La ligne brisée BCDE est la ligne enveloppe des efforts tranchants ; elle donne l'effort tranchant maximum en chaque point de la poutre.

Marquons sur l'horizontale $A_0 A_1$ les points correspondant aux montants de la poutre, et menons les verticales

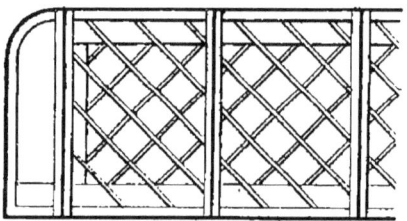

Fig. 113.

en ces points : nous figurerons ainsi sur l'épure les panneaux de la poutre, lesquels sont au nombre de 15 dans chaque travée, non compris les panneaux pleins sur la culée et la pile (se reporter à la description sommaire, art. 197). Nous aurons, avec une approximation suffisante, la valeur de l'effort tranchant maximum dans chaque panneau, en mesurant sur l'épure (fig. 112), à l'échelle adoptée, la longueur de la plus grande ordonnée de la ligne BCDE dans le panneau considéré.

La figure 113 représente le panneau plein sur l'une des culées et les deux panneaux voisins, les barres du treillis sont des fers méplats à section variable, inclinées à 45° et au nombre de 8 dans chaque section verticale faite en dehors des points d'attache aux membrures.

Le tableau ci-après (p. 309) résume les calculs des barres du treillis dans chaque panneau, calculs faits suivant la méthode indiquée à l'article 174.

Les valeurs représentant la résistance des barres employées dans chaque panneau (valeurs indiquées dans la colonne 7 dudit tableau) ont été portées sur l'épure (fig. 112) à l'échelle adoptée. Pour les panneaux n°s 2, 10, 12 et 14, dont le treillis est constitué avec des barres ayant, les unes la même section que celles du panneau précédent, les autres la même section que celles du panneau suivant, nous avons simplement sur l'épure réuni par des obliques les extrémités voisines des verticales représentant la résistance de ces panneaux.

Nous avons ainsi obtenu une ligne brisée FGHKLMNPQR qui enveloppe la ligne brisée BCDE des efforts tranchants maxima : on voit qu'en aucun point du treillis le travail du métal n'atteindra 6 kg. par millimètre carré.

L'épure, ainsi d'ailleurs que le tableau, montre aussi qu'il y aura un excès de force du treillis dans la partie centrale des travées où l'effort tranchant est relativement faible; mais il n'est pas possible de diminuer les sections des barres, au-dessous d'une certaine limite, tant afin de faciliter la rivure, que pour se prémunir contre les effets destructeurs de la rouille.

APPLICATIONS DE LA RÉSISTANCE DES MATÉRIAUX 309

1ʳᵉ TRAVÉE nº d'ordre des panneaux.	EFFORT tranchant maximum mesuré sur l'épure. T	EFFORT maximum exercé sur chaque barre. $t = \frac{T}{8\cos 45°} = T \times 0{,}1768$	SECTION nécessaire pour résister à cet effort à raison de 6 kg. par mm. carré. $\frac{t}{6}$	BARRES DE TREILLIS ADOPTÉES			TRAVAIL maximum du métal dans chaque panneau par mm. carré. $R = \frac{t}{\omega}$
				Dimensions en millimètres d'une barre.	SECTION en millimètres carrés d'une barre. ω	Résistance totale des 8 barres à raison de 6 kg. par millimètre carré $T_0 = 8\omega\cos 45° \times 6 = \frac{\omega}{0{,}1768} \times 6$	
(1)	(2)	(3)	(4)	(5)	(6)	(7)	(8)
1	25 961	4 590	765	90 × 9	810	27 489	kg. 5,67
2	21 600	3 819	637	90 × 9 et 80 × 8	»	»	4,78
3	17 300	3 059	510	80 × 8	640	21 719	3,59
4	13 000	2 298	383	id.	id.	id.	3,40
5	8 700	1 538	256	id.	id.	id.	2,31
6	4 400	778	130	id.	id.	id.	1,22
7	5 500	972	162	id.	id.	id.	1,52
8	9 800	1 733	289	id.	id.	id.	2,71
9	14 100	2 493	416	80 × 8 et 90 × 9	640	21 719	3,90
10	18 400	3 253	542	90 × 9	810	27 489	»
11	22 800	4 031	672	90 × 9 et 100 × 10	»	»	4,98
12	27 100	4 791	798	100 × 10	1 000	33 936	»
13	31 400	5 552	925	»	»	»	5,55
14	35 700	6 312	1 052	90 × 10 et 110 × 11	»	»	»
15	40 000	7 072	1 179	110 × 11	1 210	41 063	5,84

§ 9. — Cables et chaines

202. Câbles métalliques. — Si l'on représente par N la tension maxima à laquelle le câble peut avoir à résister et par R la charge pratique susceptible d'être adoptée pour les fils métalliques qui le composent, la section nette qu'il convient de donner au câble est (48)

$$\omega = \frac{N}{R}$$

à la condition que tous les fils ou brins travaillent également.

En désignant par n le nombre total des fils et par d leur diamètre, supposé le même pour tous, la section nette du câble

$$\omega = n \frac{\pi d^2}{4}$$

Par suite, on doit avoir

$$n \frac{\pi d^2}{4} = \frac{N}{R}$$

On a deux inconnues : le nombre des fils n et leur diamètre d ou section $\frac{\pi d^2}{4}$. Suivant le cas, on se donne l'une ou l'autre de ces deux inconnues, et l'on détermine l'autre à l'aide de la formule précédente.

Le tableau ci-après des fils de fer et d'acier du commerce facilite le calcul des câbles (p. 311) :

On prend ordinairement un coefficient de sécurité égal à 1/4 : par suite, la charge pratique par millimètre carré :

$R = 16^{kg},5$ pour les fils de fer dont la charge de rupture est de 66 kg.

$R = 18$ kg. pour les fils d'acier doux dont la charge de rupture est de 72 kg.

$R = 30$ kg. pour les fils d'acier fondu dont la charge de rupture est de 120 kg.

Fils de fer et d'acier.

(Tableau comparé des jauges anglaise et de Paris.)

NUMÉROS français	NUMÉROS anglais.	DIAMÈTRE des fils en dixièmes de millimètre.	SECTION en millimètres carrés.	POIDS de 1 000 mètres.	LONGUEUR d'un kilogramme.
			mm²	kg.	m.
P	25	5	0.196	1.53	653.60
1	24	6	0.287	2.20	454.54
2	23	7	0.385	3	333.33
3	22	8	0.503	3.92	255.10
4	21	9	0.636	4.96	201.61
5	20	10	0.785	6.12	163.40
6	19	11	0.950	7.41	134.95
7	18	12	1.130	8.81	113.50
8	»	13	1.327	10.35	96.62
9	17	14	1.539	12	83.33
10	»	15	1.767	13.78	72.57
11	16	16	2.011	15.68	63.77
12	15	18	2.545	19.84	50.40
13	»	20	3.142	24.48	40.85
14	14	22	3.801	29.64	33.74
15	13	24	4.524	35.28	28.34
16	12	27	5.725	44.63	22.40
17	11	30	7.068	55.13	18.14
18	10	34	9.079	70.82	14.12
19	9	39	11.946	93.17	10.73
20	8	44	15.205	118.59	8.43
»	7	46	16.619	129.62	7.71
21	»	49	18.857	147.08	6.80
»	6	52	21.237	165.63	6.04
22	»	54	22.902	178.63	5.59
»	5	56	24.630	192.09	5.21
23	»	59	27.340	213.24	4.69
24	»	64	32.170	250.91	3.99
»	3	66	34.212	266.84	3.75
25	»	70	38.485	300.19	3.33
»	2	72	40.715	317.57	3.15
26	1	76	45.365	353.84	2.82
27	0	82	52.810	411.91	2.43
28	00	88	61.821	474.38	2.11
29	000	94	69.398	541.28	1.85
30	0000	100	78.541	612.59	1.63

En raison du coefficient de résistance qui peut être adopté, l'emploi des câbles en fil d'acier fondu dans les ouvrages importants, tels que les ponts suspendus, est économique, quoique le prix du kilogramme de ces câbles soit plus élevé que celui des câbles en acier doux ; on peut réaliser ainsi une économie de 25 p. 100 environ sur la dépense concernant les câbles. Cependant, ces câbles en fil d'acier à grande résistance, en usage pour les porteurs aériens, n'ont pas encore été employés en France pour les ponts suspendus ; les Américains les ont adoptés pour le grand pont de Brooklyn, dans lequel la limite du travail des fils atteint 33 kg, 3, la charge du rupture étant de 112 kg, 5 seulement par millimètre carré ; le service vicinal du Rhône a prévu pour un pont suspendu sur le Rhône à Vernaison, en cours d'exécution, des câbles en fil d'acier fondu, capable de résister à une traction de 130 kg. par millimètre carré, mais il a limité le travail maximum à 28 kg. (l'allongement de rupture est de 2 p. 100).

Il ne faut pas demander aux fils d'acier ordinaire une résistance supérieure à 80 kg, car au delà on a un acier cassant, non ductile, lequel n'est plus un acier doux ; lorsqu'on veut une résistance plus élevée, on doit avoir recours aux aciers fondus.

Dans l'établissement de la formule relative au calcul d'un câble, nous avons supposé que tous les brins travaillent également ; pour cela, il est nécessaire qu'ils soient au moment de la fabrication du câble et qu'ils restent ensuite également tendus. Cette condition est assez difficile à réaliser, surtout lorsque le câble est droit, c'est-à-dire constitué avec des fils parallèles.

Afin d'obtenir l'égalité de tension de tous les fils, on tend à substituer les câbles *tordus* aux câbles droits.

Les premiers câbles tordus étaient composés d'un certain nombre de torons tressés en forme de cordage ;

ces câbles sont très flexibles, mais ils ont l'inconvénient de présenter des vides relativement importants, dans lesquels l'eau séjourne, ce qui finit par entraîner l'oxydation du métal : le rapport des vides aux pleins est de 40 p. 100 environ.

On a essayé ensuite les câbles à *torsion simple*, formés d'un fil central et de couronnes concentriques enroulées toutes dans le même sens; le rapport des vides aux pleins est très faible, 4 à 5 p. 100, mais la souplesse fait défaut.

Le câble tordu sur lequel on semble s'être arrêté est celui à *torsion alternative*, dont la différence avec le précédent réside en ce que les spires de deux couronnes successives sont en sens inverse; ce mode d'enroulement donne de la flexibilité au câble; quoique le rapport des vides soit plus grand, 15 à 30 p. 100, il n'a rien d'exagéré.

Les machines qui servent à fabriquer les câbles à torsion alternative, sont réglées de telle sorte que les spires des différentes couronnes soient semblables, c'est-à-dire que leurs pas soient proportionnels à leurs diamètres; il en résulte que tous les fils d'un même câble ont la même longueur totale, sauf le fil central, et que lorsque le câble s'allonge sous les efforts qu'il subit, tous les fils s'allongent de la même quantité et, par suite, travaillent également.

Nous allons examiner succinctement les principaux avantages et inconvénients respectifs des câbles droits et des câbles à torsion alternative.

Avantages des câbles droits : 1° il est assez facile de visiter le câble pour constater l'état des fils intérieurs, de le réparer, de le renforcer; 2° le câble peut être composé avec un nombre quelconque de fils, avec un nombre de fils aussi grand que l'on veut (les câbles du pont de Brooklyn sont formés de 5 290 fils de 3 mm., et ils ont un diamètre de $0^m,48$).

Inconvénients des câbles droits : 1° il est difficile de donner à tous les fils la même tension ; 2° les ligatures nécessaires pour serrer les fils les uns contre les autres rendent le câble rigide ; 3° la proportion des vides est assez grande, parce que le serrage est imparfait.

Avantages des câbles à torsion alternative : 1° tous les fils ont sensiblement la même tension ; 2° ces câbles sont flexibles ; 3° la proportion des vides est assez faible.

Inconvénients des câbles à torsion alternative : 1° la visite intérieure du câble est impossible, ainsi que sa réparation et son renforcement ; 2° le nombre des fils ne peut pas être quelconque, et il est limité comme nous le verrons plus loin.

On remédie au premier inconvénient signalé pour les câbles à torsion alternative, en apportant le plus grand soin à leur fabrication, et en enveloppant chaque fil et le câble entier avec une matière anti-oxydable, de façon à remplir exactement tous les vides, et à empêcher l'oxydation. Le second inconvénient a peu d'importance, attendu qu'il suffit d'augmenter le nombre de câbles pour obtenir la résistance nécessaire dans chaque cas.

Nous terminerons le présent article par quelques relations entre le diamètre ou la section d'un câble et ses éléments constitutifs.

a. *Câble droit.* — Soit D le diamètre d'un câble droit, n le nombre total des fils et d le diamètre de ces derniers ; lorsque le serrage est bien fait, on a approximativement

$$D = d\sqrt{\frac{4n-1}{3}}$$

Le rapport de la section nette ω, c'est-à-dire la somme des sections de tous les fils, à la section brute Ω ou section du câble supposé plein, est alors

$$\frac{\omega}{\Omega} = \frac{5}{7} = 0,71$$

et le rapport des vides aux pleins

$$\frac{\Omega - \omega}{\omega} = \frac{7-5}{5} = \frac{2}{5} = 0,40$$

b. *Câble à torsion alternative.* — Nous conserverons les notations précédentes et nous désignerons en outre par c le nombre total des couronnes concentriques, non compris naturellement le fil central.

Il est aisé de reconnaître, au moyen d'un croquis, que la première couronne comprend 6 fils; la deuxième 6 fils de plus que la première, soit 12 fils; la troisième 6 fils de plus également que la seconde, et ainsi de suite. Il en résulte que le nombre total des fils est égal à

$$n = 3c(c+1) + 1$$

On peut constater aussi, de la même manière, que le diamètre du câble augmente de deux fois le diamètre d'un fil, à mesure qu'on augmente d'une unité le nombre des couronnes; par suite

$$D = (2c + 1)d$$

Le nombre minimum de couronnes d'un câble à torsion alternative est 2; le nombre de fils correspondant $n = 3 \times 2(2+1) + 1 = 19$.

Les machines, qui servent à fabriquer ces câbles, ne permettent pas de leur donner un nombre de couronnes supérieur à 6 : le nombre maximum des fils est donc $n = 3 \times 6(6 + 1 + 1) = 127$.

En remarquant que

$$\omega = n\frac{\pi d^2}{4} = \left[3c(c+1)+1\right]\frac{\pi d^2}{4}$$

et
$$\Omega = \frac{\pi D^2}{4} = (2c+1)^2 \times \frac{\pi d^2}{4}$$

et en faisant successivement $c = 2$ et $c = 6$, on trouve :

pour $c = 2$ $\quad \dfrac{\omega}{\Omega} = \dfrac{19}{25} = 0,76 \quad$ et $\quad \dfrac{\Omega - \omega}{\omega} = \dfrac{2}{19} = 0,10$

pour $c = 6$ $\quad \dfrac{\omega}{\Omega} = \dfrac{127}{169} = 0,75 \quad$ et $\quad \dfrac{\Omega - \omega}{\omega} = \dfrac{30}{127} = 0,24$

En réalité, le rapport des vides aux pleins $\dfrac{\Omega - \omega}{\omega}$ est un peu supérieur à celui que nous venons de calculer, à cause de l'enduit anti-oxydable : pour $c = 2$, il est égal environ à 0,15, et pour $c = 6$ à 0,30.

203. Câbles en chanvre. — Pour le calcul d'un câble en chanvre, on part de la même formule que celle indiquée pour les câbles métalliques (202), savoir :

$$\omega = \frac{N}{R}$$

mais, les vides étant peu importants, on admet que la section nette est égale à la section brute. On a donc

$$\omega = \frac{\pi d^2}{4}$$

d étant le diamètre du câble

Par suite $\quad d = 2\sqrt{\dfrac{1}{\pi}\omega}$

$$= 2\sqrt{\frac{1}{\pi} \times \frac{N}{R}} = 2\sqrt{0,3183 \times \frac{N}{R}}$$

La résistance d'un câble en chanvre à la rupture est de 5 kg. par millimètre carré, et la charge pratique généralement admise est
$$R = 1 \text{ kg}.$$

Le diamètre du câble sera donc donné en millimètres par la formule
$$d = 2\sqrt{0,3183\,N}$$
$$= 1,13\sqrt{N}$$

204. Câbles mixtes en fils métalliques et chanvre. — Soit ω la somme des sections des fils métalliques et R la tension qui s'y développe par unité de surface; soit ω' la somme des sections des parties en chanvre et R' la tension qui s'y développe par unité de surface également.

La condition d'équilibre est
$$\omega R + \omega' R' = N$$

N étant la charge du câble ou sa tension totale.

Si E est le coefficient d'élasticité du métal et E' celui du chanvre, l'allongement par mètre du métal (17) est $i = \dfrac{R}{E}$ et celui du chanvre $i' = \dfrac{R'}{E'}$.

Le métal et le chanvre s'allongeant tous deux de la même quantité, on a
$$\frac{R}{E} = \frac{R'}{E'}$$

d'où on tire
$$R' = R \times \frac{E'}{E}$$

La condition d'équilibre peut s'écrire
$$R\left(\omega + \omega' \times \frac{E'}{E}\right) = N$$

et en posant $\omega' = k\omega$
$$R \times \omega\left(1 + k \times \frac{E'}{E}\right) = N$$

Si R représente la charge pratique du métal, la section totale des fils métalliques sera par suite obtenue par la formule ci-dessous, déduite de la précédente :

$$\omega = \frac{1}{1 + k \times \dfrac{E'}{E}} \times \frac{N}{R}$$

Application. — Considérons un câble formé de six torons (fig. 114) enroulés autour d'une âme en chanvre, chaque toron étant composé lui-même d'une âme en chanvre et de six fils de fer.

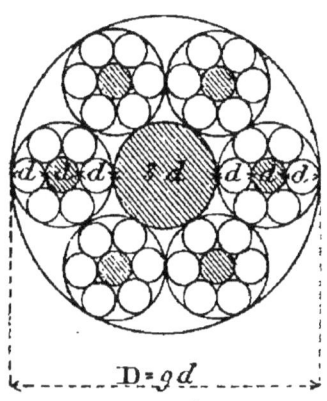

Fig. 114.

Soit d le diamètre de chaque fil ainsi que celui de la petite âme en chanvre d'un toron, d étant exprimé en millimètres ; le diamètre de l'âme centrale en chanvre est égal à $3d$ et celui du câble

$$D = 9d$$

La section totale des fils de fer

$$\omega = 6 \times 6 \times \frac{\pi d^2}{4} = 36 \times \frac{\pi d^2}{4}$$

Celle du chanvre

$$\omega' = \frac{\pi \times (3d)^2}{4} + 6\,\frac{\pi d^2}{4} = 15\,\frac{\pi d^2}{4}$$

Le rapport de ces sections

$$k = \frac{\omega'}{\omega} = \frac{15}{36}$$

Il résulte d'expériences que le rapport des coefficients du chanvre et du fil de fer

$$\frac{E'}{E} = \frac{1}{100}$$

Si nous admettons, comme charge pratique du fil de fer, $R = 15$ kg. par millimètre carré, nous aurons, en appliquant la formule trouvée plus haut,

$$\omega = 36 \times \frac{\pi d^2}{4} = \frac{1}{1 + \frac{15}{36} \times \frac{1}{100}} \times \frac{N}{15}$$

d'où $\quad \dfrac{\pi d^2}{4} = \dfrac{1}{36 + \dfrac{15}{100}} \times \dfrac{N}{15} = \dfrac{1}{36,15} \times \dfrac{N}{15}$

et $\quad d = 2\sqrt{\dfrac{1}{\pi} \times \dfrac{1}{36,15} \times \dfrac{N}{15}} = 0,0484\sqrt{N}$

$$D = 9\,d = 0,44\sqrt{N}$$

Il y aurait lieu de vérifier si la tension R′ des parties en chanvre est inférieure à la charge pratique 1 kg., mais cette condition est toujours largement satisfaite : dans le cas actuel, on a en effet

$$R' = R \times \frac{E'}{E} = 15 \text{ kg.} \times \frac{1}{100}$$
$$= 0^{kg},15.$$

205. Chaînes. — Les chaînes sont à étançons ou sans étançons ; l'étançon est une petite entretoise renforçant les maillons au milieu.

Considérons une *chaîne sans étançons* (fig. 115), avec maillons oblongs en fer rond.

Le calcul n'a qu'à déterminer le diamètre, si l'on adopte les proportions admises ordinairement, savoir :

$$h = 1,15\,d \quad \text{et} \quad b = 1,1\,d$$

On en déduit immédiatement

$$l = 2b + d = 3,2\,d$$
$$L = 2(h + b) + d = 5,5\,d$$
$$L' = 4(h + b) - 2d = 7\,d$$

puis la longueur développée de la ligne moyenne

$$S = 4h + 2\pi b = 11,51\, d$$

le volume par mètre courant de chaîne

$$Q = \frac{2S}{L'} \times \frac{\pi d^2}{4} = 2,58\, d^2$$

et le poids par mètre courant

$$p = 7\,800 \times Q = 20\,136\, d^2$$

Pour calculer le diamètre d, on peut procéder de deux manières : la première méthode, que nous appellerons *méthode pratique*, suppose la tension uniformément répartie par unité de surface dans la section droite CD, tandis que l'autre méthode, que nous appelerons *méthode théorique*, est basée sur ce que la tension est en réalité maxima en C et minima en D.

Méthode pratique du calcul de d. — Si N représente la tension maxima totale de la chaîne, chaque côté du maillon doit pouvoir

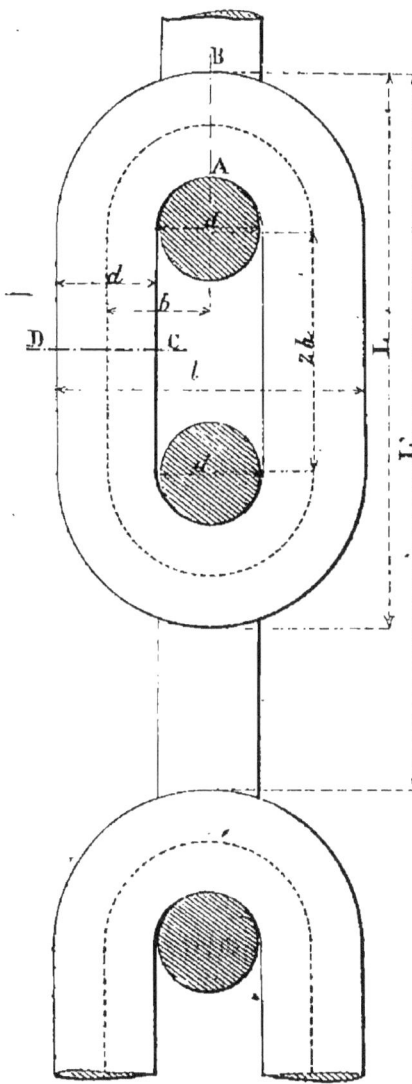

Fig. 115.

résister à une tension égale à $\frac{N}{2}$. On peut donc

poser (48)

$$\omega = \frac{\pi d^2}{4} = \frac{\frac{1}{2}N}{R}$$

d'où on déduit

$$d = 2\sqrt{\frac{1}{\pi} \times \frac{\frac{1}{2}N}{R}} = 1,13\sqrt{\frac{\frac{1}{2}N}{R}} = 0,8\sqrt{\frac{N}{R}}$$

Pour tenir compte de l'erreur résultant de l'hypothèse de la répartition uniforme de la tension, on prend pour R une valeur moins élevée que celle admise pour une barre travaillant à la traction : par exemple, si les maillons sont en fer ordinaire, on fait

$$R = 4 \text{ kg.}$$

au lieu de 6 kg.

Cette valeur de 4 kg. est la charge pratique par millimètre carré, que peut supporter la chaîne en toute sécurité ; les essais montrent que les chaînes à maillons oblongs, fabriquées avec du fer résistant à 32 kg., se rompent ordinairement sous un effort de 24 kg.

Si la chaîne est étançonnée, on peut prendre $R = 5$ kg., attendu que la charge de rupture s'élève alors à 30 kg.

Dans la marine, on soumet les chaînes étançonnées de 16 mm. de diamètre et au-dessus à une traction d'épreuve de 17 kg. par millimètre carré de la double section. Cette traction d'épreuve est de 14 kg. pour les chaînes dont le diamètre est inférieur à 16 mm., et qui ne sont pas munies d'étançons.

Méthode théorique du calcul de d. — Lorsque la chaîne est neuve, c'est-à-dire lorsqu'on n'a en A qu'un point géométrique de contact, la tension maxima a lieu en A et est égale à

$$R_A = \frac{b}{d} \times \frac{16(h+b)}{\pi b + 2h} \times \frac{\frac{1}{2}N}{\frac{\pi d^2}{4}} = 6{,}88 \frac{\frac{1}{2}N}{\frac{\pi d^2}{4}}$$

Ce résultat semble incompatible avec la réalité, car la chaîne se casse toujours suivant CD; cela tient à ce que, au bout d'un certain temps d'usage, le contact en A s'étend sur une certaine surface : la section la plus fatiguée n'est plus AB, mais bien CD, dans laquelle la tension maxima a lieu en C, et est égale à

$$R_c = -\left[1 + \frac{4[2h+\pi(b+d)](b-d)}{(2h+\pi b)d}\right] \times \frac{\frac{1}{2}N}{\frac{\pi d^2}{4}} = -1{,}618 \frac{\frac{1}{2}N}{\frac{\pi d^2}{4}}$$

et la tension minima se produit en C et s'abaisse à

$$R_D = -\left[1 - \frac{4[2h+\pi(b+d)](b-d)}{(2h+\pi b)d}\right] \times \frac{\frac{1}{2}N}{\frac{\pi d^2}{4}} = -0{,}382 \frac{\frac{1}{2}N}{\frac{\pi d^2}{4}}$$

Les conditions de résistance de la chaîne sont donc plus favorables après la déformation qu'au début.

Pour déterminer les dimensions à donner à la chaîne, il convient, par suite, de partir de la tension en C, dont la valeur absolue est

$$R = 1{,}618 \frac{\frac{1}{2}N}{\frac{\pi d^2}{4}}$$

On obtient alors

$$\frac{\pi d^2}{4} = 1{,}618 \frac{\frac{1}{2}N}{R}$$

et $$d = 2\sqrt{\frac{1}{\pi} 1{,}618 \frac{\frac{1}{2}N}{R}} = 1{,}43\sqrt{\frac{\frac{1}{2}N}{R}}$$
$$= 1{,}01\sqrt{\frac{N}{R}}$$

ou avec une approximation suffisante

$$d = \sqrt{\frac{N}{R}}$$

Lorsqu'on applique cette formule, il faut attribuer à R la valeur habituellement admise pour le métal en barre ; si les maillons sont en fer ordinaire, on prendra donc $R = 6$ kg.

206. Chaînes pour ponts suspendus. — Le tablier de quelques ponts suspendus est soutenu à l'aide de chaînes. Quoique ce système de suspension soit abandonné, nous croyons utile d'en dire un mot, afin de fournir le moyen de vérifier la solidité des ponts existants.

Il est plus coûteux, et présente moins de sécurité que le système de suspension par câbles métalliques : les chaînes se rompent plus facilement que les câbles, à cause des défauts cachés du métal, tels que les pailles, et la rupture d'un chainon diminue notablement la résistance totale ; le poids des chaines par mètre courant est supérieur à celui des câbles, parce que la charge pratique correspondante est moins élevée, et que les assemblages sont compliqués et exigent de nombreuses pièces accessoires.

Le seul avantage des chaines sur les câbles réside en ce qu'elles sont moins sujettes à l'oxydation ; c'est d'ailleurs pour ce motif que le prolongement des câbles dans les massifs d'amarrage, susceptibles d'être inondés par les hautes eaux, est le plus souvent constitué par des barres métalliques ou briquets.

La discussion des formules indiquées à l'article précédent dans la méthode théorique, montrerait que plus la dimension h (fig. 115) est grande, c'est-à-dire plus la longueur des maillons est grande, plus on se rapproche de l'hypothèse de la répartition uniforme des tensions dans chaque section droite, hypothèse admise pour établir la formule pratique

$$d = 2\sqrt{\frac{1}{\pi} \times \frac{\frac{1}{2}N}{R}} = 1,13\sqrt{\frac{\frac{1}{2}N}{R}}$$

C'est le cas des chaînes pour ponts suspendus, dont les maillons ont une longueur de 2 à 3 mètres.

On peut, par conséquent, faire usage de cette formule, tout en attribuant à R la valeur correspondant au métal étiré en barres, savoir : 6 kg. par millimètre carré pour le fer ordinaire, 7 à 8 kg. pour le fer de bonne qualité, et 8 à 10 kg. pour l'acier doux.

Il importe que le fer, employé à la fabrication de ces chaînes, soit de première qualité ; le fer ordinaire est à rejeter.

Nous ferons remarquer que les chaînes des ponts suspendus n'ont pas la même forme que celle de la figure 115 : leurs maillons ou chaînons sont tous parallèles, et ils sont assemblés à l'aide de boulons ou chevilles.

Le calcul des chevilles se fait comme il a été dit à l'article 146 ; il faut avoir soin de donner aussi rigoureusement que possible le même diamètre aux chevilles de jonction des chaînons, et à l'œil qui les reçoit.

Les chaînons ont en général une section circulaire, sauf dans leur partie courbe, à laquelle on donne une section carrée, afin d'augmenter la surface de contact de l'œil et du boulon.

§ 10. — Ponts suspendus

207. Généralités. — Un pont suspendu ordinaire se compose d'un tablier horizontal ou tout au moins à courbure légère, attaché au moyen de tiges verticales équidistantes, à des câbles ou chaînes passant sur des piliers (obélisques ou pylônes) plus ou moins élevés et dont les extrémités sont solidement amarrées dans des massifs en maçonnerie.

En général, le tablier est constitué (fig. 146) par des poutrelles en bois ou en métal, supportant des madriers en chêne de $0^m,25 \times 0^m,10$ sur lesquels est cloué un platelage jointif en pin ou en chêne de $0^m,06$ d'épaisseur; deux ou trois cours de longrine en chêne relient les poutrelles entre elles.

Autrefois les garde-corps étaient en bois, maintenant on les fait en métal, afin de répartir l'effet des charges roulantes sur plusieurs poutrelles, ce qui diminue les déformations du tablier.

La figure 147 représente le pont suspendu le plus simple qui puisse être imaginé : il ne comporte qu'une seule travée. Les câbles suspenseurs SOS' exercent au sommet des piliers une traction qui tend à renverser ceux-ci à l'intérieur; les câbles de retenue ou d'amarre SM et SM' s'opposent au renversement.

Le plus souvent les câbles de retenue ne sont que le prolongement des câbles suspenseurs; les câbles s'appuient alors sur le goujon d'un secteur ou d'un chariot mobile placé sur chaque pilier; quelquefois les câbles de suspension et les câbles d'amarre sont attachés séparément audit goujon à l'aide des boucles ou d'étriers. Cette dernière dispo-

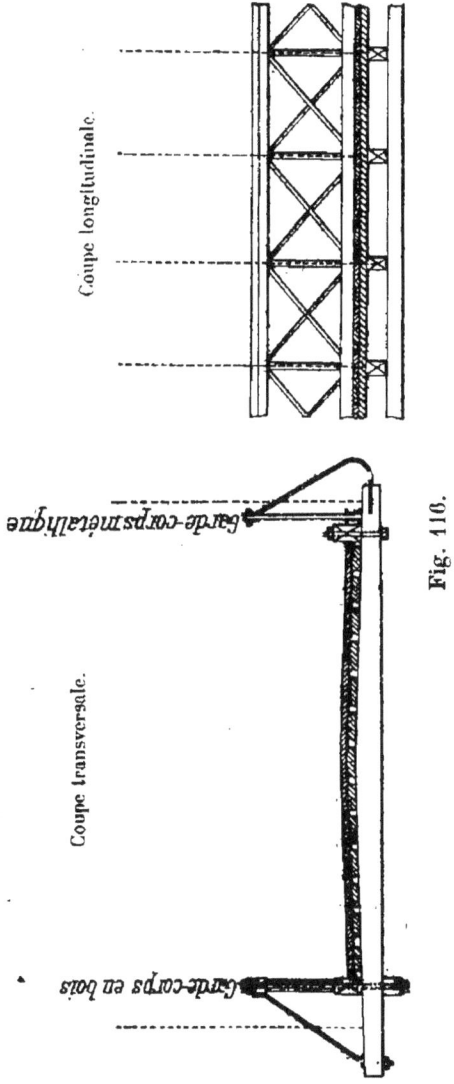

Fig. 110.

sition, un peu plus compliquée que la première, a l'avantage de permettre le remplacement d'un câble suspenseur,

APPLICATION DE LA RÉSISTANCE DES MATÉRIAUX   327

sans qu'il soit nécessaire de remplacer le câble de retenue correspondant, et *vice versa*; elle permet aussi de donner des dimensions différentes à ces deux sortes de câbles.

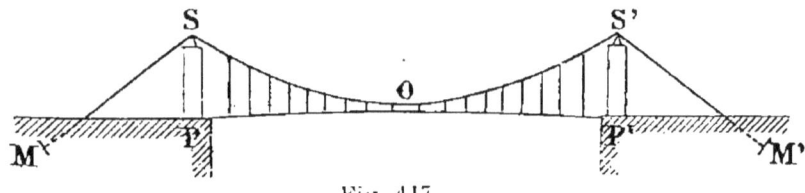

Fig. 117.

Pour soulager les câbles suspenseurs, et surtout pour donner plus de rigidité au tablier des ponts suspendus à voitures, on emploie depuis quelques années des haubans ou câbles obliques de rigidité (fig. 118), qui partent du sommet S de chaque pilier et soutiennent une partie du tablier par l'in-

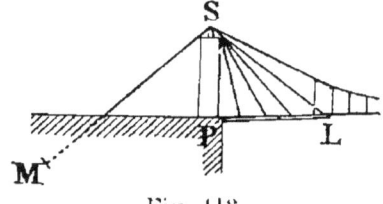

Fig. 118.

termédiaire d'une longrine PL, dite longrine d'encorbellement, reliée solidement aux poutrelles.

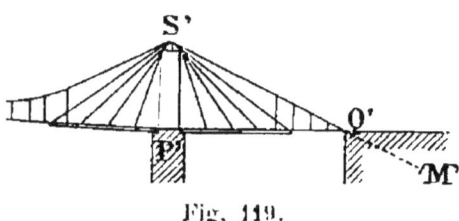

Fig. 119.

On peut avancer les piliers dans la rivière (fig. 119) et créer ainsi deux petites travées latérales, telles que P'Q', dont le tablier est supporté par des câbles obliques et par quelques tiges verticales attachées au câbles de retenue.

Si l'on veut établir un pont suspendu à plusieurs travées de longueur quelconque et en nombre aussi quelconque, deux systèmes peuvent être adoptés : 1° le premier consiste à sectionner les câbles en amarrant les extrémités de chaque section aux culées ou à certains piliers suffisamment solides, piliers qu'on désigne alors sous le nom de piles d'amarrage ; 2° le deuxième consiste à n'avoir que des piliers de faible section, en faisant les câbles continus d'une culée à l'autre. Ce deuxième système est plus économique, mais il semble présenter moins de sécurité ; il exige l'emploi de dispositions spéciales, que nous indiquerons plus loin (214), de façon à éviter le renversement des piliers et le soulèvement du tablier dans l'une des travées.

208. Circulaires ministérielles. — L'établissement des ponts suspendus est assujetti à certaines conditions d'exécution, de résistance et d'épreuve fixées par les circulaires du ministère des travaux publics en date des 7 mai 1870 et 7 juillet 1889. (Voir annexes n°^{s} 3 et 4.)

La circulaire du 7 mai 1870 offrant quelques lacunes et indécisions en ce qui concerne les limites du travail du métal, nous pensons qu'il convient de s'inspirer, dans le calcul d'un pont suspendu, des circulaires ministérielles relatives aux tabliers métalliques (annexes n°^{s} 1 et 2) pour en combler les lacunes et lever les indécisions.

299. Calcul des câbles ou des chaînes. — Nous avons expliqué précédemment comment on calcule un câble métallique (202) ou une chaîne (206) pour un pont suspendu lorsqu'on connaît la tension maxima N à laquelle le câble ou la chaîne peut avoir à résister. Il ne nous reste donc qu'à exposer la méthode à appliquer pour trouver cette tension maxima dans les différents cas qui peuvent se présenter, en remarquant que la tension maxima d'un câble est égale au quotient obtenu en divisant la tension maxima de l'ensemble des câbles T_m par le nombre n desdits câbles :

$$N = \frac{T}{n}$$

Les charges à considérer sont de deux sortes : 1° la *charge permanente*, qui peut être supposée uniformément répartie par mètre courant de tablier et qui comprend le poids du tablier (poutrelles, longrines, madriers, platelage, trottoirs, garde-corps, contreventement), le poids des tiges verticales et le poids propre des câbles ; 2° la *surcharge d'épreuve*, par poids mort, laquelle doit être prise égale au moins à 200 kg. par mètre superficiel, d'après l'article 15 des modèles de cahier des charges annexés à la circulaire du 7 mai 1870.

Dans l'évaluation du poids du tablier, l'article 4 des modèles de cahier des charges impose de compter les bois, quelle que soit leur essence, comme pesant 900 kg. par mètre cube.

Dans ce qui va suivre, nous désignerons par p la charge totale maxima des câbles par mètre courant de tablier : cette charge totale comprend la charge permanente et la surcharge d'épreuve par poids mort.

210. Tension maxima des câbles suspenseurs, lorsque les piliers sont également élevés. — Considérons d'abord la disposition la plus simple (fig. 120) d'un pont suspendu à une seule travée : des câbles en fil de fer ou d'acier, dont les extrémités M sont solidement amarrées à un massif de maçonnerie noyé dans le sol, passent sur deux piliers en maçonnerie de même hauteur et supportent par l'intermédiaire de tiges verticales le tablier du pont.

Lorsque les tiges verticales sont équidistantes (condition facile à réaliser) et si l'on admet que la charge est la même entre chaque tige (ce qui se rapproche sensiblement de la réalité), on démontre que les points d'attache a, b, c.... des tiges aux câbles sont sur une même parabole à axe vertical, et que la composante horizontale T_0 de la tension des câbles est la même en chaque point; nous nous dispenserons de donner la démonstration.

Nous admettrons aussi que la partie parabolique des câbles s'étend, au delà des tiges extrêmes de suspension, jusqu'au point A, d'une quantité dont la projection hori-

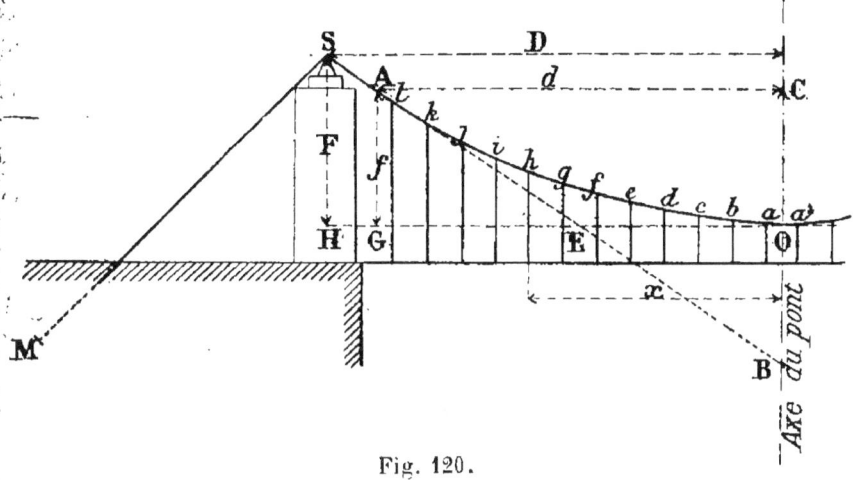

Fig. 120.

zontale est égale au demi-écartement de deux tiges consécutives.

Si l'on désigne par f la flèche correspondant à la partie parabolique, $f = $ OC $=$ AG, et par d la demi-distance horizontale entre les deux points extrêmes de la parabole, $d = $ AC, on a la formule

$$T_0 = \frac{pd^2}{2f}$$

p étant la charge totale des câbles par mètre courant de tablier.

Si les extrémités du tablier ne portaient pas sur les culées et si le tablier se prolongeait d'une longueur égale au demi-écartement des tiges au delà des tiges extrêmes, d serait la demi-ouverture D du pont.

Au delà des points qui fournissent d et f et jusqu'aux points de suspension S, les câbles se prolongent très sensiblement en ligne droite, suivant la direction des tangentes BA aux extrémités de la courbe.

Cherchons à déterminer f en fonction des dimensions qui peuvent être connues, savoir : la demi-ouverture D ou demi-distance entre les axes des piliers, la hauteur F des points de suspension S au-dessus de la tangente au sommet de la parabole et la demi-distance horizontale d entre les points extrêmes de la parabole.

De la similitude des triangles rectangles AEG et SEH, on déduit

$$\frac{f}{F} = \frac{EG}{EH}$$

En vertu d'une propriété des paraboles (*la tangente au sommet OG rencontre une tangente quelconque AB au milieu E de la partie comprise entre son point de contact A avec la parabole et son point d'intersection B avec l'axe*), le point E est le milieu de OG ; par suite

$$EG = OE = \frac{1}{2} d$$

$$EH = OH - OE = D - \frac{1}{2} d$$

On a donc

$$\frac{f}{F} = \frac{\frac{1}{2} d}{D - \frac{1}{2} d}$$

d'où l'on tire

$$f = F \times \frac{d}{2D - d}$$

Nous ferons remarquer que le point O est le milieu de BC ; c'est une autre propriété des paraboles : la *sous-tangente BC en un point quelconque A est le double de l'ordonnée OC du point de contact A*. Cette remarque servira pour le tracé de la tangente AB.

Dans le cas considéré, c'est-à-dire lorsque les piliers sont de même hauteur et qu'il n'y a pas de câbles obliques de rigidité, on peut calculer la tension T_0 avec une approximation suffisante en supposant que la partie parabolique des câbles s'étend de S à S', c'est-à-dire en faisant $d = D$ et $f = F$ dans la formule précitée $T_0 = \frac{pd^2}{2}$: on commet ainsi une petite erreur par excès, sans conséquence préjudiciable à la solidité de l'ouvrage, car elle conduit à adopter pour les câbles une section légèrement trop forte.

La tension horizontale T_0 est la seule force qui sollicite la partie horizontale aa' des câbles (fig. 120).

Pour une portion quelconque gh des câbles (fig. 120), la tension T (fig. 121) est la résultante de la force horizontale constante T_0 et d'une force verticale égale à la somme des poids appliqués aux câbles depuis le point h jusqu'au sommet de la courbe O, soit à px, x étant la distance horizontale du point h au point O (fig. 120); par suite

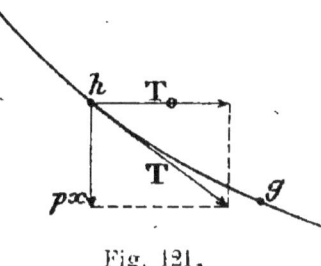

Fig. 121.

$$T = \sqrt{T_0^2 + p^2 x^2}$$

Comme la valeur de T augmente avec x, il en résulte que la tension maxima T_m des câbles a lieu au sommet du pilier S (fig. 120) ou sensiblement, en négligeant le poids de la partie droite AS des câbles, au point A ; ainsi donc

$$T_m = \sqrt{T_0^2 + p^2 d^2}$$
$$= \sqrt{\left(\frac{pd^2}{2f}\right)^2 + p^2 d^2}$$

APPLICATIONS DE LA RÉSISTANCE DES MATÉRIAUX 333

$$= \frac{pd}{2f}\sqrt{d^2+4f}$$

241. Tension maxima des câbles suspenseurs, lorsque les piliers sont inégalement élevés. — Lorsque les piliers sont inégalement élevés, les points d'attache des tiges aux câbles sont aussi situés sur une parabole à axe vertical (fig. 122), mais le sommet O de cette parabole, lequel

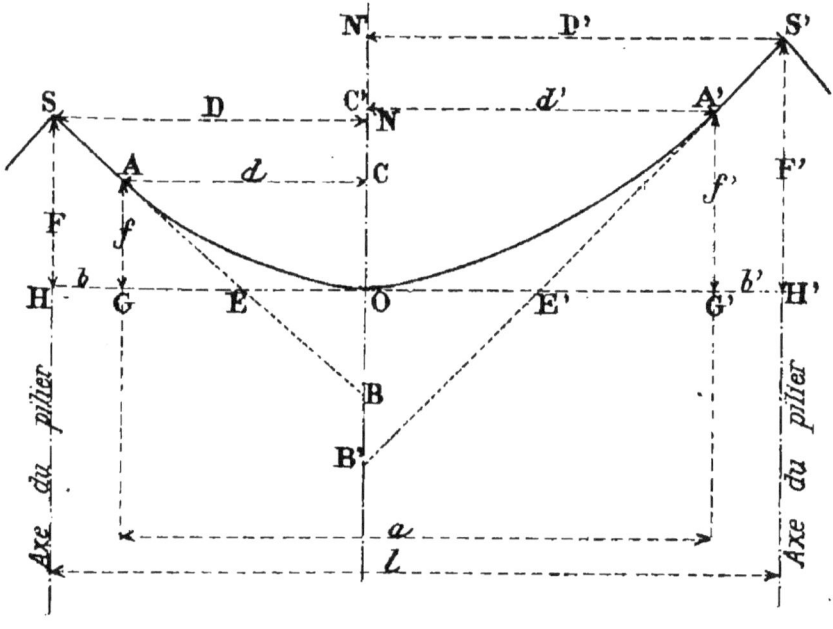

Fig. 122.

se confond avec le point bas des câbles, se trouve plus rapproché du petit pilier que du grand.

D'après la formule donnée à l'article précédent, la tension horizontale pour la partie à gauche du point O serait

$$T_0 = \frac{pd^2}{2f}$$

19.

et pour la partie à droite

$$T'_0 = \frac{pd'^2}{2f'}$$

Mais, en ce point O, la tension des câbles est forcément la même dans les deux sens ; par suite

$$\frac{pd^2}{2f} = \frac{pd'^2}{2f'}$$

ou

$$\frac{d^2}{d'^2} = \frac{f}{f'}$$

D'un autre côté, la similitude des triangles AEG et SEH conduit à l'expression

$$f = F\frac{d}{2D-d}$$

et celle des triangles A'E'G' et S'E'H' à

$$f' = F'\frac{d'}{2D'-d'}$$

ainsi que nous l'avons vu précédemment (art. 210).

Le rapport $\frac{d^2}{d'^2}$ devient par suite

$$\frac{d^2}{d'^2} = \frac{F \times \dfrac{d}{2D-d}}{F' \times \dfrac{d'}{2D'-d'}}$$

En divisant par $\frac{d}{d'}$ les deux membres de l'égalité ci-dessus, on obtient la relation

$$\frac{d}{d'} = \frac{F}{F'} \times \frac{2D'-d'}{2D-d}$$

laquelle contient quatre inconnues d, d', D et D'.

Pour n'avoir qu'une inconnue d, posons

$$d + d' = a \quad \text{ou} \quad d' = a - d$$
$$D - d = b \quad \text{ou} \quad D = b + d$$
$$D' - d' = b' \quad \text{ou} \quad D' = b' + d' = b' + a - d$$

Nous aurons alors une équation du second degré à une seule inconnue

$$\frac{d}{a-d} = \frac{F}{F'} \times \frac{2b' + a - d}{2b + d}$$

car nous pouvons l'écrire sous la forme

$$(F' - F)d^2 + 2(Fa + Fb' + F'b)d - Fa(a + 2b') = 0$$

Elle a comme racine susceptible d'être admise dans le cas de la figure, où $F' > F$.

$$d = -\frac{Fa + Fb' + F'b}{F' - F} + \sqrt{\left(\frac{Fa + Fb' + F'b}{F' - F}\right)^2 + \frac{Fa(a + 2b')}{F - F'}}$$

La racine ayant le signe — devant le radical est à rejeter, attendu qu'elle est négative.

On obtient la valeur de d', soit en la déduisant de la relation $d' = a - d$, soit en la calculant directement par la formule

$$d' = \frac{F'a + F'b + Fb'}{F' - F} - \sqrt{\left(\frac{F'a + F'b + Fb'}{F' - F}\right)^2 - \frac{F'a(a + 2b)}{F - F'}}$$

qu'on obtient en procédant comme nous l'avons fait pour avoir d et en remarquant que, dans le cas de la figure, c'est au contraire la racine ayant le signe $+$ devant le radical qui est à rejeter.

Connaissant d et d', on calculera D et D'. On pourra alors déterminer f et f', à l'aide des formules

$$f = F \times \frac{d}{2D - d} \quad \text{et} \quad f = F' \times \frac{d'}{2D' - d'}$$

puis la tension horizontale T_0 au moyen de l'une ou l'autre des formules

$$T_0 = \frac{pd^2}{2f} \quad \text{ou} \quad T_0 = \frac{pd'^2}{2f'}$$

et enfin les tensions maxima dans chacune des deux parties des câbles

$$T_m = \sqrt{T_0^2 + p^2 d^2} \quad \text{et} \quad T'_m = \sqrt{T_0^2 + p^2 d'^2}$$

lesquelles correspondent aux points A et A'.

On prendra la plus grande de ces deux tensions, soit T'_m dans le cas de la figure où $d' > d$, pour déterminer la section ω des câbles.

Lorsqu'il n'y a pas de câbles obliques de rigidité, on peut calculer T_m avec une approximation suffisante (avec une petite erreur par excès), en prenant

$$f = F \quad \text{et} \quad f' = F'$$
$$b = b' = 0$$
$$d + d' = D + D' = l$$

De la relation trouvée plus haut $\dfrac{d^2}{d'^2} = \dfrac{f}{f'}$, laquelle devient

$$\frac{D^2}{D'^2} = \frac{F}{F'}$$

on tire $\quad \dfrac{D}{\sqrt{F}} = \dfrac{D'}{\sqrt{F'}} = \dfrac{D + D'}{\sqrt{F} + \sqrt{F'}} = \dfrac{l}{\sqrt{F} + \sqrt{F'}}$

d'où l'on déduit D et D'.

La connaissance de D et D' permet de déterminer la tension horizontale

$$T_0 = \frac{pD^2}{2F} \quad \text{ou} \quad T_0 = \frac{pD'^2}{2F'}$$

et les tensions maxima en S et S'

$$T_m = \sqrt{T_0^2 + pD^2} \quad \text{et} \quad T'_m = \sqrt{T_0^2 + pD'^2}$$

APPLICATIONS DE LA RÉSISTANCE DES MATÉRIAUX

212. Tension maxima des câbles suspenseurs, lorsqu'il y a des câbles obliques de rigidité. — Pour effectuer les calculs, on admet que les extrémités A et A' de la partie parabolique des câbles correspondent aux points d'attache, tels que L (fig. 123), des dernières obliques avec les lon-

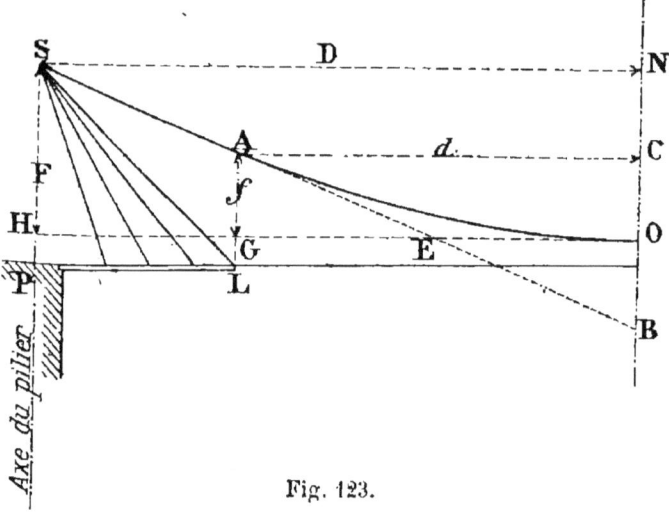

Fig. 123.

grines d'encorbellement, bien qu'il y ait ordinairement 2 à 4 tiges de suspension à gauche de A et à droite de A'.

Si les piliers sont également élevés, le point bas O des câbles correspond au milieu de la travée, et les longueurs D et d sont respectivement la moitié de SS' et de AA'.

Si les piliers sont inégalement élevés, le point O se trouve plus près du petit pilier que du grand, et les longueurs D et d, ainsi que D' et d', s'obtiennent en appliquant les formules trouvées à l'article 211.

Lorsque l'on connaît D et d, il ne reste qu'à appliquer les formules déjà données

$$f = F \times \frac{d}{2D - d}$$

$$T_0 = \frac{pd^2}{2f}$$
$$T_m = \sqrt{T_0^2 + p^2 d^2}$$

213. Tension maxima des câbles de retenue. — Le support des câbles au sommet S du pilier doit être disposé de façon à ce que le pilier n'ait à résister qu'à un effort vertical, et non à un effort oblique ; c'est pour ce motif que l'on donne audit support la forme d'un secteur ou mieux encore d'un chariot mobile sur galets.

L'effort total agissant au sommet S (fig. 124) du pilier

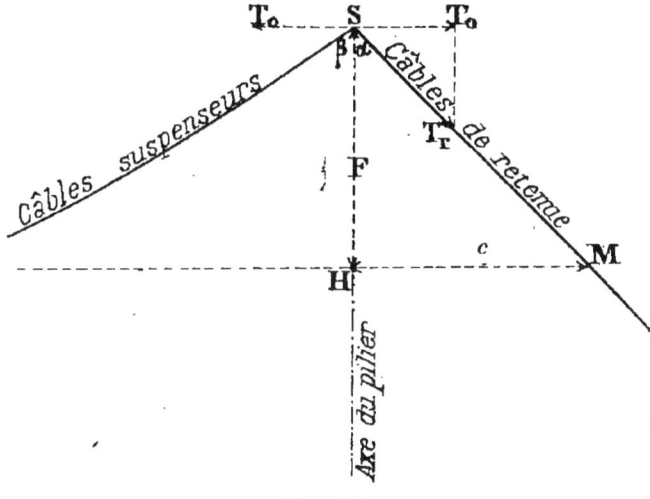

Fig. 124.

n'est autre que la tension des câbles suspenseurs. La composante verticale de cette tension est détruite par la résistance du pilier ; sa composante horizontale T_0 doit être équilibrée par la composante horizontale de la tension T_r des câbles de retenue. On doit donc avoir

$$T_r = \frac{T_0}{\sin \alpha}$$

α étant l'angle formé par les câbles de retenue avec la verticale.

Dans le triangle rectangle SHM, on a

$$\sin \alpha = \frac{HM}{SM} = \frac{c}{\sqrt{F^2 + c^2}}$$

en posant $HM = c$.

Si T_o est la tension horizontale maxima des câbles suspenseurs, T_r sera la tension maxima pour laquelle les câbles de retenue devront être calculés.

Comparons la tension maxima T_r des câbles de retenue avec la tension maxima totale T_m des câbles suspenseurs.

Si nous désignons par β l'angle formé par les câbles suspenseurs avec la verticale, nous aurons

$$T_m = \frac{T_0}{\sin \beta}$$

et

$$\frac{T_r}{T_m} = \frac{\dfrac{T_0}{\sin \alpha}}{\dfrac{T_0}{\sin \beta}} = \frac{\sin \beta}{\sin \alpha}$$

Ordinairement $\beta > \alpha$ et par suite $\sin \beta > \sin \alpha$. Donc, en général, $T_r > T_m$.

Lorsque les câbles de retenue sont le prolongement des câbles suspenseurs, il faut calculer la section des câbles en vue de résister à la tension maxima T_r.

Si la tension T_r est notablement supérieure à T_m, il peut y avoir intérêt à interrompre les câbles en S, et à donner aux câbles de retenue une section plus forte qu'aux câbles de suspension.

Quand le pont est pourvu de câbles obliques des deux côtés du pilier, il n'y a pas lieu de s'en préoccuper ; mais, s'il n'y en a que d'un seul côté, il faut équilibrer l'effort qu'ils exercent au sommet du pilier par des câbles de retenue.

214. Pont suspendu à plusieurs travées. — Nous allons examiner successivement les deux systèmes dont nous avons parlé à l'article 207.

Premier système. — Dans le premier système, les piliers extrêmes seuls peuvent avoir une faible section, parce que les câbles de retenue s'opposent à leur renversement ; les piliers intermédiaires ou piles d'amarrage doivent avoir une section suffisante pour résister par leur propre poids à la différence des tractions exercées en sens inverse par les câbles suspenseurs des deux travées contiguës. Le calcul des tensions des câbles s'opère de la même façon que dans un pont suspendu à une seule travée, en remarquant seulement que les extrémités qui descendent le long des piles d'amarrage, pour être fixées à leur base, sont soumises à des tensions égales à celles des câbles suspenseurs, dont elles sont les prolongements ; il est donc inutile d'insister davantage sur le système dont il s'agit.

Deuxième système. — Dans le deuxième système, les piliers intermédiaires présentant, aussi bien que les piliers extrêmes, une faible section horizontale pour une grande hauteur, ils résisteraient difficilement à la différence des composantes horizontales des tensions des câbles suspenseurs des travées adjacentes. Pour éviter le renversement des piliers intermédiaires, il faut que toutes les travées, avec les mêmes charges et surcharges, exercent sur leurs points d'appui des tractions horizontales égales ; en d'autres termes, il faut s'arranger de manière que la tension horizontale T_0 soit la même dans chaque travée. Pour que cette condition soit remplie, il faut et il suffit que les courbes affectées par les câbles soient des arcs d'une même parabole, ou, ce qui revient au même, que les paraboles décrites par les câbles des différentes travées aient le même paramètre.

Il importe encore, dans ce second système, d'adopter une disposition spéciale dans le but d'éviter que le tablier d'une travée non surchargée ne soit soulevé, lorsqu'on vient à surcharger une travée voisine. La disposition préconisée par la circulaire ministérielle du 7 juillet 1889 consiste à réunir les chariots mobiles, placés sur les piliers, à l'aide de câbles appelés *haubans de solidarité*. Ces haubans ont pour effet de réduire les mouvements des chariots et de reporter la traction horizontale supplémentaire, due à la travée unique surchargée, de pile en pile, jusqu'à la culée ; mais ils ne jouent évidemment aucun rôle, lorsque le pont ne porte que la charge permanente ou lorsque la surcharge est également répartie sur toutes les travées à la fois.

Le rôle des haubans de solidarité, rôle que nous venons de définir, indique comment il y a lieu de calculer leur section : il faut qu'ils soient capables de résister à une traction égale à la plus grande tension horizontale supplémentaire qui peut se produire quand on ne surcharge qu'une seule travée.

215. Câbles obliques ou haubans de rigidité. — La pratique a montré que l'inclinaison qu'il convient de donner de préférence au câble oblique de rigidité SL (fig. 125) le plus éloigné du pilier est comprise entre celle correspondant à 1 de base pour 1 de hauteur et celle correspondant à 1,50 de base pour 1 de hauteur.

Ordinairement le point d'appui K de la longrine d'encorbellement sur le pilier et les points d'attache R, S, T et L des obliques à la longrine sont également distants les uns des autres ; chaque oblique supporte alors la même longueur de tablier et par suite le même poids, sauf l'oblique SL qui supporte un poids moindre, attendu qu'à droite et à gauche de L le tablier du pont est soutenu à la fois par les câbles suspenseurs au moyen des verticales et par le couple des câbles obliques SL. D'un autre côté, la tension d'une oblique est d'autant plus grande que son inclinaison sur l'horizontale est plus faible ; l'oblique la plus fatiguée serait l'oblique SL qui s'écarte le plus du pilier, si elle supportait le même poids que les autres, mais comme elle

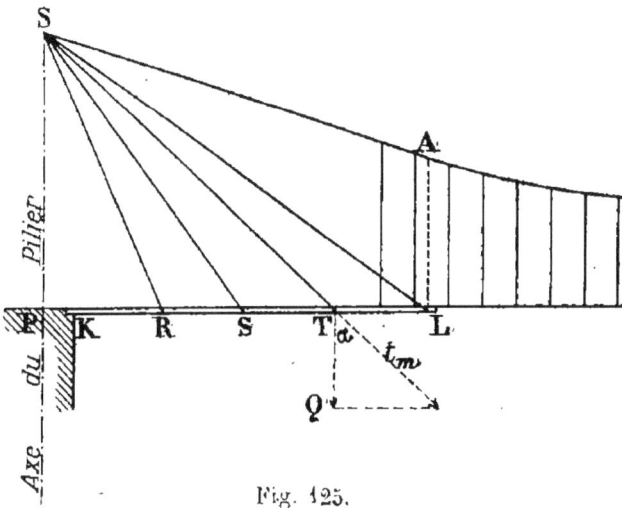

Fig. 125.

supporte un poids moindre, on peut admettre que l'oblique voisine ST est celle dont le travail est maximum.

Pour les motifs que nous venons d'exposer, on se contente en général de calculer la section de l'oblique ST, et l'on adopte la même section pour les autres.

La tension maxima t_m du couple des câbles obliques ST a lieu au moment de l'épreuve par charge roulante : ce couple supporte alors un poids vertical Q égal au poids de la charge roulante, augmenté du poids de la partie du tablier soutenue par le couple considéré, et, s'il y a des trottoirs, augmenté encore du poids de la surcharge uniformément répartie sur la longueur correspondante des trottoirs. Si α est l'angle des câbles avec la verticale, la tension maxima du couple est

$$t_m = \frac{Q}{\cos \alpha}$$

et celle d'un seul câble est $\dfrac{t_m}{2} = \dfrac{Q}{2\cos \alpha}$.

216. Longrines d'encorbellement et câbles de traction. — Afin de ne point avoir à revenir plus loin sur les câbles obliques de rigidité, nous allons indiquer tout de suite la méthode employée par les praticiens pour le calcul des longrines d'encorbellement.

Les longrines d'encorbellement sont des pièces prismatiques reposant sur plusieurs appuis et soumises simultanément à des efforts de flexion (résultant du poids permanent du tablier et de la surcharge accidentelle) et à des efforts de compression (produits par la composante horizontale de la tension des câbles obliques). Pour les calculer rigoureusement, il faudrait appliquer la formule générale de la flexion plane (67) :

$$R = \frac{v\mu}{I} - \frac{N}{\omega}$$

Afin de simplifier les calculs, les constructeurs calculent les longrines comme si elles n'étaient soumises qu'à des efforts de flexion, en supposant chaque longrine partagée en autant de parties qu'il y a d'obliques pour la soutenir : ils déterminent la section de la pièce de façon à ce que chacune des parties, considérées isolément, puisse résister au moment fléchissant maximum résultant du poids permanent et de la surcharge roulante. Ils vérifient ensuite si la section trouvée est capable de résister, sans qu'il y ait écrasement de la matière, à la compression totale produite par les câbles obliques de rigidité, dans le cas d'épreuve par poids mort.

Les longrines étant des pièces en fer ou en acier laminé, à section double T, la détermination de leur section se fait suivant la deuxième méthode indiquée à l'article 105.

Les longrines d'encorbellement s'appuient à une de leurs extrémités contre des maçonneries ; elles sont des pièces aboutées assimilables à des prismes posés debout (119). On peut se demander dès lors si la flexion ou le flambage de ces pièces n'est pas à craindre sous l'effort de compression produit par les câbles obliques. L'expérience a montré, en effet, que le flambage des longrines peut se produire, dans certains cas, si leur section n'est pas suffisante, lorsque les poutrelles du pont suspendu sont en bois, mais qu'il n'est pas à craindre lorsque les poutrelles et les garde-corps sont métalliques ; nous avons même constaté que, dans les ponts suspendus constitués avec des poutrelles et garde-corps métalliques, il existe presque toujours un vide entre l'extrémité de la longrine et la maçonnerie, ce qui prouve que l'effort de compression est détruit par la résistance du système, sensiblement rigide, formé par les poutrelles et les garde-corps métalliques.

M. Arnodin, constructeur, a employé au pont du Midi sur la Saône, à Lyon, des câbles, qu'il nomme *câbles de traction*, pour relier les deux longrines correspondantes sur chaque tête du pont et transformer en traction la compression due aux câbles obliques. Les poutrelles et les garde-corps de ce pont étant métalliques, l'adjonction des câbles de traction dont il s'agit nous semble inutile et superflue ; mais nous estimons que l'emploi de ces câbles est à recommander, lorsque les poutrelles sont en bois.

217. Mode d'attache des câbles. — Dans les anciens ponts suspendus, les câbles à fils parallèles se terminent à chacune de leurs extrémités par une boucle, dans laquelle est

APPLICATIONS DE LA RÉSISTANCE DES MATÉRIAUX

engagé le goujon d'amarre ou bien le goujon de réunion aux autres organes.

Dans les ponts suspendus modernes, les extrémités des câbles sont coincées dans des culots en fonte (fig. 126) de la manière suivante :

Le culot en fonte présente en son milieu un trou sensiblement tronconique, dont le diamètre d'entrée d est légèrement supérieur à celui du câble, et dont le diamètre de sortie D est deux à trois fois plus grand. On étale les fils du câble dans ce trou ; on y replie les extrémités desdits fils ; on enfonce des clous ; puis on coule un alliage fusible de plomb, étain et antimoine, qui remplit tous les vides, et on mate.

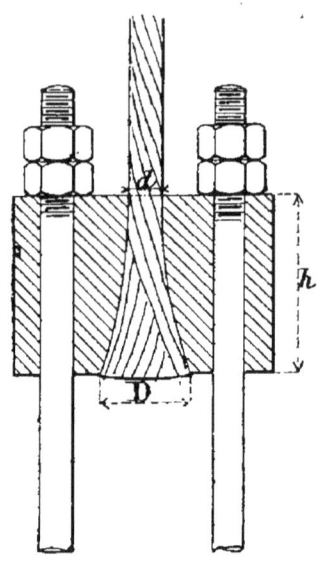

Fig. 126.

La hauteur h du culot doit être égale à cinq fois environ le diamètre du câble.

Le culot est pourvu de deux à quatre oreilles venues de fonte et percées chacune d'un trou cylindrique, pour recevoir les étriers ou les tirants filetés qui servent à assembler le culot avec les autres pièces.

Ce nouveau mode d'attache des câbles a l'avantage de faciliter leur réglage et de leur procurer l'amovibilité ; d'ailleurs, il est impossible de former une boucle avec les fils des câbles tordus.

Le calcul des étriers et tirants filetés est très simple ; la tension de chacune de leurs branches est, en effet, égale à celle du câble divisée par le nombre des branches. On ne doit pas oublier que la section calculée est la section nette, celle au fond du filet.

Il importe d'employer du fer fin ou de l'acier doux de très bonne qualité pour confectionner ces étriers et tirants; on peut alors adopter une charge pratique comprise entre 8 et 10 kg. par millimètre carré.

Il faut avoir soin d'ajouter des contre-écrous pour empêcher que les écrous ne viennent à se desserrer par l'effet des vibrations répétées.

218. Amarrage des câbles aux culées. — Les galeries des culées étant en général sujettes à être envahies par les eaux, au moment des crues, il est prudent de terminer les câbles de retenue près de l'entrée des galeries et de les prolonger par des barres ou tirants, qui vont s'amarrer à des goujons encastrés dans la maçonnerie, ou à des barres ou poutres métalliques s'appuyant contre le massif d'ancrage.

Les barres ou tirants qui prolongent les câbles travaillent à la traction; les goujons, barres ou poutres d'amarre travaillent à la flexion.

Dans quelques ponts, les câbles contournent des galeries circulaires; cette disposition procure de grandes facilités pour la visite des amarrages, mais elle établit entre les câbles d'amont et d'aval une liaison considérée comme dangereuse.

Le système des galeries circulaires pourrait être amélioré aisément et être employé avec avantage, lorsque les galeries ne sont pas susceptibles de submersion.

219. Amarrage des câbles aux piles. — L'amarrage d'un câble à une pile se fait ordinairement par l'intermédiaire d'un goujon A (fig. 127) encastré dans la maçonnerie et placé aussi bas qu'il est possible de le mettre sans que le câble soit mouillé par les hautes eaux.

Afin d'intéresser à la stabilité un plus grand cube de maçonnerie, on réunit souvent le goujon d'amarre A à un autre B placé en contre-bas au moyen de barres ou briquets de sous-amarrage CD

Le goujon supérieur A est une pièce encastrée à une extrémité, appuyée à l'autre C et soumise en M à une force transversale égale à la tension T_m du câble (100 et 102); mais il est prudent, dans la détermination de la section du goujon, de ne pas tenir compte du sous-amarrage et de le considérer comme une pièce encastrée à une extrémité et libre à l'autre (94).

La barre CD doit être calculée pour résister à une traction N égale à la réaction de l'appui C (100 et 102), en considérant le goujon A tel qu'il est en réalité. Si la barre de

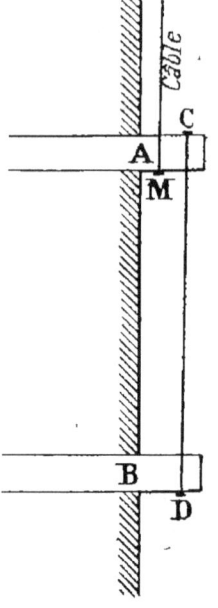

Fig. 127.

sous-amarrage est à deux branches, chaque branche doit pouvoir supporter une traction de $\frac{N}{2}$ et avoir une section de $\frac{N}{2R}$, R étant la charge pratique, soit 8 à 10 kg. par millimètre carré pour le fer fin ou l'acier doux.

Quant au goujon inférieur B, il est assimilable à une pièce encastrée à une extrémité et supportant à l'autre une charge égale à N (94).

220. Poutrelles. — Les poutrelles sont des pièces reposant sur deux appuis, lesquels sont les étriers du bas des tiges de suspension.

Le cas d'épreuve le plus défavorable pour les ponts

suspendus à voitures est celui de la surcharge roulante; d'après l'article 7 du modèle de cahier des charges annexé à la circulaire ministérielle du 7 mai 1870, on admet que cette surcharge roulante se répartit sur trois poutrelles.

Dans le calcul de la poutrelle pour les ponts suspendus à voitures on a donc à tenir compte : 1° du poids de la partie du tablier supportée par la poutrelle, laquelle partie a une longueur égale à l'écartement des poutrelles; 2° de la surcharge des trottoirs, s'il en existe, à raison de 200 kg. par mètre superficiel; 3° du tiers de la surcharge roulante dans la position la plus défavorable.

Pour les ponts suspendus à piétons, la surcharge doit être prise égale à 200 kg. par mètre superficiel de trottoirs et de chaussée.

On cherche le moment fléchissant maximum μ_m et on applique la formule $\dfrac{1}{n} = \dfrac{\mu_m}{R}$, suivant la méthode exposée dans la 1re partie (ch. IV, § 4).

Les poutrelles métalliques sont préférables à celles en bois; les poutrelles armées ne sont pas à recommander, car elles se déforment au bout de peu de temps. Le métal à employer est le fer ou l'acier doux laminé.

221. Tiges verticales de suspension.

— Les tiges de suspension des nouveaux ponts suspendus (fig. 128) sont terminées en haut par une boucle simple ou double et en bas par un œil. Chaque tige est attachée aux câbles par l'intermédiaire d'une barre horizontale, appelée chevalet, et de petits étriers filetés; elle supporte les poutrelles au moyen d'autres étriers filetés et d'une plaque horizontale, nommée bride.

Comme pour les poutrelles, la tension maxima des tiges, dans les ponts suspendus à voitures, a lieu lors de l'épreuve par surcharge roulante, laquelle est supposée

APPLICATIONS SUR LA RÉSISTANCE DES MATÉRIAUX 349

se répartir sur trois poutrelles et par suite sur trois couples de tiges verticales. Chaque couple de verticales doit donc être capable de supporter une charge totale comprenant : 1° le poids d'une longueur de tablier égale à l'écartement des tiges ; 2° le poids de la surcharge des trottoirs, s'il en

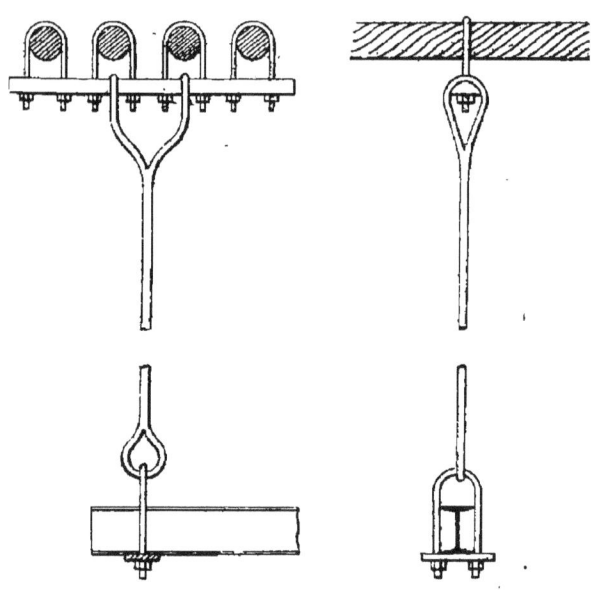

Fig. 128.

existe, à raison de 200 kg. par mètre superficiel ; 3° le tiers de la surcharge roulante.

D'après l'article 5 du modèle de cahier des charges annexé à la circulaire du 7 mai 1870, le travail des tiges ne doit pas dépasser le $1/9^e$ de la résistance absolue du métal, soit 4 à 5 kg. par millimètre carré, si la tige est en fer fin ou en acier doux.

Dans les ponts suspendus à piétons, il n'y a pas lieu de considérer de surcharge roulante ; il suffit de faire les calculs pour une surcharge de 200 kg. par mètre superficiel de chaussée et de trottoirs.

Novat. — Résist. des matériaux. 20

La tension de chacune des deux branches de l'étrier du bas de la tige étant la moitié de la tension de cette dernière, la section nette d'une branche de l'étrier devra être égale à la moitié de celle de la tige, à la condition que le métal soit le même.

Les étriers du haut des tiges se font en fer rond ordinaire de 14 mm. au moins de diamètre.

222. Garde-corps métalliques. — En Amérique, les garde-corps métalliques des ponts suspendus sont de véritables poutres rigides.

En France, on n'a pas été aussi loin dans cette voie, parce qu'il semble préférable de limiter le rôle des poutres garde-corps à répartir les charges roulantes ou autres charges isolées sur l'ensemble des organes de suspension, de manière à réduire aussi complètement que possible les déformations, les ondulations du tablier sous l'effet de ces charges ; les garde-corps ne doivent aucunement concourir à supporter les charges uniformément réparties sur toute la longueur du tablier.

Dans la plupart des ponts récemment construits, le garde-corps métallique est constitué (fig. 129) par une lisse inférieure AB, formée avec deux fers à U boulonnés sur les poutrelles et par une lisse supérieure CD formée avec deux fers cornières ou deux fers à U, sur lesquels est rivée la main courante en fer Zorès. Des montants verticaux ou potelets en fonte ou en fer laminé, placés au droit des poutrelles et s'appuyant, en bas sur un boulon, en haut sur un coussinet spécial muni de deux tourillons, maintiennent l'écartement des deux lisses. Des barres en fer ou acier, dont l'extrémité inférieure est terminée par un œil traversé par le boulon sur lequel s'appuie le montant vertical, et dont l'extrémité supérieure filetée passe dans un trou incliné ménagé dans le coussinet pour venir se

APPLICATIONS SUR LA RÉSISTANCE DES MATÉRIAUX 351

boulonner sur ce dernier, relient en diagonale les montants entre eux.

M. Maurice Lévy a démontré dans un mémoire que le moment fléchissant maximum engendré par une charge mobile sur une poutre, à deux appuis simples, reliée à un câble, est environ le tiers de celui qu'elle produirait sur la même poutre détachée du câble ; c'est le cas d'un garde-corps métallique dans un pont suspendu non pourvu de haubans.

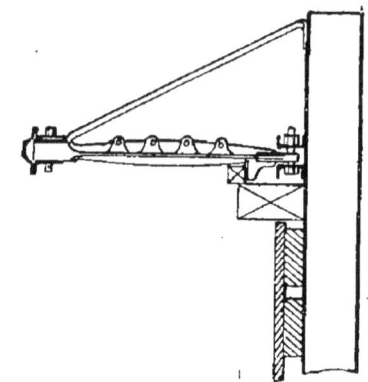

D'après le même auteur, si une poutre reliée à un câble par une partie centrale est soutenue à ses extrémités par des haubans, on peut, au point de vue des charges, traiter la partie centrale comme si elle était encastrée, et le moment fléchissant maximum produit par une charge mobile est égal au tiers de celui qu'elle produirait sur une poutre appuyée, détachée du câble et ayant la même longueur que la partie centrale.

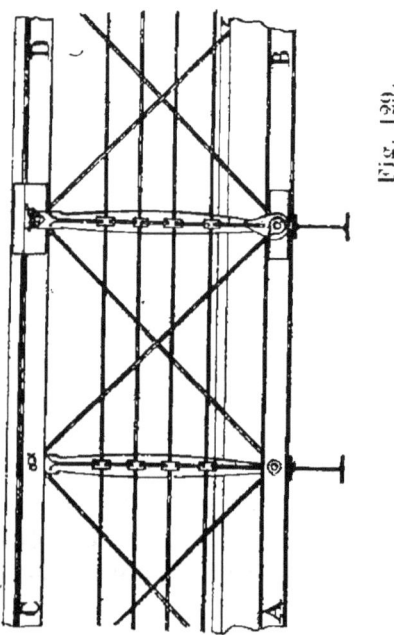

Fig. 129.

Il est donc facile de calculer le moment fléchissant maximum μ_m dans chaque cas particulier et d'en déduire le module $\dfrac{I}{n} = \dfrac{\mu^m}{R}$ du profil formé par l'ensemble des deux lisses du garde-corps.

Grâce aux dispositions adoptées, les diagonales travaillent seulement à l'extension. On les calcule en vue de résister à l'effort tranchant maximum produit par la charge roulante P, en admettant que l'action de cette charge se répartit sur deux poutrelles : l'action totale de ladite charge sur une poutrelle est égale à $\dfrac{P}{2}$, et, par suite, son action à chacune des extrémités de la poutrelle est $\dfrac{P}{4}$. Comme il y a deux diagonales pour supporter l'effort $\dfrac{P}{4}$, la tension de chaque barre est $\dfrac{P}{8 \cos \alpha}$, si α représente l'angle de la barre avec la verticale (fig. 129).

Il convient d'adopter pour les diagonales le même coefficient de résistance que pour les tiges de suspension, en employant le même métal.

Les montants verticaux ou potelets sont des prismes posés debout (120), supportant une charge égale à $\dfrac{P}{2}$.

Lorsque les potelets sont en fonte, il se produit quelquefois des cassures à leur partie inférieure en forme de fourche ; il faut donc avoir soin de renforcer cette partie.

223. Stabilité des culées et des piles. — Nous ne pouvons ici que signaler l'importance de la question relative à la stabilité des culées et des piles des ponts suspendus, car son étude, bien que simple, sortirait des limites du cadre que nous nous sommes tracé.

ANNEXE I

Circulaire de M. le Ministre de l'Intérieur, en date du 21 mai 1892, sur l'établissement des ponts à tablier métallique.

Paris, le 21 mai 1892.

Monsieur le Préfet,

Une circulaire de l'un de mes prédécesseurs, en date du 26 mai 1881, a déterminé les conditions auxquelles doivent satisfaire les ponts à travées métalliques dépendant des chemins vicinaux. L'expérience a fait reconnaitre que les règles précédemment établies sont susceptibles de quelques modifications et qu'elles doivent, en outre, être complétées sur divers points.

Le service vicinal devra donc désormais se conformer aux prescriptions de la présente circulaire, pour l'étude des projets d'ouvrages de cette nature.

I. *Conditions à remplir.* — Les ponts à travées métalliques dépendant des chemins vicinaux doivent être en état de livrer passage aux voitures les plus lourdement chargées en usage dans la contrée, sans dépasser les limites résultant des lois et règlements sur la police du roulage.

II. *Limites du travail du métal.* — Les dimensions des différentes pièces seront calculées de telle sorte que, dans la position la plus défavorable des surcharges que l'ouvrage peut avoir à supporter, et en tenant compte de la charge permanente ainsi que des efforts accessoires tels que ceux qui peuvent être produits par les variations de température, le travail du métal par millimètre carré ne dépasse pas les limites indiquées ci-dessous :

1° Pour la fonte supportant un effort d'extension directe . . . . $1^k 50$
Pour la fonte travaillant à l'extension dans des pièces soumises à des efforts tendant à les faire fléchir . . . . $2^k 50$
Pour la fonte supportant un effort de compression. 6^k
2° Pour le fer et l'acier travaillant à l'extension, à la compression ou à la flexion :
Fer . . . . 6^k
Acier . . . . 8^k

Toutefois, pour les fermes principales des ouvrages d'une ouverture supérieure à 30 mètres, ces limites pourront être élevées jusqu'à 7 kilogrammes pour le fer et 9 kilogrammes pour l'acier.

Le nombre et le diamètre des rivets seront déterminés de telle sorte que le travail de cisaillement du métal ne dépasse pas les quatre cinquièmes de la limite qui aura été admise pour la plus faible des pièces à assembler, et que le travail d'arrachement des têtes, s'il s'en produit, ne dépasse pas 3 kilogrammes par millimètre carré en sus de l'effort résultant du serrage.

III. *Dimensions minima.* — L'épaisseur des semelles des poutres et des barres de treillis ne sera pas inférieure à 8 millimètres ; celle des autres pièces de l'ossature à 7 millimètres. On ne pourra descendre au-dessous de cette dernière limite que pour certaines pièces accessoires entièrement apparentes au-dessus de la chaussée, telles que garde-corps et contreventements supérieurs.

IV. *Qualités du fer et de l'acier auxquelles correspondent les limites du travail du métal fixées par l'article 2.* — Les coefficients de travail du métal fixés ci-dessus pour le fer et l'acier correspondent aux qualités définies par les conditions suivantes :

DÉSIGNATION	ALLONGEMENT Minimum de rupture mesuré dans des éprouvettes de 200 mm. de longueur.	RÉSISTANCE minimum à la traction par millimètre carré mesurée dans des éprouvettes de 200 mm. de long.
	p. 100.	kilogr.
Fer profilé et plat (dans le sens du laminage)	8	32
Tôle. dans le sens du laminage	8	32
dans le sens perpendiculaire au laminage.	3,5	28
Acier laminé.	22	42
Rivets en fer.	16	36
Rivets en acier.	28	38

Les devis détermineront pour l'acier le minimum et le maximum entre lesquels devra être compris le rapport de la limite pratique d'élasticité à la résistance à la rupture. Le minimum ne devra pas être inférieur à 1/2 et le maximum ne devra pas dépasser 2/3.

Des coefficients de travail plus élevés pourront être autorisés par l'administration pour des métaux de qualités différentes si des justifications suffisantes sont produites.

On ne tolérera dans aucun cas l'emploi d'aciers fragiles et on s'assurera fréquemment, pendant la construction, de la qualité du métal à ce point de vue au moyen d'essais de trempe et d'expériences faites en pliant des barres percées de trous au poinçon.

Les devis doivent renfermer des prescriptions détaillées à cet

Nota. — Le titre de la deuxième colonne du tableau inséré à l'article IV était : « allongement minimum de rupture par m/m,q mesuré dans des éprouvettes de 200 m/m de longueur » ; nous l'avons rectifié suivant d'ailleurs une observation contenue dans une circulaire de M. le ministre des Travaux publics, en date du 10 août 1892, observation s'appliquant à la circulaire de M. le ministre des Travaux publics du 29 août 1891 (Annexe II).

égard sans préjudice des autres conditions relatives aux qualités du métal.

Dans tous les cas, lorsqu'on emploiera l'acier, les trous de rivets seront forés ou alésés après le perçage sur une épaisseur d'au moins un millimètre et les bords des pièces coupées à la cisaille seront affranchis sur la même épaisseur.

V. *Surcharges à adopter pour le calcul.* — On s'assurera que le travail du métal par millimètre carré dans chaque pièce ne dépasse pas les limites fixées à l'article 2 ci-dessus :

1º Sous l'action d'une surcharge uniformément répartie de 300 kilogrammes par mètre carré sur toute la largeur de l'ouvrage y compris les trottoirs.

2º Sous le passage des véhicules les plus lourds en usage dans le pays en prenant toutefois 6 tonnes comme minimum du poids de ces véhicules. On admettra autant de ces voitures attelées que le tablier pourra en contenir sur le nombre de files que comporte la largeur de la voie, concurremment avec la surcharge de 300 kilogrammes sur les trottoirs.

VI. *Pression du vent.* — Le travail du métal sous l'influence des plus grands vents ne devra pas dépasser de plus de 1 kilogramme les limites fixées à l'article 2 ci-dessus.

On admettra que la pression du vent par mètre carré de surface verticale peut s'élever à 270 kilogrammes.

VII. *Pièces travaillant à la compression.* — On s'assurera que les pièces travaillant à la compression, soit d'une manière continue, soit d'une manière intermittente, ne sont pas exposées à flamber.

VIII. *Travail pendant le lançage.* — Lorsque la mise en place d'un tablier sera faite au moyen d'un lançage, le travail du métal pendant cette opération ne devra atteindre dans aucune pièce une limite dangereuse.

IX. *Calculs de résistance.* — Les calculs justificatifs des dimensions des diverses pièces seront joints aux projets.

Ceux relatifs à la rivure et aux flèches pourront n'être fournis que pour les travées d'une ouverture supérieure à 20 mètres.

X. *Épreuves.* — Chaque travée sera soumise à deux natures d'épreuves, l'une par poids mort et l'autre par poids roulant.

La première épreuve aura lieu au moyen d'une surcharge uniformément répartie de 300 kilogrammes par mètre carré de tablier, trottoirs compris.

Sur les ponts à travées indépendantes, la surcharge sera étendue successivement d'une extrémité à l'autre, avec interruption d'une demi-heure au moment où la surcharge aura atteint la moitié de la portée. Lorsque la totalité de la travée aura été couverte, la surcharge devra demeurer en place pendant une demi-heure.

Pour les ponts à travées solidaires, chaque travée sera d'abord chargée isolément, comme il vient d'être dit ci-dessus, puis on chargera simultanément les travées contiguës à chaque pile, à l'exclusion de toutes les autres.

Pour les ponts en arc, chaque travée sera chargée sur la totalité de sa portée, ensuite sur chaque moitié et, enfin, sur la partie médiane seulement.

On procédera à l'épreuve par poids roulant avec les véhicules les plus lourds en usage dans la contrée, les trottoirs étant chargés à raison de 300 kilogrammes par mètre carré.

Les longueurs des files des voitures seront fixées ainsi qu'il suit :

Ponts à travées indépendantes et ponts en arcs, la longueur sera au moins égale à la plus grande portée.

Ponts à travées solidaires, la longueur devra être suffisante pour couvrir les deux plus grandes travées consécutives.

On fera circuler au pas les files de voitures d'une extrémité à l'autre du pont.

On mesurera la flèche maximum au milieu de chaque travée, sous l'influence d'abord de la charge par poids mort, puis de la charge par poids roulant.

En outre, les niveaux des points les plus bas des poutres ou des arcs, au milieu de chaque travée et à ses extrémités, seront repérés avant les épreuves à deux points fixes, choisis en dehors de l'ouvrage, de manière à permettre de constater, après l'enlèvement de la surcharge, et ensuite à une époque quelconque, les déformations qui se seraient produites ; on repérera, par rapport aux mêmes points, le dessus de chacun des appuis. Le procès-verbal des épreuves contiendra les renseignements nécessaires pour permettre de retrouver ultérieurement ces repères.

Les dispositions des épreuves concernant les ponts d'un type exceptionnel seront réglées par un article spécial du devis.

XI. *Entretien et visites périodiques.* — La surveillance et l'entretien des ponts métalliques doivent être l'objet de soins incessants.

Indépendamment d'une visite annuelle portant principalement sur l'état de la rivure, ces ouvrages seront soumis, au moins une fois tous les cinq ans, et, dans tous les cas, chaque fois qu'on renouvellera la peinture, à un examen détaillé et à une vérification des flèches permanentes. Dans chacune de ces opérations, on s'assurera de l'état des pièces, du serrage des boulons et des rivets, du jeu des appareils de dilatation et de l'état des maçonneries qui les supportent; enfin, pour les ponts à travées solidaires, on vérifiera le nivellement des appuis.

La première visite et la première vérification des flèches auront lieu avant le 1er janvier 1893.

Les résultats de cette première visite et des vérifications quinquennales seront consignés dans des tableaux dont copie sera adressée à l'administration supérieure.

Recevez, Monsieur le Préfet, l'assurance de ma considération la plus distinguée.

Le Président du Conseil, Ministre de l'Intérieur,

Emile LOUBET.

ANNEXE II

Circulaire de M. le Ministre des Travaux publics, en date du 29 août 1891, sur l'établissement des ponts à tablier métallique.

Paris, le 29 août 1891.

Monsieur le Préfet,

Une circulaire ministérielle du 9 juillet 1877 a déterminé les épreuves à faire subir aux ponts métalliques supportant les voies de chemins de fer ainsi qu'à ceux établis pour le passage des voies de terre.

L'art des constructions métalliques ayant subi, depuis lors, des changements importants, l'un de mes prédécesseurs a chargé une commission spéciale composée d'inspecteurs généraux et d'ingénieurs des Ponts et Chaussées de rechercher les modifications qu'il pourrait y avoir lieu d'apporter aux prescriptions de la circulaire précitée.

Sur le rapport de cette commission, et après une discussion approfondie, le Conseil général des Ponts et Chaussées a adopté un projet de règlement déterminant les conditions auxquelles devront désormais satisfaire les ponts métalliques.

Conformément aux propositions du Conseil, j'ai approuvé le règlement dont il s'agit qui est annexé à la présente circulaire.

Les instructions suivantes sont destinées à en indiquer le but et à en faciliter l'application.

CHAPITRE PREMIER

PONT SUPPORTANT DES VOIES DE FER

I. — VOIES DE LARGEUR NORMALE

ARTICLE PREMIER

L'adoption d'un train-type a pour objet d'uniformiser les conditions d'établissement des ponts métalliques et de mettre leur résistance en rapport avec les plus fortes charges qui soient actuellement appelées à circuler sur les chemins de fer français. C'est ce train qui devra servir de base aux calculs. Toutefois, il y aura lieu de substituer aux machines et wagons-types les machines et wagons en service sur le réseau auquel appartiendra l'ouvrage à construire, dans les cas exceptionnels où il résultera de cette substitution une augmentation des efforts supportés par les différentes pièces de l'ouvrage.

ARTICLE 2

Les coefficients du travail de la fonte sont fixés surtout en vue de la vérification des efforts supportés par les ouvrages existants ; pour les constructions neuves, l'emploi de ce métal, lorsqu'il sera exposé à travailler à l'extension, ne devra être admis que dans des cas tout à fait exceptionnels.

Les règles fixées pour le fer et l'acier ont été établies de façon à réduire d'une manière générale les limites du travail du métal en raison des variations du sens et de la grandeur des efforts qu'il est appelé à supporter ; mais elles ne tiennent pas compte des différences qui peuvent se produire, à ce point de vue, entre les divers points des plates-bandes d'une même poutre, et qui, eu égard aux règles habituellement suivies pour les constructions métalliques, ne peuvent entraîner des inégalités de résistance inquiétantes.

Il appartiendra d'ailleurs aux ingénieurs, lorsqu'ils le jugeront utile, de déterminer ces différences par une analyse détaillée et de faire varier en conséquence les limites du travail du métal. Pour fixer ces limites, ils pourront faire usage des formules suivantes, dont les résultats sont suffisamment d'accord avec les données de la pratique :

1° Lorsque les efforts correspondant pour la même pièce aux différentes positions des surcharges seront toujours de même sens (extension ou compression) :

$$\text{Pour le fer} \ldots \ldots \ldots \ldots 6^k + 3^k \frac{A}{B}$$

$$\text{Pour l'acier} \ldots \ldots \ldots \ldots 8^k + 4^k \frac{A}{B}$$

(A représentant le plus petit et B le plus grand des efforts auxquels la pièce est exposée.)

2° Lorsque le sens des efforts totaux correspondant pour la même pièce aux différentes positions de la surcharge, variera selon ses positions (extension et compression alternatives) :

$$\text{Pour le fer} \ldots \ldots \ldots \ldots 6^k - 3^k \frac{C}{B}$$

$$\text{Pour l'acier} \ldots \ldots \ldots \ldots 8^k - 4^k \frac{C}{B}$$

(B représentant le plus grand en valeur absolue des efforts supportés par la pièce et C le plus grand des efforts en sens contraire.)

Ces formules sont données à titre de simple indication et ne limitent en rien l'initiative des ingénieurs qui pourront employer telle méthode qu'ils jugeront convenable.

Les coefficients fixés à l'article 2 ne sont applicables aux pièces comprimées directement que lorsque celles-ci seront assez courtes pour qu'il n'y ait pas lieu de les renforcer en vue

Novat. — Résist. des matériaux.

d'éviter qu'elles puissent fléchir sous l'action de la charge. Dans le cas contraire, on devra tenir compte des prescriptions de l'article 6 et diminuer, en conséquence, le travail du métal.

Les ingénieurs ne perdront pas de vue les efforts supplémentaires qui pourront résulter de la répartition dissymétrique des charges, notamment dans les ponts biais et dans ceux sur lesquels la voie est en courbe.

L'évaluation des sections nettes et, par suite, le calcul définitif des efforts supportés par les différentes pièces, doivent être faits seulement lorsque la position des joints des tôles aura été arrêtée et après la détermination du nombre, du diamètre et de la position des rivets.

Le soin de déterminer le rapport entre le diamètre des rivets et l'épaisseur des pièces à assembler est laissé aux ingénieurs, qui se guideront d'après les données de la pratique.

Article 3

Il n'a pas paru nécessaire de déterminer la qualité de la fonte à laquelle correspondent les coefficients fixés à l'article 2 ; cette détermination est, au contraire, indispensable pour l'acier dont les propriétés peuvent varier dans des limites très étendues, et même pour le fer, dont la résistance, et surtout la ductilité, sont parfois insuffisantes pour inspirer une sécurité complète. Les qualités définies par le règlement sont celles des métaux dont l'emploi peut être considéré comme normal dans la construction des ponts ; mais, notamment en ce qui concerne l'acier, le choix qui en a été fait pour fixer les coefficients usuels n'est pas un obstacle à l'emploi d'un métal de qualité différente dans les cas où il sera justifié. Dans l'état actuel de la métallurgie, il est possible d'élever jusqu'à 55 kilogrammes la résistance de l'acier avec un allongement de 19 p. 100, sans qu'il cesse de remplir les conditions nécessaires pour la construction des ponts, et l'augmentation de la résistance permet d'élever proportionnellement la limite des efforts normaux par m. m. q. Mais à mesure que la dureté de l'acier augmente, des précautions plus minutieuses sont nécessaires dans la fabrication pour que son emploi soit exempt de tout danger, et la rédaction des projets est d'autant plus délicate qu'on adopte des coefficients de travail plus élevés ; aussi l'Administration se réserve-t-elle de n'autoriser de dérogations à la règle générale que dans les cas où elles seront justifiées par l'importance de l'ouvrage et lorsque les conditions dans lesquelles celui-ci devra être construit offriront des garanties suffisantes au point de vue de l'exécution.

Les cahiers des charges devront, dans tous les cas, renfermer l'énumération des conditions nécessaires pour assurer l'emploi de matériaux de bonne qualité et l'exécution des travaux selon les règles de l'art. Le but de l'article 3 est de définir les qualités du métal auxquelles correspondent les coefficients indiqués à l'article 2, et d'éviter les dangers que l'emploi de l'acier a quelquefois présentés ; ses prescriptions ne sauraient être considérées comme suffisantes pour empêcher les malfaçons aussi bien dans la fabrication du métal que dans sa mise en œuvre.

Article 4

Les poids, les dimensions et le groupement des machines, tenders et wagons définis à l'article 4 ont été choisis de manière à donner au train-type une composition qui se rapproche, autant que possible, de celle des trains les plus lourds formés avec le matériel actuellement en service sur les principaux réseaux.

Les efforts que les ponts auront à supporter normalement ne dépasseront donc pas, en général, ceux qui correspondront au passage du train-type, ils pourront leur être supérieurs si les machines et tenders sont groupés différemment, ou s'il existe dans le train des wagons vides ; mais l'augmentation de travail du métal qui en résultera n'atteindra jamais un kilogramme par millimètre carré et les coefficients fixés par l'article 2 ont été établis de manière à permettre sans danger, dans cette limite, une augmentation exceptionnelle des efforts. On pourra donc se borner à faire les calculs au moyen du train-type, sous la réserve énoncée ci-dessus à propos de l'article premier.

L'Administration entend laisser aux ingénieurs une entière liberté en ce qui concerne le choix des méthodes employées pour faire les calculs ; la seule obligation qu'elle leur impose est de déterminer avec une exactitude suffisante la limite des efforts supportés par chacune des pièces qui composent l'ouvrage dans les conditions définies par l'article 4. Ainsi on pourra, si on le juge utile, faire usage pour le calcul des moments fléchissants, ainsi que pour celui des efforts tranchants de surcharges virtuelles uniformément réparties, sauf à justifier que ces surcharges produisent des efforts supérieurs ou au moins égaux à ceux qui seraient déterminés en chaque point par le passage du train-type.

Quelle que soit la méthode employée, les résultats des calculs devront être groupés dans des épures, de manière à faire ressortir la loi des variations des efforts dans les différentes pièces de l'ouvrage et à faciliter les vérifications.

Article 5

Les pressions maxima dues à l'effort du vent, qui sont fixées par l'article 5, sont celles qui sont généralement admises par les constructeurs ; elles sont suffisantes pour donner toute sécurité dans les conditions ordinaires. Il appartiendra aux ingénieurs de proposer l'adoption de pressions plus fortes pour les ouvrages qui seront à construire à une grande hauteur ou dans le voisinage de la mer ; ils pourront, au contraire, pour les ponts convenablement abrités, tenir compte de la diminution de l'intensité du vent qui résultera des circonstances locales. Ils auront également à déterminer, d'après le mode de construction des supports et le système d'attache des sommiers et des palées aux maçonneries, quelle est la limite à partir de laquelle les efforts de glissement tranversal et de renversement des tabliers et des piles métalliques devront être considérés comme dangereux.

Il y aura lieu de calculer, pour les grands ouvrages, non seulement les efforts horizontaux, mais aussi l'augmentation des efforts verticaux qui peut résulter, pour certaines pièces, de l'inégale répartition des charges entre les deux files de rails sous l'action du vent.

Article 6

Les vérifications relatives au flambage devront être faites pour la fonte comme pour le fer et l'acier.

Lorsqu'on aura recours à des formules de la forme $R' = KR$, dans lesquelles R' représente le coefficient de travail à adopter pour la pièce considérée, et R le coefficient de travail correspondant à une longueur très petite, on prendra uniformément pour R, dans les pièces soumises à des efforts de sens variables, 6 kilogrammes pour le fer et 8 kilogrammes pour l'acier ; on substituera la valeur ainsi trouvée pour R' au coefficient calculé au moyen des règles fixées à l'article 2, s'il en résulte une augmentation de la section de la pièce considérée, à moins que l'on ne modifie la forme des pièces ou leur disposition, de manière à accroître la résistance au flambage.

Article 7

Dans le calcul des flèches, on pourra faire entrer les poids et les dimensions des machines et wagons du train d'épreuve, au lieu des éléments similaires du train-type, mais seulement dans le cas où la composition du train d'épreuve pourrait être établie d'avance avec une entière certitude.

Article 8

La limite des efforts que les tabliers métalliques peuvent subir sans danger pendant le lançage est laissée à l'appréciation des ingénieurs ; cette limite peut, en effet, varier selon la constitution des ouvrages et selon les conditions dans lesquelles ils seront mis en place. La présence de montants verticaux, dans les poutres à treillis ou à croix de Saint-André, les moyens employés pour consolider les parties faibles, la durée du lançage, etc., sont autant d'éléments dont il y a lieu de tenir compte et que les ingénieurs auront à examiner avant d'arrêter leurs propositions.

Article 9

Les longueurs de trains d'épreuve et leurs positions ne sont fixées que pour les ponts à poutres droites et pour les ponts en arcs. Pour les ponts de types exceptionnels, les ingénieurs auront à déterminer, dans chaque cas, la longueur du train la plus convenable pour produire sur les principales pièces des efforts aussi rapprochés que possible de ceux qui auront été donnés par le calcul.

Les positions à donner aux trains d'épreuve seront déterminées d'après la portée et la constitution des poutres ; elles seront, dans tous les cas, choisies de manière à produire les plus grands efforts, non seulement sur les plates-bandes [1], mais sur les treillis.

L'épreuve par poids roulant à la vitesse de 40 kilomètres devra être supprimée lorsque les circonstances locales (voisinage de plaques tournantes dans une gare, insuffisance du rayon des courbes, etc.) l'exigeront.

On devra prendre les dispositions nécessaires pour que les flèches puissent être mesurées et vérifiées à toute époque, dans des conditions satisfaisantes de précision : on établira, au besoin, des plates-formes spéciales pour faciliter les opérations de nivellement ; on placera des repères fixes, non seulement sur les piles et culées lorsqu'elles seront exposées à des tassements, mais en dehors de l'ouvrage ; enfin, lorsqu'il y aura lieu, on devra faire subir aux flèches observées les corrections nécessaires pour tenir compte de l'influence variable de la température sur les arcs, et on s'efforcera d'éliminer, dans les poutres droites, les erreurs résultant de la différence de dilatation entre les bandes supérieure et inférieure. On évitera, à cet effet, de prolonger chacune des épreuves au delà du temps nécessaire pour que les déformations normales puissent se produire, et on choisira, de préférence, les premières heures du jour ou un temps couvert pour faire les nivellements destinés à la mesure des flèches permanentes.

Les niveaux des points les plus bas, au milieu et aux extrémités de chaque pont, pourront être relevés directement, pourvu qu'ils soient rattachés, par une mesure facile à effectuer sans erreur, à ceux des points qu'on aura choisis comme intermédiaires.

On mesurera séparément la flèche de chaque poutre, et pour les grandes portées, notamment lorsque les semelles ne seront pas parallèles, on mesurera les abaissements de points intermédiaires entre le milieu de la travée et chaque appui.

Le rapport à l'appui du procès-verbal des épreuves fournira

---

[1] Les plates-bandes sont aussi désignées sous les noms de bandes, semelles, tables membrures, cordes ou brides.

la comparaison des flèches observées avec celles données par le calcul.

A cet effet le calcul des flèches sous l'action du train d'épreuve devra toujours être annexé au procès-verbal d'épreuve. Ce procès-verbal sera classé dans un dossier destiné à recevoir aussi les résultats des constatations ultérieures.

Les épreuves réglementaires ne doivent pas dispenser d'une surveillance attentive des ponts pendant les premiers mois qui suivent leur mise en service, notamment en ce qui concerne le jeu des appareils de dilatation et, pour les poutres à travées solidaires, l'invariabilité du niveau des appuis.

Article 10

Les prescriptions de l'article 10 s'appliquent à la fois à la disposition des fers et aux installations spéciales destinées à donner un accès facile aux différentes parties de la construction, on devra chercher à rendre les principales pièces accessibles sans échafaudages spéciaux et sans qu'il soit nécessaire de circuler le long des poutres dans des conditions dangereuses.

Article 11

Le contour fixé par l'article 11 a été déterminé en vue de réserver aux goussets, consoles, etc., un espace aussi grand que possible, sans que les ponts métalliques présentent au passage des trains des obstacles plus rapprochés de la voie que les autres ouvrages d'art ; on devra, en outre, tenir compte, dans l'étude des projets, de la nécessité de ménager aux agents circulant à pied sur la voie les moyens de se garer d'une manière facile et sûre.

Article 12

La réserve formulée dans l'article 12 n'a pas pour but de limiter les poids des machines ; mais elle empêchera que les ouvrages soient exposés à recevoir des surcharges en vue desquelles ils n'auront pas été calculés, sans qu'on ait déterminé, au préalable, le maximum des efforts qu'elles imposeraient au métal.

II. — VOIES ÉTROITES

Article 13

Sauf en ce qui concerne les poids et les dimensions des machines et des wagons, les épreuves par poids roulant et le contour intérieur limite, les conditions imposées pour la construction des ponts métalliques sont les mêmes pour les lignes à voies étroites que pour les lignes à voie normale, tant que la largeur de la voie ne descend pas au-dessous de un mètre.

Article 14

Pour les ouvrages destinés à supporter des voies de largeur inférieure à un mètre, les conditions seront déterminées dans chaque cas particulier ; on ne perdra pas de vue, dans les propositions à faire à ce sujet, que la diminution de largeur de la voie ne saurait être un motif pour restreindre les garanties de sécurité et que si les règles posés précédemment à ce sujet peuvent être atténuées, c'est seulement dans le cas où il s'agira de lignes industrielles destinées exclusivement au transport des marchandises.

CHAPITRE II

PONTS SUPPORTANT DES VOIES DE TERRE

Article 15

Les prescriptions de l'article 15 sont applicables à tous les ponts métalliques pour voie de terre destinés à supporter le passage des voitures.

Article 16

Les conditions fixées pour les efforts à faire supporter aux différentes pièces sont les mêmes que celles qui sont relatives aux ponts supportant des voies de fer.

Article 17

Les bases fixées pour les calculs par l'article 17 ont été établies seulement en vue de la circulation normale sur les routes. Lorsqu'un pont pourra être appelé à recevoir des chargements exceptionnels tels que ceux qui sont nécessités par certains transports industriels ou militaires, il y aura lieu d'en tenir compte dans les calculs. De même, dans le cas où une voie de fer comportant l'emploi de locomotives ou de machines d'un poids équivalent devra être établie sur la route, on appliquera les prescriptions des articles 13 et 14.

Lorsque les ingénieurs seront amenés à proposer l'adoption de surcharges inférieures aux surcharges réglementaires, ils devront tenir compte de la possibilité de la rectification des routes dans la région, de l'amélioration progressive des moyens de transport, de l'extension croissante de l'emploi des rouleaux compresseurs à vapeur, etc.

Article 18

Les observations faites précédemment au sujet des articles 5, 6, 7, 8 et 10 sont applicables aux ponts métalliques pour voies de terre.

Article 19

Les épreuves par poids mort sont définies d'une manière précise dans l'article 19 du règlement pour tous les ponts d'un type courant.

Pour les ponts d'un type exceptionnel, les ingénieurs auront à se rendre compte, lors de la rédaction des projets, de la longueur des surcharges d'épreuve et des emplacements qu'elles doivent successivement occuper en vue de développer les efforts maxima dans les différents organes de la construction. Ils indiqueront dans un article du cahier des charges les dispositions qui leur paraîtront devoir être prescrites, tant pour les épreuves par poids mort que pour les épreuves par poids roulant.

La faculté qui est donnée de remplacer par un poids mort de

400 kilogrammes par mètre carré sur la moitié de la largeur de la chaussée une ou plusieurs files de voitures dans l'épreuve par poids roulant ne fait pas obstacle à ce que ladite épreuve soit faite exclusivement par poids roulant, si on n'éprouve pas de difficulté sérieuse à réunir le nombre de véhicules convenable pour couvrir toute la largeur de la chaussée sur la longueur voulue.

CHAPITRE III

PONTS-CANAUX

Article 20

La hauteur de $0^m,30$ d'eau au-dessus du mouillage normal devra être augmentée, pour le calcul des ponts, dans les cas exceptionnels où, pour une raison quelconque, il y aurait lieu de prévoir des variations plus étendues du niveau de l'eau dans le bief.

Article 21

Dans le cas où certaines pièces seraient, par leur position exposées particulièrement à être oxydées, leur épaisseur devrait être augmentée en conséquence.

Article 22

Les observations relatives aux articles 5, 6, 8 et 10 sont applicables aux ponts-canaux métalliques

Article 23

On devra tenir compte, en ce qui concerne le calcul des flèches, de la réserve faite plus haut relative aux cas exceptionnels dans lesquels il y aurait lieu de prévoir une surélévation de l'eau supérieure à $0^m,30$.

Article 24

Les observations relatives à l'article 9 concernant la mesure

ANNEXES 371

des flèches permanentes, la pose des repères, etc., sont applicables aux ponts-canaux.

Je vous prie, Monsieur le Préfet, de vouloir bien m'accuser réception de la présente circulaire, dont j'envoie ampliation à MM. les Ingénieurs et aux compagnies de chemins de fer.

Recevez, Monsieur le Préfet, l'assurance de ma considération la plus distinguée.

Le Ministre des Travaux publics,
YVES GUYOT.

Révision de la circulaire ministérielle du 9 juillet 1877 sur les ponts métalliques.

RÈGLEMENT

CHAPITRE PREMIER

PONTS SUPPORTANT DES VOIES DE FER

I. — VOIES DE LARGEUR NORMALE

ARTICLE PREMIER

Conditions à remplir. — Les ponts à travées métalliques qui portent des voies de fer de largeur normale, devront être en état de livrer passage aux trains autorisés à circuler sur le réseau auquel ils appartiennent et, en outre, au train-type défini à l'article 4 ci-dessous.

Article 2

Limites du travail du métal. — Les dimensions des différentes pièces des ponts seront calculées de telle sorte que, dans la position la plus défavorable des trains désignés à l'article premier et en tenant compte de la charge permanente ainsi que des efforts accessoires tels que ceux qui peuvent être produits par les variations de température, le travail[1] du métal par millimètre carré de section nette, c'est-à-dire déduction faite des trous de rivets ou de boulons, ne dépasse pas les limites indiquées ci-dessous.

I. Pour la fonte supportant un effort d'extension directe. . . . . $1^{kg}50$

Pour la fonte travaillant à l'extension dans des pièces soumises à des efforts tendant à les faire fléchir. $2^{kg}50$

Pour la fonte supportant un effort de compression. . . . . $6^{kg}00$

II. Pour le fer et l'acier travaillant à l'extension, à la compression ou à la flexion, les limites exprimées en kilogrammes par millimètre carré de section seront fixées aux valeurs suivantes :

Pour le fer . . . . $6^{kg}50$
Pour l'acier. $8^{kg}50$

Toutefois ces limites seront abaissées respectivement :

A $5^{kg}50$ pour le fer et à $7^{kg}50$ pour l'acier dans les pièces de pont, longerons et entretoises sous rail ;

A 4 kilogrammes pour le fer et à 6 kilogrammes pour l'acier, pour les barres de treillis et autres pièces exposées à des efforts alternatifs d'extension et de compression ; ces dernières limites pourront néanmoins être rapprochées des précédentes pour les pièces qui seront soumises à de faibles variations de ces efforts.

[1] Le mot « travail » est entendu ici non dans son sens scientifique, mais dans le sens d'effort imposé au métal par unité de surface, qui lui est donné dans la pratique des constructions.

Dans l'établissement du projet des ouvrages métalliques d'une ouverture supérieure à 30 mètres, les ingénieurs pourront appliquer au calcul des fermes principales des limites supérieures à celles qui ont été fixées plus haut, sans jamais dépasser :

Pour le fer . . . . $8^{kg}50$
Pour l'acier . . . . $11^{kg}50$

Ils devront justifier, dans chaque cas particulier, les diverses limites dont ils auront cru devoir faire usage.

Lorsque des fers laminés dans un seul sens seront soumis à des efforts de traction perpendiculaire au sens du laminage, les coefficients seront réduits d'un tiers dans les calculs relatifs à ces efforts.

Les coefficients concernant l'acier ne subiront pas cette réduction.

On appliquera aux efforts de cisaillement et de glissement longitudinal les mêmes limites qu'aux efforts d'extension et de compression, mais en leur faisant subir une réduction d'un cinquième, étant entendu que les pièces auront les dimensions nécessaires pour résister au voilement ; pour le fer laminé dans un seul sens, on fera subir à ces coefficients une réduction d'un tiers, lorsque l'effort tendra à séparer les fibres métalliques.

Le nombre et les dimensions des rivets seront calculés de telle sorte que le travail de cisaillement du métal ne dépasse pas les quatre cinquièmes de la limite qui aura été admise pour la plus faible des pièces à assembler et que le travail d'arrachement des têtes, s'il s'en produit, ne dépasse pas 3 kilogrammes par millimètre carré en sus de l'effort résultant du serrage.

III. Les calculs justificatifs de la rivure seront toujours fournis à l'appui des projets en même temps que les calculs des dimensions des diverses pièces.

Il en sera de même des calculs des assemblages par boulons dans les ponts en fonte.

ARTICLE 3

Qualités du fer et de l'acier auxquelles correspondent les limites du travail du métal fixées par l'article 2. — Les coefficients de travail du métal fixés ci-dessus pour le fer et l'acier correspondent aux qualités définies par les conditions suivantes :

DÉSIGNATION		ALLONGEMENT minimum de rupture mesuré sur des éprouvettes de 200 mm. de longueur.	RÉSISTANCE minimum à la traction par millimètre carré mesurée sur des éprouvettes de 200 mm. de long.
		p. 100.	kilogr.
Fer laminé	Fer profilé et plat (dans le sens du laminage).	8	32
	Tôle dans le sens du laminage...	8	32
	dans le sens perpendiculaire au laminage...	3,5	28
Acier laminé...		22	42
Rivets en fer...		16	36
Rivets en acier...		28	38

Les cahiers des charges fixeront pour l'acier le minimum et le maximum entre lesquels devra être compris le rapport de la limite pratique d'élasticité à la résistance à la rupture. Le minimum de devra pas être inférieur à un demi et le maximum ne devra pas dépasser deux tiers.

Des coefficients de travail plus élevés pourront être autorisés par l'Administration pour des métaux de qualités différentes, si des justifications suffisantes sont produites.

On ne tolérera dans aucun cas l'emploi d'aciers fragiles et on s'assurera fréquemment, pendant la construction, de la qualité du métal à ce point de vue, au moyen d'essais de trempe et d'expériences faites en pliant des barres percées de trous au poinçon. Les cahiers des charges devront renfermer des prescriptions détaillées à cet égard sans préjudice des autres conditions relatives aux qualités du métal.

Dans tous les cas, lorsqu'on emploiera l'acier, les trous des

Nota. — Le titre de la deuxième colonne du tableau inséré à l'article 3 a été rectifié suivant la circulaire de M. le ministre des Travaux publics en date du 10 août 1892.

rivets seront forés ou alésés après le perçage sur une épaisseur d'au moins un millimètre et les bords des pièces coupées à la cisaille seront affranchies sur la même épaisseur.

Article 4

Composition du train-type. — Les auteurs des projets de travées métalliques devront justifier par des calculs suffisamment détaillés qu'ils ont satisfait aux prescriptions des articles 1, 2 et 3 qui précèdent.

En ce qui concerne les fermes longitudinales, ils seront tenus

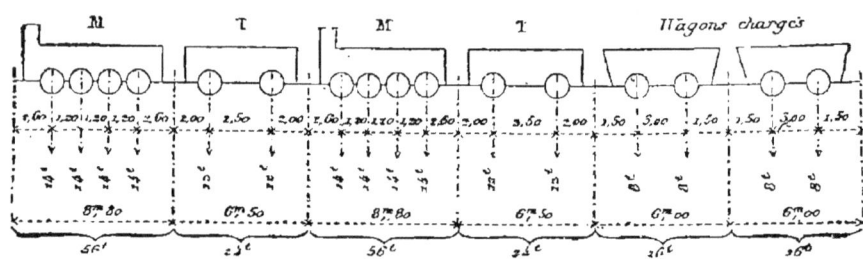

Fig. 130.

d'examiner l'hypothèse du passage, sur chaque voie, du train-type défini ci-dessous.

Le train-type se composera de deux machines à quatre essieux, de leurs tenders et de wagons chargés. Les poids et dimensions des machines, tenders et wagons chargés sont données par le tableau suivant et la figure ci-dessus :

DÉSIGNATION	MACHINE	TENDER	WAGON chargé.
Nombre d'essieux.	4	2	2
Charge par essieu.	14 t.	12 t.	8 t.
Distance du tampon d'avant au premier essieu.	2m,60	2m,00	1m,50
Écartement des essieux entre eux.	1 20	2 50	3 00
Distance du dernier essieu au tampon d'arrière.	2 60	2 00	1 50
Poids total.	56 t.	24 t.	16 t.
Longueur totale.	8m,80	6m,50	6m,00

Les machines, avec leurs tenders, seront placées toutes deux en tête du train.

L'ensemble du train sera supposé occuper successivement différentes positions le long de la portée, et ces positions seront choisies de manière à réaliser en chaque point les plus grands efforts tranchants et fléchissants que le passage du train-type puisse déterminer.

Les dimensions des pièces qui ne font pas partie des fermes longitudinales et notamment celles des pièces de pont seront calculées d'après les plus grands efforts qu'elles pourront avoir à supporter, soit dans l'hypothèse du passage du train-type, soit dans l'hypothèse du passage d'un essieu isolé pesant 20 tonnes, si cette dernière réalise les plus grands efforts.

Article 5

Pression du vent. — Le travail du métal sous l'influence des plus grands vents ne devra pas dépasser de plus de un kilogramme les limites fixées à l'article 2 ci-dessus.

On admettra que la pression du vent par mètre carré de surface verticale peut s'élever à 270 kilogrammes, mais que le passage des trains est interrompu lorsqu'elle atteint 170 kilogrammes. On supposera, en outre, que cette pression s'exerce sur la surface nette, déduction faite des vides, de chacune des maîtresses-poutres; qu'elle agit intégralement sur l'une d'elles et que, sur la suivante, elle est diminuée d'une fraction de sa valeur égale au rapport de la surface nette de la première à la surface totale limitée par son contour ; enfin, que l'effet du vent, en arrière de ces deux poutres, est négligeable. Pour les piles métalliques, on supposera que la pression s'exerce intégralement sur la surface nette de toutes les pièces.

Dans l'hypothèse d'un train placé sur le pont, on comptera, pour sa surface verticale nette, un rectangle de trois mètres de hauteur ayant la même longueur que le pont et dont le côté inférieur sera placé à 50 centimètres au-dessus du rail ; on déduira de ce rectangle la surface nette de la partie de la première poutre placée en avant et on supposera que la pression du vent est nulle sur la partie de la seconde poutre masquée par le train.

Enfin, on s'assurera que les efforts de glissement transversal et de renversement des tabliers et des piles métalliques sous l'action du vent n'atteignent pas des limites dangereuses, en tenant compte des conditions spéciales dans lesquelles pourront être placés les ouvrages et en supposant que le train défini ci-dessus est composé de wagons vides.

Article 6

Pièces travaillant à la compression. — On s'assurera, autant que possible, que les pièces travaillant à la compression, soit d'une manière continue, soit d'une manière intermittente, ne sont pas exposées à flamber.

Article 7

Calcul des flèches. — On fournira, à l'appui des projets, le calcul des flèches sous l'action de la charge permanente et sous l'action de la surcharge.

Article 8

Calcul des efforts pendant le lançage. — Lorsque la mise en place du tablier devra être faite au moyen d'un lançage, on devra justifier que le travail du métal pendant cette opération n'atteindra dans aucune pièce une limite dangereuse.

Article 9

Chaque travée métallique sera soumise à deux natures d'épreuves, l'une par poids mort, l'autre par poids roulant.

§ 1. — Composition des trains d'épreuves.

Épreuves. — *Poids.* — Ces épreuves seront faites au moyen de trains composés de deux machines attelées en tête et de wagons chargés.

Les poids des éléments de ces trains se rapprocheront autant que possible de ceux du train-type défini à l'article 4.

En tout cas ils devront être au moins égaux aux plus forts poids des éléments similaires appelés à circuler sur la voie considérée.

Longueurs. — Les longueurs de ces trains seront fixées comme suit :

Pour les ponts à travées indépendantes, la longueur mesurée entre les deux essieux extrêmes sera au moins égale à la plus grande portée.

Pour les ponts à travées solidaires, la longueur, mesurée comme ci-dessus, devra être suffisante pour couvrir les deux plus grandes travées consécutives.

§ 2. — Ponts à une seule voie ou à voies indépendantes.

Épreuve par poids mort. — Pour l'épreuve par poids mort : le train sera placé successivement dans les positions qui produiront les plus grands efforts sur les pièces principales du pont.

Il suffira toutefois, en général, d'opérer de la manière suivante :

a) Pour les ponts à travées indépendantes, le train d'essai sera amené successivement sur chaque travée de manière à la couvrir complètement, puis à en couvrir une moitié seulement, les machines étant placées en tête du train.

Il séjournera dans chacune de ces positions au moins pendant une demi-heure.

b) Pour les ponts à travées solidaires, chaque travée sera d'abord chargée isolément comme il vient d'être dit. A cet effet, le train d'essai sera coupé à la longueur voulue. Ensuite on chargera simultanément les deux travées contiguës à chaque pile à l'exclusion de toutes les autres, au moyen du train d'essai tout entier.

c) Pour les ponts en arcs, on chargera d'abord toute la longueur de la portée, puis chaque moitié seulement et enfin la partie médiane en y plaçant les deux locomotives nez à nez lorsque faire se pourra et réduisant la composition du train à ces deux locomotives.

Épreuve par poids roulant. — Les épreuves par poids roulant seront au nombre de deux. Elles seront faites au moyen des mêmes trains qu'on fera circuler sur le pont, d'abord à la vitesse de 20 kilomètres à l'heure, puis à celle de 40 kilomètres à l'heure. Toutefois l'épreuve à la vitesse de 40 kilomètres pourra être ajournée jusqu'à l'époque où la voie aux abords du pont sera suffisamment consolidée.

§ 3. — Ponts à voies solidaires.

Pour les ponts à deux voies solidaires entre elles, l'épreuve par poids mort se fera d'abord sur chaque voie séparément comme il a été dit au paragraphe précédent, l'autre voie restant libre, puis sur les deux voies simultanément. Il en sera de même pour l'épreuve par poids roulant. L'épreuve simultanée des deux voies se fera dans ce cas au moyen de deux trains marchant dans le même sens aux vitesses fixées ci-dessus.

§ 4. — Ponts de types exceptionnels.

Pour les ponts d'un type exceptionnel, les dispositions des épreuves devront être réglées dans un article spécial du cahier des charges.

A défaut, elles seront arrêtées par l'Administration supérieure, sur la proposition des ingénieurs chargés du contrôle de la construction, le concessionnaire ou entrepreneur entendu.

§ 5. — Mesure des flèches.

Visite. — Repères. — On mesurera, au moment des épreuves, la flèche maximum au milieu de chaque travée, sous l'influence d'abord de la charge immobile, puis de la surcharge en mouvement.

Lorsque, sur une même ligne, il se trouvera plusieurs ponts, de construction identique, dont l'ouverture ne dépassera pas 10 mètres, la mesure des flèches pourra n'être faite que pour l'un d'entre eux.

Immédiatement après les épreuves de chaque pont, la partie métallique sera visitée dans tous ses détails.

En outre, pour les ponts d'une ouverture supérieure à 10 mètres, les niveaux des points les plus bas des sections des poutres ou des arcs, au milieu de chaque travée et à ses extrémités, seront repérés avant les épreuves à deux points fixes choisis de manière à permettre de constater, après l'enlèvement de la surcharge, et ensuite à une époque quelconque, les déformations qui se seraient produites; on repérera par rapport aux mêmes points le dessus de chacun des appuis. Le procès-verbal des épreuves contiendra les renseignements nécessaires pour permettre de retrouver ultérieurement ces repères.

ARTICLE 10

Dispositions à prendre pour faciliter la visite et l'entretien. — On s'attachera à rendre faciles la visite, la peinture et la réparation des parties métalliques, et on fera connaître dans les mémoires à l'appui des projets les mesures prises à cet effet.

ARTICLE 11

Distance au rail le plus voisin des pièces les plus rapprochées de la voie. — Les pièces les plus rapprochées de la voie ne pourront, à partir de 50 centimètres jusqu'à 4m,05 de hauteur au-dessus du rail le plus voisin, être placées à moins de 1m,50 de l'axe de ce rail. Les pièces placées à une distance moindre ne pourront, à la partie inférieure, jusqu'à 80 centimètres de l'axe du rail le plus voisin, faire saillie sur le niveau de ce rail, et à partir de 80 centimètres du même axe, dépasser une ligne brisée composée : 1° d'une verticale de 25 centimètres de hauteur ; 2° d'une horizontale de 325 millimètres de longueur; 3° d'une ligne inclinée à trois de base pour deux de hauteur ; à la partie supérieure, les mêmes pièces devront rester au-dessus d'une ligne s'abaissant avec une inclinaison de deux de base pour un de hauteur à partir d'un point pris à l'aplomb de l'axe du rail le plus voisin et à 4m,80 au-dessus de ce rail. Aucune pièce placée au-dessus des voies ou entrevoies ne pourra être à moins de 4m,80 de hauteur au-dessus du niveau des rails.

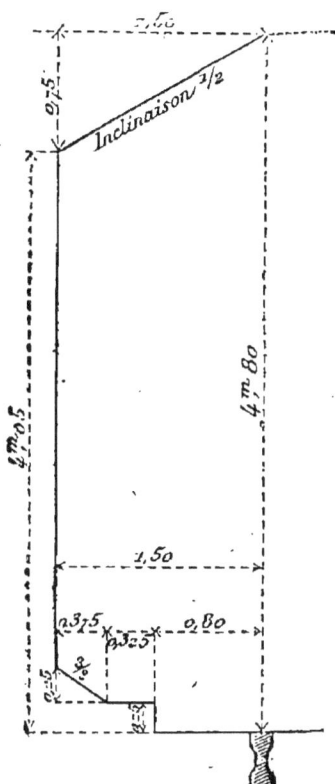

Fig. 131.

Article 12

Limite du poids des machines qui pourront circuler sur les ponts sans autorisation préalable. — La mise en circulation, sur les ponts, de machines dont le poids moyen par mètre courant dépasserait de plus de un dixième celui de la machine-type déterminée à l'article 4 ci-dessus, ou dont un des essieux aurait à supporter une charge surérieure à 18 tonnes, ne pourra avoir lieu qu'en vertu d'une autorisation spéciale du Ministre des travaux publics.

II. — VOIES ÉTROITES

Article 13

Ponts pour les chemins de fer à voie de un mètre et au-dessus. — Les prescriptions relatives aux ponts pour chemins de fer à voie normale sont applicables aux chemins de fer à voie étroite, dont la largeur ne sera pas inférieure à un mètre, sauf les modifications indiquées ci-dessous.

Le poids par essieu des machines du train-type (art. 4), sera réduit à $10_t \times l$, l étant la largeur de la voie entre les bords

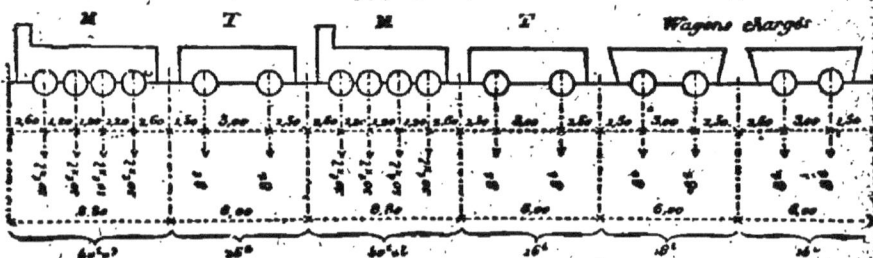

Fig. 132.

intérieurs des rails. Les dimensions des machines et les poids et dimensions des wagons seront les mêmes que pour la voie normale et les tenders seront supposés avoir les mêmes poids et les mêmes dimensions que les wagons chargés.

Pour le calcul du travail du métal sous l'action d'un essieu isolé, on admettra une charge de $14^t \times l$.

La seconde épreuve par poids roulant (art. 9) sera faite à la vitesse de 35 kilomètres à l'heure.

Le contour à l'intérieur duquel aucune pièce des ponts ne devra faire saillie (art. 11) sera déterminé, dans chaque cas, en tenant compte des minima de largeur et de hauteur autorisés, pour les ouvrages d'art, sur la ligne à laquelle appartiendra le pont à construire.

La charge d'essieu maximum, dont le passage ne pourra avoir lieu sur les ponts sans autorisation spéciale (art. 12), sera fixée à $12^t \times l$, l étant la largeur de la voie entre les bords intérieurs des rails.

Les trains à employer aux épreuves seront composés avec le plus lourd matériel propre à la ligne sur laquelle est placé le pont métallique.

Article 14

Ponts pour chemins de fer à voie de largeur inférieure à un mètre. — Les conditions auxquelles devront satisfaire les ponts supportant des voies de chemins de fer de moins de un mètre de largeur seront déterminées, dans chaque cas, sur la proposition du concessionnaire, par le Ministre des travaux publics, en tenant compte des poids et des dimensions des machines appelées à circuler sur l'ouvrage.

CHAPITRE II

PONTS SUPPORTANT DES VOIES DE TERRE

Article 15

Conditions à remplir. — Les ponts à travées métalliques qui portent des voies de terre devront être en état de livrer passage à toute voiture dont la circulation est autorisée par le règlement du 10 août 1852 sur la police du roulage et des messageries, c'est-à-dire aux voitures attelées au maximum de cinq chevaux si elles sont à deux roues et de huit chevaux si elles sont à quatre roues.

Article 16

Limites de travail du métal. — Les dimensions des différentes

ANNEXES 383

pièces des ponts seront calculées dans les conditions fixées à

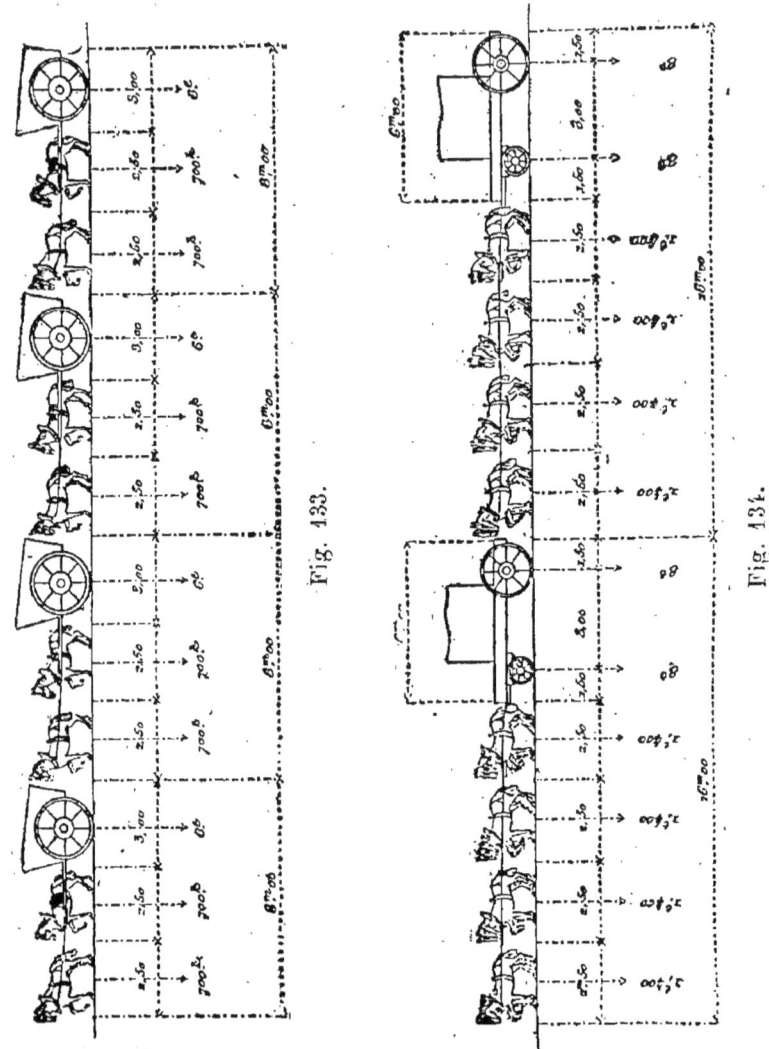

l'article 2, sauf la substitution au train-type des surcharges définies par l'article 17 ci-dessous.

Article 17

Surcharges à adopter pour le calcul. — On s'assurera que le travail du métal par millimètre carré dans chaque pièce ne dépasse pas les limites fixées à l'article 2 ci-dessus :

1° Sous l'action d'une surcharge uniformément répartie de 400 kilogrammes par mètre carré sur toute la largeur de l'ouvrage y compris les trottoirs ;

2° Sous le passage de tombereaux à un essieu, traînés par deux chevaux et formant autant de files continues que le comportera la largeur de la chaussée. On admettra, pour faire ce calcul, que les trottoirs sont surchargés uniformément à raison de 400 kilogrammes par mètre carré, et que les tombereaux et leurs attelages ont les poids et dimensions suivants :

Tombereaux	Poids	6^t
	Longueur (non compris les brancards)............	3^m00
	Largeur de voie	1 70
	Largeur de chaussée occupée .	2 25
Chevaux	Poids	700^k
	Longueur (y compris les traits et brancards).........	2^m50

On s'assurera que le travail du métal par millimètre carré, dans chaque pièce ne dépasse pas de plus d'un kilogramme les limites fixées à l'article 2, dans le cas où on substituerait à l'un des tombereaux un véhicule pesant 11 tonnes, ayant les mêmes dimensions et traîné par cinq chevaux sur une seule file, et, dans le cas où ces tombereaux seraient remplacés, sur toute la surface du tablier du pont, par des chariots à deux essieux traînés par huit chevaux sur deux files ayant les poids et dimensions suivants :

Chariots	Poids sur chaque essieu	8^t
	Longueur.............	6^m00
	Largeur de la voie	1 70
	Écartement des essieux	3 00
	Distance du premier essieu à l'avant du chariot	1 50
	Distance du second essieu à l'arrière du chariot	1 50
	Largeur de chaussée occupée .	2 25

Chevaux . . . . { Poids . . . . 700^k
Longueur (y compris les traits et brancards). . . . . 2^{m}50

Lorsqu'il s'agira d'ouvrages à établir sur des routes à fortes pentes, placées dans des conditions telles que la circulation des charges indiquées ci-dessus ne puisse pas être considérée comme possible dans le présent ni dans l'avenir, l'Administration se réserve d'autoriser l'emploi, dans les calculs, de charges moindres qui seront déterminées d'après les circonstances locales. Dans aucun cas, la charge uniformément répartie ne pourra descendre au-dessous de 300 kilogrammes par mètre carré, et les autres charges indiquées ci-dessus ne pourront être réduites de plus de moitié.

ARTICLE 18

Pression du vent, pièces travaillant à la compression, calcul des flèches, calcul des efforts pendant le lançage, dispositions à prendre pour faciliter la visite et l'entretien, surveillance. — Les prescriptions des articles 5, 6, 7, 8 et 10 ci-dessus sont applicables aux ponts par voie de terre. Toutefois, pour le calcul des efforts résultant de l'effet du vent (art. 5), il ne sera pas tenu compte de la présence possible de véhicules sur le pont.

ARTICLE 19

Épreuves. — Chaque travée métallique sera soumise à deux natures d'épreuves : l'une par poids mort, l'autre par poids roulant.

Composition des surcharges d'épreuve. — Pour l'épreuve par poids mort la surcharge d'épreuve sera de 400 kilogrammes par mètre carré de tablier, trottoirs compris.

Pour l'épreuve par poids roulant les véhicules seront disposés en files continues et devront se rapprocher, autant que possible, comme poids et écartement des essieux, de ceux désignés pour types dans le troisième alinéa de l'article 17. En tout cas, ces véhicules devront représenter, avec leurs attelages, une charge minima de 400 kilogrammes par mètre carré, en prenant 2^m,25 pour largeur de la zone occupée.

NOVAT. — Résist. des matériaux.   22

Longueur des files de voitures. — Les longueurs des files de voitures seront fixées comme suit :

Pour les ponts à travées indépendantes et pour les ponts en arcs, la longueur sera au moins égale à la plus grande portée.

Pour les ponts à travées solidaires, la longueur devra être suffisante pour couvrir les deux plus grandes travées consécutives.

Nombre des files de voitures. — Le nombre des files de voitures devra être égal au quotient de la largeur de la chaussée par le nombre $2^m,25$. Toutefois, ce nombre pourra être réduit quand il y aura difficulté à réunir assez de véhicules pour constituer toutes les files, mais il devra être suffisant pour couvrir au moins la moitié de la largeur du tablier ; le surplus de cette largeur sera alors occupé par une surcharge à poids mort de 400 kilogrammes par mètre carré, répartie de chaque côté des files.

Épreuve par poids mort. — Il sera procédé aux épreuves par poids mort de la manière suivante :

Pour les ponts à travées indépendantes, la surcharge sera étendue successivement d'une extrémité à l'autre, avec interruption d'une demi-heure au moment où la surcharge aura atteint la moitié de la portée. Lorsque la totalité de la travée aura été couverte, la surcharge devra demeurer en place pendant une demi-heure.

Pour les ponts à travées solidaires, chaque travée sera d'abord chargée isolément comme il vient d'être dit ci-dessus, puis on chargera simultanément les travées contiguës à chaque pile, à l'exclusion de toutes les autres.

Pour les ponts en arcs, chaque travée sera chargée sur la totalité de sa portée, ensuite sur chaque moitié et, enfin, dans la partie médiane seulement.

Épreuve par poids roulant. — On procédera aux épreuves par poids roulant en faisant circuler au pas les files de voitures d'une extrémité à l'autre du pont.

On fera passer, en outre, sur le pont un véhicule comprenant au moins un essieu chargé de 11 tonnes.

Tempéraments aux surchages d'épreuve. — Lorsque, dans le cas prévu par le dernier alinéa de l'article 17, les surcharges ayant servi à faire les calculs auront été réduites, les surcharges à employer pour faire les épreuves seront réduites dans la même proportion.

Les règles fixées par l'article 9 pour les épreuves des ponts d'un type exceptionnel ainsi que pour les constatations à faire, pendant et après les épreuves, et enfin pour les mesures à prendre en vue des vérifications ultérieures sont applicables aux ponts supportant des voies de terre.

Chargements exceptionnels. — Le passage, sur le tablier du pont, de chargements notablement supérieurs à ceux qui auront été adoptés dans les calculs relatifs à la stabilité de l'ouvrage ne pourra avoir lieu qu'en vertu d'une autorisation spéciale donnée par le préfet conformément au rapport de l'ingénieur en chef.

CHAPITRE III

PONTS-CANAUX MÉTALLIQUES

Article 20

Conditions à remplir. — Les ponts-canaux devront être en état de recevoir la charge d'eau correspondant au mouillage normal, augmenté de 30 centimètres.

Article 21

Limites du travail du métal. — Les dimensions des différentes pièces des ponts-canaux seront calculées de manière à ce que le travail du métal par millimètre carré de section nette, déduction faite des trous de rivets, ne dépasse nulle part $8^{kg},50$ pour le fer et $11^{kg},50$ pour l'acier.

Article 22

Pression du vent, pièces travaillant à la compression, calcul des efforts pendant le lançage, dispositions à prendre pour faciliter la visite et l'entretien, surveillance. — Les prescriptions des articles 5, 6, 8 et 10 sont applicables aux ponts-canaux. Pour l'application de l'article 5, on tiendra compte de la présence de la bâche ainsi que de celle des bateaux sur l'ouvrage ; le calcul sera fait en admettant une pression de 270 kilogrammes par mètre carré de surface verticale ; la surface des bateaux exposés au vent sera comptée pour un rectangle de 1^m,50 de hauteur au-dessus de la bâche ayant la même longueur que le pont.

ARTICLE 23

Calcul des flèches. — On fournira, à l'appui des projets, le calcul des flèches sous l'action du poids propre du pont et sous l'action de la surcharge d'eau prévue à l'article 20.

ARTICLE 24

Épreuves. — L'épreuve des ponts-canaux consistera dans la mesure des flèches avant et après le remplissage au maximum de hauteur fixé par l'article 20.

Immédiatement après les épreuves, l'ouvrage sera visité dans toutes ses parties ; en outre, on repérera à deux points fixes, avant l'épreuve, les niveaux des points les plus bas des sections des poutres et des axes au milieu de chaque travée et à ses extrémités, de manière à pouvoir, après la mise en charge et à une époque quelconque, mesurer les déformations qui se seraient produites ; on repérera, par rapport aux mêmes points, le dessus de chacun des appuis. Le procès-verbal des épreuves contiendra les renseignements nécessaires pour permettre ultérieurement de retrouver ces repères.

CHAPITRE IV

DISPOSITIONS DIVERSES

ARTICLE 25

Contrôle des épreuves. — Pour les ouvrages construits ou entretenus par des concessionnaires, les épreuves seront faites en présence d'un ingénieur chargé du contrôle : les procès-verbaux détaillés, dont elles devront être l'objet, seront dressés dans la forme qui sera prescrite par l'Administration.

ARTICLE 26

Dérogation aux prescriptions du règlement. — L'Administration se réserve d'apprécier les cas exceptionnels qui pourraient motiver des dérogations quelconques aux prescriptions du présent règlement.

Paris, le 29 août 1891.

Le Ministre des travaux publics,

YVES GUYOT.

ANNEXE III.

Circulaire de M. le Ministre des Travaux publics, en date du 7 mai 1870, sur l'établissement des ponts suspendus.

Ponts suspendus. — Envoi d'un nouveau modèle de cahier des charges.

Monsieur le Préfet, les conditions générales prescrites jusqu'à ce jour par l'Administration des ponts et chaussées, tant pour la rédaction des projets de ponts suspendus que pour les épreuves auxquelles ces ponts doivent être soumis avant d'être livrés au public, ont paru exiger diverses modifications. D'ailleurs ces conditions ne se trouvaient plus en harmonie avec les dispositions qui ont été adoptées récemment pour les ponts métalliques (*Circulaire du 15 juin* 1869).

En conséquence, j'ai chargé une commission spéciale de rechercher les modifications ou additions dont l'expérience a démontré l'utilité.

Après une étude approfondie de la question, la commission a préparé un nouveau modèle de cahier des charges pour les ponts suspendus à voitures, un modèle de cahier des charges pour les ponts suspendus ne servant qu'aux piétons (passerelles), et un type d'arrêté de police à placarder aux abords des ponts suspendus à voitures, régis par le nouveau cahier des charges.

Le conseil général des ponts et chaussées a été d'avis, et j'ai reconnu avec lui, Monsieur le Préfet, par décision du 4 de ce mois, qu'il y a lieu d'approuver les deux modèles de cahier des charges et les clauses de l'arrêté de police précités.

Vous trouverez ci-joint un exemplaire de ces trois documents.

Ainsi que vous le remarquerez, les nouvelles dispositions arrêtées concernent particulièrement le système de suspension les moyens d'en opérer la visite, la pression des supports, l'établissement des tabliers et les épreuves à faire subir au pont avant de le livrer à la circulation.

Veuillez m'accuser réception de la présente circulaire, dont j'adresse ampliation à MM. les ingénieurs.

Modèle de cahier des charges pour les concessions de ponts suspendus à voitures.

Conditions spéciales relatives à l'emplacement, aux dimensions générales, au délai d'exécution. — 1. L'adjudicataire s'engage à exécuter à ses frais, risques et périls, et à terminer dans le délai de   à dater de l'homologation de son adjudication, ou plus tôt si faire se peut, tous les travaux nécessaires à la construction du pont suspendu sur ..... (emplacement, alignement, abords compris dans la concession, dimensions générales, largeurs, hauteurs.....).

Conditions générales des ouvrages. — 2. L'adjudicataire s'engage à n'employer que des matériaux de bonne qualité, et à se conformer à toutes les règles d'une construction solide.

Bois des fondations. — 3. Il lui est spécialement interdit de placer des bois dans le corps ou sous la base des massifs de maçonnerie, si ce n'est au-dessous du niveau de l'étiage, et de façon que ces bois, qu'il ne serait pas possible de visiter, ne soient pas exposés aux alternatives du sec et de l'humide.

Tension des fers. — 4. Les dimensions transversales des chaînes ou des câbles de suspension seront calculées de manière qu'au moment de l'épreuve par poids mort dont il sera fait mention dans l'article 15 ci-après, la tension n'excède pas, pour les fers en barre, le tiers, et pour les fils de fer, le quart de celle qui produirait la rupture. Dans ce calcul, le bois du tablier, quelle que soit son essence, sera compté comme pesant 900 kilogrammes par mètre cube.

Les dimensions transversales des tiges de suspension seront calculées de manière qu'au moment de l'épreuve par poids roulant, mentionnée au même article 15, et d'après les bases de répartition admises à l'article 7, la tension n'excède pas, pour les fers en barre et pour les fils de fer, le tiers de celle qui est autorisée par le paragraphe précédent pour les chaines et pour les câbles.

En aucun cas, on ne pourra employer à la confection du système de suspension des fers présentant une résistance absolue inférieure à 33 kilogrammes par millimètre carré pour le fer en barre, et à 66 kilogrammes pour le fil de fer.

Suspension et moyens ménagés pour la visite. — 5. La différence de niveau entre le point le plus bas de l'arc de suspension et le point correspondant verticalement à l'extrémité du tablier ne devra pas être supérieure au cinquième de la distance horizontale entre ces deux points.

Il ne sera fait usage ni de supports mobiles appelés fléaux, ni de haubans.

Le système de retenue et d'amarre sera en tout cas établi en barres de fer.

Dans les suspensions par câbles en dehors des retenues, on adoptera, pour les parties qui reposent directement sur les supports, des dispositions spéciales qui rendent possible le remplacement de ces parties sans qu'il soit nécessaire de remanier le reste des câbles.

Il ne sera pas employé plus de 250 à 300 brins de fil de fer pour la confection d'un seul câble.

Les organes de liaison, tels que goujons d'amarre, sellettes, étriers, semelles, boulons, clavettes, etc., seront en fer forgé, à l'exclusion de la fonte.

Le système de suspension, y compris ses amarres, sera disposé de façon que toutes ses parties puissent être visitées en tout temps, sans qu'aucune démolition soit nécessaire à cet effet.

Maximum de pression des supports. — 6. Les maçonneries et les parties métalliques des supports seront disposées et calculées de manière que pendant les épreuves elles ne subissent en aucun point une pression supérieure, pour la maçonnerie, au dixième de celle qui produirait l'écrasement; pour les fontes, à 5 kilogrammes par millimètre carré, et pour les fers, à 6 kilogrammes.

Dispositions relatives aux tabliers. — 7. Les extrémités des tabliers seront solidement attachées aux maçonneries.

Les poutrelles en bois des tabliers seront reliées par deux cours de moises longitudinales serrées contre les poutrelles par des étriers.

Dans les ponts à deux voies, on placera, en outre, au milieu du tablier et en dessous, une longrine maintenue aussi par des étriers. Ces prescriptions sont indépendantes de la liaison qu'on chercherait à obtenir par le mode de composition des garde-corps.

Les dimensions transversales des poutrelles seront calculées de manière que, au moment de l'épreuve par poids roulant mentionnée à l'article 15, la tension ou la compression n'excède pas le dixième de la charge de rupture.

Pour effectuer ce calcul, on supposera le stationnement d'une ou de deux voitures, suivant que le pont sera à une ou deux voies, ces voitures étant à deux roues, et pesant sur chaque roue 5 500 kilogrammes ; on admettra qu'au lieu même d'application de chacune des roues, le tiers de la totalité de la charge qui pèse sur elle est porté par une poutrelle, et on considérera cette poutrelle comme reposant sur deux appuis supportés par des tiges de suspension.

S'il est fait usage de poutrelles métalliques, elles seront reliées entre elles par des moyens analogues à ceux indiqués plus haut pour les poutrelles en bois. Les dimensions en seront calculées d'après les mêmes principes et de manière que par millimètre carré de section la tension ne dépasse pas, pour la fonte, 4 kilogramme, et pour le fer 6 kilogrammes, et la pression 5 kilogrammes pour la fonte et 6 pour le fer.

Projet exigé de l'adjudicataire. — 8. Avant de commencer les travaux, et dans le délai de trois mois à dater du jour où la décision qui aura homologué l'adjudication lui aura été notifiée, l'adjudicataire sera tenu de présenter au ministre d
par l'intermédiaire du préfet, le projet du pont et de ses dépendances, tel qu'il se propose de l'exécuter.

9. Les dessins de ce projet comprendront, outre le plan et l'élévation d'ensemble, tous les détails nécessaires pour faire connaître complètement le système des fondations, les dispositions et dimensions des maçonneries et de la charpente du tablier, les diverses parties du système de suspension et

d'amarre des chaînes ou des câbles, enfin les moyens ménagés pour la visite de toutes les parties du pont.

Ces dessins seront accompagnés d'un mémoire descriptif et explicatif, contenant les calculs relatifs à la stabilité des diverses parties du pont, afin de faire voir que le projet satisfait aux stipulations des articles ci-dessus.

Toutes ces pièces devront être produites en double expédition.

10. Le projet sera soumis à l'examen du conseil des ponts et chaussées; cet examen aura pour but de reconnaître : premièrement, si le projet satisfait aux conditions ci-dessus énoncées; secondement, s'il ne présente pas, dans ses formes extérieures, quelques dispositions contraires au bon goût, et dont, par ce motif, il ne serait pas possible de tolérer l'exécution.

Une décision du ministre de   autorisera ensuite, s'il y a lieu, l'exécution de ce projet, en prescrivant à l'adjudicataire d'y faire préalablement les modifications qui auraient été jugées nécessaires.

11. Cette décision sera notifiée à l'adjudicataire pour qu'il s'y conforme; on en déposera une copie dans les archives de la préfecture.

Les deux expéditions du projet, visées par le ministre, avec mention de la décision dont il vient d'être parlé, seront, l'une remise à l'adjudicataire, et l'autre déposée à la préfecture pour y être consultée au besoin.

12. Dans le cours des travaux, l'adjudicataire aura la faculté de proposer les changements que l'expérience lui suggérera ; mais il ne pourra les opérer que sous l'autorisation préalable de l'Administration supérieure.

Vérification préalable de la résistance des fers. — 13. Avant la confection des chaînes ou câbles, des expériences seront faites par les ingénieurs, aux frais de l'adjudicataire, en sa présence et avec son concours ou avec celui de son fondé de pouvoir, pour constater la résistance absolue des fers à employer. Les sections des chaînes ou câbles seront définitivement fixées en conséquence des résultats de ces expériences et de manière à satisfaire aux prescriptions de l'article 4 ci-dessus.

Procès-verbal des expériences. — 14. Le procès-verbal de ces expériences et de leurs conséquences sera dressé en deux expéditions, dont l'une restera aux mains de l'adjudicataire, et l'autre sera déposée, comme annexe du projet, aux archives de la préfecture.

Épreuves. Réception des travaux et autorisation de percevoir les droits de péage. — 15. Lorsque les travaux seront achevés, et avant que le public soit mis en jouissance du passage, le pont sera soumis à une première épreuve, par poids mort, dans laquelle il aura à supporter, indépendamment de son propre poids, une charge de 200 kilogrammes par mètre superficiel de plancher, trottoirs compris. Cette charge restera pendant vingt-quatre heures sur le pont.

On procédera ensuite à une seconde épreuve par poids roulant, en faisant circuler sur le pont une ou deux voitures, suivant que le pont sera à une ou deux voies, ces voitures étant à deux roues et pesant chacune, avec le chargement, 11 000 kilogrammes. Si le pont est à deux voies, les voitures marcheront en sens contraire. Un certain nombre de poutrelles, désignées par l'ingénieur en chef des ponts et chaussées, seront soumises pendant une heure au moins à la charge directe de la voiture ou des voitures, selon les cas, servant aux épreuves.

L'ingénieur en chef des ponts et chaussées dressera procès-verbal de l'opération et de toutes les circonstances qui auront pu se manifester dans les diverses parties de la construction. Ce procès-verbal, sur lequel le concessionnaire sera invité à faire ses observations, sera adressé, avec un rapport de l'ingénieur en chef, au préfet qui, dans le cas où ni les fers, ni les bois, ni les maçonneries ne paraîtraient avoir éprouvé aucune altération préjudiciable à la solidité, autorisera, provisoirement l'ouverture du pont et la perception des droits de péage.

16. Si l'adjudicataire le demande, le pont pourra n'être soumis d'abord qu'à une demi-épreuve de 100 kilogrammes par mètre superficiel de plancher, et l'épreuve entière de poids mort pourra être retardée de plusieurs mois et même d'une année; mais, dans l'intervalle de la demi-épreuve à l'épreuve entière, l'adjudicataire sera tenu de se conformer à tous les règlements de police qui seront arrêtés par l'Administration dans l'intérêt de la sûreté publique.

Le public ne pourra être mis en jouissance du passage tant que l'épreuve par poids roulant n'aura pas été faite.

17. Si le pont se compose de plusieurs travées, chaque travée sera soumise séparément aux épreuves prescrites par l'article 15, sauf, pour l'épreuve par poids mort, à substituer la demi-

épreuve à l'épreuve entière dans le cas prévu à l'article 16.

18. Toute circulation sur le pont est expressément interdite, même pour les ouvriers employés aux travaux, pendant la durée de l'épreuve ou demi-épreuve par poids mort. En conséquence, le concessionnaire devra amener et distribuer la charge sur le tablier en faisant usage soit de gravier ou de toute autre matière chargée sur des chariots à bascule mis en mouvement par des hommes ou des chevaux placés aux extrémités et en dehors du pont, soit de tout autre procédé que le concessionnaire jugera convenable d'employer, pourvu qu'il n'exige pas la présence des hommes sur le pont.

Pour l'épreuve par poids roulant, qui sera toujours consécutive de l'épreuve par poids mort, le personnel et les chevaux nécessaires pourront circuler sur le pont.

19. La réception du pont et l'autorisation de percevoir les droits de péage ne seront définitives que lorsqu'elles auront été homologuées par le ministre, qui pourra préalablement ordonner le renouvellement de l'épreuve, s'il juge la première insuffisante.

Entretien. — 20. Le pont, ses abords et tous les ouvrages quels qu'ils soient qui auront été exécutés par l'adjudicataire, seront constamment entretenus en bon état dans toutes leurs parties.

L'entretien du pont consistera notamment à peindre les bois au moins une fois tous les trois ans, et les fers tous les ans, et même plus souvent s'il est nécessaire, pour prévenir toute apparence d'oxydation; à renouveler les bois et les fers lorsque la commodité ou la sûreté du passage pourra l'exiger; à remplacer les chaînes ou câbles de suspension ou de retenue qui seraient rompus ou gravement altérés; à maintenir en bon état le système des fondations; à changer, au fur et à mesure des besoins, les pierres qui se dégraderaient dans les parements extérieurs des culées, des piles ou des murs d'accompagnement; à faire les ragréments et rejointoiements nécessaires pour refermer les joints que les pluies ou les intempéries auraient ouverts, de manière que toutes les parties apparentes des maçonneries offrent constamment une surface unie et régulière.

Les portions de route aux abords du pont seront tenues sèches, nettes, unies, sans danger en temps de glace, fermes en toute saison.

La chaussée d'empierrement devra toujours avoir une épaisseur de 20 à 25 centimètres.

Les frais de toute nature relatifs à l'entretien, ainsi que ceux de construction première, et même, le cas échéant, de reconstruction, demeureront à la charge de l'adjudicataire.

Visites annuelles. Epreuves périodiques et accidentelles. — 21. Tous les ans il sera fait, par l'ingénieur de l'arrondissement, une visite détaillée du pont et de toutes ses parties, à l'effet de constater leur état d'entretien. L'ingénieur en chef transmettra le procès-verbal de cette visite au préfet, avec son avis.

Tous les cinq ans, l'épreuve du pont, par poids roulant, prescrite par l'article 15 du présent cahier des charges, sera renouvelée aux frais du concessionnaire.

Indépendamment de la visite annuelle et de l'épreuve périodique, d'autres visites et des épreuves de l'une et de l'autre sorte pourront avoir lieu sur l'ordre du préfet, si un événement imprévu ou une circonstance quelconque faisait naître des doutes sur la solidité et la sûreté du passage.

Acquisition de terrains ou bâtiments. — 22. Si, pour l'établissement du pont et de ses abords, il est nécessaire d'acquérir des terrains ou bâtiments, ou si l'adjudicataire ne s'accorde pas avec les propriétaires sur le prix de ces acquisitions, il sera substitué aux droits et obligations que le Gouvernement tient de la loi du 3 mai 1841, sur l'expropriation pour cause d'utilité publique.

23. Les indemnités pour occupation temporaire ou détérioration de propriétés, pour chômages d'usines, pour rétablissement de communications interceptées, enfin pour tout dommage quelconque résultant des travaux, sont à la charge de l'adjudicataire.

24. Il sera passible de même des dommages-intérêts qui seraient alloués, pour cause d'éviction, au fermier du bac, s'il en existait un avant l'établissement du pont dans le même emplacement ou dans le voisinage. L'adjudicataire pourra transporter avec ses bateaux ses ouvriers et ses matériaux sur les points de la rivière où les travaux doivent s'exécuter, sans être tenu, pour cette cause, à aucun dédommagement envers le fermier du bac; mais il lui est interdit, sous les peines de droit, de passer des personnes étrangères à la construction et de transporter des matériaux qui n'y seraient pas destinés.

Maintien de la navigation et du flottage. — 25. Toutes les mesures à prendre et tous les frais à faire pour que le service de la navigation et du flottage ne soit pas interrompu ou ne soit entravé que le moins possible, pendant la durée des travaux de construction et de réparation, seront entièrement à la charge de l'adjudicataire.

Passage provisoire. — 26. Dans le cas où la circulation sur le pont serait interrompue pour cause de travaux de réparation et d'entretien et de reconstruction, l'adjudicataire sera tenu d'établir, à ses frais et sans délai, un passage provisoire à l'aide d'un bac ou de bateaux en nombre suffisant. Un arrêté du préfet, motivé soit sur la courte durée de l'interruption, soit sur le peu d'éloignement d'un autre pont, pourra seul dispenser le concessionnaire de cette obligation. Les droits à percevoir sur ce passage provisoire ne pourront jamais être autres que ceux qui sont fixés par le tarif du péage concédé.

Contrôle et surveillance de l'Administration. — 27. L'adjudicataire sera soumis au contrôle et à la surveillance de l'Administration, pour l'accomplissement de toutes les clauses énoncées dans le présent cahier des charges. Il sera d'ailleurs libre d'exécuter les travaux par des moyens et des agents de son choix, pourvu qu'il n'en résulte aucune dérogation aux clauses du marché.

28. L'adjudicataire sera tenu d'élire dans le département un domicile auquel toutes les significations lui seront faites pour les actes qui se rattacheront à son entreprise. A défaut d'élection de ce domicile, toute notification ou signification à lui adressée sera valable lorsqu'elle sera faite au secrétariat général de la préfecture d

Frais de surveillance, d'épreuves, etc. — 29. Les frais de visite, de surveillance, de réception des travaux et d'épreuve seront à la charge de l'adjudicataire. Ces frais seront réglés par le ministre, sur la proposition du préfet, et le concessionnaire sera tenu d'en verser le montant dans la caisse du receveur général, pour être distribué à qui de droit.

Concession et subvention. — 30. Pour indemniser l'adjudicataire des dépenses qu'il s'engage à faire par les articles précédents, et sous la condition expresse qu'il en remplira toutes les obligations, le Gouvernement lui concède, pour le temps qui sera déterminé par l'adjudication à intervenir, le produit d'un péage dont le tarif est annexé au présent cahier des charges, et dont la perception sera autorisée en la forme réglée par les articles 15 et 19 ci-dessus.

31. L'adjudicataire recevra, en outre, à titre de subvention (fixer les termes du payement).

32. L'adjudication aura lieu au profit de celui des concurrents qui fera le plus fort rabais sur la durée du péage [1].

Cette durée sera comptée pour le concessionnaire à dater du jour où le pont aura été livré au public, même à la suite d'une demi-épreuve et avec les restrictions que l'Administration aura jugé à propos d'imposer.

Les frais de régie, de perception, d'administration et d'éclairage du pont seront à la charge de l'adjudicataire.

33. A l'expiration de la concession, le pont, ses abords et tous les ouvrages quels qu'ils soient qui auront été construits par le concessionnaire seront remis à l'Administration en bon état d'entretien dans toutes leur parties. Les terrains achetés des deniers du concessionnaire pour l'établissement des abords ne pourront donner lieu à aucune répétition de sa part.

Entière responsabilité de l'adjudicataire. — 34. Dans aucun cas, l'adjudicataire ne pourra se prévaloir, pour réclamer une indemnité quelconque, soit des modifications que son projet aurait subies en vertu de l'article 10, soit de l'élévation de la dépense, soit des restrictions qui pourraient avoir été mises à l'usage du pont dans l'intérêt de la sûreté publique.

Il doit aussi être entendu que, nonobstant la surveillance exercée sur les travaux par l'Administration, le concessionnaire reste responsable de tous les défauts de solidité, et que tous les frais d'entretien, ainsi que les dommages-intérêts qui pourraient être dus à des tiers, en cas d'accident, seront à sa charge.

Cautionnement. — 35. Pour être admis à soumissionner, les concurrents devront, au préalable, avoir versé, soit à Paris, dans la Caisse des dépôts et consignations, soit dans le département où l'adjudication aura lieu, entre les mains du receveur

---

[1] Si dans certains cas l'Administration juge à propos de faire porter le rabais non sur la durée du péage, mais sur le montant de la subvention, l'article 32 sera modifié dans ce sens.

général des finances, une somme de   en numéraire ou en inscriptions de rentes calculées au pair de création, conformément aux dispositions des lois et règlements sur la matière.

Si le dépôt en inscriptions de rentes est fait à Paris, dans la Caisse des dépôts et consignations, les soumissionnaires devront déclarer par écrit, sur les livres de cette caisse, qu'ils affectent le dépôt à la garantie de leur soumission, et qu'à cet effet, et pour le cas où ils resteraient titulaires de l'adjudication, ils donnent à la caisse tout pouvoir de vendre *les rentes déposées*, d'en réaliser et signer le *transfert*, et d'en appliquer le montant conformément au présent cahier des charges, articles 37 à 42 ci-après.

Si le même dépôt est effectué dans la caisse du receveur général du département, les soumissionnaires devront signer un acte sur papier timbré, fait double entre eux et le receveur général, et par lequel ils affecteront le dépôt à la garantie de leur soumission, donnant au receveur général, pour les rentes départementales, et à l'agent judiciaire du Trésor, pour les rentes directes, tout pouvoir de vendre, réaliser et transférer, ainsi qu'il vient d'être dit pour ce qui concerne la Caisse des dépôts et consignations.

Ce dépôt, qui deviendra, pour le soumissionnaire déclaré adjudicataire, le cautionnement de l'entreprise, ne lui sera rendu qu'après la réception définitive des travaux, homologuée dans la forme stipulée à l'article 19.

Homologation de la concession. — 36. L'adjudication ne sera valable et définitive qu'après avoir été approuvée par une décision ministérielle.

Cas de déchéance, d'éviction et de saisie. — 37. Faute par l'adjudicataire d'avoir présenté son projet dans le délai fixé par l'article 8 ci-dessus, il encourra de plein droit la déchéance, sans qu'il soit besoin d'aucune mise en demeure, et perdra son cautionnement, qui sera retenu à titre de dommages-intérêts.

38. La déchéance et la perte du cautionnement seront également encourues si, après avoir fourni un projet dont l'Administration n'aura pas autorisé l'exécution, il n'en présente pas un acceptable dans le délai que le ministre d
aura fixé.

39. L'adjudicataire encourra les mêmes peines s'il n'a pas

commencé les travaux dans le délai que déterminera le décision d'autorisation, et qui ne sera pas de moins de trois mois.

40. Faute par le concessionnaire, après avoir été mis en demeure, d'avoir terminé dans le délai fixé par l'article 1ᵉʳ les travaux qu'il aura commencés, et d'avoir rempli les diverses obligations qu'il contracte, il sera pourvu à la continuation et à l'achèvement de ces travaux au moyen d'une adjudication nouvelle, qui sera ouverte sur une mise à prix des ouvrages déjà construits, des matériaux approvisionnés, des terrains achetés, et qui sera dévolue à celui des nouveaux soumissionnaires qui pour succéder aux droits et charges du premier adjudicataire, en fournissant un nouveau cautionnement, offrira la plus forte somme desdits ouvrages, matériaux et terrains. Les soumissions pourront être inférieures à la mise à prix.

41. La somme offerte par le nouvel adjudicataire sera remise au concessionnaire évincé, mais le cautionnement de celui-ci sera retenu à titre de dommages-intérêts.

42. Si le nouvel adjudicataire s'engage purement et simplement à poursuivre les travaux et à les achever à ses frais, risques et périls, sans mettre d'ailleurs aucun prix à tout ce qui aura été fait avant son entrée dans l'entreprise, le concessionnaire déchu se retirera sans pouvoir exercer aucune prétention quelconque, et, dans ce cas comme dans l'autre, il perdra tout droit sur le cautionnement. Enfin si, au lieu d'offrir une somme d'argent, l'adjudicataire nouveau réclame le concours de l'État dans les dépenses, le cautionnement sera employé à satisfaire à cette demande jusqu'à concurrence du montant qu'elle comprendra; et la portion qui ne recevra pas d'emploi sera retenue, comme dans les suppositions précédentes, au même titre de dommages-intérêts.

43. Les stipulations des articles précédents, relatives à la déchéance de l'adjudicataire, ne lui seraient pas applicables si l'exécution des travaux avait été retardée ou interrompue par des circonstances de force majeure dûment constatées.

44. Faute par le concessionnaire de maintenir le pont en bon état d'entretien ou de remplir les autres obligations qui lui seraient imposées par l'Administration en vertu des clauses du présent cahier des charges, il y sera contraint par les voies de droit; l'Administration aura d'ailleurs la faculté de mettre le séquestre sur les produits du péage et d'en disposer jusqu'à

concurrence des sommes nécessaires à l'exécution des travaux ou au payement des dépenses qu'il y aura lieu de faire pour le compte du concessionnaire.

Jugement des contestations. — 45. Les contestations qui pourraient s'élever entre l'Administration et le concessionnaire, sur l'exécution ou l'interprétation des clauses et conditions du présent cahier des charges, seront jugées administrativement par le conseil de préfecture du département, sauf recours au conseil d'État.

Paris, le 4 mai 1870.

APPROUVÉ :

Le ministre des Travaux publics,
Marquis DE TALHOUET.

Type d'arrêté de police à placarder aux abords des ponts supendus régis par le nouveau cahier des charges.

Le Préfet,

Vu la loi du 30 mai 1851, sur la police du roulage et des messageries publiques ;

Vu les articles 2 et 8 du règlement d'administration publique du 10 août 1852, rendu en exécution de cette loi ;

Vu le modèle du cahier des charges pour les concessions des ponts suspendus arrêté par M. le ministre des travaux publics le 4 mai 1870 ;

Vu la décision ministérielle en date du

ARRÊTE :

ARTICLE PREMIER. Les voitures qui circulent sur le pont suspendu de   ne peuvent être attelées :

1° Celles servant au transport des marchandises, de plus de cinq chevaux, si elles sont à deux roues; de plus de huit, si elles sont à quatre roues, sans qu'il puisse y avoir plus de cinq chevaux de file ;

2° Celles servant au transport des personnes, de plus de trois chevaux, si elles sont à deux roues; de plus de six, si elles sont à quatre roues.

2. Toute voiture attelée d'un nombre de chevaux égal ou supérieur à cinq ne doit pas s'engager sur le tablier d'une

travée, quand il y a déjà sur cette travée une voiture d'un attelage égal ou supérieur à ce nombre de chevaux.

Il est interdit de faire passer par convoi, les unes à la file des autres, les voitures attelées de moins de cinq chevaux : ces voitures devront conserver entre elles une distance au moins égale à la longueur de l'équipage, attelage compris, sans que cette distance soit jamais inférieure à 15 mètres.

(Si le pont est à deux voies, il sera ajouté :)

Ces dernières prescriptions ne s'appliquent qu'aux voitures marchant dans le même sens.

3. Pendant la traversée du pont, les chevaux seront mis au pas ; les voituriers ou rouliers tiendront les guides ou le cordeau ; les conducteurs et postillons resteront sur leurs sièges.

Défense est faite aux rouliers et autres voituriers de dételer aucun de leurs chevaux pour le passage du pont et de laisser stationner les voitures.

4. Le nombre des bœufs ou vaches passant à la fois sur le pont ne pourra être supérieur à ..... Le passage aura lieu par bandes séparées de ..... têtes au plus.

(Le préfet déterminera, sur le rapport de l'ingénieur en chef, le nombre total à admettre et le nombre par bande d'après la longueur et la largeur du tablier de la moindre travée et le poids des bêtes par têtes.)

5. Lors du passage de la troupe, les chefs de corps devront faire marcher :

L'infanterie sur deux files seulement et à volonté, c'est-à-dire en rompant le pas ;

La cavalerie sur une seule ligne et au pas.

6. Il est défendu de stationner et de fumer sur le pont.

7. Les contraventions au présent arrêté seront constatées, poursuivies et réprimées conformément aux titres II et III de la loi du 30 mai 1851 et au règlement du 10 août 1852.

8. Les fonctionnaires et agents dénommés à l'article 15 de la loi du 30 mai 1851 sont chargés d'assurer l'exécution de cet arrêté, qui sera publié partout où besoin sera et placardé à l'entrée et à la sortie du pont.

Paris, le 4 mai 1870.

APPROUVÉ :

Le ministre des Travaux publics,

Marquis DE TALHOUET.

Modèle de cahier des charges pour les concessions de ponts suspendus pour piétons.

Conditions spéciales relatives à l'emplacement, aux dimensions générales, au délai d'exécution. — 1. L'adjudicataire s'engage à exécuter, à ses frais, risques et périls, et à terminer dans le délai de   à dater de l'homologation de son adjudication, ou plus tôt si faire se peut, tous les travaux nécessaires à la construction d'un pont suspendu sur (emplacement, alignements, abords compris dans la concession, dimensions générales, largeurs, hauteurs.....).

Conditions générales des ouvrages. — 2. L'adjudicataire s'engage à n'employer que des matériaux de bonne qualité, et à se conformer à toutes les règles d'une construction solide.

Bois des fondations. — 3. Il lui est spécialement interdit de placer des bois dans le corps et sous la base des massifs de maçonnerie, si ce n'est au-dessous du niveau de l'étiage, et de façon que ces bois, qu'il ne serait pas possible de visiter, ne soient pas exposés aux alternatives du sec et de l'humide.

Tension des fers. — 4. Les dimensions transversales des chaînes ou des câbles de suspension seront calculées de manière qu'au moment de l'épreuve dont il sera fait mention dans l'article 15 ci-après, la tension n'excède pas pour les fers en barre, le tiers, et pour les fils de fer, le quart de celle qui produirait la rupture. Dans ce calcul, le bois du tablier, quelle que soit son essence, sera compté comme pesant 900 kilogrammes par mètre cube.

Les dimensions transversales des tiges de suspension seront calculées de manière que, au moment de l'épreuve mentionnée à l'article 15, la tension n'excède pas, pour les fers en barre et pour les fils de fer, le tiers de celle qui est autorisée par le paragraphe précédent pour les chaînes et pour les câbles.

En aucun cas, on ne pourra employer à la confection du système de suspension, des fers présentant une résistance absolue inférieure à 33 kilogrammes par millimètre carré pour le fer en barre, et à 66 kilogrammes pour le fil de fer.

Suspension et moyens ménagés pour la visite. — 5. La différence de niveau entre le point le plus bas de l'arc de suspension et le point correspondant verticalement à l'extrémité du tablier ne devra pas être supérieure au cinquième de la distance horizontale entre ces deux points.

Il ne sera fait usage ni de supports mobiles appelés fléaux ni de haubans.

Le système de retenue et d'amarre sera en tout cas établi en barres de fer.

Dans les suspensions par câbles en dehors des retenues, on adoptera, pour les parties qui reposent directement sur les supports, des dispositions spéciales qui rendent possible le remplacement de ces parties, sans qu'il soit nécessaire de remanier le reste des câbles.

Il ne sera pas employé plus de 250 à 300 brins de fil de fer pour la confection d'un seul câble.

Les organes de liaison, tels que goujons d'amarres, sellettes, étriers, semelles, boulons, clavettes, etc., seront en fer forgé, à l'exclusion de la fonte.

Le système de suspension, y compris ses amarres, sera disposé de façon que toutes ses parties puissent être visitées en tout temps, sans qu'aucune démolition soit nécessaire à cet effet.

Supports. — 6. Les maçonneries et les parties métalliques des supports seront disposées et calculées de manière que, pendant les épreuves, elles ne subissent en aucun point une pression supérieure, pour la maçonnerie, au dixième de celle qui produirait l'écrasement, pour les fontes, à 5 kilogrammes, et pour les fers, à 6 kilogrammes par millimètre carré.

Dispositions relatives aux tabliers. — 7. Les extrémités des tabliers seront solidement attachées aux maçonneries.

Les poutrelles en bois des tabliers seront moisées et reliées au moyen de deux cours de doubles longrines placées à l'aplomb des garde-corps et serrées ensemble par des étriers.

S'il est fait usage de poutrelles en fer, elles seront reliées ensemble par des moyens analogues.

Les dimensions transversales des bois du tablier ou des poutrelles métalliques seront calculées de manière que, au moment de l'épreuve mentionnée à l'article 13, la tension ou la compression n'excède pas, pour le bois, un dixième de la charge de rupture, et pour le fer, 6 kilogrammes par millimètre carré.

Pour la fonte, la tension ne devra pas dépasser un kilogramme, et la compression 5 kilogrammes par millimètre carré.

Projet exigé de l'adjudicataire. — 8. Avant de commencer les travaux, et dans le délai de trois mois à dater du jour où la décision qui aura homologué l'adjudication lui aura été notifiée, l'adjudicataire sera tenu de présenter au ministre, par l'intermédiaire du préfet, le projet du pont et de ses dépendances, tel qu'il se propose de l'exécuter.

9. Les dessins de ce projet comprendront, outre le plan et l'élévation d'ensemble, tous les détails nécessaires pour faire connaître complètement le système des fondations, les dispositions et dimensions des maçonneries et de la charpente du tablier, les diverses parties du système de suspension et d'amarre des chaînes ou des câbles, enfin les moyens ménagés pour la visite de toutes les parties du pont.

Ces dessins seront accompagnés d'un mémoire descriptif et explicatif contenant les calculs relatifs à la stabilité des diverses parties du pont, afin de faire voir que le projet satisfait aux stipulations des articles ci-dessus.

Toutes ces pièces devront être produites en double expédition.

10. Le projet sera soumis à l'examen du conseil des ponts et chaussées ; cet examen aura pour but de reconnaître : premièrement, si le projet satisfait aux conditions ci-dessus énoncées ; secondement, s'il ne présente pas, dans ses formes extérieures, quelques dispositions contraires au bon goût, et dont, par ce motif, il ne serait pas possible de tolérer l'exécution.

Une décision du ministre autorisera ensuite, s'il y a lieu, l'exécution du projet, en prescrivant à l'adjudicataire d'y faire préalablement les modifications qui auraient été jugées nécessaires.

11. Cette décision sera notifiée à l'adjudicataire, pour qu'il s'y conforme ; on en déposera une copie dans les archives de la préfecture. Les deux expéditions du projet, visées par le ministre avec mention de la décision dont il vient d'être parlé, seront, l'une remise à l'adjudicataire, et l'autre déposée à la préfecture pour y être consultée au besoin.

12. Dans le cours des travaux, l'adjudicataire aura la faculté de proposer les changements que l'expérience lui suggérera ; mais il ne pourra les opérer que sous l'autorisation préalable de l'Administration supérieure.

Vérification préalable de la résistance des fers. — 13. Avant la confection des chaînes ou câbles, des expériences seront faites par les ingénieurs, aux frais de l'adjudicataire, en sa présence et avec son concours ou avec celui de son fondé de pouvoirs, pour constater la résistance absolue des fers à employer. Les sections des chaînes ou câbles seront définitivement fixées en conséquence des résultats de ces expériences et de manière à satisfaire aux prescriptions de l'article 4 ci-dessus.

Procès-verbal des expériences. — 14. Le procès-verbal de ces expériences et de leurs conséquences sera dressé en deux expéditions, dont l'une restera aux mains de l'adjudicataire, et l'autre sera déposée, comme annexe du projet, aux archives de la préfecture.

Réception des travaux et autorisation de percevoir les droits de péage. — 15. Lorsque les travaux seront achevés, et avant que le public soit mis en jouissance du passage, le pont sera soumis à une épreuve dans laquelle il aura à supporter, indépendamment de son propre poids, une charge de 200 kilogrammes par mètre superficiel de plancher. Cette charge restera pendant vingt-quatre heures sur le pont. L'ingénieur en chef des ponts et chaussées dressera procès-verbal de l'opération et de toutes les circonstances qui auront pu se manifester dans les diverses parties de la construction. Ce procès-verbal, sur lequel le concessionnaire sera invité à faire ses observations, sera adressé, avec un rapport de l'ingénieur en chef, au préfet qui, dans le cas où ni les fers, ni les bois, ni les maçonneries ne paraîtraient avoir éprouvé aucune altération préjudiciable à la solidité, autorisera provisoirement l'ouverture du pont et la perception des droits de péage.

16. Si l'adjudicataire le demande, le pont pourra n'être soumis d'abord qu'à une demi-épreuve de 100 kilogrammes par mètre superficiel de plancher, et l'épreuve entière pourra être retardée de plusieurs mois et même d'une année; mais, dans l'intervalle de la demi-épreuve à l'épreuve entière, l'adjudicataire sera tenu de se conformer à tous les règlements de police qui seront arrêtés par l'Administration dans l'intérêt de la sûreté publique.

17. Si le pont se compose de plusieurs travées, chaque travée sera soumise séparément à l'épreuve prescrite par l'article 15, soit que l'adjudicataire accepte immédiatement l'épreuve entière, soit qu'il réclame provisoirement une demi-épreuve.

18. Toute circulation sur le pont est expressément interdite, même pour les ouvriers employés aux travaux, pendant la durée de l'épreuve ou demi-épreuve. En conséquence, le concessionnaire devra amener et distribuer la charge sur le tablier en faisant usage soit de gravier ou de toute autre matière chargée sur des chariots à bascule mis en mouvement par des hommes ou des chevaux placés aux extrémités et en dehors du pont, soit de tout autre procédé que le concessionnaire jugera convenable d'employer, pourvu qu'il n'exige pas la présence des hommes sur le pont.

19. La réception du pont et l'autorisation de percevoir les droits de péage ne seront définitives que lorsqu'elles auront été homologuées par le ministre, qui pourra préalablement ordonner le renouvellement de l'épreuve, s'il juge la première insuffisante.

Entretien. — 20. Le pont, ses abords et tous les ouvrages quels qu'ils soient qui auront été exécutés par l'adjudicataire seront constamment entretenus en bon état dans toutes leurs parties.

L'entretien du pont consistera notamment à peindre les bois au moins une fois tous les trois ans, et les fers tous les ans, et même plus souvent s'il est nécessaire, pour prévenir toute apparence d'oxydation; à renouveler les bois et les fers lorsque la commodité ou la sûreté du passage pourra l'exiger; à remplacer les chaînes ou câbles de suspension ou de retenue qui seraient rompus ou gravement altérés; à maintenir en bon état le système des fondations; à changer, au fur et à mesure des besoins, les pierres qui se dégraderaient dans les parements extérieurs des culées, des piles ou des murs d'accompagnement; à faire les ragréments et rejointoiements nécessaires pour refermer les joints que les pluies ou les intempéries auraient ouverts, de manière que toutes les parties apparentes des maçonneries offrent constamment une surface unie et régulière.

Les portions de route aux abords du pont seront tenues sèches, nettes, unies, sans danger en temps de glace, fermes en toute saison. La chaussée d'empierrement devra toujours avoir une épaisseur de 20 à 25 centimètres.

Les frais de toute nature relatifs à l'entretien, ainsi que ceux de construction première, et même, le cas échéant, de reconstruction, demeureront à la charge de l'adjudicataire.

Visites annuelles. Epreuves périodiques et accidentelles. — 21. Tous les ans, il sera fait, par l'ingénieur de l'arrondissement, une visite détaillée du pont et de toutes ses parties, à l'effet de constater leur état d'entretien. L'ingénieur en chef transmettra le procès-verbal de cette visite au préfet, avec son avis.

Tous les cinq ans, l'épreuve du pont, prescrite par l'article 15 du présent cahier des charges, sera renouvelée aux frais du concessionnaire. Cette épreuve pourra, sur sa demande, être précédée d'une demi-épreuve.

Indépendamment de la visite annuelle et de l'épreuve périodique, d'autres visites et épreuves pourront avoir lieu sur l'ordre du préfet, si un événement imprévu ou une circonstance quelconque faisait naître des doutes sur la solidité et la sûreté du passage.

Acquisitions de terrains ou bâtiments. — 22. Si, pour l'établissement du pont et de ses abords, il est nécessaire d'acquérir des terrains ou bâtiments, et si l'adjudicataire ne s'accorde pas avec les propriétaires sur le prix de ces acquisitions, il sera substitué aux droits et obligations que le Gouvernement tient de la loi du 3 mai 1841 sur l'expropriation pour cause d'utilité publique.

23. Les indemnités pour occupation temporaire ou détérioration de propriété, pour chômage d'usines, pour rétablissement de communications interceptées, enfin pour tout dommage quelconque résultant des travaux, sont à la charge de l'adjudicataire.

24. Il sera passible de même des dommages-intérêts qui seraient alloués, pour cause d'éviction, au fermier du bac, s'il en existait un avant l'établissement du pont dans le même emplacement ou dans le voisinage. L'adjudicataire pourra transporter, avec ses bateaux, ses ouvriers et ses matériaux sur les points de la rivière où les travaux doivent s'exécuter, sans être tenu, pour cette cause, à aucun dédommagement envers le fermier du bac; mais il lui est interdit, sous les peines de droit, de passer des personnes étrangères à la construction et de transporter des matériaux qui n'y seraient pas destinés

Maintien de la navigation et du flottage. — 25. Toutes les mesures à prendre et tous les frais à faire pour que le service de la navigation et du flottage ne soit pas interrompu, ou ne soit entravé que le moins possible, pendant la durée des travaux de construction et de réparation, seront entièrement à la charge de l'adjudicataire.

Passage provisoire. — 26. Dans le cas où la circulation sur le pont serait interrompue pour cause de travaux de réparation et d'entretien ou de reconstruction, l'adjudicataire sera tenu d'établir, à ses frais et sans délai, un passage provisoire à l'aide d'un bac ou de bateaux en nombre suffisant. Un arrêté du préfet, motivé soit sur la courte durée de l'interruption, soit sur le peu d'éloignement d'un autre pont, pourra seul dispenser le concessionnaire de cette obligation. Les droits à percevoir sur ce passage provisoire ne pourront jamais être autres que ceux qui sont fixés par le tarif de péage concédé.

Contrôle et surveillance de l'Administration. — 27. L'adjudicataire sera soumis au contrôle et à la surveillance de l'Administration pour l'accomplissement de toutes les clauses énoncées dans le présent cahier des charges. Il sera d'ailleurs libre d'exécuter les travaux par des moyens et des agents de son choix, pourvu qu'il n'en résulte aucune dérogation aux clauses du marché.

28. L'adjudicataire sera tenu d'élire dans le département un domicile auquel toutes les significations lui seront faites pour les actes qui se rattacheront à son entreprise. A défaut d'élection de ce domicile, toute notification ou signification à lui adressée sera valable lorsqu'elle sera faite au secrétariat général de la préfecture d

Frais de surveillance, d'épreuves, etc. — 29. Les frais de visite, de surveillance, de réception des travaux et d'épreuves seront à la charge de l'adjudicataire. Ces frais seront réglés par le ministre sur la proposition du préfet, et le concessionnaire sera tenu d'en verser le montant dans la caisse du receveur général, pour être distribué à qui de droit.

Concession et subvention. — 30. Pour indemniser l'adjudicataire des dépenses qu'il s'engage à faire par les articles précédents, et sous la condition expresse qu'il en remplira toutes les obligations, le Gouvernement lui concède, pour le temps qui sera déterminé par l'adjudication à intervenir, le produit d'un péage dont le tarif est annexé au présent cahier des charges, et dont la perception sera autorisée en la forme réglée par les 15 et 19 ci-dessus.

31. L'adjudicataire recevra, en outre, à titre de subvention (fixer les termes du payement).

32. L'ajudication aura lieu au profit de celui des concurrents qui fera le plus fort rabais sur la durée du péage [1].

Cette durée sera comptée pour le concessionnaire à dater du jour où le pont aura été livré au public, même à la suite d'une demi-épreuve et avec les restrictions que l'Administration aura jugé à propos d'imposer.

Les frais de régie, de perception, d'administration et d'éclairage du pont, seront à la charge de l'adjudicataire.

33. A l'expiration de la concession, le pont, ses abords et tous les ouvrages quels qu'ils soient qui auront été construits par le concessionnaire seront remis à l'Administration en bon état d'entretien dans toutes leurs parties. Les terrains achetés des deniers du concessionnaire pour l'établissement des abords ne pourront donner lieu à aucune répétition de sa part.

Entière responsabilité de l'adjudicataire. — 34. Dans aucun cas, l'adjudicataire ne pourra se prévaloir, pour réclamer une indemnité quelconque, soit des modifications que son projet aurait subies en vertu de l'article 10, soit de l'élévation de la dépense, soit des restrictions qui pourraient avoir été mises à l'usage du pont dans l'intérêt de la sûreté publique.

Il doit être aussi entendu que, nonobstant la surveillance exercée sur les travaux par l'Administration, le concessionnaire reste responsable de tous les défauts de solidité, et que tous les frais d'entretien, ainsi que les dommages-intérêts qui pourraient être dus à des tiers, en cas d'accident, seront à sa charge.

Cautionnement. — 35. Pour être admis à soumissionner, les concurrents devront, au préalable, avoir versé, soit à Paris, dans la caisse des dépôts et consignations, soit dans le département où l'adjudication aura lieu, entre les mains du receveur général des finances, une somme de   en numéraire ou en inscription de rentes calculées au pair de création, conformément aux dispositions des lois et règlements sur la matière.

---

[1] Si dans certains cas l'Administration juge à propos de faire porter le rabais, non sur la durée du péage, mais sur le montant de la subvention, l'article 32 sera modifié dans ce sens.

Si le dépôt en inscriptions de rentes est fait à Paris, dans la caisse des dépôts et consignations, les soumissionnaires devront déclarer par écrit, sur les livres de cette caisse, qu'ils affectent le dépôt à la garantie de leur soumission, et qu'à cet effet, et pour le cas où ils resteraient titulaires de l'adjudication, ils donnent à la caisse tout pouvoir de vendre les *rentes déposées*, d'en réaliser et signer le *transfert*, et d'en appliquer le montant conformément au présent cahier des charges, art. 27 à 42 ci-après.

Si le même dépôt est effectué dans la caisse du receveur général du département, les soumissionnaires devront signer un acte sur papier timbré, fait double entre eux et le receveur général, et par lequel ils affecteront le dépôt à la garantie de leur soumission, donnant au receveur général pour les rentes départementales, et à l'agent judiciaire du Trésor pour les rentes directes, tout pouvoir de vendre, réaliser et transférer, ainsi qu'il vient d'être dit pour ce qui concerne la caisse des dépôts et consignations.

Ce dépôt, qui deviendra, pour le soumissionnaire déclaré adjudicataire, le cautionnement de l'entreprise, ne lui sera rendu qu'après la réception définitive des travaux, homologuée dans la forme stipulée à l'article 19.

Homologation de la concession. — 36. L'adjudication ne sera valable et définitive qu'après avoir été approuvée par une décision ministérielle.

Cas de déchéance, d'éviction et de saisie. — 37. Faute par l'adjudicataire d'avoir présenté son projet dans le délai fixé par l'article 8 ci-dessus, il encourra de plein droit la déchéance, sans qu'il soit besoin d'aucune mise en demeure, et perdra son cautionnement, qui sera retenu à titre de dommages-intérêts.

38. La déchéance et la perte du cautionnement seront également encourues si, après avoir fourni un projet dont l'Administration n'aura pas autorisé l'exécution, il n'en présente pas un acceptable dans le délai que le ministre aura fixé.

39. L'adjudicataire encourra les mêmes peines, s'il n'a pas commencé les travaux dans le délai qui déterminera la décision d'autorisation, et qui ne sera pas de moins de trois mois.

40. Faute par le concessionnaire, après avoir été mis en demeure, d'avoir terminé dans le délai fixé par l'article 1ᵉʳ les

travaux qu'il aura commencés, et d'avoir rempli les diverses obligations qu'il contracte, il sera pourvu à la continuation et à l'achèvement de ces travaux au moyen d'une adjudication nouvelle, qui sera ouverte sur une mise à prix des ouvrages déjà construits, des matériaux approvisionnés, des terrains achetés, et qui sera dévolue à celui des nouveaux soumissionnaires qui, pour succéder aux droits et charges du premier adjudicataire, en fournissant un nouveau cautionnement, offrira la plus forte somme desdits ouvrages, matériaux et terrains. Les soumissions pourront être inférieures à la mise à prix.

41. La somme offerte par le nouvel adjudicataire sera remise au concessionnaire évincé, mais le cautionnement de celui-ci sera retenu à titre de dommages-intérêts.

42. Si le nouvel adjudicataire s'engage purement et simplement à poursuivre les travaux et à les achever à ses frais, risques et périls, sans mettre d'ailleurs aucun prix à tout ce qui aura été fait avant son entrée dans l'entreprise, le concessionnaire déchu se retirera sans pouvoir exercer aucune prétention quelconque, et, dans ce cas, comme dans l'autre, il perdra tout droit sur le cautionnement. Enfin si, au lieu d'offrir une somme d'argent, l'adjudicataire nouveau réclame le concours de l'Etat dans les dépenses, le cautionnement sera employé à satisfaire à cette demande jusqu'à concurrence du montant qu'elle comprendra, et la portion qui ne recevra pas d'emploi sera retenue comme dans les suppositions précédentes, au même titre de dommages-intérêts.

43. Les stipulations des articles précédents, relatives à la déchéance de l'adjudicataire, ne lui seraient pas applicables si l'exécution des travaux avait été retardée ou interrompue par des circonstances de force majeure dûment constatées.

44. Faute par le concessionnaire de maintenir le pont en bon état d'entretien ou de remplir les autres obligations qui lui seraient imposées par l'Administration en vertu des clauses du présent cahier des charges, il y sera contraint par les voies de droit : l'Administration aura d'ailleurs la faculté de mettre le séquestre sur les produits du péage, et d'en disposer jusqu'à concurrence des sommes nécessaires à l'exécution des travaux ou au payement des dépenses qu'il y aura lieu de faire pour le compte du concessionnaire.

Jugement des contestations. — 45. Les contestations qui pour-

raient s'élever entre l'Administration et le concessionnaire sur l'exécution ou l'interprétation des clauses et conditions du présent cahier des charges, seront jugées administrativement par le conseil de préfecture du département de
sauf recours au conseil d'Etat.

Paris, le 4 mai 1870,

APPROUVÉ :

Le ministre des Travaux publics,

Marquis DE TALHOUET.

ANNEXE IV

Circulaire de M. le Ministre des Travaux publics, en date du 7 juillet 1889, contenant un rapport sur l'étude des questions relatives aux améliorations que peuvent comporter la construction et la consolidation des ponts suspendus.

Paris, le 7 juillet 1889.

Monsieur le Préfet, les instructions antérieures attribuaient la surveillance des ponts suspendus au service qui en avait suivi la construction; cet état de choses établissait entre les agents du service vicinal et ceux de l'administration des ponts et chaussées une confusion d'attributions à laquelle mon collègue des travaux publics, sur ma demande, a bien voulu mettre fin en décidant, par une circulaire du 26 novembre 1888, que le service chargée des voies de communication dont dépendent les ponts suspendus aurait désormais la surveillance de ces ouvrages.

Cette nouvelle situation a créé pour les agents de la vicinalité des obligations auxquelles, dans certains départements, ils étaient restés étrangers jusqu'à ce jour et notamment celle de visiter annuellement, en conformité des prescriptions de la circulaire du 1er février 1847, chacun des ouvrages livrant passage aux voies de communication qui leur sont confiées.

Par suite de ces visites, les agents voyers peuvent être amenés à reconnaître l'utilité d'apporter à certains ponts suspendus des modifications ayant pour but d'en augmenter la résistance ou d'en prolonger la durée, et, dès lors, la recherche des améliorations que comportent la consolidation et la construction des ponts suspendus présente pour eux un réel intérêt.

Il m'a paru en conséquence utile de vous adresser à titre de document le rapport qui a été rédigé par la Commission spéciale chargée en 1885 par mon collègue des travaux publics de l'étude de cette importante question.

Vous voudrez bien transmettre ce rapport à M. l'Agent voyer en chef en le signalant à son attention.

Recevez, etc.

Pour le Ministre et par délégation :
Le Conseiller d'État, Directeur,
BOUFFET.

Rapport fait au nom d'une commission spéciale [1] instituée par décision ministérielle du 27 août 1885 pour l'étude de questions concernant les ponts suspendus.

Exposé des circonstances qui ont motivé la nomination de la Commission.

Suivant l'avis émis par la commission des inventions dans

---

[1] Cette commission était ainsi composée :
MM. Planchat, inspecteur général des ponts et chaussées, directeur de l'école nationale des ponts et chaussées, président ;
Marx, inspecteur général des ponts et chaussées en retraite, membre du comité consultatif de la vicinalité ;
Rousseau (Ernest), ingénieur en chef des ponts et chaussées, chargé du service ordinaire du département de Seine-et-Oise ;
Maurice Lévy, ingénieur en chef des ponts et chaussées, chargé du service de la navigation de la Marne ;
Rousseau (Léon), ingénieur des ponts et chaussées, agent voyer en chef du département d'Ille-et-Vilaine, membre du Comité consultatif de la vicinalité ;

sa séance du 8 mai 1885, sur la communication d'une lettre du 30 janvier précédent, de M. Arnodin, ingénieur constructeur spécial de ponts suspendus à Châteauneuf-sur Loire (Loiret), M. le Ministre des travaux publics a, par décision du 27 août 1885, chargé une commission spéciale comprenant plusieurs délégués techniques du ministère de l'intérieur, d'étudier les questions relatives aux améliorations que peuvent comporter la construction et la consolidation des ponts suspendus.

Sources des renseignements qui ont servi à la Commission.

La Commission a invité M. Arnodin à développer devant elle ses observations et ses idées sur les questions dont il avait provoqué l'examen ; elle a pu d'ailleurs profiter, pour l'accomplissement de sa tâche, des renseignements contenus dans deux notices récemment insérées aux annales des ponts et chaussées[1] sur les conditions d'établissement des nouveaux ponts suspendus de Saint-Ilpize, de Lamothe, etc., et du procès-verbal d'épreuves du pont de Tonnay-Charente, dont le tablier a été récemment reconstruit suivant le nouveau système préconisé par M. Arnodin.

Enfin, l'un de ses membres a bien voulu, suivant le désir exprimé par la Commission, faire une étude complète des conditions de travail des ponts suspendus du nouveau système, et cet important mémoire[2] a été particulièrement utile à la Commission.

Conclusions auxquelles la Commission est arrivée.

L'ensemble de ses études a conduit la Commission à penser qu'en raison des perfectionnements récemment introduits dans

---

Dubois, agent voyer en chef du département de Seine-et-Oise, membre du Comité consultatif de la vicinalité ;
Debray, ingénieur ordinaire des ponts et chaussées, secrétaire rapporteur.

[1] Cahier d'octobre 1885. Note sur les ponts suspendus de Saint-Ilpize et de Lamothe, par M. Nicou, ingénieur en chef des ponts et chaussées.
Cahier de janvier 1888. Note sur la construction des ponts suspendus modernes, par M. de Boulogne, ingénieur des ponts et chaussées.

[2] Voir *Annales des ponts et chaussées*.

leur construction, les ponts suspendus modernes se présentent dans des conditions assez satisfaisantes pour que, en certains cas, on ne doive point hésiter à en construire de nouveaux, alors que l'établissement de ponts en maçonnerie ou de ponts métalliques à poutres droites ou en arcs entrainerait à des dépenses relativement considérables, ou présenterait trop de difficultés.

Elle a pensé, d'autre part, qu'en raison de la situation nouvelle créée par la loi du 30 juillet 1880 sur le rachat des ponts à péage, il y avait lieu d'appeler tout particulièrement l'attention des ingénieurs sur les moyens à employer pour conserver et améliorer les ponts suspendus actuellement existants de manière qu'autant que possible ils offrent les mêmes garanties de sécurité que les ponts métalliques ordinaires, en satisfaisant aux mêmes épreuves.

Il convient donc d'exposer d'une façon complète, quoique sommaire, les études qui ont amené la Commission à ces conclusions.

1° CONSTRUCTION DE NOUVEAUX PONTS SUSPENDUS

Caractères des nouveaux ponts suspendus.

Ce qui caractérise principalement les nouveaux ponts suspendus construits dans ces derniers temps, c'est que leur tablier présente une rigidité inconnue jusqu'alors[1], grâce à l'emploi combiné d'organes particuliers appelés haubans ou câbles obliques de rigidité et de poutres garde-corps.

On doit signaler également comme particulièrement intéressantes les dispositions qui ont récemment reçu, en France, d'importantes applications sur l'initiative et d'après les indications de M. Arnodin pour assurer la conservation indéfinie des ouvrages, en composant les organes principaux de pièces amovibles qu'on puisse visiter, entretenir et remplacer facilement sans même interrompre la circulation, suivant l'idée déjà émise par Vicat en 1830[2].

---

[1] Voir la note de M. l'ingénieur en chef Nicou.
[2] Description du pont suspendu d'Argentat, sur la Dordogne.

Haubans de rigidité.

Les haubans de rigidité dont l'idée a été suggérée à M. l'ingénieur en chef Jollois, auteur du projet du pont de Saint-Ilpize, par la description des ponts suspendus d'Amérique, sont des câbles qui rattachent aux obélisques des piles ou des culées les parties du tablier de leur voisinage, sur une certaine longueur, de façon à ne faire supporter par les câbles de suspension ordinaires que les parties médianes des travées.

Contrairement à ce qui se fait en Amérique on n'a point en France superposé le système ordinaire des tiges de suspension au système des haubans de rigidité et on s'est contenté, aux ponts de Saint-Ilpize, de Lamothe et de Tonnay-Charente, d'établir une transition entre les deux systèmes en prolongeant l'application des lignes de suspension sur une très petite longueur des fractions du tablier soutenues par les haubans de rigidité.

Au point de vue de la répartition des charges au moment de la pose, ce système paraît préférable au système américain, mais en tenant compte des considérations développées par M. l'ingénieur en chef Maurice Lévy au paragraphe 3 de son mémoire, sur l'effet d'un abaissement notable de température, la Commission est d'avis qu'il peut y avoir intérêt à prolonger davantage la superposition du système des tiges de suspension au système des haubans de rigidité, sauf à augmenter successivement l'espacement de ces tiges en même temps qu'on en diminuerait la section.

Limite d'application des haubans de rigidité.

La Commission ne pense pas qu'il soit possible de fixer d'une manière générale la répartition à faire de la longueur d'une travée de pont suspendu quelconque, entre les deux systèmes de suspension, haubans de rigidité d'une part, tiges de suspension et câbles de forme parabolique d'autre part.

La Commission estime, d'accord avec M. l'ingénieur en chef Nicou, qu'on a exagéré un peu l'application des haubans de rigidité au pont de Saint-Ilpize, en allant jusqu'à l'inclinaison réduite de 2 de base pour 1 de hauteur; les haubans trop allongés sont difficiles à régler, tandis que, toutes choses

NOVAT. — Résist. des matériaux.

égales d'ailleurs, la tension des haubans doit croître rapidement (en raison inverse du sinus de l'inclinaison) à mesure qu'on s'éloigne des obélisques, les longrines doivent supporter des efforts de compression également croissants (en raison inverse de la tangente de l'inclinaison des haubans).

Au pont de Lamothe, on paraît être resté en deçà des meilleures conditions d'application du système, en s'arrêtant pour l'emploi des haubans à l'inclinaison minimum de 1 de base pour 1 de hauteur (45°).

Au pont de Tonnay-Charente on a poussé l'application du système des haubans jusqu'à l'inclinaison réduite de 3 de base pour 2 de hauteur qui paraît convenable.

La Commission estime que l'inclinaison limite des haubans de rigidité doit varier suivant le rapport admis entre la hauteur des obélisques et la longueur des travées ; dans les conditions ordinaires des ponts suspendus en France, cette inclinaison ne devrait guère dépasser 3 de base pour 2 de hauteur.

Calcul des haubans de rigidité.

D'ailleurs il faut considérer que les haubans de rigidité jouant un rôle fort important, il convient de donner à ces organes une section suffisante pour ne pas leur imposer un travail excessif au passage des charges roulantes.

Le cahier des charges type arrêté le 4 mai 1870, pour les concessions de nouveaux ponts suspendus, stipule que les tiges de suspension, devront présenter aux épreuves de poids roulants un coefficient de sécurité de 12, c'est-à-dire que leur travail ne devra pas dépasser $1/12^\circ$ de la charge de rupture.

La Commission estime que la même limite devrait être adoptée pour les premiers haubans au voisinage des obélisques, mais qu'on pourrait conserver la même section pour les haubans plus éloignés, jusqu'à l'inclinaison minimum de 3 de base pour 2 de hauteur ; le coefficient de sécurité de ces haubans devra être encore supérieur à 8, malgré l'augmentation de la tension de ces organes à mesure que leur inclinaison diminue.

On doit d'ailleurs compter que les poutres garde-corps, employées concurremment avec les haubans, répartiront sur plusieurs de ces organes le poids des charges roulantes qui pourraient séjourner au droit des points d'attache de quelques-uns d'entre eux. Cet effet sera d'autant mieux assuré, si l'on rattache les haubans de rigidité à des sous-poutres d'encorbellement.

La règle proposée par la Commission est un terme moyen entre les dispositions appliquées aux ponts de Saint-Ilpize, Lamothe et Tonnay-Charente.

Au premier de ces ponts, les haubans de rigidité, ayant été assimilés aux câbles paraboliques, ne présentent qu'un coefficient de sécurité de 4; on a d'ailleurs balancé l'espacement de leurs points d'attache pour imposer à peu près le même travail aux divers haubans tout en leur conservant la même section.

Au pont de Lamothe, le hauban le plus allongé a été calculé comme au pont de Saint-Ilpize pour un coefficient de sécurité de 4 au passage des charges roulantes; mais, tout en conservant la même section aux autres haubans, on n'a pas augmenté l'espacement de leurs points d'attache à mesure qu'on se rapprochait des obélisques, en sorte que ces organes présentent des coefficients de sécurité croissants.

Au pont de Tonnay-Charente, on a également conservé le même espacement entre les points d'attache des haubans et la même section pour tous, mais cette section a été calculée pour que le hauban le plus allongé ne travaille jamais qu'au $1/12^e$ de l'effort de rupture, et il en résulte que les haubans voisins des obélisques ont un excès de force considérable; on a perdu ainsi une partie de l'économie qu'on peut attendre de l'emploi judicieux de ces organes.

Poutres garde-corps.

Les garde-corps des nouveaux ponts de Saint-Ilpize, Lamothe et Tonnay-Charente sont constitués par des poutres qui jouent un rôle important dans la constitution de ces ouvrages, car elles doivent empêcher les tabliers de ces ponts de se déformer d'une façon exagérée sous l'action des charges roulantes.

Il résulte d'ailleurs de la note de M. l'ingénieur en chef Nicou que ce résultat a bien été atteint au pont de Saint-Ilpize.

Le rôle de ces poutres garde-corps est parfaitement défini dans l'intéressant mémoire de M. l'ingénieur en chef Maurice Lévy; on y trouvera l'indication de tous les calculs à faire pour déterminer leurs dimensions suivant les diverses hypothèses qu'il convient d'examiner.

La Commission partage l'avis de M. l'ingénieur en chef Maurice Lévy que les poutres garde-corps des nouveaux ponts suspendus, qu'on pourrait appeler des ponts suspendus semi-rigides, ne doivent aucunement concourir à supporter les charges permanentes ni les surcharges totales des tabliers, que ceci est le rôle exclusif des câbles et des haubans de rigidité ; ces poutres ne doivent être appelées à travailler que sous l'effet des charges isolées et pour répartir ces charges sur l'ensemble des organes de suspension.

Ce rôle des poutres garde-corps est tellement important que la Commission n'a pas pensé qu'il convînt d'adopter pour leur constitution les dispositions préconisées par M. Arnodin qui propose de les constituer de pièces simplement articulées : elle estime qu'il doit être préférable d'employer les poutres triangulées indéformables avec tables supérieure et inférieure continues.

Tabliers.

La Commission a d'ailleurs considéré que les tabliers des nouveaux ponts suspendus, composés de poutrelles reliées par plusieurs cours de longrines et soigneusement contreventées dans le sens horizontal par des croix de Saint-André, offrent aussi de grands avantages, tant au point de vue de la rigidité au passage des charges roulantes que pour la résistance à l'action des ouragans.

Elle approuve entièrement l'idée d'employer comme poutrelles des pièces métalliques soigneusement combinées pour que, tout en présentant une résistance de beaucoup supérieure, elles ne pèsent pas davantage que les poutrelles en bois généralement employées jusqu'ici.

Composition des câbles de suspension.

Aux ponts de Lamothe et de Tonnay-Charente, on a employé comme câbles de suspension des câbles d'un nouveau système qu'on pourrait appeler câbles tordus alternatifs.

Ces câbles sont composés de couronnes concentriques de fils

enroulés tordus alternativement dans un sens, dextrorsum, puis dans le sens opposé, sinistrorsum, autour d'un fil central.

En ayant soin que les spires des différentes couronnes soient semblables, c'est-à-dire que leurs pas soient proportionnels à leur diamètre, tous les fils d'un même câble ont la même longueur, sauf le fil central. Il en résulte que, lorsque le câble s'infléchit, lorsqu'il s'allonge sous les efforts qu'il subit, tous les fils travaillent également, sous la condition que la tension initiale soit la même; or on satisfait facilement à cette condition pour les fils d'une même couronne et on peut arriver à y satisfaire également dans une certaine limite pour les diverses couronnes successives.

Ces câbles tordus alternatifs présentent sur les câbles à fils parallèles des avantages importants.

Leur mode de constitution leur permet une assez grande flexibilité de sorte qu'on peut facilement, et que par suite on doit, rigoureusement, les fabriquer à couvert dans des ateliers spéciaux, avec tous les soins que comportent des travaux de ce genre, notamment au point de vue des précautions à prendre contre l'oxydation ultérieure des fils sous l'action des intempéries.

Il résulte enfin d'expériences faites récemment par les ingénieurs de la voirie municipale de la ville de Lyon que la perte de résistance des câbles à fils tordus alternatifs n'est que de 4 à 8 p. 100 de la résistance qu'on devrait avoir d'après les expériences faites sur les fils isolés, en cumulant les efforts de chacun d'eux, tandis que, même dans les éprouvettes soignées de câbles à fils parallèles, cette perte n'est pas moindre de 20 p. 100.

On peut seulement objecter à l'emploi de ces câbles qu'ils ne se prêtent pas à des réparations locales, comme on a essayé souvent, sans grand succès d'ailleurs, d'en faire aux câbles à fils parallèles : il en résulte qu'il faut prendre des dispositions spéciales pour limiter l'importance des remplacements à faire au cas où l'on constaterait quelque avarie locale et pour faciliter ces remplacements.

Multiplicité et interruption des câbles.

La Commission estime que ces dispositions spéciales permettant l'amovibilité du système de suspension sont des plus intéressantes et doivent être recommandées, quand même on n'emploierait pas de câbles tordus alternatifs.

La Commission, partageant entièrement l'avis de M. Arnodin, considère que chaque faisceau d'amont et d'aval des câbles paraboliques doit comprendre au moins cinq câbles distincts réglés suivant des courbes identiques [1]; elle approuve entièrement la disposition proposée par M. Arnodin d'employer comme intermédiaires, entre les tiges de suspension et les câbles, des chevalets avec étriers à branches filetées en nombre égal à celui des câbles suspenseurs et correspondant individuellement à chacun d'eux.

Par ce moyen on peut, sans interrompre la circulation sur le pont, enlever successivement chacun des câbles paraboliques et le remplacer par un câble neuf, ce qui réalise un progrès considérable au point de vue de l'entretien du système de suspension.

Il suffit en effet de dévisser successivement les étriers correspondant à un câble donné pour que ce câble se trouvant déchargé devienne libre et puisse être enlevé. Le câble posé en remplacement est mis en traction en revissant successivement les étriers qu'on avait desserrés dans la manœuvre précédente.

Chariots mobiles.

La Commission estime que, même en employant des câbles à fils tordus alternatifs, qui supportent avec moins d'inconvénients que les câbles à fils parallèles des courbures assez fortes, à la condition qu'il n'y ait pas de changements fréquents dans ces courbures, il est préférable d'interrompre les câbles de suspension au droit des piles, suivant les dispositions adoptées au pont de Lamothe, en les rattachant à des chariots susceptibles d'un certain déplacement dans le sens de la longueur du pont. Elle considère que, dût-il en résulter un léger accroissement des dépenses de premier établissement et quelques complications de pose et d'entretien, le système du pont de Lamothe doit être recommandé parce qu'il limite l'importance des rem-

---

[1] Dans le cas de restauration d'anciens ouvrages, le nombre des câbles pourra, au besoin, être réduit à trois au minimum. (*Note du sous-comité technique de la vicinalité.*)

placements de câbles à faire en cas d'avaries locales, et qu'il supprime des courbes particulièrement dangereuses.

Amarrage des câbles de retenue.

Ces mêmes conditions ont guidé la Commission dans l'étude des dispositions à adopter pour l'amarrage des câbles de retenue ; elle a pensé que, si le système de galeries circulaires adopté au pont de Lamothe, en imitation de dispositions imaginées au pont de Laroche-Bernard, devait être recommandé comme procurant de grandes facilités pour la visite des amarrages, il convenait de ne pas faire contourner les galeries par les câbles eux-mêmes, ce qui établit entre les câbles d'amont et d'aval une liaison peut-être dangereuse.

La Commission estime qu'il est préférable que les câbles restant rectilignes viennent s'amarrer aux extrémités d'une forte poutre métallique s'appuyant contre le massif d'ancrage, suivant un système amovible comme celui dont M. Arnodin lui avait donné l'indication.

Chaque câble pourrait être terminé par un culot ou pièce de fonte percé de trois trous aux angles, et serait retenu à la poutre d'ancrage par des tirants munis d'écrous à leurs extrémités ; deux ou trois de ces tirants suffisant pour retenir le câble, on pourrait enlever le quatrième, le nettoyer, le remplacer et assurer ainsi la conservation de l'amarrage en parfait état.

Haubans de solidarité.

Le cahier des charges type du 4 mai 1870 stipule à son article 5 qu'il ne doit plus être fait usage ni de supports mobiles appelés fléaux, ni de haubans.

Les haubans visés dans cet article sont tout à fait distincts des haubans ou câbles de rigidité dont il a été question plus haut ; il s'agit d'organes qu'on peut appeler « haubans de solidarité », destinés à relier les unes aux autres les piles des ponts suspendus à plusieurs travées, en vue de réduire les dimensions de ces piles.

La Commission a considéré que l'emploi de ces haubans de solidarité ne présente pas avec les chariots de translation les inconvénients malheureusement trop certains qu'ils offraient avec les fléaux; il lui paraîtrait convenable de ne pas maintenir, d'une façon aussi absolue, cette proscription d'organes qui ont une grande utilité quand il s'agit de franchir des vallées larges comme celles du Rhône et de la Loire.

D'ailleurs le conseil général des ponts et chaussées a accepté les haubans de solidarité proposés dans le projet de reconstruction du tablier du pont suspendu de Tonnay-Charente, en vue de conserver les anciennes piles qui n'auraient pu résister aux épreuves des surcharges isolées, et pour limiter les déplacements des chariots mobiles établis sur les pylônes qui surmontent ces piles.

Grâce à l'emploi de ces haubans, les mouvements de ces chariots ont été ainsi réduits :

DÉSIGNATION		CONDITIONS D'ÉPREUVES		OBSERVATIONS
Des piles.	Des chariots.	Demi-charge.	Charge complète.	
1° ÉPREUVES DE SURCHARGE DE LA TRAVÉE RIVE GAUCHE				
Pile rive droite.	Chariot amont.	0^m,000	0^m,001	Ces déplacements sont comptés positivement vers la gauche, à partir de la position primitive.
	Chariot aval.	0 000	0 001	
Pile rive gauche.	Chariot amont.	0 004	0 021	
	Chariot aval.	0 003	0 020	
2° ÉPREUVES DE SURCHARGE DE LA TRAVÉE CENTRALE, LA TRAVÉE RIVE GAUCHE PRÉALABLEMENT CHARGÉE				
Pile rive droite.	Chariot amont.	0^m,005	0^m,015	
	Chariot aval.	0 009	0 0168	
Pile rive gauche.	Chariot amont.	0 021	0 018	
	Chariot aval.	0 020	0 017	
3° ÉPREUVES DE SURCHARGE DE LA TRAVÉE RIVE DROITE, LES TRAVÉES DE RIVE GAUCHE ET CENTRALE PRÉALABLEMENT CHARGÉES				
Pile rive droite.	Chariot amont.	0^m,014	0^m,000	
	Chariot aval.	0 0165	0 0005	

DÉSIGNATION		CONDITIONS D'ÉPREUVES		OBSERVATIONS
Des piles.	Des chariots.	Demi-charge.	Charge complète.	
Pile rive gauche.	Chariot amont.	0m,018	0m,015	
	Chariot aval.	0 016	0 014	

Dans le déchargement qui a commencé par la travée de rive gauche, les chariots se déplacèrent vers la rive droite, offrant les différences suivantes de leur position primitive.

4° LES TRAVÉES CENTRALE ET DE RIVE DROITE CHARGÉES,
LA TRAVÉE DE RIVE GAUCHE A DEMI OU COMPLÈTEMENT DÉCHARGÉE

Pile rive droite.	Chariot amont.	0m,000	0m,003	
	Chariot aval.	0 0005	0 002	
Pile rive gauche.	Chariot amont.	0 001	0 012	
	Chariot aval.	0 000	0 012	

5° LA TRAVÉE DE RIVE DROITE CHARGÉE, LA TRAVÉE DE RIVE GAUCHE
DÉCHARGÉE, LA TRAVÉE CENTRALE A DEMI OU COMPLÈTEMENT DÉCHARGÉE

Pile rive droite.	Chariot amont.	—0m,015	—0m,027	
	Chariot aval.	—0 010	—0 023	
Pile rive gauche.	Chariot amont.	—0 016	—0 016	
	Chariot aval.	—0 017	—0 014	

6° LES TRAVÉES DE RIVE GAUCHE ET CENTRALE DÉCHARGÉES,
LA TRAVÉE RIVE DROITE A DEMI OU COMPLÈTEMENT DÉCHARGÉES

Pile rive droite.	Chariot amont.	—0m,031	—0m,020	
	Chariot aval.	—0 027	—0 016	
Pile rive gauche.	Chariot amont.	—0 013	—0 014	
	Chariot aval.	—0 014	—0 012	

On voit que les déplacements à partir de la position primitive, avant les épreuves, n'ont pas dépassé 0m.03 dans un sens ni dans l'autre, ce qui est évidemment très satisfaisant au point de vue de la stabilité des piles, et la Commission estime que ce résultat justifie complètement l'emploi des haubans de solidarité.

Il y aurait donc lieu de rapporter l'interdiction prononcée par l'article 5 du cahier des charges type du 4 mai 1870 contre l'emploi des haubans de solidarité, sauf à demander que toutes les fois qu'on proposerait de recourir à ces organes on justifie cette proposition d'une manière spéciale.

Conditions d'épreuves des ponts suspendus.

La Commission croit d'ailleurs qu'il conviendrait de reviser les conditions d'épreuves des ponts suspendus pour les mettre en entière harmonie avec les épreuves fixées, pour les ponts métalliques fixes, par la circulaire du 9 juillet 1877.

La surcharge fixée par l'article 15 du cahier des charges du 4 mai 1870 pour l'épreuve par poids mort à faire subir aux nouveaux ponts suspendus est réduite à 200 kilogrammes par mètre carré, tandis que, pour les ponts métalliques ordinaires, elle doit être d'au moins 300 kilogrammes par mètre carré d'après la circulaire précitée du 9 juillet 1877. Les ponts de Saint-Ilpize, Lamothe et Tonnay-Charente n'ont été établis qu'en vue de la surcharge réduite de 200 kilogrammes par mètre carré, et les épreuves de ces ponts n'ont été faites que d'après les prescriptions de l'article 15 du cahier des charges du 4 mai 1870.

La Commission pense que les organes de ces ponts auraient dû être calculés de façon que ces ouvrages présentent absolument les mêmes garanties de sécurité que les ponts métalliques construits dans leur voisinage. En l'absence d'agents chargés de surveiller les conditions de la circulation sur ces ponts, d'empêcher les rassemblements tumultueux, on doit craindre qu'il n'arrive des accidents graves dont le moindre inconvénient serait de compromettre définitivement l'avenir des ponts suspendus.

On conçoit qu'il pouvait en être autrement pour les ponts à péage [1] alors que les préposés à la perception des taxes pou-

---

[1] Les circulaires des 13 juin 1869 et 24 mai 1872 fixaient à 400 kilogrammes par mètre carré la surcharge d'épreuve par poids mort des ponts métalliques ordinaires; les ponts suspendus bénéficiaient donc d'une réduction de moitié.

vaient utilement intervenir pour assurer l'exécution des prescriptions restrictives de la circulation sur ces ouvrages que motivaient les conditions spéciales de leur établissement, mais il ne doit plus en être ainsi pour des ponts construits par l'État, les départements et les communes, qui doivent être abandonnés à la libre circulation, et à un nouveau régime doivent correspondre de nouvelles mesures.

2° CONSERVATION ET CONSOLIDATION DES PONTS SUSPENDUS

En raison de l'expiration ou du rachat des concessions auxquelles l'établissement des ponts suspendus avait donné lieu, un grand nombre de ces ouvrages sont maintenant à la charge de l'État, des départements ou des communes.

Il y a le plus grand intérêt à les conserver, car ils représentent un capital considérable, et leur remplacement par des ponts fixes en maçonnerie ou en métal entraînerait à des dépenses excessives.

Avant tout et dans un but de sécurité, la Commission juge indispensable de procéder par mesure d'ensemble à la vérification des conditions de stabilité et de résistance des ponts suspendus existants, en tenant compte de la qualité actuelle des matériaux employés à la fabrication des câbles et des tiges de suspension, de l'état de conservation de ces câbles et de ces tiges, de l'état des amarrages.

La Commission pense que l'attention des agents devrait être particulièrement appelée sur ce point que les projets dressés au moment des concessions n'ont pas été partout rigoureusement suivis, que l'on a pu, en cours d'entretien, modifier les dispositions primitives, par exemple, substituer à des poutrelles en sapin des poutrelles en chêne qui augmenteraient le poids du tablier et par suite la fatigue des organes de suspension.

A supposer donc que les projets dressés au moment des concessions se retrouvent dans les archives des services, il conviendrait de ne les prendre que comme renseignements sujets à caution et de procéder cependant à une visite des ouvrages aussi détaillée et aussi minutieuse que possible.

La Commission estime que, sauf justifications spéciales en raison de leur position dans des endroits écartés où l'on ne doive pas craindre de voir se produire de rassemblements tumultueux, des conditions spéciales des voies d'accès, les ponts suspendus anciens, aujourd'hui abandonnés à la libre circulation, devraient pouvoir satisfaire aux conditions fixées par la circulaire du 9 juillet 1877 pour les ponts métalliques.

A la suite de leur constatation sur l'état des ponts suspendus de leur service, les ingénieurs auraient donc à dresser pour ces ouvrages, comme cela a été prescrit par les circulaires des 15 juin 1869 et 24 mai 1872 pour les ponts métalliques destinés aux voies de terre, des tableaux résumant les conditions d'établissement ou plutôt de conservation et à donner un aperçu des mesures à prendre et des dépenses à faire pour les mettre en état de satisfaire, non seulement aux prescriptions du cahier des charges du 4 mai 1870, mais encore à celles de la circulaire du 9 juillet 1877. La Commission pense qu'il serait relativement facile et peu dispendieux d'arriver à ce résultat en appliquant à ces ouvrages les perfectionnements apportés dans la construction des ponts de Saint-Ilpize, Lamothe et de Tonnay-Charente.

La Commission estime : Que les dispositions d'amarrage des anciens ponts devraient, quand elles ne satisfont pas déjà à cette condition, être modifiées de manière à permettre l'examen, l'entretien et le remplacement des organes employés;

Qu'au cas probable où les câbles de suspension seraient trop faibles, il conviendrait, plutôt que d'ajouter de nouveaux fils aux anciens câbles, de les renforcer par de nouveaux câbles de même section ou plutôt de même force que les anciens et de transformer le système de suspension en employant des haubans de rigidité;

Qu'il y aurait intérêt à substituer aux poutrelles et aux garde-corps en bois généralement existants des poutrelles et garde-corps métalliques qui résistent mieux à l'influence des agents atmosphériques.

Arrêté par la Commission dans sa séance du 11 juin 1886.

L'Inspecteur général des Ponts et Chaussées,
Directeur de l'Ecole nationale des Ponts et Chaussées,
Président de la Commission des ponts suspendus,
H. PLANCHAT.

L'Ingénieur ordinaire des Ponts et Chaussées,
Secrétaire de la Commission,
DEBRAY.

TABLE ANALYTIQUE DES MATIÈRES

PREMIÈRE PARTIE

APERÇU DE LA THÉORIE DE LA RÉSISTANCE DES MATÉRIAUX, DONNÉES EXPÉRIMENTALES, PROBLÈMES SIMPLES ET FORMULES USUELLES

CHAPITRE PREMIER

INTRODUCTION

	Pages.
1. Notions préliminaires.	3
2. Rappel des conditions générales d'équilibre.	7
3. Hypothèses.	13

CHAPITRE II

EXTENSION ET COMPRESSION

1. Lois et formules fondamentales. Coefficient d'élasticité. Représentation graphique	15
2. Constantes utiles à connaître : poids spécifique, coefficient d'élasticité, limite d'élasticité et charge de rupture. Choix des unités. Charge pratique et coefficient de sécurité.	24
3. Coefficients de résistance pour les métaux et les bois	27
4. Essai et classification des fers et aciers	30
5. Coefficients de résistance pour les maçonneries.	34
6. Essai des pierres, chaux, ciments et plâtres	38
7. Allongements ou raccourcissements sous les différentes charges. Comparaison du fer et de la fonte	40
8. Calcul d'une tige, abstraction faite de son poids	43
9. Influence du poids de la tige. Tige d'égale résistance	47
10. Calcul d'un pilier ou d'une colonne en maçonnerie	51

CHAPITRE III
GLISSEMENT TRANSVERSAL OU CISAILLEMENT

1. Définitions. 57
2. Coefficients pratiques de cisaillement 58

CHAPITRE IV
FLEXION PLANE

1. Loi fondamentale de la conservation des sections planes. Méthode des sections. Définitions et hypothèses. Formule fondamentale. 61
2. Moment d'inertie superficiel et module d'une section. . . . 77
3. Moment fléchissant, effort tranchant et flèche dans les cas les plus usuels de charge pour une poutre droite à une seule travée ou en porte à faux. 96
4. Détermination de la section transversale d'une poutre. . . 142
5. Formules relatives à une poutre droite reposant sur un nombre quelconque d'appuis et chargée dans chaque travée d'un poids uniformément réparti, mais différent d'une travée à une autre. 148
6. Application des formules précédentes au cas d'une poutre droite à deux travées égales. 154

CHAPITRE V
COMPRESSION ET FLEXION DES PRISMES POSÉS DEBOUT

1. Notions théoriques. 165
2. Calcul des poteaux en bois et des colonnes métalliques. . 168

CHAPITRE VI
RÉSISTANCE DES SURFACES

1. Résultante des pressions d'un fluide sur une surface courbe. 177
2. Enveloppes cylindriques pressées uniformément. 179
3. Enveloppes sphériques. 186

CHAPITRE VII
ASSEMBLAGES

1. Rivets. 191
2. Boulons et chevilles. 198

TABLE ANALYTIQUE DES MATIÈRES 435

DEUXIÈME PARTIE

APPLICATIONS DIVERSES DE LA RÉSISTANCE DES MATÉRIAUX

1. Planchers 207
2. Combles 220
3. Aiguilles d'un barrage 230
4. Poutres composées à âme pleine ou en treillis: détermination de la section transversale ; calcul d'un treillis ; vérification de la rivure 236
5. Poutres armées 257
6. Ponts à tablier métallique. 262
7. Tablier en acier pour un pont à deux voies charretières et à une seule travée de 10 m. d'ouverture 280
8. Tablier en fer pour un pont à une voie charretière et à deux travées solidaires de $25^m.80$ chacune. 291
9. Câbles et chaînes 310
10. Ponts suspendus. 325

ANNEXES

1. Circulaire de M. le Ministre de l'intérieur, en date du 21 mai 1892, sur l'établissement des ponts à tablier métallique. . . 353
2. Circulaire de M. le Ministre des travaux publics, en date du 29 août 1891, sur l'établissement des ponts à tablier métallique. 359
3. Circulaire de M. le Ministre des travaux publics, en date du 7 mai 1870, sur l'établissement des ponts suspendus. . . 391
4. Circulaire de M. le Ministre des travaux publics, en date du 7 juillet 1889, contenant un rapport sur l'étude des questions relatives aux améliorations que peuvent comporter la construction et la consolidation des ponts suspendus. 417

CATALOGUE DE LIVRES

SUR

LA CONSTRUCTION, LA MÉCANIQUE, LES MACHINES ET L'ÉLECTRICITÉ

PUBLIÉS PAR

LA LIBRAIRIE POLYTECHNIQUE CH. BÉRANGER

15, RUE DES SAINTS-PÈRES, A PARIS

21, RUE DE LA RÉGENCE, A LIÈGE

Le Catalogue complet est envoyé franco sur demande.

Annales de la construction.

Nouvelles Annales de la construction, fondées par OPPERMANN. — 12 livraisons par an, formant un beau volume de 50 à 60 planches et 200 colonnes de texte.
Abonnements : Paris, 15 fr. — Départements et Belgique, 18 fr. — Union postale, 20 fr.
Prix de l'année parue, reliée, 20 fr.

Agenda Oppermann.

Agenda Oppermann paraissant chaque année. Élégant carnet de poche contenant tous les chiffres et tous les renseignements techniques d'un usage journalier. Rapporteur d'angles, coupe géologique du globe terrestre, guide du métreur. — Résumé de géodésie. — Poids et mesures, monnaies françaises et étrangères. Renseignements mathématiques et géométriques. — Renseignements physiques et chimiques. — Résistance des matériaux. — Électricité. — Règlements administratifs. — Dimensions du commerce. — Prix courants et séries de prix. — Tarifs des Postes et Télégraphes.
Relié en toile, 3 fr. ; en cuir, 5 fr. — Pour l'envoi par la poste, 25 c. en plus.

Aide-mémoire de l'ingénieur.

Aide-mémoire de l'ingénieur. Mathématiques, mécanique, physique et chimie résistance des matériaux, statique des constructions, éléments des machines, machines motrices, constructions navales, chemins de fer, machines-outils, machines élévatoires, technologie, métallurgie du fer, constructions civiles, législation industrielle. Troisième édition française du Manuel de la Société « Hütte », par PHILIPPE HUGUENIN. 1 volume in-12 contenant plus de 1 200 pages, avec 500 figures dans le texte, solidement relié en maroquin. . . . . 15 fr.

Aide-mémoire des conducteurs des ponts et chaussées.

Aide-mémoire des conducteurs et commis des ponts et chaussées, agents voyers, chefs de section, conducteurs et piqueurs des chemins de fer, contrôleurs des mines, adjoints du génie, entrepreneurs et. en général, de toute personne s'occupant de travaux. par J. Eug. PETIT, conducteur des ponts et chaussées, 1 volume in-12, avec de nombreuses figures dans le texte, solidement relié en maroquin . . . . 15 fr.

Traité de constructions civiles.

Traité de constructions civiles. Fondations, maçonnerie, pavages et revêtements, marbrerie, vitrerie, charpente en bois et en fer, couverture, menuiserie et ferrures, escaliers, monte-plats, monte-charges et ascenseurs, plomberie d'eau et sanitaire, chauffage et ventilation, décoration, éclairage au gaz et à l'électricité, acoustique, matériaux de construction, résistance des matériaux, renseignements généraux, par E. BARBEROT, architecte, 2º édition, 1 volume in-8º, avec 1554 figures dans le texte dessinées par l'auteur. Relié . . . . 20 fr.

Cours de construction.

Cours pratique de construction, rédigé conformément au programme officiel des connaissances pratiques exigées pour devenir ingénieur. Terrassements, — ouvrages d'art, — conduite des travaux, — matériel, — fondations, — dragage, — mortiers et bétons, — maçonnerie, — bois, — métaux, — peinture, jaugeage des eaux, — règlement des usines, etc., par PRUD'HOMME. 4º édition. 2 volumes in-8º, avec 363 figures dans le texte. . . . . 16 fr.

Maçonnerie.

Architecture et constructions civiles. Maçonnerie; pierres et briques; leur emploi dans les maçonneries; proportion des murs; fondations; murs de cave et murs en élévation; des moulures et des ordres; décoration des murs extérieurs des édifices; cloisons, planchers, voûtes; escaliers en maçonnerie; éléments de décoration intérieure; revêtement des sols; roches naturelles; chaux et ciments; du plâtre, produits céramiques, par J. DENFER, architecte, professeur à l'Ecole centrale. 2 volumes grand in-8º, avec 794 figures dans le texte. . . . 40 fr.

Charpente en bois et menuiserie.

Architecture et constructions civiles. Charpente en bois et menuiserie; les bois, leurs assemblages; résistance des bois; tableaux, calculs faits: linteaux et planchers; pans de bois; combles: étaiements, échafaudages, appareils de levage; travaux hydrauliques, cintres, ponts et passerelles en bois; escaliers; menuiserie en bois; parquets, lambris, portes, croisées, persiennes, devantures, décoration, par J. DENFER, architecte, professeur à l'Ecole centrale. 1 volume grand in-8º, avec 680 figures dans le texte . . . . 25 fr.

Le Bouclier dans la construction des souterrains.

Emploi du bouclier dans la construction des souterrains, par RAYNALD LEGOUEZ, ingénieur des ponts et chaussées, détaché au service des égouts de la Ville de Paris. 1 volume in-8º, avec 337 figures dans le texte, relié. . 20 fr.

Mesurage et Métrage.

Traité pratique et complet de tous les mesurages, métrages, jaugeages de tous les corps, appliqué aux arts, aux métiers, à l'industrie, aux constructions, aux travaux hydrauliques, aux nivellements pour construction de routes, de canaux et de chemins de fer, drainage, etc., enfin à la rédaction de projets de toute espèce de travaux du ressort de l'architecture et du génie civil et militaire, terminé par une analyse et série de prix avec détails sur la nature, la qualité, la façon et la mise en œuvre des matériaux, par E. SERGENT, 8º édition, 2 volumes grand in-8º et 1 atlas de 47 planches in-folio. . . . . 50 fr.

Géométrie descriptive.

Cours de Géométrie descriptive. Perspective, ombres, courbes et surfaces, charpente. Professé à l'École centrale des arts et manufactures, par CH. BRISSE, rédigé et annoté par H. PICQUET, examinateur d'admission et répétiteur de géométrie descriptive à l'École Polytechnique. 1 volume grand in-8°, avec 300 figures dans le texte . . . . 17 fr. 50

Coupe des pierres.

Traité pratique de la coupe des pierres, précédé de toute la partie de la géométrie descriptive qui trouve son application dans la coupe des pierres, par LEJEUNE. 1 volume in-8° et 1 atlas in-4° de 59 planches, contenant 381 fig. 40 fr.

Coupe des pierres.

Coupe des pierres, précédée des principes du trait de stéréotomie, par EUGÈNE ROUCHÉ, examinateur de sortie à l'École Polytechnique, professeur au Conservatoire des Arts et Métiers, et CHARLES BRISSE, professeur à l'École centrale et à l'École des Beaux-Arts, répétiteur à l'École Polytechnique. 1 volume grand in-8° et 1 atlas in-4° de 33 planches . . . . 25 fr.

Chimie appliquée à l'art de l'ingénieur.

Chimie appliquée à l'art de l'ingénieur. *Première partie* : analyse chimique des matériaux de construction, par CH. LÉON DURAND-CLAYE, inspecteur général, ancien professeur et ancien directeur du Laboratoire à l'École des ponts et chaussées, et DEROME, chimiste de ce Laboratoire. *Seconde partie* : étude spéciale des matériaux d'agrégation, par RENÉ FERET, ancien élève de l'École polytechnique, chef du Laboratoire des ponts et chaussées à Boulogne-sur-Mer. 1 volume grand in-8°, avec de nombreuses gravures dans le texte . . 15 fr.

Murs de soutènement.

Études théoriques et pratiques sur les murs de soutènement et les ponts e viaducs en maçonnerie, par DEBUSQUE, sous-ingénieur des ponts et chaussées, ancien chef de bureau des travaux neufs à la Compagnie du Nord. 3ᵉ édition, revue, corrigée et augmentée. 1 volume grand in-8°, avec 15 planches et 141 figures, relié . . . . 15 fr.

Statique graphique.

Éléments de statique graphique, par EUGÈNE ROUCHÉ, examinateur de sortie à l'École Polytechnique, professeur de statique graphique au Conservatoire des arts et métiers. 1 volume grand in-8°, avec de nombreuses gravures dans le texte . . . . 12 fr. 50

Statique graphique.

Éléments de statique graphique appliquée aux constructions. 1ʳᵉ *partie* : poutres droites, poussée des terres, voûtes, par MÜLLER-BRESLAU (traduction par SEYRIG). 2ᵉ *partie* : poutres continues, applications numériques par SEYRIG, ingénieur-constructeur du pont du Douro. 1 volume grand in-8° et 1 atlas in-4 de 20 planches en 3 couleurs . . . . 20 fr.

Statique graphique.

Application de la statique graphique. Règlements ministériels, charges des ponts et des charpentes, poutres droites, poutres courbes, pleines, à treillis, continues, ponts-grues, arcs métalliques, fermes métalliques, piles métalliques, influence du vent sur les constructions, leurs déformations, calcul des poutres pour le lançage et le montage, piles en maçonnerie, calcul des joints des poutres, formules et tables usuelles, par Maurice Kœchlin, administrateur de la Société de Construction de Levallois-Perret 2ᵉ édition. 1 volume grand in-8°, avec figures dans le texte et 1 atlas in-4° de 34 planches . . . . 30 fr.

Cours de mathématiques.

Cours de mathématiques pures et appliquées, à l'usage des conducteurs des ponts et chaussées, agents voyers, chefs de section, architectes, conducteurs de travaux, entrepreneurs, etc., comprenant, *Arithmétique :* nombres entiers, fractions et nombres fractionnaires, progression, séries et logarithmes, applications. *Géométrie plane :* propriétés et tracé des figures planes, mesure et proportion. des figures planes, trigonométrie, courbes diverses. *Géométrie de l'espace :* propriétés et construction des figures de l'espace, mesure des figures de l'espace, géométrie descriptive, perspective. *Algèbre, analyse et géométrie analytique. Mécanique :* statique, dynamique, hydrostatique, hydrodynamique, par L. Lanchelin, inspecteur général des ponts et chaussées. 1 volume in-8°, avec de nombreuses figures dans le texte, relié. . . . . 10 fr.

Stabilité des constructions.

Traité de stabilité des constructions, précédé d'éléments de statique graphique et suivi de compléments de mathématiques. Leçons professées au Conservatoire national des Arts et Métiers et à l'Ecole centrale d'Architecture par Jules Pillet, professeur au Conservatoire des Arts et Métiers, à l'Ecole nationale des Beaux-Arts, etc. 1 volume grand in-4° de 536 pages, imprimé sur très beau papier. Nombreux tableaux graphiques ; abaques et tables numériques ; avec 600 figures et épures dans le texte . . . . 25 fr.

Résistance des matériaux.

Résistance des matériaux. Cours de l'école des ponts et chaussées, par Jean Résal, ingénieur en chef des ponts et chaussées. 1 volume grand in-8°, avec de nombreuses figures dans le texte . . . . 16 fr.

Résistance des matériaux.

Stabilité des constructions et résistance des matériaux, par A. Flamant, ingénieur en chef des ponts et chaussées, professeur à l'Ecole des ponts et chaussées et à l'Ecole centrale. 2ᵉ édition revue et augmentée. 1 volume grand in-8°, avec 251 figures dans le texte . . . . 25 fr.

Serrurerie et Constructions en fer.

Traité pratique de serrurerie. Constructions en fer et serrurerie d'art. — Planchers en fer, linteaux, filets, poutres ordinaires et armées. — Colonnes en fonte, consoles en fonte, colonnes en fer creux, pans de fer, montants en fer composés. — Charpentes en fer, combles, hangars, marchés couverts. — Passerelles et petits ponts. — Escaliers en fer. — Châssis de couche, bâches, serres, jardins d'hiver, chauffage, vitrerie. — Volières, tonnelles, kiosques. — Auvents, marquises, verandahs, bow-windows. — Grilles, panneaux de portes, rampes. — Eléments divers de serrurerie et de ferronnerie d'art. — Principaux assemblages employés en serrurerie, etc., etc., par E. Barberot. 2ᵉ édition, 1 volume grand in-8°, avec 972 figures dans le texte . . . . 25 fr.

Constructions métalliques.

Manuel des constructions métalliques et mécaniques. 2ᵉ édition. Ouvrage contenant les méthodes de calcul, graphiques et analytiques, appliquées aux poutres droites des ponts, etc., aux charpentes et aux arcs continus, articulés et encastrés par J. Buchetti, ingénieur E. C. Paris, A. M. Aix, ex-constructeur, ex-professeur suppléant à l'Ecole centrale. 1 vol. in-4°, avec 220 figures dans le texte et un atlas in-4° de 32 planches. . . . . 40 fr.

Charpentes métalliques.

Les principes de la construction des charpentes métalliques et leur application aux ponts à poutres droites, combles, supports et chevalements. Extraits du cours *d'architecture industrielle* professé à l'École spéciale des arts et manufactures et des mines annexée à l'Université de Liège par Henri Deschamps, professeur à la Faculté des sciences de Liège, ancien ingénieur de la Société Cockerill, à Seraing, 2e édition, refondue et augmentée. 1 volume grand in-8°, avec 344 figures dans le texte. Relié. . . . . 15 fr.

Plomberie.

Plomberie, Eau, assainissement et gaz. Tuyauteries, appareils d'arrêt et de puisage, prises d'eau, pompes, compteurs, canalisation, réservoirs d'eau, appareils utilisateurs d'eau et leurs décharges, canalisation des eaux résiduaires d'une propriété, gaz, canalisations et accessoires, compteurs et régulateurs, brûleurs et appareils, par J. Denfer, architecte, professeur à l'École Centrale, 1 volume grand in-8°, avec 391 figures dans le texte. . . . . 20 fr.

Distribution d'eau. — Assainissement.

Salubrité urbaine, distribution d'eau et assainissement, par G. Bechmann, ingénieur en chef des ponts et chaussées, chef du service technique de l'assainissement de Paris, professeur à l'École nationale des ponts et chaussées. 2e édition revue et très augmentée. 2 volumes grand in-8°, avec de nombreuses figures dans le texte. . . . . 40 fr.
Chaque volume se vend séparément au prix de 20 fr.

Législation du bâtiment.

Traité pratique de la législation des bâtiments et des usines. Voirie, mitoyenneté, clôtures, servitudes, assainissement, propriété, bornage, vente d'immeubles, contributions, location, réparations locatives, concours publics, honoraires, législation, jurisprudence, usages locaux, etc., etc., à l'usage des architectes, des ingénieurs, des entrepreneurs, des conducteurs des ponts et chaussées, des agents voyers, des propriétaires et des locataires, par E. Barberot, architecte. 1 volume in-8°, contenant plus de 1500 pages, avec de nombreuses figures dans le texte, relié. . . . . 20 fr.

Mécanique générale.

Mécanique générale. Cours professé à l'École centrale des Arts et Manufactures, par A. Flamant, ingénieur en chef des ponts et chaussées, professeur à l'École nationale des Ponts et Chaussées et à l'École centrale. 1 volume grand in-8°, avec 203 figures dans le texte. . . . . 20 fr.

Mécanique appliquée.

Cours élémentaire de mécanique appliquée à l'usage des écoles primaires supérieures, des écoles professionnelles, des écoles d'apprentissage, des écoles industrielles, des cours techniques et des ouvriers, par Bocquet, ingénieur, directeur de l'École Diderot. 3e édition. 1 volume in-12, avec 69 figures dans le texte, relié. . . . . 5 fr.

Travail manuel.

Notions sur les machines et travail manuel du fer et du bois, à l'usage des Écoles primaires supérieures, des Écoles d'apprentissage, des Écoles professionnelles, des Écoles industrielles et des candidats aux Écoles d'arts et métiers et à l'École des apprentis-mécaniciens de la marine à Brest, par Henri Lyonnet, professeur à l'École supérieure municipale J.-B. Say. 1 volume in-12, avec 90 figures dans le texte. . . . . 2 fr.

Physique.

Physique, par GARIEL, ingénieur en chef des ponts et chaussées, professeur de physique à la Faculté de médecine et à l'Ecole nationale des ponts et chaussées. 2 volumes grand in-8°, avec de nombreuses gravures dans le texte . . . . 20 fr.

Air comprimé.

Traité élémentaire de l'air comprimé, par JOSEPH COSTA, ingénieur civil, ancien élève de l'Ecole polytechnique. 1 volume grand in-8°, avec 20 figures dans le texte. . . . . 5 fr.

Traité des chaudières à vapeur.

Traité des chaudières à vapeur. Étude sur la vaporisation dans les appareils industriels, par CHARLES BELLENS, ingénieur. 1 volume grand in-8°, avec 215 figures dans le texte . . . . 20 fr.

Chaudières marines.

Traité pratique des chaudières marines; description, entretien, conduite, à l'usage des mécaniciens de la marine militaire, de la marine de commerce et de l'industrie, par J.-B. GIRARD, mécanicien inspecteur de la marine, ancien professeur à l'École des mécaniciens de Toulon. 1 volume in-8°, avec de nombreuses figures dans le texte et 20 planches, relié . . . . . . 12 fr. 50

Épreuves des chaudières à vapeur.

Note sur les épreuves des chaudières à vapeur, suivie de la loi du 21 juillet 1856, concernant les contraventions aux règlements sur les appareils et bateaux à vapeur et la loi du 18 juillet 1892 fixant les nouvelles taxes d'épreuves des appareils à vapeur et leur mode de perception, par H. MATHIEU, contrôleur des mines. 1 brochure grand in-8° . . . . 1 fr. 50

Le tirage forcé.

Le tirage forcé dans les chaudières marines. Emploi des ventilateurs en Angleterre. Ce mémoire a paru dans la livraison de mai 1893 du *Portefeuille des machines*. Prix de la livraison. . . . . 2 fr.

L'A B C du chauffeur.

L'A B C du chauffeur, par HENRI MATHIEU, contrôleur des mines, officier de l'Instruction publique, avec introduction par C. WALCKENAER, ingénieur des mines. 1 vol. format 0^m,15 × 0^m,10, avec 66 figures dans le texte, relié. 3 fr.

Construction des machines à vapeur.

Traité pratique de la construction des machines à vapeur fixes et marines. Résumé des connaissances actuellement acquises sur les machines à vapeur, considérations relatives au type de machine et aux proportions à adopter, détermination des dimensions et des proportions des principaux organes, étude et construction de ces organes, par MAURICE DEMOULIN, ingénieur des arts et manufactures. 1 volume grand in-8°, avec 483 figures dans le texte. Relié. 20 fr.

La Machine à vapeur.

La machine à vapeur. Traité général contenant la théorie du travail de la vapeur, l'examen des mécanismes de distribution et de régularisation, la description des principaux types d'appareils, l'étude de la condensation et de la

CH. BÉRANGER, 15, RUE DES SAINTS-PÈRES, PARIS   443

production de la vapeur, par ÉDOUARD SAUVAGE, professeur à l'École nationale supérieure des mines, 2 volumes grand in-8° jésus, avec 1 036 figures dans le texte. Relié . . . . 60 fr.

Traité de la machine à vapeur.

Traité de la machine à vapeur. Description des principaux types et théorie ; étude, construction, conduite et applications, par ROBERT H. THURSTON, directeur du « Sibley College » Cornell University, ancien président de « l'American Society of Mechanical Engineers », traduit de l'anglais et annoté par MAURICE DEMOULIN, 2 volume grand in-8°, avec de nombreuses figures dans le texte. Relié . . . . 60 fr.

Essais de machines et chaudières à vapeur.

Manuel pratique des essais de machines et chaudières à vapeur, par ROBERT H. THURSTON, directeur du « Sibley College » Cornell University, ancien président de « l'American Society of Mechanical Engineers », ancien ingénieur de la marine aux États-Unis, traduit de l'anglais par AUGUSTE ROUSSEL, ancien élève de l'École polytechnique et de l'École nationale supérieure des mines. 1 volume grand in-8°, avec de nombreuses figures dans le texte. Relié . . . . 25 fr.

Essai des machines.

Guide pour l'essai des machines. Ouvrage contenant tout ce qui a rapport aux indicateurs, l'analyse des diagrammes, le travail indiqué, les freins de Prony ordinaires et automatiques, les dynamomètres de transmission, les essais de vaporisation, les proportions des générateurs et cheminées, etc., par J. BECHETTI, ingénieur E. C. Paris, A M Aix, ex-constructeur, ex professeur suppléant à l'École centrale. 2ᵉ édition, 1 vol. in-8°, avec 180 figures dont 28 pl. Relié. 15 fr.

Indicateur des machines.

L'indicateur du travail et du fonctionnement des machines à piston à vapeur à eau, à gaz, etc., et son diagramme, par VON PICHLER, traduit par R. SEGUELA, ancien élève de l'École polytechnique, inspecteur au chemin de fer du Nord. 1 volume in-8°, avec 16 figures dans le texte. . . . . 5 fr.

Locomotives.

Traité pratique de la machine locomotive comprenant les principes généraux relatifs à l'étude et à la construction des locomotives, la description des types les plus répandus, l'étude de la combustion, de la production et de l'utilisation de la vapeur, du rendement, des conditions de fabrication et de réception des matériaux, des proportions et du mode de construction des organes, par MAURICE DEMOULIN, ingénieur des arts et manufactures. Ouvrage précédé d'une introduction par ÉDOUARD SAUVAGE, professeur à l'École supérieure des mines. 4 volumes grand in-8°, avec 973 figures et planches dans le texte et 6 planches hors texte. Relié . . . . 130 fr.

Locomotives.

La machine-locomotive. Manuel pratique donnant la description des organes et du fonctionnement de la locomotive, à l'usage des mécaniciens et des chauffeurs, par ÉDOUARD SAUVAGE, ingénieur en chef adjoint du Matériel et de la Traction de la Cⁱᵉ des chemins de fer de l'Est. 3ᵉ édition. 1 volume in 8°, avec 224 figures dans le texte. Relié . . . . 5 fr.

ÉLECTRICITÉ

Traité d'électricité et de magnétisme.

Traité d'électricité et de magnétisme. Théorie et applications, instruments et méthodes de mesure électrique. Cours professé à l'école supérieure de télégraphie; par A. VASCHY, ingénieur des télégraphes, examinateur d'entrée à l'école Polytechnique. 2 volumes grand in-8°, avec de nombreuses figures dans le texte. . . . . 25 fr.

Théorie de l'électricité.

Théorie de l'électricité. Exposé des phénomènes électriques et magnétiques fondé uniquement sur l'expérience et le raisonnement, par A. VASCHY, ingénieur des télégraphes, examinateur d'admission à l'école Polytechnique. 1 volume grand in-8°, avec 74 figures dans le texte, relié . . . . . . 20 fr.

Traité pratique d'électricité.

Traité pratique d'électricité à l'usage des ingénieurs et constructeurs. Théorie mécanique du magnétisme et de l'électricité, mesures électriques, piles, accumulateurs et machines électrostatiques, machines dynamo-électriques génératrices, transport, distribution et transformation de l'énergie électrique, utilisation de l'énergie électrique, par FÉLIX LUCAS, ingénieur en chef des ponts et chaussées, administrateur des chemins de fer de l'État. 1 volume grand in-8°, avec 278 figures dans le texte. . . . . 15 fr.

Électricité industrielle.

Traité d'électricité industrielle, théorique et pratique, par MARCEL DEPREZ, membre de l'Institut, professeur d'électricité industrielle au Conservatoire national des arts et métiers, professeur suppléant au Collège de France, 2 volumes grand in-8°, avec de nombreuses figures dans le texte, paraissant en 4 fascicules. Prix de souscription à l'ouvrage complet . . . . . . 40 fr.
Chaque fascicule se vend séparément. . . . . 12 fr.

Électricité industrielle.

Traité pratique d'électricité industrielle. Unités et mesures ; piles et machines électriques ; éclairage électrique ; transmission électrique de l'énergie ; galvanoplastie et électro-métallurgie ; téléphonie, par E. CADIAT et L. DUBOST. 5° édition. 1 volume grand in-8°, avec 727 gravures dans le texte, relié. 16 fr. 50

Manuel pratique de l'électricien.

Manuel pratique de l'électricien. Guide pour le montage et l'entretien des installations électriques, par E. CADIAT. 3° édition 1 volume in-12, avec 243 figures dans le texte, relié. . . . . 7 fr. 50

Aide-mémoire de poche de l'électricien.

Aide-mémoire de poche de l'électricien ; guide pratique à l'usage des ingénieurs, monteurs, amateurs électriciens, etc., par Ph. PICARD et A. DAVIN, ingénieurs des arts et manufactures. 1 petit volume, format oblong de $0^m,125 \times 0^m,08$, relié en maroquin, tranches dorées. . . . . 5 fr.

Contrôle des installations électriques.

Contrôle des installations électriques au point de vue de la sécurité. Le courant électrique, production et distribution de l'énergie, mesures, effets dangereux des courants, contrôle à l'usine, contrôle du réseau, des installations intérieures et des installations spéciales, résultats d'exploitation, règlements français et étrangers, par A. MONNENQUÉ; ingénieur en chef des ponts et chaussées, ancien ingénieur des services de la première section des travaux de Paris et du secteur municipal d'électricité, précédé d'une préface de M. HIPPOLYTE FONTAINE, président honoraire de la chambre syndicale des électriciens. 1 volume in-8°, avec de nombreuses figures dans le texte, relié . . . . 10 fr.

Pile électrique.

Traité élémentaire de la pile électrique, par ALFRED NIAUDET, 3ᵉ édition revue par HIPPOLYTE FONTAINE et suivie d'une notice sur les accumulateurs, par E. HOSPITALIER. 1 volume grand in-8°, avec gravures dans le texte. 7 fr. 50

Électrolyse.

Électrolyse; renseignements pratiques sur le nickelage, le cuivrage, la dorure, l'argenture, l'affinage des métaux et le traitement des minerais au moyen de l'électricité, par HIPPOLYTE FONTAINE. 2ᵉ édition. 1 volume grand in-8°, avec gravures dans le texte, relié . . . . 15 fr.

Machines dynamo-électriques.

Traité théorique et pratique des machines dynamo-électriques, par R.-V. PICOU, ingénieur des arts et manufactures. 1 vol. grand in-8°, avec 198 figures dans le texte. . . . . 12 fr. 50

Machines dynamo-électriques.

Traité théorique et pratique des machines dynamo-électriques, par SILVANUS THOMPSON, traduit par E. BOISTEL. 3ᵉ édition. 1 vol. grand in-8° . . 30 fr.

Machines dynamo-électriques.

La machine dynamo-électrique par FRŒLICH, traduit de l'allemand par E. BOISTEL. 1 volume grand in-8°, avec 62 figures dans le texte. . . . 10 fr.

Constructions électro-mécaniques.

Constructions électro-mécaniques; recueil d'exemples de construction et de calculs de machines dynamos et appareils électriques industriels, par GISBERT KAPP, traduit de l'allemand par A. O. DUNSKY et P. GIRAULT, ingénieurs électriciens. 1 volume in-4°, avec 54 figures dans le texte et 25 planches, relié. 30 fr.

Éclairage électrique.

Manuel pratique d'éclairage électrique pour installations particulières, maisons d'habitation, usines, salles de réunion, etc., par ÉMILE CAHEN, ingénieur des ateliers de construction des manufactures de l'État. 2ᵉ édition. 1 vol. in-12, avec de nombreuses figures dans le texte. Prix relié . . . . 7 fr. 50

Éclairage à Paris.

L'éclairage à Paris. Étude technique des divers modes d'éclairage employés à Paris sur la voie publique, dans les promenades et jardins, dans les monuments, les gares, les théâtres, les grands magasins, etc., et dans les maisons particulières. Gaz, électricité, pétrole, huile, etc. ; usines et stations centrales, canalisations et appareils d'éclairage: organisation administrative et commerciale, rapports des compagnies avec la ville ; traités et conventions ; calcul de l'éclairement des voies publiques ; prix de revient, par HENRI MARÉCHAL, ingénieur des ponts et chaussées et du service municipal de la ville de Paris. 1 volume grand in-8°, avec 221 figures dans le texte, relié . . 20 fr.

Courants polyphasés.

Courants polyphasés et alterno-moteurs. Théorie, construction, mode de fonctionnement et qualités des générateurs et des moteurs à courants alternatifs et polyphasés, transformateurs polyphasés et mesure de la puissance dans les systèmes polyphasés, par SILVANUS P. THOMPSON, directeur du collège technique de Finsbury, à Londres, traduction par E. BOISTEL, ingénieur-expert près le tribunal de la Seine.

Épuisé. Une nouvelle édition est en préparation.

Courants alternatifs d'électricité.

Les courants alternatifs d'électricité, par T.-H. BLAKESLEY, professeur au Royal Naval College de Greenwich, traduit de la 8ᵉ édition anglaise et augmenté d'un appendice, par W.-C. RECHNIEWSKI. 1 volume in-12, avec figures dans le texte, relié . . . . 7 fr. 50

Transformateurs.

Les transformateurs à courants alternatifs simples et polyphasés. Théorie, construction, applications, par GISBERT KAPP, traduit de l'allemand par A.-O. DUNSKY et G. CHERET, ingénieurs électriciens. 1 volume in-8°, avec 132 figures dans le texte, relié. . . . . 12 fr.

Problèmes sur l'électricité.

Problèmes sur l'électricité. Recueil gradué contenant toutes les parties de la science électrique, par le D' ROBERT WEBER, professeur à l'Académie de Neuchâtel. 3ᵉ édition. 1 volume in-12, avec figures dans le texte . . . 6 fr.

Accumulateur voltaïque.

Traité élémentaire de l'accumulateur voltaïque, par ÉMILE REYNIER. 1 volume grand in-8°, avec 62 gravures dans le texte et un portrait de M. Gaston Planté.
6 fr.

Téléphone.

Le Téléphone, par WILLIAM-HENRI PREECE, électricien en chef du *British Post-Office*, et JULIUS MAIER, docteur ès-sciences physiques. 1 volume grand in-8°, avec 290 gravures dans le texte . . . . 15 fr.

Télégraphie électrique.

Traité de télégraphie électrique. — Production du courant électrique. — Organes de réception. — Premiers appareils. — Appareil Morse. — Appareils accessoires. — Installation des postes. — Propriétés électriques des lignes. — Lois de la propagation du courant. — Essais électriques, recherches des dérangements. — Appareils de translation, de décharge et de compensation. — Description des principaux appareils et des différents systèmes de transmission. — Établissement des lignes aériennes, souterraines et sous-marines par H. THOMAS, ingénieur des télégraphes. 1 volume grand in-8° avec 702 figures dans le texte. Relié. . . . . 25 fr.

Télégraphie sous-marine.

Traité de télégraphie sous-marine. — Historique. — Composition et fabrication des câbles télégraphiques. — Immersion et réparation des câbles sous-marins. — Essais électriques. — Recherche des défauts. — Transmission des signaux. — Exploitation des lignes sous-marines, par Wunschendorff, ingénieur des télégraphes. 1 volume grand in-8°, avec 469 gravures dans le texte.
40 fr.

Tirage des mines par l'électricité.

Le tirage des mines par l'électricité, par Paul-F. Chalon, ingénieur des arts et manufactures. 1 volume in-18 jésus, avec 90 figures dans le texte. Prix, relié.
7 fr. 50

Electricité médicale.

Traité théorique et pratique d'électricité médicale. — Précis d'électricité. — Appareils et instruments électro-médicaux. — Application thérapeutique, par Félix Lucas et André Lucas, 1 vol. in-18 jésus, avec 120 figures dans le texte, relié . . . . 10 fr.

ÉVREUX, IMPRIMERIE DE CHARLES HÉRISSEY

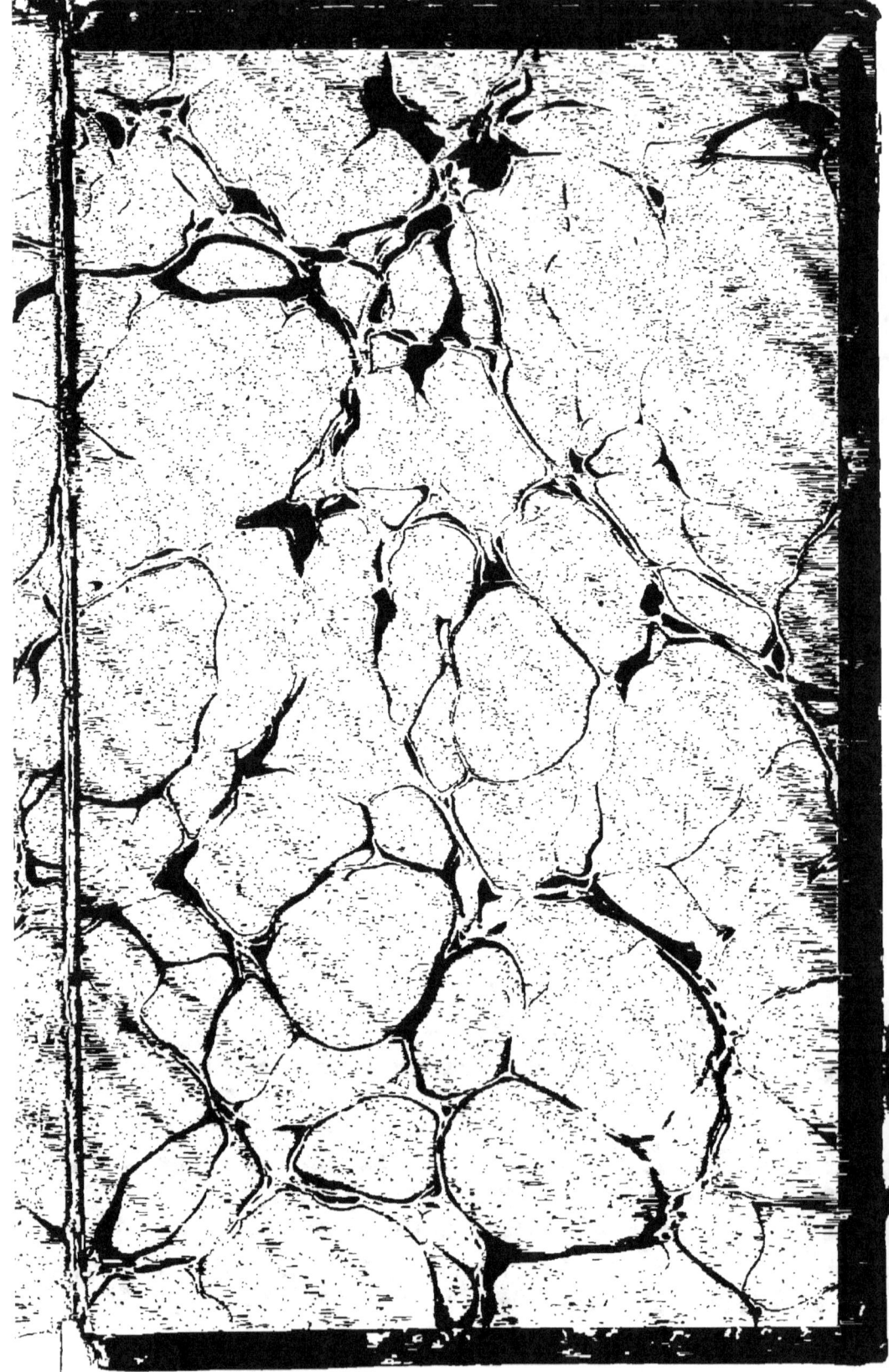

www.ingramcontent.com/pod-product-compliance
Lightning Source LLC
Chambersburg PA
CBHW070528230426
43665CB00014B/1605